博学而笃志,切问而近思。
(《论语·子张》)

博晓古今,可立一家之说;
学贯中西,或成经国之才。

复旦博学·复旦博学·复旦博学·复旦博学·复旦博学·复旦博学

作者简介

徐晔,复旦大学经济学院公共经济学系副教授,成人教育主管。1994年获西安交通大学工学学士学位,1999年获复旦大学管理学院会计学硕士学位,2014年获复旦大学经济学院经济学博士学位。教授的本科生课程有会计学、统计学和税法,研究生课程有税法、中国税制、财务管理等。在《会计研究》《世界经济》《财经研究》《上海金融》和《税务研究》等国内权威和核心期刊发表文章40多篇,出版《中国个人所得税制度》《中国税制》《会计学基础》《会计学基础习题集》《会计学原理》《会计学原理习题指南》《财务管理》等著作和教材20多部。主持及参与多项国家级、省部级课题,主持并完成一项横向课题。曾获中国财政杂志社2002年度优秀论文三等奖、2004年和2005年度复旦大学奖教金,主讲的统计学课程2004年被评为上海市精品课程、2014年被评为国家级网络精品课程,主讲的会计学课程2006年被评为复旦大学精品课程、2014年被评为上海市重点课程、2019年被评为国家精品课程。主讲的税法课程2018年被评为复旦大学精品课程、2019年被评为上海市重点课程。2016年独创的案例获得国家级税务案例大赛一等奖。

钟震泰,复旦大学经济学院资产评估专业硕士研究生。主要研究方向为资产评估、绿色金融及财务管理。曾在交银理财有限责任公司投资评审部、申万宏源证券研究所宏观组、海通证券股份有限公司投资银行部等机构实习调研。

阮颖,复旦大学经济学院税务硕士研究生,本科毕业于复旦大学经济学院财政学专业。曾获上海市奖学金、复旦大学新生奖学金一等奖、复旦大学本科优秀学生奖学金一等奖、复旦大学毕业生奖学金等,多次获得校级优秀学生、优秀团员、优秀志愿者称号,是2022年上海市优秀毕业生。

复旦博学·大学管理类教材丛书

COLLEGE MANAGEMENT SERIES

财务管理

徐 晔 钟震泰 阮 颖 编著

复旦大学出版社

内容提要

本书主要面对企业财务管理工作者和财务管理学习者。除总论外,全书深入浅出地介绍了财务管理基础、筹资管理、投资管理、营运资金管理、股利分配管理、财务分析和财务报表的常用解读分析方法。在每一章之后配有适量的练习题并附有习题解答,有助于读者更好地理解和检验所学内容。

本书可作为高等院校财务管理、财政学、经济学、管理学等相关专业的教材,也可作为实务领域研究者的参考用书。

前　言

在从事财务管理及教学工作二十多年后，深切体会到财务管理学科是一门入门容易、升级困难的学问；就如一款经典游戏，上手简单易懂，所以入门者众多，但要打怪升级，则要花费不菲的财力和精力。

众所周知，我国自改革开放以来，国内外的各种政治、经济环境共同促成了中国经济持续稳健而快速的发展。时至今日，中国的经济已经完成了原始积累并开始向产业转型的特定历史阶段转变，已经具备完全成为市场经济的基本要素。在经济全球化进程中，中国经济也已经完全融入和参与到国际经济活动中，并成为全球经济的领导者。与之相对应的是，我国的宏观经济政策也不断适时进行调整，每一个阶段发展经济的方式和产业热点也不断变换，国家相关的财经、税收、法律等各项制度也与时俱进地不断进行变化和调整。仅以会计准则为例，从1988年我国财政部会计司会计准则课题组成立到目前为止，已经颁布具体会计准则42个。因此说，作为从事财务管理和会计工作的相关人员，在服务企业的过程中，一方面要承担企业财务、金融管理的职能，另外一方面也要与时俱进地不断学习和更新自己的知识结构，以不断满足企业主和社会对财务管理知识的要求。

我国自二十世纪八十年代后期学习和引入西方会计制度至今，社会经济也形成虚拟经济和实体经济高度关联、相互依存的发展模式，投资和筹资成为企业获取利润、成长发展的两个重要手段，特别是近十年以来，企业逐渐形成集团化、多元化的发展模式，现代企业对财务管理者的要求，也从传统上的记账核算监督职能转向更高的要求，因此企业经营者要求财务管理者具备财务分析、会计核算、税务核算、业务监督、风险把控的基本要素，也要求财务管理者具备资金筹措、资产管理、资本运作、投资决策的专业知识；因此，无论是投资还是被投资，对财务管理者的要求都向知识全面、专业精通、操守严谨方面发展，伴随着实体经济和虚拟经济的融合，从事虚拟经济的企业要求财务管理者具备专业会计师的嗅觉和职能，而从事实体经济的被投资企业则希望财务管理者具备投资银行家的专业能力和足够的资金筹集能力和资产驾驭能力。由此我们也不难发现，从事财务管理或者与财务相关的人群中，经常有人发出财务工作人员既是脑力劳动者又是体力劳动者并且是职业风险高危人群的感慨。

本教材第一稿的写作分工如下：第二章和第七章由徐晔执笔；第五章和第八章由徐爱忠执笔；第一章和第四章由尹伊执笔；第三章和第六章由高宇穹执笔。此次修改编写由于徐爱忠工作繁忙以及其他编写者已经毕业，故由钟震泰修改第一、三和六章，由阮颖修改第四、五和八章，由徐晔修改第二和第七章，最后由徐晔统稿。在本书的最初编写过程中，杨丽莉同学帮助修改书稿，花费了她大量宝贵的时间，在此表示深深的谢意！同时感谢我的先生余英丰和女儿余容悦，没有他们的支持，也无法出版此书；另外要感谢我的同事余显财老师给予宝贵的意见！

本教材在编写过程中，参阅了大量的书籍和资料，尽管没有将原文直接引入，但难免会有个别类同，在此谨向为本书提供大量资料的单位表示由衷的感谢。

由于作者才疏学浅，书中难免有错误和不妥之处，恳请专家和读者批评指正！

徐 晔

2023 年 2 月于金地格林圣琼斯湾

目 录

第一章　财务管理总论　1
第一节　财务管理的环境　1
第二节　财务管理的目标　10
第三节　财务管理及财务分析的原则　19
第四节　财务管理的过程和基本方法　22
　　课后练习题　35
　　答案　38

第二章　财务管理的基础　39
第一节　财务管理的会计基础　39
第二节　资金的时间价值　53
第三节　资金的风险价值　65
　　课后练习题　75
　　答案　79

第三章　筹资管理　81
第一节　筹资对企业经营管理的意义　81
第二节　权益资金的筹集　83
第三节　债务资金的筹集　89
第四节　混合性资金的筹集　108
第五节　资本成本　114
第六节　筹资活动时财务报表的调整　122

课后练习题	130
答案	134

第四章　投资管理　137

第一节　投资管理概述	137
第二节　证券投资的基本概念	141
第三节　股票投资	142
第四节　债券投资	166
第五节　基金投资	176
第六节　项目投资	183
第七节　固定资产投资	187
课后练习题	192
答案	195

第五章　营运资金管理　198

第一节　营运资金对公司经营活动及财务活动的影响	198
第二节　货币资金管理	202
第三节　应收账款管理	225
第四节　存货管理	237
课后练习题	252
答案	255

第六章　股利分配管理　256

第一节　股利政策影响因素	256
第二节　股利政策的类型	259
第三节　股利的种类与发放程序	263
第四节　股利政策的基本理论	270
第五节　利润分配决策	273
课后练习题	280
答案	283

第七章　财务分析　285

第一节　财务分析概述　285
第二节　盈利能力分析　293
第三节　偿债能力分析　301
第四节　经营能力分析　307
第五节　财务综合分析　310
课后练习题　316
答案　320

第八章　财务报表的常用解读分析方法　321

第一节　财务报表介绍　321
第二节　解读财务报表　324
第三节　内部管理财务报表的分类　338
课后练习题　352
答案　353

附录　资金时间价值系数表　355

附录一　复利终值系数表　355
附录二　复利现值系数表　357
附录三　年金终值系数表　359
附录四　年金现值系数表　361

第一章 财务管理总论

财务管理是指在一定的整体目标下，关于资产的购置（投资）、资本的融通（筹资）、现金流量（营运资金），以及利润分配的管理。

财务管理是企业管理的一个重要组成部分，是根据财经法规制度，按照财务管理的原则，组织企业财务活动，处理财务关系的一项经济管理工作。

第一节 财务管理的环境

财务管理环境，也称理财环境，是指对企业财务活动和财务管理产生影响的企业内外各种环境的统称。它构成了企业财务活动的客观条件。

财务活动通常存在于特定的环境之中，对财务环境的研究有助于企业分析其所处环境的现实状况和发展趋势，把握开展财务活动的有利条件和不利条件，为企业财务决策提供支持。企业通过研究财务环境，采用相应的财务策略，提高财务工作对外界环境的适应能力、应变能力和运用能力，以实现企业的财务管理最终目标。

财务管理环境可从宏观和微观两方面进行认知。宏观环境指为企业财务活动造成市场机会和环境威胁的主要社会力量，这种社会力量的影响范围宽广，不仅影响本企业，还影响环境内的其他企业。通常，宏观环境主要包括企业理财所面临的经济环境、金融市场环境、法律环境和社会文化环境等。微观环境指直接制约和影响企业财务活动的力量和因素，微观环境通常从企业自身出发，其影响范围一般局限在企业自身，包括本企业和子公司等关联密切的机构。微观环境包括企业的组织形式，企业的采购、生产和销售方式，企业生产条件等。

一、研究财务管理环境的意义

从理论上讲，任何财务管理活动都是在特定的环境下开展的，这个环境按照地域范围划分大至全球、小至企业自身，按照领域可分为政治、经济、文化和社会等，分类标准不同，分类结果也大不相同。但可以肯定的是，不论分类如何，这些拆分开的每一个小环境都能够对企业的财务管理产生或大或小的影响。正如自然人不能离开环境（包括自然环境和社会环境）而独立存在，企业作为法人，也不能离开环境而单独存在。

从实践中可知，企业财务管理受环境影响较大。纵观财务管理发展史，可以看到在 20 世纪初，企业迅速发展，各类企业都面临如何筹集扩展所需要的资金的问题，而当时的资本市场、金融机构和金融工具都不成熟，因而筹资成为企业理财的最重要问题和最主要的活动。到了 20 世纪 50 年代，由于市场竞争日益激烈，企业为了获得更好的经济效益，开始重视资金的使用效率管理，因而企业营运资金的管理成为企业财务管理的重要内容，同时各种财务分析、财务计划和财务控制方法也开始得到广泛的运用。而到了 20 世纪六七十年代，企业的规模不断扩张，经营活动日趋复杂，同时市场竞争趋于白热化，投资风险不断加大，这种环境促使投资管理在企业财务管理活动的重要性日益突出，各种投资的理论和方法也在这一时期迅速发展起来。到了 20 世纪 80 年代，跨国公司发展迅速，世界经济开始出现一体化的趋势，企业面临在全球环境下开展理财活动的挑战。反映到企业财务管理中，国际融资问题、国际投资环境评价、跨国风险管理等问题得到前所未有的重视。

因此，不管是从理论上还是从实践中，企业的财务管理环境都会对企业财务产生重大影响，作为财务工作人员，应当对财务管理环境给予应有的足够重视。

二、财务管理的宏观环境

（一）经济环境

经济环境是指对财务管理有重要影响的一系列经济因素，包括经济周期、通货膨胀、产品市场和要素市场、政府经济调控政策和经济体制等。经济环境对企业财务管理的影响具有普遍性，因此如何应对经济环境的变化与波动成为企业财务管理的重大问题。

1. 经济周期

经济周期是指经济运行中周期性出现的经济扩张与经济紧缩交替更迭、循环往复的一种现象。经济周期包括经济复苏阶段、经济繁荣阶段、经济衰退阶段和经济萧条阶段。随着四个阶段的轮替，经济体中的所有行业都会受到影响。在不同的阶段，企业应采取不同的财务管理策略。经济复苏和经济繁荣阶段，企业面临大量投资机会，因此需要筹集大规模资金，并妥善经营筹集到的资金，抓住合适的投资机会，可添加机器设备等固定资产、添加存货和劳动力等流动资产，或进行证券投资，以促进企业的发展；经济衰退和经济萧条时期，企业应收缩规模，减少风险投资，增加无风险投资，如多购买政府债券。同时，企业应当及时预测经济发展前景，在财务上做好充足的准备，随时调整财务政策，以保证企业的生存。

2. 通货膨胀

通货膨胀是指在纸币流通条件下，因货币供给大于货币实际需求，而引起的一段时间内物价持续而普遍的上涨现象。通货膨胀不仅对消费者极为不利，对企业财务管理也是一个巨大的挑战。首先，通货膨胀会引起利率的上升和有价证券价格的下降，这将导致企业筹资成本大大增加；其次，通货膨胀会导致企业利润虚高，极有可能造成企业资金不必要的流失；此外，大规模的通货膨胀还会大量占用企业的资金，因为资产购置成本增加，同等数量的存货将占用更多的资金。

企业应当在财务上对通货膨胀有所防范。例如：利用长期筹资方法筹资，以保证筹资成本的稳定性；与原材料供应商签订长期合同，在一定时期内把原材料价格固定下来；还可采用现实成本法以显示真实的财务状况，防止企业利润虚高所导致的企业资金的流失。

3. 产品市场和要素市场

产品市场和要素市场的价格直接关系到企业利润和成本，企业应当根据产品市场和要素市场的情况及时调整投资重心，提高资金利用效率。

4. 政府经济调控政策

政府面对变化多端的经济形势，会采取一系列的措施，以实现政府的经济职能。这些措施具体包括经济发展规划、财政政策、货币政策、产业政策等，这些措施会影响企业的税收、成本、利润和现金流量。

5. 经济体制

经济体制是指在一定区域内（通常为一个国家）制定并执行经济决策的各种机制的总和，通常是一国国民经济的管理制度及运行方式，是一定经济制度下国家组织生产、流通和分配的具体形式或者说就是一个国家经济制度的具体形式。

经济体制按照资源配置方式可分为计划经济体制和市场经济体制。在计划经济体制下，国家在生产、资源分配以及产品消费各方面，都是由政府或财团事先进行计划，企业实际上没有自主财务管理权，财务管理的内容因此相对简单。在市场经济体制下，产品和服务的生产及销售完全由自由市场的自由价格机制所引导，而不是像计划经济一般由国家所引导，企业拥有财务上的自主决策权，可以根据发展需要自主决定筹集资金的数量，自主决定投资方向和投资额，自主制订资本管理计划。因此，在市场经济体制下财务管理尤其重要。

通常政府经济政策会有一定导向性，在一定时间内倾向于某些地区、某些行业，或者在一定时间内限制某些地区和某些行业的发展，比如我国"科教兴国"的国策表明我国对高科技产业和教育产业是具有偏向性的。因此，企业应当认真研究政府政策，预测下一阶段政府政策导向，趋利避害。

（二）金融市场环境

金融市场是企业筹资和投资的主要场所。企业所需资金除自有资金外，主要来自金融市场和金融机构。金融市场环境是影响企业财务管理的最主要环境，因此虽然金融市场环境属于经济环境，仍旧需要单独列出详细阐述。目前，对企业筹资影响比较大的金融市场因素有金融市场的效率、金融机构的服务效率、金融政策的制定与调整、市场利率的变化等。

1. 金融市场的效率

金融市场，即资金融通的场所。资金需求方向资金供给方签发的书面凭证即信用工具，也称金融工具，用于载明由此所形成的债务债权关系。因此金融市场可以看作是买卖金融工具的场所。资金需求方（卖方）在金融市场内出售金融工具以获取企业营运资金，资金供给方（买方）在金融市场内买入金融工具以作为一种投资手段。

企业财务管理最重要的环节包括筹资、投资、资金营运、股利分配、财务分析等，金融市场至少与筹资和投资两个环节具有密不可分的关系，因此金融市场的效率对财务管理的影响十分深远。

2. 金融机构的服务效率

在金融市场中活跃着各种各样的金融机构，这些金融机构是金融市场主体的组成部分。我国的主要金融机构包括中国人民银行、政策性银行、商业银行、非银行金融机构。其中，非银行金融机构具体包括保险公司、信托投资公司、证券公司、证券交易所、登记结算公司、财务公司、金融租赁公司等。

从金融机构的组成就可以发现，企业财务跟各类金融机构有千丝万缕的联系。如果金融机构的服务效率有所提高，企业财务成本将会降低。

3. 金融政策

金融政策主要是指中央银行为实现宏观经济调控目标而采用各种方式调节货币、利率和汇率水平，进而影响宏观经济的各种方针和措施的总称。通常金融政策能够反映政府对金融市场的看法和导向。施行紧缩的金融政策意味着前一个时期的金融市场存在过热现象，而紧缩金融政策的持续实行会导致金融市场未来会趋向平稳甚至滑落。因此，金融政策如同金融市场的风向标，是企业在资金管理过程中必须参考的一个因素。

4. 市场利率

利率即利用资金所需付出的利息成本与本金的比率。影响利率的最重要的因素是资金供求，除此之外，经济周期、通货膨胀、国家经济政策、利率管制及国际因素都可能对利率造成影响。资金是一种特殊的商品，而利率就是它的价格，价格具有调节市场供求的作用，所以利率可以调节资金的市场供求状况。通常利率较高，筹资成本增加，资金需求降低，而资金供给增加，资金供大于求，利率会下降；当利率较低的时候，筹资成本降低，资金需求增加，资金供给减少，资金供不应求，利率会上升。因此，市场利率是调节资本市场的一个重要工具。关注市场利率的变化及其趋势对企业筹资和投资等活动有重要意义。

（1）利率的分类。

利率有多种分类方式，具体包括以下几种。

① 按利率之间的变动关系，可分为基准利率和套算利率。基准利率，又称基本利率，是指在多种利率并存的条件下起决定作用的利率。基准利率变动，其他利率也相应变动。基准利率在西方通常是中央银行的再贴现率。在我国，中国人民银行对商业银行贷款的利率为基准利率。套算利率，是指基准利率给定后，各金融机构根据基准利率和借贷款项的特点而换算出的利率。商业银行对个人和公司的贷款利率是套算利率。

② 根据利率是否随着资金供求关系而变化，可分为固定利率和浮动利率。固定利率，是指借贷期内固定不变的利息率。这种利率对借贷双方

确定成本和收益十分方便，但由于近年来世界各国都存在着不同程度的通货膨胀，继续实行固定利率会使债权人的利益受到损害，因此，固定利率只适用于短期借贷。目前使用较为广泛的是浮动利率。浮动利率，是指在借贷期内可以调整的利率。根据借贷双方的协定，由一方在规定的时间依据某种市场利率进行调整。如我国大部分的中长期借贷合同都约定，借款利率实行一年一次的调整机制。使用浮动利率一方面可以使得债权人减少损失；另一方面也符合实行利率市场化的目标。

③ 根据利率变动与市场的关系，可分为市场利率和公定利率。市场利率，是指由资金的供求关系决定的利率，随市场供求规律自由变动，其水平高低由市场供求的均衡点决定。公定利率，是指由政府金融管理部门或中央银行确定的利率，又称为法定利率。公定利率是国家进行宏观调控的一种手段。我国利率属于公定利率，由国务院统一制定，中国人民银行统一管理。在发达的市场经济国家，以市场利率为主，同时有公定利率，但一般公定利率与市场利率无明显脱节现象。

（2）利率的构成。

利率由多种影响因素构成，具体利率构成如下：

$$利率＝纯利率＋通货膨胀补偿率＋违约风险补偿率＋流动性风险补偿率＋到期风险补偿率$$

式中：纯利率——通货膨胀为零时无风险证券的平均利率；

通货膨胀补偿率——补偿通货膨胀所导致的货币购买力下降的补偿率；

违约风险补偿率——补偿投资者所面临的违约风险而设置的补偿率；

流动性风险补偿率——补偿投资者持有证券与持有现金间的流动性差别而设置的补偿率；

到期风险补偿率——因到期时间长短不同而设置的补偿率。

理解利率的构成对分析预测利率有很大帮助。比如：预计未来通货膨胀率升高，则利率偏高；资金借入方信用评级较高，则利率偏低；证券流动性好，则利率偏低等。

分析预测利率对企业财务管理也有很大帮助。企业作为筹资方，可以仔细分析研究利率的结构，得出降低利率的办法，从而降低企业融资成本；企业作为投资方，也可以仔细研究利率的结构，制定适当的投资政策。

（三）法律环境

法律环境是企业与外界发生经济关系时所必须遵守的法律、法规和规章制度。企业的所有经营活动都应当在合法的前提下进行。企业财务活动所须遵守的法律规范有《中华人民共和国民法典》《中华人民共和国公司法》《中华人民共和国证券法》《中华人民共和国企业所得税法》《企业财务通则》等。

1. 法律环境的分类

对法律环境进行分类有多种标准，比如按照法律法规对财务管理内容的不同而分类，及按照法律法规对不同经济活动的分类等，在此重点介绍后一种分类。

（1）企业组织法律规范。

企业组织必须依法成立。组建不同的企业，要依照不同的法律规范，包括《中华人民共和国公司法》《中华人民共和国全民所有制工业企业法》《中华人民共和国外商投资法》《中华人民共和国个人独资企业法》《中华人民共和国合伙企业法》等。这些法律规范既是企业的组织法，又是企业的行为法，企业日常活动须依照此类法律行事。

例如，《中华人民共和国公司法》（以下简称《公司法》）对公司企业的设立条件、设立程序、组织机构、组织变更及终止的条件和程序等都做了规定，包括股东人数、法定资本的最低限额、资本的筹集方式等。只有按其规定的条件和程序建立的企业，才能称为"公司"。《公司法》还对公司生产经营的主要方面做出了规定，包括股票的发行和交易、债券的发行和转让、利润的分配等。公司一旦成立，其主要的活动，包括财务管理活动，都要按照《公司法》的规定来进行。因此，《公司法》是公司企业财务管理最重要的强制性规范，公司的理财活动不能违反该法律，公司的自主权不能超出该法律的限制。

（2）企业税务法规。

税法是国家制定的用以调节国家与纳税人之间在纳税方面的权利与义务关系的法律规范的总称。它是由国家制定、认可或解释的，由国家强制力保证实施的，确认和保护国家税收利益和纳税人权益的最基本的法律形式。税法详细规定了征税人、纳税义务、征税对象、税目、税率、纳税环节、计税依据、纳税期限、纳税地点、税务减免、法律责任等内容，是企业和个人纳税活动能够正常进行的保证。

税法对财务管理的影响主要表现在企业筹资、投资和利润分配几个环节中。企业可以适当调整筹资、投资策略和利润分配策略，达到合理避税的目的。

（3）财务法规。

财务法规是规范企业财务活动、协调企业财务关系的法令文件。我国目前企业财务管理法规制度有企业财务通则、行业财务制度和企业内部财务制度三个层次。

企业财务通则是企业财务活动必须遵循的基本原则和规范，是制定行业财务制度和企业内部财务制度的依据，通常由国家统一制定。企业财务通则的内容包括企业财务管理主体应当履行的职责、可以享受的权利、财务行为的规范等。

行业财务制度是指不同行业进行财务活动的一般要求，行业财务制度与企业财务通则的区别在于行业财务制度针对具体的行业，因此内容更加详细、更具有行业特征。

企业内部财务制度是指企业管理部门根据国家和政府有关法规的规定、企业自身经营管理的特点和要求制定的，用来规范和优化企业内部财务行为、处理内部财务关系的具体规则，是整个财务制度体系中的操作性、基础性财务制度。

2. 法律环境与企业筹资活动

为保证投资者利益，法律法规对企业筹资活动有较为严格的规定。首先，对企业筹资规模有限定，即企业对外筹资是有上限的，所有企业都要具备一定的自有资金规模（不同类型企业自有资金规模要求不同）；其次，对企业的筹资渠道和方式有限定，比如并非所有企业都能够上市公开募集资金，只有少部分企业能够达到上市公开募集资金的标准；再次，对筹资的条件和程序有限定，如有关法规对企业发行证券规定了详细的条件，不符合这些条件的企业，不能在金融市场上发行证券，既保护了筹资者的利益，也保护了投资者的利益。

3. 法律环境与企业投资活动

法律法规既对企业股东入股有严格的规定，也对企业本身的对外投资有严格的规定。对企业股东而言，《公司法》规定股份有限公司的发起人可以用货币出资，也可以用实物、知识产权、土地使用权等作价出资，发行股份的股款缴足后，必须经依法设立的验资机构验资并出具报告；就企业本身而言，法律法规对其投资程序、投资方向、投资期限和违约责任都有严格的规定。

4. 法律环境与利润分配活动

为保证国家税收和企业持续发展力，法律法规对企业的利润分配也有规定，包括企业计算成本的范围与标准、企业应缴税收的计算方法、利润分配的程序和比例等。

（四）社会文化环境

社会文化环境是指人们在特定的社会环境中形成的习俗观念、价值观念、行为准则和教育程度以及人们对经济、财务的传统看法等。企业成立、壮大于一定的社会文化环境下，因此社会文化环境对企业财务管理理念、管理人员文化背景、管理人员受教育程度都有较大影响。

跨国企业针对不同国家员工应当有不同的管理理念和策略。同时，应帮助非东道国员工适应东道国社会文化，以达到多文化间的和谐共处。

三、财务管理的微观环境

如前文所述，企业财务管理的微观环境由企业自身而发，但又影响企业在宏观环境中的竞争力，也是体现企业管理水平和经营能力的重要因素。

（一）企业的组织形式

企业存在不同组织形式，决定了企业所有权结构和经营管理权限，这与企业财务管理模式息息相关。

比如，独资企业由个人出资经营、归个人所有和控制、由个人承担经营风险和享有全部经营收益，独资企业没有营运章程或者只有简单的营运章程，其筹资活动极其简单，利润分配阶段也十分简单，财务管理得到大大简化，但独资企业风险承受能力通常较小，资金链容易断裂，企业破产风险也由此增大。股份公司通常有完备的公司章程，可通过募股筹资，在筹资方面比其他组织形式的企业更有优势，但同时股份公司所受到的法律法规限制也更为繁杂。上市公司属于股份公司，上市公司可以公开上市发行股票，筹资途径更为宽广，公司知名度等无形资产也可通过上市得到提升，但上市公司不仅受到监管部门的严格监管，还受到舆论和媒体的监管，企业限制也相应增多。

（二）企业的采购、生产和销售方式

企业生产过程如下：

资本 $\xrightarrow{①}$ 原材料和劳务 $\xrightarrow{②}$ 产品 $\xrightarrow{③}$ 新资本

对应的企业资金运转过程如下：

货币资本 $\xrightarrow{①}$ 生产资本 $\xrightarrow{②}$ 商品资本 $\xrightarrow{③}$ 新货币资本

其中，过程①即采购，过程②为生产，过程③是销售。这三个过程构成了完整的企业生产过程和资金运转过程。由此可见企业生产和财务运作相互呼应，不可分离。

企业采购的付款方式有提前付款、货到付款、延期付款等，由于资金具有时间价值，不同的付款方式可能对企业的财务管理有很大影响。同理，企业销售的付款方式也有提前付款、货到付款、延期付款等。企业生产过程，需要计提设备折旧以及各种摊提，不同的折旧方法和摊提方法也对企业财务有所影响。因此，企业财务管理离不开企业生产过程。

（三）企业生产条件

按照企业生产条件，可以分为劳动密集型企业、技术密集型企业和资源开发型企业。不同生产条件的企业生产时面临的困难和优势都有所不

同。比如：劳动密集型企业，财务开支大头是工资费用，工资费用属于短期费用，因此劳动密集型的长期费用相对较少；技术密集型企业在生产设备上的花费较高，生产设备属于长期投资，但相对来说对人力的需求变少，短期资金占用较少；资源开发型企业长期投资通常也较多，且资金回收周期较长。这些不同的资金利用特点对企业财务管理有严格的要求。企业筹资年限、筹资途径、投资方式都受到企业生产条件的严格约束。

（四）企业无形微观环境

企业无形微观环境是指企业财务经营所面临的企业无形资产状况。具体来说包括企业内部各项规章制度、企业管理者水平、企业家素质、企业员工素质、企业文化等。企业内部与财务相关的规章制度自然影响财务活动，另外企业管理者水平和素质通常会对企业财务管理习惯产生影响，企业文化对企业财务管理的影响通常比较间接。企业无形微观环境对企业财务的影响相对较小，而且影响范围也相对较小。

虽然无形微观环境的影响并不明显，但财务工作者不应忽视这些因素，在财务工作中也要适当考虑这些因素。

第二节 财务管理的目标

一、财务管理目标的概念

财务管理目标又称理财目标，是指企业进行财务活动所要达到的根本目的，它决定着企业财务管理的基本方向。财务管理目标是一切财务活动的出发点和归宿，是评价企业理财活动是否合理的基本标准。因此，在进行财务活动前务必先明确财务管理的目标，如此才能有效地进行财务管理。

随着市场经济体制的逐步完善，财务管理理论也在不断地丰富和发展，企业财务管理目标也在不断推陈出新。

二、财务管理目标的分类

通常企业财务管理目标应该是提高企业效益、提升企业价值以实现价值增值的最大化。但这只是比较概括的目标，更精确地，企业财务管理目标可以从总体上和具体上分别来阐述。

（一）总体目标

就财务管理的总体目标而言，随着财务管理理论的发展和财务管理实践的证明，目前有四种比较有代表性的观点：利润最大化原则、股东财富最大化原则、企业价值最大化原则和企业资本可持续有效增值原则。

1. 利润最大化原则

利润最大化原则重视企业利润，强调企业利润额在一定时间内达到最大。因为利润代表了企业新创造的财富，利润越多则说明企业的财富增加得越多，越接近企业的目标。因此，利润最大化原则有其合理的一面。

其合理性体现在以下几个方面。

（1）"利润额＝企业期限内全部收入－企业期限内全部费用"，利润的计算符合收入费用配比原则，能够充分反映当期经营活动中投入和产出相抵消的结果，该结果直接反映企业期限内的经济效益。直观的结果促使企业加强管理、改善技术、提高劳动生产率、降低生产成本、提升销售收入，达到利润最大化。

（2）利润是企业扣除费用后所得的净收入，因此利润直接关系着投资者投资收益、职工劳动报酬、企业资本积累来源，甚至能够体现企业对国家的贡献。利润最大化不仅对投资者、职工、企业运营有利，甚至对国家财政收入也有不可忽视的贡献，因此强调利润最大化是比较合理的。

（3）利润指标直接体现在企业报表中，计算容易，查看方便，能够比较快地为人们理解并接受。因此虽然利润指标仍有许多缺陷，但利润指标目前应用仍较为广泛。

以下是利润最大化原则所存在的缺点。

（1）没有明确利润最大化中利润的概念，这就给企业管理当局提供了进行利润操纵的空间。因为利润作为会计账面数值受到企业会计政策和会计方法的主观影响，具有较强的主观性。

（2）不符合货币时间价值的理财原则，它没有考虑利润的取得时间，不符合现代企业"时间就是价值"的理财理念。企业的会计利润是按权责发生制核算出来的，无法切实衡量利润真正实现的具体时间，因而就无法考虑资金的时间价值，往往导致错误的财务决策。

（3）不符合风险-报酬均衡的理财原则。它没有考虑利润和所承担风险的关系，增大了企业的经营风险和财务风险。例如，两种投资方案产生的利润相同，一个是投向高新技术行业，一个投向传统的工业企业。这两者看似利润相同，但却承担着不同的风险，若只考虑利润因素，将作出错误决断。

（4）没有考虑利润取得与投入资本额的关系。利润是绝对指标，不能真正衡量企业经营业绩的优劣，也不利于本企业在同行业中竞争优势的确立。例如，同样获得利润10万元，一个项目投入50万元，另一个项目投入

100万元，如果仅仅看利润就无法判定两个项目孰优孰劣，因此务必要引入其他指标。

（5）利润是短期指标，如果仅仅考虑利润，很容易让企业陷入追逐短期利益的怪圈里。尤其对于经营管理权和企业所有权分立的公司，经营管理者若把追逐利润作为唯一的标准，更容易产生短视错误。另外，仅仅追逐企业利润往往会忽视企业的社会责任。

2. 股东财富最大化原则

股东财富最大化是指通过财务上的合理经营，为股东创造最多的财富，实现企业财务管理目标。股东是企业的所有者，股东必然会为自己谋取最大利润，因此这种原则的存在有其必然性；一旦股东逐利的愿望得到满足，能够提高股东的积极性，有利于企业的扩大和发展，因此这种原则的存在也有其合理性。

对于上市公司，企业股票的市场价格代表了市场上投资者对该企业价值的集中评价，反映了公司目前的获利能力和未来预期的获利能力、公司现金流量状况、公司所面临的行业风险和企业内部管理水平等。因此，股票市场价格是一个比较综合、客观的评价标准，所以通常可以用股票市价表示股东财富的大小。对于非上市公司，可以用股票价格的机会价格来表示股东财富大小。因此，用股票价格表示股东财富是可行的。我们把股东财富最大化原则也称为股票价格最大化原则。这种原则的优点如下。

（1）它考虑了货币时间价值。

（2）它有利于克服企业在理财上的短期行为。

（3）反映了对于资产增值保值的要求。

（4）它能够量化公司理财目标，便于对经营者实施考核。

（5）有利于社会资源的合理流动和配置。

股价体现投资者对公司价值的评价，反映了利润和资本的关系；另外股价受预期每股盈余影响，反映了利润和取得时间的影响；再有股价受企业所在行业风险的影响，反映了利润和风险的关系。这克服了很多利润最大化原则下的问题，所以把股东财富最大化原则作为利润最大化原则的补充是可行的。

但股东财富最大化原则并不完美，其缺陷如下。

（1）该原则只适用于股份制公司，不具有广泛性。

（2）该指标过于关注股东利益，这种偏向容易造成股东与其他公司阶层的矛盾，不利于公司团结和长期发展。

（3）股票价格的波动受多种因素影响，除了公司内部因素，还包括一些外部不可控因素，如国家宏观经济环境、行业发展前景等。市场价格甚至还会受到投资者心理波动的影响。因此，股票价格并不能绝对代表股东财富。

（4）不能直接反映企业当前利润水平。

3. 企业价值最大化原则

投资者创办企业的重要目的之一就是创造尽可能多的财富。这种财富首先表现为企业的价值。企业的价值在于它给所有者带来未来收益，包括获得股利和出售股权获取现金。企业价值不是账面资产的总价值，而是企业全部财产的市场价值，它反映了企业潜在或预期获利能力。企业价值最大化是指通过企业财务上的合理经营，采用最优的财务政策，充分考虑资金的时间价值和风险与报酬的关系，在保证企业长期稳定发展的基础上，使企业总价值达到最大。其基本思想是将企业长期稳定发展摆在首位，强调在企业价值增长中满足各方利益关系。

这种原则的优点可以总结如下。

（1）价值最大化原则考虑了取得现金性收益的时间因素，并用货币时间价值的原理进行科学的计量，反映了企业潜在或预期的获利能力，从而考虑了资金的时间价值和风险问题，有利于统筹安排长短规划、合理选择投资方案、有效筹措资金、合理制定股利政策等。

（2）价值最大化原则能克服企业在追求利润上的短期行为。因为不仅过去和目前的利润会影响企业的价值，而且预期未来现金性利润的多少对企业价值的影响更大。

（3）价值最大化原则科学地考虑了风险与报酬之间的联系，能有效地克服企业财务管理人员不顾风险的大小，只片面追求利润的错误倾向。

（4）价值最大化原则反映公司资产保值增值的要求。

（5）价值最大化原则更能揭示公司市场认可的价值，促进社会资源的合理流动和配置，提高社会效益。

但不得不承认这种原则也存在缺点。

（1）价值最大化是一个绝对指标，没有考虑企业投入与产出之间的关系。

（2）企业价值这一数值难以具体地估量，可操作性不强。利润的计算简单明了，可操作性强，比如先确定企业的收入和目标利润，再倒推出目标成本并以此作为考核和控制的依据。相比之下，企业价值不但难以具体地估量，而且可操作性不强。对于上市公司而言，企业价值直接表现为流通市值，这当然直观具体。但在我国，即使是上市公司，也有不流通的国有股和法人股，这一部分股票的价值难以衡量；倘若单指流通市值，那么企业的股票价格的变动导致企业的价值每天都在变动着，无法确定具体的时间点就无法确定企业价值，另外由于企业股价变化太快，如果真以企业股价作为企业价值的衡量标准，会造成会计上的混乱。

（3）企业价值这一指标适用范围有限。无论对于何种类型的企业，利润都可直观地用"收入－成本费用"计算出来，作为企业的经营成果，直接体现在损益表中。相比之下，企业价值的估量却要复杂得多。倘若资本市场是有效的，则可以通过股票价格来对企业市值进行衡量。但就我国情况来看，这一方法受到很大的制约。另外对于独资企业、合伙制企业和非上市公司来说，这一方法可行性更低。对于这三类企业，企业价值的估量还有两种办法：一是以买卖的形式通过市场评价来确定；二是通过其未来预期实现的现金流量的现在价值来估计。前一种办法需要进行资产评估或公开拍卖，不可能连续不断地进行，而且在评估企业资产时，由于受评估标准和评估方式的影响，这种估价也很难做到客观和准确，导致企业价值难以衡量；后一种办法需要能准确估计未来预期的现金流量，由于未来的不确定性和信息不对称，实际上也是不可能的事。因此，以价值最大化作为企业财务管理的目标，如果说对于全流通的上市公司来说还有一定的合理性的话，那么对独资企业、合伙制企业和非上市公司而言，由于各种条件的限制，在实际工作中很难应用。

（4）企业价值受到多种不可控因素的影响，以其为目标极易误导企业财务决策。尽管上市公司的企业价值，可通过股票价格的变动来揭示，但是股价是受多种因素影响的结果，而这些因素很多是企业本身不可控制的，如宏观经济波动所带来的系统风险、投资者的非理性预期等。因此，倘若以价值最大化作为企业财务管理的目标，一方面可能使企业只看重股价而偏离实业本身，误导企业财务决策；另一方面还会诱使企业发布有利于股价上升的虚假信息。

4. 企业资本可持续有效增值原则

企业资本可持续有效增值原则的核心是要保证资本的有效增值。该目标认为，资本可持续有效增值能较好地体现财务管理的综合目标与效果，同时也是财务管理目标的回归。因为财务管理最终要落实在资金的管理，资本的持续的、有效的增加直接体现财务管理的效果。

企业资本可持续有效增值计量时强调可持续和有效，它在一定程度上避免了短期效应和虚假利润的问题。这一原则是近年来逐步被提出和重视的，这表明资本可持续有效增值问题越来越受到重视。

> **案例阅读**

雷曼兄弟破产对企业财务管理目标选择的启示

2008年9月15日，拥有158年悠久历史的美国第四大投资银行——雷曼兄弟公司正式申请破产保护。雷曼兄弟公司，作为曾经在美国金融界中叱咤风云的巨人，在2008年爆发的金融危机中也无奈破产，这不仅与过度的金融创新和乏力的金融监管等外部环境有关，也与雷曼公司本身的财务管理目标有着某种内在的联系。

一、股东财富最大化：雷曼兄弟财务管理目标的现实选择

雷曼兄弟公司正式成立于1850年，在成立初期，公司主要从事利润比较丰厚的棉花等商品的贸易，公司性质为家族企业，且规模相对较小，其财务管理目标自然是利润最大化。在雷曼兄弟公司从经营干洗、兼营小件寄存的小店逐渐转型为金融投资公司的同时，公司的性质也从一个地道的家族企业逐渐成长为在美国乃至世界都名声显赫的上市公司。由于公司性质的变化，其财务管理目标也随之由利润最大化转变为股东财富最大化。其原因至少有：①美国是一个市场经济比较成熟的国家，建立了完善的市场经济制度和资本市场体系，因此，以股东财富最大化为财务管理目标能够获得更好的企业外部环境支持；②与利润最大化的财务管理目标相比，股东财富最大化考虑了不确定性、时间价值和股东资金的成本，无疑更为科学和合理；③与企业价值最大化的财务管理目标相比，股东财富最大化可以直接通过资本市场股价来确定，比较容易量化，操作上显得更为便捷。因此，从某种意义上讲，股东财富最大化是雷曼兄弟公司财务管理目标的现实选择。

二、雷曼兄弟破产的内在原因：股东财富最大化

股东财富最大化是通过财务上的合理经营，为股东带来最多的财富。当雷曼兄弟公司选择股东财富最大化为其财务管理目标之后，公司迅速从一家名不见经传的小店发展成闻名于世界的华尔街金融巨头，但同时，由于股东财富最大化的财务管理目标利益主体单一（仅强调了股东的利益）、适用范围狭窄（仅适用于上市公司）、目标导向错位（仅关注现实的股价）等原因，雷曼兄弟最终也无法在百年一遇的金融危机中幸免于难。股东财富最大化对于雷曼兄弟公司来说，颇有成也萧何，败也萧何的意味。

1. 股东财富最大化过度追求利润而忽视经营风险控制是雷曼兄弟破产的直接原因

在利润最大化的财务管理目标指引之下，雷曼兄弟公司开始转型经营美国当时最有利可图的大宗商品期货交易，其后，公司又开始涉足股票承销、证券交易、金融投资等业务。1899—1906年，雷曼兄弟公司从一个金融门外汉成长为纽约当时最有影响力的股票承销商之一。其每一次业务转型都是资本追逐利润的结果，然而，由于公司在过度追求利润的同时忽视了对经营风险的控制，从而最终为其破产埋下了伏笔。雷曼兄弟公司破产的原因，从表面上看是美国过度的金融创新和乏力的金融监管所导致的全球性的金融危机，但从实质上看，则是由于公司一味地追求股东财富最大

化，而忽视了对经营风险进行有效控制的结果。

2. 股东财富最大化过多关注股价而使其偏离了经营重心是雷曼兄弟破产的推进剂

股东财富最大化认为，股东是企业的所有者，其创办企业的目的是扩大财富，因此企业的发展理所当然应该追求股东财富最大化。在股份制经济条件下，股东财富由其所拥有的股票数量和股票市场价格两方面决定，而在股票数量一定的前提下，股东财富最大化就表现为股票价格最高化，即当股票价格达到最高时，股东财富达到最大。为了使本公司的股票在一个比较高的价位上运行，雷曼兄弟公司自2000年始连续七年将公司税后利润的92%用于购买自己的股票，此举虽然对抬高公司的股价有所帮助，但同时也减少了公司的现金持有量，降低了其应对风险的能力。另外，将税后利润的92%全部用于购买自己公司而不是其他公司的股票，无疑是选择了"把鸡蛋放在同一个篮子里"的投资决策，不利于分散公司的投资风险；过多关注公司股价短期的涨和跌，也必将使公司在实务经营上的精力投入不足，经营重心发生偏移，使股价失去高位运行的经济基础。因此，因股东财富最大化过多关注股价而使公司偏离了经营重心是雷曼兄弟公司破产的推进剂。

3. 股东财富最大化仅强调股东的利益而忽视其他利益相关者的利益是雷曼兄弟破产的内在原因

雷曼兄弟自1984年上市以来，公司的所有权和经营权实现了分离，所有者与经营者之间形成委托-代理关系。同时，在公司中形成了股东阶层（所有者）与职业经理阶层（经营者）。股东委托职业经理人代为经营企业，其财务管理目标是为达到股东财富最大化，并通过会计报表获取相关信息，了解受托者的受托责任履行情况以及理财目标的实现程度。上市之后的雷曼兄弟公司，实现了14年连续盈利的显著经营业绩和10年间高达1 103%的股东回报率。然而，现代企业是多种契约关系的集合体，不仅包括股东，还包括债权人、经理层、职工、顾客、政府等利益主体。股东财富最大化片面强调了股东利益的至上性，而忽视了其他利益相关者的利益，导致雷曼兄弟公司内部各利益主体的矛盾冲突频繁爆发，公司员工的积极性不高，虽然其员工持股比例高达37%，但主人翁意识淡薄。另外，雷曼兄弟公司选择股东财富最大化，导致公司过多关注股东利益，而忽视了一些公司应该承担的社会责任，加剧了其与社会之间的矛盾，也是雷曼兄弟破产的原因之一。

4. 股东财富最大化仅适用于上市公司是雷曼兄弟破产的又一原因

为了提高集团公司的整体竞争力，1993年，雷曼兄弟公司进行了战略重组，改革了管理体制。和中国大多企业上市一样，雷曼兄弟的母公司（美国运通公司）为了支持其上市，将有盈利能力的优质资产剥离后注入帮助其上市，而将大量不良资产甚至可以说是包袱留给了集团公司，在业务上实行核心业务和非核心业务分开、上市公司和非上市公司分立运行。这种上市方式注定了其上市之后无论是在内部公司治理，还是外部市场运作，都无法彻底地与集团公司保持独立。因此，在考核和评价其业绩时，必须站在整个集团公司的高度，而不能仅从上市公司这一个子公司甚至是孙公司的角度来分析和评价其财务状况和经营成果。由于只有上市公司才有股价，因此股东财富最大化的财务管理目标只适用于上市公司，而集团公司中的母公司及其他子公司并没有上市，因而，股东财富最大化财务管理目标也无法引导整个集团公司进行正确的财务决策，还可能导致集团公司中非上市公司的财务管理目标缺失、财务管理活动混乱等问题。因此，股东财富最大化仅适用于上市公司是雷曼兄弟破产的又一原因。

三、雷曼兄弟破产给我们的启示

1. 关于财务管理目标的重要性

企业财务管理目标是企业从事财务管理活动的根本指导，是企业财务管理活动所要达到的根本目的，是企业财务管理活动的出发点和归宿。财务管理目标决定了企业建立什么样的财务管理组织、遵循什么样的财务管理原则、运用什么样的财务管理方法和建立什么样的财务指标体系。财务管理目标是财务决策的基本准则，每一项财务管理活动都是为了实现财务管理的目标，因此，无论从理论意义还是从实践需要的角度看，制定并选择合适的财务管理目标是十分重要的。

2. 关于财务管理目标的制定原则

雷曼兄弟破产给我们的第二个启示是，企业在制定财务管理目标时，须遵循以下原则：①价值导向和风险控制原则。财务管理目标首先必须激励企业创造更多的利润和价值，但同时也必须时刻提醒经营者要控制经营风险。②兼顾更多利益相关者的利益而不偏袒少数人利益的原则。企业是一个多方利益相关者利益的载体，财务管理的过程就是一个协调各方利益关系的过程，而不是激发矛盾的过程。③兼顾适宜性和普遍性原则。既要考虑财务管理目标的可操作性，又要考虑财务管理目标的适用范围。④绝对稳定和相对变化原则。财务管理目标既要保持绝对的稳定，以便制定企业的长期发展战略，同时又要考虑对目标的及时调整，以适应环境的变化。

3. 关于财务管理目标选择的启示

从这个案例中，我们发现同样是股东财富最大化财务目标，在前期是促使公司迅速发展的原因，但后来却成为公司破产的原因。这说明，一个公司的财务管理目标并不是僵化不变的，要随着企业自身的发展和环境的变化而变化，也就是说，企业的财务管理目标是一个动态变化的过程。

（二）具体目标

财务管理的具体目标指具体到各个环节的目标，如筹资管理目标、投资管理目标、收入管理目标、成本控制目标、收益分配管理目标等。

1. 筹资管理目标

筹资对于财务管理来说是最基础的一个环节。企业运作离不开资金，筹资的基础地位不可动摇。对于筹资环节来说，最重要的目标就是以较低的成本筹集稳定的资金，这包含两个目标：低成本筹资、低风险筹资。

2. 投资管理目标

企业筹集资金以后必须有效利用资金，进行一系列投资活动。企业无论对内还是对外投资都是为了获取利润，取得投资收益。企业进行投资时，投资项目有可能成功，也有可能会失败；投资有可能收回，也有可能收不回；有可能赚很多钱，也有可能微利甚至亏损……所有这些都表明投资会产生投资风险，因此企业投资管理的具体目标就是以一定的资金在控制投资风险的情况下获取较多的投资收益。

3. 收入管理目标

收入是企业利润的源头，要达到利润目标必须"开源节流"，从收入和费用两方面进行控制。因此，收入管理的目标就是树立良好的企业形象、良好的销售网络，尽可能扩大销售收入，提高市场占有率。

4. 成本费用管理目标

如前文所述，企业利润目标要求企业"开源节流"，节流就是控制成本费用，成本费用管理目标就是在合理的范围内控制费用。

5. 收益分配管理目标

企业获得的收益要在积累和分配间达到平衡，因为对于投资者来说，股利分配政策是其作出投资选择的一个重要参考因素，长期低股利对公司股价乃至长期发展都有不利影响；另一方面，如果把利润都分配出去，企业就会缺乏发展所需的积累资金，从而影响企业未来的市场价值。因此，企业的收益不能过于偏向积累，也不能过于偏向分配，适当的积累是企业可持续发展的基础，适度的分配也是鼓励投资者认购公司股票从而推动股价上涨的诱因。收益分配管理的目标就是合理确定收益的留成比例和分配形式，提高企业的潜在收益能力，从而提高企业总价值。

三、财务管理目标的基本特点

（一）财务管理目标具有相对稳定性

随着宏观经济体制和企业经营方式的变化，财务管理目标也可能发生变化。但是，宏观经济体制和企业经营方式的变化是渐进的，只有发展到一定阶段以后才会产生质变；人们的认识在达到一个新的高度以后，也需要有一个达成共识、为人所普遍接受的过程。因此，财务管理目标作为人们对客观规律性的一种概括，总的来说是相对稳定的。

（二）财务管理目标具有多元性

根据前文所述，财务管理目标并非是单一的，仅就总体目标而言，可分为利润最大化原则、股东财富最大化原则、企业价值最大化原则和企业资本可持续有效增值原则等。每种原则都有优缺点，因此一般企业的财务目标都不是单一的，要综合考虑多个原则。这就是所谓的财务管理目标的多元性。

（三）财务管理目标具有层次性

财务管理目标是企业财务管理系统顺利运行的前提条件，财务管理目标之所以有层次性，是由企业财务管理内容和方法的多样性以及它们相互关系上的层次性决定的。

（四）财务管理目标具有可操作性

财务管理目标是实行财务目标管理的前提，它要能够起到组织动员的作用，要能够据以制定经济指标并进行分解，实现职工的自我控制，进行科学的绩效考评，因此，财务管理目标就必须具有可操作性。具体说来，包括可以计量、可以追溯、可以控制。

第三节 财务管理及财务分析的原则

一、财务管理原则

（一）系统原则

财务管理是企业管理系统的一个子系统，本身又可分为筹资管理、投资管理、分配管理等子系统。在财务管理中坚持系统原则，就是要让子系统之间协调，让子系统与总系统协调，这是财务管理工作的首要出发点，具体要求做到以下几点。

（1）只有整体最优的系统才是最佳选项。财务管理必须从企业整体战略出发，各财务管理子系统必须围绕整个企业的财务管理目标进行，不能"各自为政"；尤其对于实行分权管理的企业，各部门的利益应服从企业的整体利益。

（2）任何系统都是有一定层次结构的层级系统。在企业资源配置方面，应注意结构比例优化，从而保证整体优化，如进行资金结构、资产结构、分配比例优化。

（3）财务管理系统处于理财环境之中，必须保持适当的弹性，及时并充分了解周边环境变化并适应环境的变化，达到"知己知彼，百战不殆"的境界。

（二）现金收支平衡原则

在财务管理中，现金的收支实际上贯彻的是收付实现制，而非权责发生制，客观上要求在财务管理过程中做到现金收入（流入）与现金支出（流出）在时间上、数量上达到动态平衡，即所谓的现金流转平衡。企业现金流入和流出的发生，是因营业收入与营业支出产生的，同时又受企业筹资与投资活动的影响。发生支出以获取收入为前提，投资以融资为前提，负债本息的偿还支付及红利分配要求企业经营获利或获得新的资金来源。企业就是要在这一系列的复杂业务关系中保持现金的收支平衡，而保持现金收支平衡的基本方法是现金预算控制。现金预算可以说是筹资计划、投资计划、分配计划的综合平衡，因而现金预算是进行现金流转控制的有效工具。

（三）成本、收益、风险权衡原则

在财务管理过程中，要获取收益，总得付出成本，同时面临风险，因此成本、收益、风险之间总是相互联系、相互制约的。财务管理人员必须牢固树立成本、收益、风险三位一体的观念，以指导各项具体财务管理活动。具体要求如下。

（1）成本、收益权衡。在财务管理中，时时刻刻都需要进行成本与收益的权衡。在筹资管理中，要进行筹资成本与筹资收益的权衡；在长期投资管理中，要进行投资成本与投资收益的权衡；在运营资金管理中，收益难以量化，但应追求成本最低化；在分配管理中，应在追求分配管理成本最小的前提下，妥善处理各种财务关系。

（2）收益、风险权衡。收益与风险的基本关系是一个对等关系，高收益、高风险，低收益、低风险。但应注意的是，高风险并不必然带来高收益，有时甚至是高损失。可见，认真权衡收益与风险是很重要但也是很困难的。在筹资管理中，要权衡财务杠杆收益与财务风险；在投资管理中，要比较投资收益与投资风险；在分配管理中，要考虑再投资收益与再投资风险。在整个理财过程中，收益与风险权衡的问题无处不在。一般情况下，风险与收益总是相互矛盾的，为追求较大利益，往往要冒较大风险，如果风险过大会减弱企业未来获利能力，如果收益过小也会增加企业未来风险。因此，财务管理的原则是：在风险一定的情况下，使收益达到较高的水平；在收益一定的情况下，将风险维持在较低的水平。

（3）成本、收益、风险三者综合权衡。在理财过程中，不能割裂成本、收益权衡与收益、风险权衡，而应该将成本、收益、风险三者综合权衡，用以指导各项财务决策与计划。权衡即优化，决策的过程即优化的过程。财务管理中，各种方案的优选、整体优化、结构优化等，都体现了成本、收益、风险三者的综合权衡。

（四）资源合理配置原则

要根据市场经济的客观要求和企业的发展趋势，合理配置企业有限资源，充分使用资本，提高资本的利用效率。具体要求是，既要防止资源供应不充足而影响企业总体收益，又要避免财务活动中资源的浪费。企业的资源总是有限的，因此，面对多变的市场，财务管理既要慎重稳健，又要灵活全面地建立一套科学的内部控制制度，加强财务监督，确保目标的实现。

(五)利益关系协调原则

在财务管理中,应力求企业利益相关者的利益分配均衡,也就是减少各相关利益者之间因利益冲突而使总体收益下降,使利益分配在时间上和数量上达到动态的协调平衡,这就是财务管理的利益协调原则。从经济关系上来说,现代公司制企业,是将不同生产要素和各个利益主体通过合同关系组织起来从事生产经营活动的一种企业组织形式,它实质上是一个由多个利益主体共同构成的"关系集合"。企业将其收益分配给相关利益者,意味着为这些相关利益者提供必要的回报,这种回报是维系企业持续经营和发展的必要手段。如果收益分配不均,会导致企业利益冲突加剧,代理成本攀升,最终导致企业破产。

二、财务分析的原则

财务分析结论是要给决策者使用的,为了决策者不得出错误或者过于追求短期效益的结论,要求财务分析人员做到以下几点。

1. 从实际出发,坚持实事求是

财务分析的结果对决策者决策的影响很大,如果主观臆断,结论先行,容易导致错误的决策。财务分析结果不仅仅对企业财务影响重大,甚至影响企业存亡,因此要实事求是,谨慎仔细。

2. 全面看问题,坚持一分为二

要兼顾成功经验与失败教训、有利因素与不利因素、主观因素与客观因素、经济问题与技术问题、外部问题与内部问题。根据风险-收益权衡理念,想要高收益就必须接受高风险,不愿意冒风险就只能接受低收益。因此,财务分析时必须考虑全面,给决策者全面完整的分析结果。

3. 注重事物间的联系,坚持相互联系地看问题

要注意局部与全局的关系、偿债能力与盈利能力的关系、收益与风险的关系。在进行财务分析时,要求财务分析人员尽可能地注重企业各管理因素之间的联系,以免给出片面的结论,导致决策者作出片面的决策。

4. 纵向分析,坚持发展地看问题

要充分注意过去的财务状况、现在的财务状况和将来可能的财务情况。因为会计报告通常显示过去的财务状况,而决策将决定将来的财务状况,所以在财务分析时,不能静止地看问题。

5. 定量分析与定性分析结合,坚持定量为主

定性分析是基础和前提,没有定性分析就弄不清本质、趋势和与其他事物的联系。定量分析是工具和手段,没有定量分析就弄不清数量界限、阶段性和特殊性。财务报表分析要透过数字看本质,没有数字就得不出结

论。另外需要强调的是,财务分析一定要有定性的结论。财务分析人员将定量的数字定性化,这样就可以方便财务分析结论的使用者进行决策,进而也提高了财务分析的价值。

第四节 | 财务管理的过程和基本方法

在现代企业管理的模式下,传统财务工作的内容和财务核算的概念已经得到延伸,企业对财务从业者的要求和期望也越来越高:希望其既是企业财务风险的最后守望者,又希望其是企业管理提升的策划者和执行者;同时在法治社会的大环境下,财务从业者既要维护和执行法律的严肃和尊严,又要站在企业的角度去帮助其实现价值最大化。因此,对财务从业者的综合管理能力提出了更高的要求。

同时,作为企业的财务管理者,对其工作的要求也与传统的企业会计负责人存在较大的差异:后者更多的是会计法和准则的维护;而前者是需要站在企业发展战略基础上,利用自身的专业知识,帮助和促进企业整体管理能力和执行能力的提高。为了有效开展财务活动,实现财务管理目标,就需要一系列程序、步骤或者一整套科学完整的方法。财务管理的过程着重解决财务管理这项复杂而严密的工作由哪些具体环节组成,以及各环节的相互关系问题。具体而言,财务管理过程由财务预测、财务决策、财务预算、财务控制、财务分析五个环节顺次构成。这些管理环节互相配合、紧密联系,形成了周而复始的财务管理循环过程,构成了完整的财务管理工作体系。

一、财务预测

财务预测是根据财务活动的历史资料,考虑现实的要求和条件,运用科学的方法对企业未来财务状况、发展趋势及其结果进行科学的预计和测算。财务预测环节的作用在于:测算各项生产经营方案的经济效益,为决策提供可靠的依据;预计财务收支的发展变化情况,以确定经营目标;测定各项定额和标准,为编制计划、分解计划指标服务。财务预测环节是在前一个财务管理循环基础上进行的,运用已取得的规律性的认识指导未来。它既是两个管理循环的联结点,又是财务决策环节的必要前提。财务预测环节的工作步骤如下。

（一）明确预测对象和目的

预测的对象和目的不同，则预测资料的搜集、预测模型的建立、预测方法的选择、预测结果的表现方式等也有不同的要求。为了达到预期的效果，必须根据管理决策的需要，明确预测的具体对象和目的，如降低成本、增加利润、加速资金周转、安排设备投资等，从而确定预测的范围。

（二）搜集和整理资料

根据预测的对象和目的，要广泛搜集有关的资料，包括企业内部和外部资料、财务和生产技术资料、计划和统计资料、本年和以前年度资料等。对资料要检查其可靠性、完整性和典型性，排除偶然性因素的干扰；还应对各项指标进行归类、汇总、调整等加工处理，使资料符合预测的需要。

（三）选择预测模型

根据影响预测对象的各个因素之间的相互联系，选择相应的财务预测模型。常见的财务预测模型有时间序列预测模型、因果关系预测模型、回归分析预测模型等。

（四）实施财务预测

将经过加工整理的资料进行系统的研究，代入财务预测模型，采用适当的预测方法，进行定性、定量分析，确定预测结果。

财务预测的方法有许多种，常用的有定性预测法和定量预测法，前者可分为经验判断法和调查研究法，后者可分为趋势预测法和因果预测法。

二、财务决策

财务决策是对项目投资、项目可行性研究、财务方案、财务政策进行选择和决定的过程。财务决策的目的在于确定最为令人满意的财务方案。只有确定了切实可行的方案，财务活动才能取得好的效益，完成企业价值最大化的财务管理目标。因此，财务决策是整个财务管理的核心。

同时，财务决策还要有必要的基础与前提，也就是通常所说的资源禀赋或者生产资料。财务决策是对财务预测结果的分析与选择，是一种多标准的综合决策。决策方案的取舍，既有货币化、可计量的经济标准，又有非货币化、不可计量的非经济标准，如宏观经济状况的考虑和市场的预判等。因此，决策方案往往是多种因素综合平衡的结果。

（一）财务决策分类

财务决策按照能否程序化，可以分为程序化财务决策和非程序化财务决策。前者指对不断重复出现的例行财务活动所作的决策，基本上是基于财务报表的一种判断；而后者指对不重复出现、具有独特性的非例行财务活动所作的决策，参考的依据往往是一种宏观的考量。如国际经济形势、宏观经济政策、货币政策等。

按照决策所涉及的内容，财务决策还可以分为投资决策、筹资决策和股利分配决策。前者指资金对外投出和内部配置使用的决策，须均衡考虑企业自身的承受能力；次者指有关资金筹措的决策，在资金不足时，需要采用何种手段去达到融资的目的；后者指有关利润分配的决策，要综合考虑各方的利益，使分配方案既符合股东的利益又满足经营团队及利益相关者的需求。

财务决策还可以分为生产决策、市场营销决策等。生产决策是指在生产领域中，对生产什么、生产多少以及如何生产等几个方面的问题作出的决策，具体包括剩余生产能力如何运用、亏损产品如何处理、联产品是否进一步加工和生产批量的确定等，这种决策往往基于谨慎的财务运算而得出。

（二）财务决策内容

1. 销售价格的确定，即定价决策

企业针对标准产品，需要从较长时期考虑成本补偿和目标利润实现问题，往往要根据完全成本法的单位产品成本来确定，通过成本、业务量和利润之间关系的分析来确定最低可以接受的价格。

2. 在销售价格和销售量之间取得平衡，以谋求利润最大

利用经济学中关于供需变化规律的研究成果，通过对成本、业务量和利润之间关系的分析来确定最优的价格水平，为市场竞争中的价格竞争提供决策依据。

3. 充分利用有限的资源，以谋求利润最大

这涉及单一约束条件下的品种规划和多因素约束条件下的品种规划两方面的决策，有时候也会统筹运用到一部分市场营销的手段和知识，但这些行为必须充分考虑到企业自身的财务承受能力和抵御风险的能力。

（三）财务决策方法

财务决策的方法分为定性决策方法和定量决策方法两类。

定性财务决策是通过判断事物所特有的各种因素、属性进行决策。它建立在经验判断、逻辑思维和逻辑推理之上，主要特点是依靠个人经验和综合分析对比进行决策。

定量财务决策是通过分析事物各种因素、属性的数量关系进行决策，其主要特点是在决策的变量与目标之间建立数学模型，根据决策条件，计算出决策结果。

（四）财务决策依据

管理人员在作出决策前必须权衡比较各个备选方案，列出各个备选方案的正反效果（包括定量和定性因素），确定各个备选方案的净效益，

选择一个效益最好的方案实施。在决策过程中，成本效益分析贯穿始终，成本效益分析的结果应成为选择决策方案的依据。效益最大或成本最低的备选方案应成为管理人员采取的方案，成本效益分析需要以下两方面的信息。

1. 财务信息

所谓财务信息是指与特定决策相关的能够用货币计量的因素。例如，在零部件是自制还是外购的决策中，自制的成本和外购的价格因其能用货币进行计量，就属于财务信息。

2. 非财务信息

非财务信息（或称定性因素）包括：决策中的人际因素，如雇员士气、公共关系、不能用货币确切计量的长远影响等。在财务决策过程中大多数备选方案中都隐含着非财务性因素。进行成本效益分析以及决策时，其重要性绝不亚于定量因素或可用货币计量的因素。因此，管理人员在作出具体决策前，必须充分考虑这些定性因素。

（五）财务决策步骤

第一步：确定决策目标，即所要解决的问题和达到的目的，如确认最优化的目标——收益最大或成本最小。

第二步：在目标的制约下，根据资源和机会，设计备选方案。

第三步：运用各种定性和定量的方法分析各方案的影响及其能够达到的目标，然后比较各备选方案，选择其中最优或最适合企业需求的方案。

决策是面向未来的，而未来含有许多不确定性因素，因此良好的预测是决策的基础，是决策科学化的前提。没有准确科学的预测，就不可能作出符合客观实际的科学决策。同时，决策是规划的基础，没有具体的决策结论，就无法作出相应的计划和预算，也无法进行相应的控制和考核。

三、财务预算

（一）推行财务预算管理的作用

在企业内部实行预算管理，其作用主要体现在以下几方面。

1. 有利于各职能部门的协调一致

企业内部各职能部门必须协调一致，最大限度地实现企业预算目标。各职能部门因职责和各自诉求不同，往往会出现相互冲突的现象。传统管理模式下的主要缺陷之一就是按职能部门划分板块管理，各种职能部门管理之间缺乏整合，各自站在自己立场考虑问题，都认为自己部门是最重要最核心的部门，从而最终导致企业无法协调一致地开展业务。如实行预算管理，明确各部门具体预算目标，确定奖惩措施，做到有章可循，督促各部门以预算目标为指引开展工作，则必定可明确职责，厘清责任。

2. 有利于加强企业内部控制

企业一旦制定了预算，就进入实施阶段，管理工作的重心就进入实施与控制的过程，即设法使经济活动按计划进行。企业外部的环境在不断地改变，必然会出现执行情况与预算有偏差的情况，因此，应定期将预算与执行情况进行对比和分析，为企业经营者提供有效的监控手段。预算指标为企业控制提供了标准，哪些钱是可以花的，哪些钱是不可以花的。企业既然制定了预算，就要最大限度地去实现，而不能流于形式。国内许多企业对预算的态度非常随意，没有预算的项目需要支出时，首先想到修改，最后预算表改得面目全非，预算没有发挥应有的作用，先前预算的制定工作基本失效或被否定，浪费企业资源，且增加了企业对预算编制的随意性，因为知道预算编了还可以改，实际上这也是企业的内部控制能力低下的表现。一些内部控制好的企业，它们能严格按照预算指标进行企业的内控，即使执行情况与预算出现偏差时，也会事先设定一个上限，不能逾越，或者对调整预算的流程做出严格控制。

3. 有利于绩效考核的实施

绩效考核是企业员工加薪晋升的重要指标，在绩效考核指标的拟定过程中，首先应将企业的战略目标层层传递和分解，使企业中每个职位被赋予战略责任，每个员工承担各自的岗位职责。绩效管理是战略目标实施的有效工具，绩效管理指标应围绕战略目标逐层分解而不应与战略目标的实施脱节。而企业预算正是企业战略目标的量化指标，以此作为企业绩效考核的指标可以充分达到绩效考核导向性的作用，而且预算以数量化的方式来表明管理工作的标准，其本身具有可考核性，因而可以根据预算执行情况来评定工作成效，分析差异，改进工作。将预算指标作为绩效考核的指标，此时企业的工作业绩是与下达的预算指标进行比较，所以这个指标就变成了相对数的指标，显然相对数的指数与绝对数指数相比更能客观地反映员工对企业的贡献大小。

4. 有利于量化企业各职能部门的奋斗目标

企业预算的制定是企业各职能部门通力合作的结果，最终确定的企业预算是各个职能部门综合平衡的结果。各个职能部门的预算目标实际上是企业预算总目标的分解，即企业预算的达成是以企业各职能部门的预算达成为前提的。预算可以量化各职能部门的努力方向和奋斗目标，各职能部门可以根据预算安排各自的活动。科学的预算管理体系蕴含着企业管理的战略目标和经营思想,是企业最高权力层对未来一定期间经营思想、经营目标、经营决策的财务数量说明和经济责任约束依据,是公司的整体作战方案。没有战略导向性的预算,管理就没有灵魂。公司战略通常是根据企业内外部环境的综合系统分析对企业的未来发展趋势所作出的长远规划,即企业经营者为达到企业经营目标,依据经济规律所制定和采取的指导全局的方针政策和方法。全面预算管理正是以公司战略为出发点,通过规划未来的发展来指导现在的实践,是对公司战略目标的具体落实与进一步量化,从而使目标更具有可接受性、可实现性、可检验性和挑战性等特性,同时也对企业战略起着全方位的支持作用。

(二)财务预算的编制方法和内容

1. 财务预算概述

(1)编制财务预算的基本方法。

① 内容:以企业本预算期间(年度、季度、月度均可)的发展战略为主要指引,结合必要的经济环境、金融环境等因素的影响分析,在上一会计期间财务报表基础上科学确立本期间的主要经营目标、经营利润;并以此编制相对应的内部报表和外部报表。

② 做法:依据各业务部门的生产资料需求预算(销售、成本、费用、固定资产、资金等)作出财务假设,并结合企业实际资产状况,开展预算报表的编制工作。

(2)财务预算基本步骤。

① 确定利润目标。利润目标一旦确立,就应以销售预算为起点,销售预算要根据宏观经济状况和生产能力充分考虑两个重点:量(量要靠谱)和价(价要合理)。

② 根据销售预算及期初、期末库存情况确定生产量。生产预算影响的第一是销量,第二是期初的库存,第三是期末库存,确定每一阶段的库存需求是其他各项资产预算的前提。

③ 根据生产量及材料库存情况确定生产资料的采购。企业生产一种产品,需要核算其定额消耗,并以此根据本量利预算,确定其计划生产量。

④ 根据生产量确定生产产品的直接人工工资。

⑤ 根据产品消耗的直接材料、直接人工、制造费用确定单位产品生产成本。

⑥ 根据上一会计期间实际情况确定销售及管理费用。

⑦ 对其他事项实行专门决策预算,这是针对非日常经营业务制定的预算,比如重大的固定资产或项目投资。

⑧ 编制现金预算,包括资本性支出、生产需求、费用需求、融资需求等。

⑨ 编制预计利润表，根据上述预算中涉及损益方面的数据而编制。

⑩ 编制预计资产负债表，是以上所有预算内容的汇总。

（3）编制财务预算的辅助工作。

① 资料的搜集。财务预算有关的资料的搜集要充分利用企业内部及外部的历史资料，掌握目前的经营及财务状况以及未来发展趋势等相关资料，并对资料采用时间数列分析及比率分析的方法，研究分析企业对各项资产运作的程度及运转效率，判断有关经济指标及数据的增减变动趋势及相互间的依存关系，测算出可能实现的预算值。

② 汇总企业业务方面的预算。各部门编制的各项业务预算，如销售预算，生产预算，成本费用预算，材料、低值易耗品采购预算，直接人工预算等，是编制财务预算的重要依据。在编制财务预算前，应将汇总的各项业务预算的数据及经济指标，加以整理、分析，经确认后，作为财务预算各表的有关预算数。

③ 财务预算的编制程序。编制财务预算，首先以销售预算的销售收入为起点，以现金流量的平衡为条件，最终通过预算损益表及资产负债表综合反映企业经营成果及财务状况。财务预算的一系列报表及数据，环环紧扣、相互关联、互相补充，形成一个完整的体系。

2. 财务预算报表的编制

（1）编制预算损益表。

预算损益表综合反映企业在预算期间的收入、成本费用及经营成果的情况。由于整个财务预算是以销售收入为起点的，因此，预算损益表中只有确定了销售收入，才能进一步对与销售收入配比的成本费用进行规划和测算。

（2）编制预算现金流量表。

现金流量预算是以经营活动、投资活动、筹资活动产生的现金流入及流出量，反映企业预算期间现金流量的方向、规模和结构。现金流入、流出的净值可以反映企业的支付能力和偿债能力。通过编制现金流量预算，可以合理地安排、处理现金收支及资金调度，保证企业现金正常流转及相对平衡。

① 编制现金流量预算。

以企业期初现金的结存额为基点，充分考虑预算期间的现金收入，预计期末的理想的现金结存额，确定预算期间的现金支出。其相互关系可用公式表示为：

期初现金结存额＋预算期间的现金收入－预算
期末理想的现金结存余额＝预算期间的现金支出

其中，期初现金结存数据来源于预算资产负债表中货币资金的期初数。

② 确定现金收入。

现金收入由以下三个方面组成。

Ⅰ 经营活动产生的现金收入，主要来源于销售商品或提供劳务所获的现金收入以及其他与经营活动有关的收入。其中，实际收到现金总量的多少受销售收入、应收账款、预收账款等科目影响。

Ⅱ 投资活动产生的现金收入，主要来源于对外资收到的回报，收回投资，处置固定资产、无形资产和其他长期资产收到的现金。

Ⅲ 筹资活动产生的现金收入，主要来源于吸收权益性投资收到的现金、发行债券收到的现金和借款收到的现金。

③ 确定现金支出。

同样地，现金支出包括经营活动、投资活动和筹资活动三项活动的现金支出。

Ⅰ 经营活动的现金支出，包括购买商品或接受劳务支付的现金，支付职工工资以及为职工支付的现金，经营租赁所支付的现金，支付税金及其他与经营活动有关的现金。

在确定购买商品支付的现金时，以材料、低值易耗品采购预算为基础，分清现购和赊购，分析赊购的付款时间及金额。

在确定支付职工工资以及为职工支付的现金时，可在分析往年实际支付的工资、福利支出、社会保险等项目基础上调整有关的数据，计算出本期支付职工工资以及为职工支付的现金。

在确定支付税金及其他与经营活动有关的现金时，应结合考虑销售收入预算与经营利润预算。

Ⅱ 投资活动的现金支出，包括购建固定资产、无形资产和其他长期资产支付的现金，企业权益性投资及债权性投资支付的现金，其他与投资活动有关的现金等支出。

Ⅲ 筹资活动的现金支出，包括分配股利或利润所支付的现金、支付利息和其他与筹资活动有关的现金。

（3）编制预算资产负债表。

预算资产负债表反映企业在预算期末的资产、负债和所有者权益的全貌及财务状况。编制预算资产负债表应以资产负债表期初数为基点，充分考虑预算损益表、预算现金流量表的相关数据对资产、负债、所有者权益期初数的影响。

财务预算编制是建立在一系列假设及管理者的经验判断的基础上的，虽然在编制财务预算的过程中，对企业内部和外部的不确定因素作了尽可能周详的考虑，但是，很难作出全面正确的估计，财务预算仍然存在一定的局限性。在预算过程中，如果出现非人为原因的较大差异时，应允许对财务预算作适当修正，以提高财务预算的合理性、客观性和正确性。

3. 财务预算报告的内容

企业财务预算报告包括企业财务预算报表和企业财务预算情况说明书。

（1）企业财务预算报表。

财务预算报表包括：

① 报表封面。

② 资产负债预算表。

③ 利润预算表。

④ 现金流量预算表。

⑤ 所有者权益（国有权益）及重大财务事项变动预算表。

⑥ 成本费用预算表。

⑦ 年度主要财务指标预报表。

⑧ 年度预算调整主要指标表。

⑨ 主要分析指标表。

（2）企业财务预算情况说明书。

财务预算情况说明书包括：

① 上年度财务预算工作情况总结。

② 本年度预算工作组织情况。

③ 本年度预算编制基础。

④ 预算年度生产经营情况说明。

⑤ 预算年度的主要指标说明。

⑥ 可能影响预算指标的事项说明。

⑦ 预算执行的保障和监督措施。

⑧ 其他需要说明的情况。

四、财务控制

财务控制是指对企业的资金投入及收益过程和结果进行衡量与校正，目的是确保企业目标以及为达到此目标所制定的财务计划得以实现。现代财务理论认为企业财务管理的目标以及它所反映的企业目标是股东财富最大化（在一定条件下也就是企业价值最大化）。财务控制总体目标是在确保法律法规和规章制度得到贯彻执行的基础上，优化企业整体资源综合配置效益，制定资本保值和增值的委托责任目标，并以其他各项绩效考核标准来制定财务控制目标。财务控制是企业财务管理活动的关键环节，也是实现财务管理目标的根本保证。

财务控制作为现代企业管理水平的重要标志，它是运用特定的方法、措施和程序，通过规范化的控制手段，对企业的财务活动进行控制和监督。以下就财务控制的作用、局限性及控制形式做简要介绍。

（一）财务控制作用

财务控制必须以确保单位经营的效率性、资产的安全性、经济信息和财务报告的可靠性为目的。财务控制的作用主要有以下三方面：一是有助于实现公司经营方针和目标，财务控制既是工作中的实时监控手段，也是评价标准；二是保护单位各项资产的安全和完整，防止资产流失；三是保证经营信息和财务会计资料的真实性和完整性。

（二）财务控制种类

（1）按照财务控制的内容，可分为一般控制和应用控制两类。

（2）按照财务控制的功能，可分为预防性控制、侦查性控制、纠正性控制、指导性控制和补偿性控制。

（3）按照财务控制的时序，可分为事前控制、事中控制和事后控制三类。

（三）财务控制方式

1. 组织规划控制

根据财务控制的要求，企业在确定和完善组织结构的过程中，应当遵循不相容职务相分离的原则，即同一人不能兼任同一部门财务活动中的不同职务。企业的经济活动通常划分为五个步骤：授权、签发、核准、执行和记录。如果上述每一步骤由相对独立的人员或部门实施，就能够保证不相容职务的分离，便于财务控制作用的发挥。

2. 授权批准控制

授权批准控制是指对企业内部处理经济业务的权限控制。企业内部各级管理人员在处理经济业务时，必须经过授权批准才能进行。授权批准控制可以保证企业既定方针的执行和限制滥用职权。授权批准的基本要求是：首先，要明确一般授权与特定授权的界限和责任；其次，要明确每类经济业务的授权批准程序；再次，要建立必要的检查制度，以保证经授权后所处理的经济业务的工作质量。

3. 预算控制

预算控制是财务控制的一个重要方面，包括筹资、融资、采购、生产、销售、投资、管理等经营活动的全过程。其基本要求是：第一，所编制预算必须体现单位的经营管理目标，并明确责任；第二，预算在执行中，应当允许经过授权批准对预算进行调整，以便预算更加切合实际；第三，应当及时或定期反馈预算的执行情况。

4. 实物资产控制

实物资产控制主要包括限制接近控制和定期清查控制两种。限制接近控制是对实物资产及与实物资产有关的文件的接触控制，如现金、银行存款、有价证券和存货等，除出纳人员和仓库保管人员外，其他人员则限制接触，以保证资产的安全。定期清查控制是指定期进行实物资产清查，保证实物资产实有数量与账面记载相符，如果账实不符，应查明原因，及时处理。

5. 成本控制

成本控制分粗放型成本控制和集约型成本控制。粗放型成本控制是对从原材料采购到产品的最终售出进行控制的方法，具体包括原材料采购成本控制、材料使用成本控制和产品销售成本控制三个方面。集约型成本控制一是通过改善生产技术来降低成本；二是通过产品工艺的改善来降低成本。

6. 风险控制

风险控制就是尽可能地防止和避免出现不利于企业经营目标实现的各种风险。在这些风险中经营风险和财务风险显得极为重要，所以企业在进行各种决策时，必须尽力规避这两种风险。例如，企业举债经营，尽管可以缓解企业运转资金短缺的困难，但由于借入的资金需还本付息，到期一旦企业无力偿还债务，必然使企业陷入财务困境。

7. 审计控制

审计控制主要是指内部审计，它是对会计的控制和再监督。内部审计是在一个组织内部对各种经营活动与控制系统的独立评价，以确定既定政策的程序是否贯彻，建立的标准是否有利于资源的合理利用，以及企业的目标是否达到。内部审计的内容十分广泛，一般包括内部财务审计和内部经营管理审计。内部审计对会计资料的监督、审查，不仅是财务控制的有效手段，也是保证会计资料真实、完整的重要措施。

（四）集中财务管理制度

随着经济全球化的趋势和互联网技术的发展，一些企业集团在财务上越来越趋向于集权管理，对分支机构和子公司进行财务和货币资金的集中控制。

1. 实行财务集中控制的方法

（1）完善企业集团组织机构。

集团企业要进行财务集中控制，首先必须要有组织机构上的保证，在集团总部董事会下面分设各类委员会如战略发展委员会、财务委员会（财务管理中心）、审计委员会等，采取兼职制度，吸收分支机构及子公司的负责人或其授权代表担任委员，由母公司法定代表人担任主任委员。这样就能有效保证集团总部的决策在分支机构及子公司中的贯彻和落实，以实现企业集团的财务集中控制目标。

（2）财务总监委派制。

财务总监委派制是世界各大跨国公司进行财务集权管理的基本方式之一。因其具有事前控制性、审计经常性、反馈及时性、高度专业性和独立性等特点，可帮助企业集团进行有效的财务集中控制。具体施行时，可按企业与各分支机构及子公司之间的隶属关系、管理权限，逐级委派各级财务总监。企业集团还要建立与财务总监委派制相配套的各项制度，如对委派财务总监的资格确认制度、业绩考核制度、奖惩制度、报告制度、述职制度、培训制度以及轮换制度等，以保证财务总监委派制的顺利实施。

（3）全面预算管理。

集团总部通过对分支机构及子公司的分项预算和总预算明晰各自的权限空间和责任区域，细化落实集团总部的财务目标，对分支机构和子公司进行有效控制。

全面预算管理应采用事先预算、事中监控、事后分析的方法，实现总部对分支机构及子公司整个生产经营活动的动态管理。

（4）利用互联网技术进行财务集中控制。

互联网技术的发展为企业集团进行财务集中控制提供了极为便利的条件，集团总部可以以较低的成本迅速获得所需分支机构及子公司的信息，及时沟通信息，作出决策。常用的方法有以下三种。

第一种是选择可以进行中央备份的财务软件，对分支机构及子公司的财务处理进行备份，随时进行监控，使集团总部能及时了解其财务处理情况和财务状况，并在需要时予以干预。

第二种是利用互联网进行凭证的集中控制，分支机构及子公司在交易完成后，通过互联网将相关会计凭证汇总到集团总部，由集团总部进行财务核算和账务处理。

第三种方法是利用互联网对交易进行集中控制，分支机构及子公司在交易时，首先利用互联网将交易信息传到集团总部进行审批，经审批同意后再行交易，交易完成后由集团总部进行实物变更记录和财务处理。

（5）内部审核和外部审计制度。

内部审核和外部审计制度本身并不是一种财务集中控制方法，而是一种辅助方法，它通过对分支机构及子公司财务集中控制的结果进行审查，在一定程度上保证了其他控制方法的实施，虽本身无法直接控制，但对于财务集中控制却是必不可少的。

2. 实行财务集中控制需注意的问题

（1）做到"集权有道，分权有序"。

集权和分权都是相对而言的，没有绝对的分权，也没有绝对的集权。对企业集团进行财务集中控制，加强集权管理，是指在分权与集权之间更趋向于集权，而不是绝对集权，要在一定范围内和一定程度上进行有原则、有导向的分权。

（2）建立统一的会计核算制度和表格。

只有建立起一套完整、统一的会计制度，才能在集团内部上下之间进行有效的信息沟通，以进一步实现集团总部对分支机构及子公司的财务集中控制。

（3）提高人员素质。

企业集团进行财务集中控制，人员管理是其中的关键因素，因为所有的业务流程、财务活动都是由人实施的。企业集团最终采取什么样的财务集中控制方式，与面对的人有很大关系，面对不同的人会有不同的财务集中控制方式，而且在决定财务集中控制方式后，也须注意对人的管理。

（4）发挥分支机构及子公司负责人的积极性。

企业集团进行集权管理、实行财务集中控制，在很大程度上剥夺了分支机构及子公司的权力，这对它们的积极性会有一定影响，不利于整个企业集团的发展。因此，在进行财务集中控制时，必须注意保护和发挥分支机构及子公司负责人的积极性，采取将薪酬计划与执行财务集中控制结果挂钩等各种措施，调动其积极性。

五、财务分析

财务分析是以核算资料为主要依据，对企业财务活动的过程和结果进行评价和剖析的一项工作。财务分析的目的是说明财务活动实际结果与财务预算或历史业绩等比较基础之间的差异及其产生原因，从而为编制下期财务预算和以后的财务管理工作提供一定的参考依据。借助于财务分析，可以掌握各项财务计划指标的完成情况，有利于改善财务预测决策、计划工作；还可以总结经验，研究和掌握企业财务活动的规律性，不断改进财务管理。企业财务人员要通过财务分析提高业务工作水平，搞好业务工作。财务分析的方法很多，主要的有对比分析法、比率分析法和因素分析法。进行财务分析的一般程序如下。

（一）搜集资料，掌握情况

开展财务分析首先应充分占有相关资料和信息。财务分析所用的资料通常包括财务报告等实际资料、财务预算资料、历史资料及市场调查资料。

（二）指标对比，揭露矛盾

对比分析是揭露矛盾、发现问题的基本方法。先进与落后、节约与浪费、优点与缺点，只有通过对比分析才能辨别出来。财务分析要在充分占有资料的基础上，通过数量指标的对比来评价业绩，发现问题，找出差异，揭露矛盾。

（三）因素分析，明确责任

为了说明产生问题的原因，还需要进行因素分析。影响企业财务活动的因素，有生产技术方面的，也有生产组织方面的；有经济管理方面的，也有思想政治方面的；有企业内部的，也有企业外部的。进行因素分析，就是要查明影响财务指标完成的各项因素，并从各种因素的相互作用中找出影响财务指标完成的主要因素，以便分清责任，抓住关键。

（四）提出措施，改进工作

要在掌握大量资料的基础上，去伪存真，由表及里，找出各种财务活动之间及财务活动同其他经济活动之间的本质联系，然后提出改进措施。提出的措施应当明确具体，切实可行。要实现措施，应当确定负责人员，规定实现的期限。措施一经确定，就要组织各方面的力量认真贯彻执行。要通过改进措施的落实，完善经营管理工作，推动财务管理发展到更高水平的循环。

课后练习题

一、单项选择题

1. 财务管理的对象是（   ）。
   A. 债权债务关系　　　　　　　　　B. 货币资金
   C. 资金运动　　　　　　　　　　　D. 实物资产
2. 财务管理与其他管理的区别，主要体现在它是一种（   ）。
   A. 信息管理　　　　　　　　　　　B. 价值管理
   C. 物资管理　　　　　　　　　　　D. 财产管理
3. 通货膨胀为零时无风险证券的平均利率是（   ）。
   A. 基准利率　　　　　　　　　　　B. 名义利率
   C. 固定利率　　　　　　　　　　　D. 纯利率
4. 影响企业财务管理的环境因素中，最主要的是（   ）。

A. 金融环境 B. 法律环境
C. 财税环境 D. 经济体制环境

5. 企业财务的微观环境不包括(　　)。
   A. 企业的组织形式 B. 企业的采购、生产和销售方式
   C. 企业的生命周期 D. 企业生产条件

6. 企业价值最大化强调企业的(　　)。
   A. 实际利润额 B. 实际利润率
   C. 生产能力 D. 预期获利能力

7. 下列各项中，符合股东财富最大化财务管理目标要求的是(　　)。
   A. 强调经营者的首要地位 B. 强调企业所有者的首要地位
   C. 强调员工的首要地位 D. 强调债权人的首要地位

8. 对于企业来说，其不能生存而终止的直接原因是(　　)。
   A. 长期亏损，扭亏无望 B. 重大诉讼失败
   C. 不能偿还到期债务 D. 重大投资损失

9. 在确定国债的发行利率时，考虑的主要因素是(　　)。
   A. 纯利率加违约风险报酬率 B. 纯利率加通货膨胀补偿率
   C. 纯利率加流动性风险补偿率 D. 纯利率加期限风险补偿率

10. 企业价值最大化的优点不包括(　　)。
    A. 有利于量化考核和评价 B. 有利于规避企业短期行为
    C. 有利于持续提升企业获利能力 D. 有利于均衡风险与报酬的关系

二、多项选择题

1. 按照决策所涉及的内容，财务决策可以分为(　　)。
   A. 投资决策 B. 股利分配决策
   C. 经营决策 D. 筹资决策

2. 在企业内部实行预算管理，其作用主要体现在(　　)。
   A. 有利于各职能部门的协调一致 B. 有利于加强企业内部控制
   C. 有利于绩效考核的实施 D. 有利于量化企业各职能部门的奋斗目标

3. 对企业筹资影响比较大的金融市场因素有(　　)。
   A. 金融市场的效率 B. 金融机构的服务效率
   C. 通货膨胀 D. 经济周期

4. 就财务管理的总体目标原则而言，随着财务管理理论的发展和财务管理实践的证明，目前比较有代表性的观点包括(　　)。
   A. 利润最大化原则 B. 股东财富最大化原则

C. 企业价值最大化原则　　　　　　D. 企业资本可持续有效增值原则
5. 财务管理的宏观环境包括（　　）。
   A. 经济环境　　　　　　　　　　B. 法律环境
   C. 社会文化环境　　　　　　　　D. 生产环境
6. 财务管理的具体目标包括（　　）。
   A. 筹资管理目标　　　　　　　　B. 投资管理目标
   C. 收入管理目标　　　　　　　　D. 成本费用管理目标
   E. 收益分配管理目标
7. 将利润最大化作为企业财务管理目标的缺陷有（　　）。
   A. 没有揭示企业的经营业绩
   B. 没有考虑风险——收益匹配的理财原则
   C. 没有考虑利润与投资额的关系
   D. 没有考虑资金时间价值
8. 可能造成企业经营者、财务决策者短期行为的财务管理目标有（　　）。
   A. 利润最大化　　　　　　　　　B. 企业价值最大化
   C. 每股收益最大化　　　　　　　D. 股东财富最大化
9. 金融市场与企业财务管理的关系主要表现在（　　）。
   A. 企业是金融市场的主体　　　　B. 金融市场是企业投融资场所
   C. 金融市场可为企业财务管理提供相关信息　　D. 企业财务管理离不开金融市场
10. 财务管理应遵循的原则包括（　　）。
    A. 现金收支平衡原则　　　　　　B. 权责发生制原则
    C. 成本、收益、风险权衡原则　　D. 利益关系协调原则

三、简答题

1. 什么是财务管理？
2. 简述财务管理环境的种类。
3. 举例说明财务管理环境对企业财务管理的影响。
4. 简述利率的构成因素。
5. 简述财务管理总体目标的几大原则。
6. 企业财务管理应当遵循哪些原则？
7. 简述我国目前实行财务集中控制的手段主要有哪些。

答 案

一、单项选择题
1. C 2. B 3. D 4. A 5. C 6. D 7. B 8. C 9. B 10. A

二、多项选择题
1. ABD 2. ABCD 3. AB 4. ABCD 5. ABC
6. ABCDE 7. BCD 8. AC 9. BCD 10. ACD

三、简答题
1. 财务管理是在一定的整体目标下，关于资产的购置（投资）、资本的融通（筹资）、经营中现金流量（营运资金），以及利润分配的管理。

2. 宏观环境：经济环境；金融市场环境；法律环境；社会文化环境。

微观环境：企业的组织形式；企业的采购、生产和销售方式；企业生产条件。

3. 2008年全球金融危机直接影响中国中小企业的筹资和投资环境。具体体现在以下三个方面。

第一，股票市值狂跌，要从股票市场融资，相当困难。

第二，从银行筹资较困难。银行筹资一般是要抵押资产的，也会看相关债务与股本的比率。受到金融危机影响，企业利润最多也就正常增长，又没有相关股本的增加，银行筹资当然就变得困难了。由于银行途径筹资困难，企业通过票据借贷的金额增加。

第三，由于预期的影响（也可能确实是有困难），企业都是尽量延缓支付。这样，就造成了资金周转时间的加长。即使有的企业完全有能力及时支付货款，但由于担心自己的销售款不能及时回笼，它也会选择拖延支付。资金周转时间加长，对销售会产生负面影响。同时，其余资产的周转率相应下降。由于投资收益率主要受销售利润率和资产周转率两方面的影响，这就导致投资收益率的降低。

4. 利率＝纯利率＋通货膨胀补偿率＋违约风险补偿率＋流动性风险补偿率＋到期风险补偿率

式中：纯利率——通货膨胀为零时无风险证券的平均利率。

通货膨胀补偿率——补偿通货膨胀所导致的货币购买力下降的补偿率。

违约风险补偿率——补偿投资者所面临的违约风险而设置的补偿率。

流动性风险补偿率——补偿投资者持有证券与持有现金间的流动性差别而设置的补偿率。

到期风险补偿率——因到期时间长短不同而设置的补偿率。

5. 利润最大化原则；股东财富最大化原则；企业价值最大化原则；企业资本可持续有效增值原则。

6. 系统原则；现金收支平衡原则；成本、收益、风险权衡原则；资源合理配置原则；利益关系协调原则。

7. 收入集团管理，支出集中审批和支付，货币资金集中网银管理，预算集中控制等。

第二章

财务管理的基础

第一节 财务管理的会计基础

一、会计科目的设定

企业的会计科目是向投资者、债权人、企业经营管理者、政府及其他利益相关者提供经营信息和状况的重要手段。因而，企业在成立之初，就应运用科学、合理的手段设置好会计科目，根据不同类型企业的特点设定与未来发展相适应的核算方式和二级、三级子科目，使得企业在以后的财务管理和会计核算中，能够及时、准确、高效率地提供财务信息，并切实提高企业的财务工作效率和管理分析水平。当然万变不离其宗，企业设立会计科目也是在准则设定的基础科目基础上展开的，以下就企业设置会计科目的原则和方法，介绍如下。

（一）会计科目的设置原则

1. 全面性原则

会计科目作为对会计要素具体内容进行分类核算的项目，其设置必须保证对各会计要素做全面的反映，形成一个完整的科学统计分析体系。具体地说，应该包括所有会计要素的各个会计科目，不能有任何漏洞，要覆盖全部核算内容和核算事项，而且，每一个会计科目都应有特定的核算内容，要有明确的含义和界限，各个会计科目之间既要有一定的联系，又要各自独立，不能交叉重叠，不能含糊不清。

2. 简要性原则

会计核算的目标就是向各方信息使用者提供有用的会计信息，以满足他们的判断、决策需要。一方面，会计科目的名称要简明扼要，代表经济业务的主要特点，简明易懂；另一方面，不同的信息使用者，如政府主管部门、企业内部管理部门、投资者、债权人、公众等对会计信息的需求不尽相同，会计科目设置既要兼顾不同信息使用者的需求，又要考虑会计信息的成本。也就是说，会计科目设置应简单明了、通俗易懂，要突出重点，对不重要的信息要合并或删减，要尽量使阅读者一目了然，易于理解。同时，要考虑会计信息化、电算化的要求，方便电算化操作，要加设会计科目编号和易记编码等。

3. 稳定性原则

为了保证会计信息的连贯性、可比性，便于不同时期、不同行业间的会计核算指标的分析和比较，提高会计信息的有效性，会计科目的设置应在一定时期内保持稳定，不宜经常变更。值得注意的是，强调会计科目的稳定性，并非要求会计科目绝对不能变更，当会计环境发生变化时，会计科目也应随之作相应的调整，以及时全面地反映经济活动。

4. 统一性和灵活性兼顾原则

中华人民共和国财政部根据《企业会计准则》制定了统一的《企业会计制度》，会计制度中相应规定了统一的会计科目名称，并对每一会计科目的使用作了详细的说明。统一性就是要求企业设置会计科目时，应根据提供会计信息的要求，对一些主要会计科目的设置及核算内容应保证与《企业会计制度》的规定相一致。灵活性则是指在不影响会计核算要求和会计报表指标汇总，以及对外提供统一的财务会计报告的前提下，企业可以根据本单位的具体情况、行业特征和业务特点，对统一规定的会计科目做必要的增设、删减或合并，有针对性地设置会计科目。同时，对会计科目的明细科目级数、核算项目、核算单位进行灵活多样的组合，以便于财务分析资料的查询。

（二）实际工作中会计科目的设置方法

一般在企业会计准则中列出的都是一级会计科目，企业在设置会计科目时，往往根据自身的需要设置二级科目和三级科目。二级和三级等科目设置得是否科学合理，直接影响到企业的核算效率。

以长期股权投资科目设置为例：现代企业经营越来越向多元化发展，企业财务报表中长期股权投资往往占据较大的比重。以控股公司或者投资公司为例，此类企业的特点是，流动资产占总资产比例较大，流动负债占总负债比例较大，简单说来就是"轻资产"类型的公司，其财务报表中，长期股权投资、短期借款、应收应付项目较多，而固定资产等占比较小，因此对长期股权投资项目的核算和分析是这类企业财务工作的重点。在建账设立子科目时，可以采用如下级次设计会计科目：

长期股权投资——控股投资、参股投资（二级科目）——本金、收益（三级科目）——行业、板块、H股、A股等（四级科目）。

（三）部分会计科目设置的基本方式

在一般的会计学教材中，都会列出企业会计科目表，但是这些会计科目表一般都只有总分类科目。表2-1把在实务中经常会用到的二级科目、三级科目以及核算明细列了出来，希望读者对会计科目在实际工作中的设置真正有感性的认识，并予以融会贯通，灵活运用。

表2-1 会计科目设置参考表

编号	会计科目名称	二级科目	三级科目设计	核算明细	
一、资产类					
1001	库存现金	现金			
		备用金		单位	个人
1002	银行存款	各开户银行			
1015	其他货币资金	银行汇票等	各银行	对方单位	
1101	交易性金融资产				
1121	应收票据			对方单位	区域
1122	应收账款			对方单位	区域
1123	预付账款			对方单位	
1131	应收股利			对方单位	
1132	应收利息			对方单位	
1221	其他应收款			对方单位	
1231	坏账准备				
1401	材料采购	分类	（分类）		
1402	在途物资	分类	（分类）		

（续表）

编　号	会计科目名称	二级科目	三级科目设计	核算明细	
1403	原材料	分类			
1406	库存商品	分类			
1407	发出商品	分类			
1473	合同资产				
1524	长期股权投资			对方单位	
1525	长期股投资减值准备			对方单位	
1531	长期应收款			对方单位	区域
1601	固定资产	房屋建筑物等			
1604	在建工程	项目分类			
1701	无形资产	软件等			
1801	长期待摊费用	分类			
二、负债类					
2001	短期借款			对方单位	
2201	应付票据			对方单位	
2202	应付账款			对方单位	
2203	预收账款			对方单位	
2205	合同负债				
2211	应付职工薪酬	退休人员等			
2221	应交税费	应缴增值税等			
2231	应付利息	各银行			
2232	应付股利			对方单位	
2241	其他应付款			对方单位	
2601	长期借款			对方单位	
2602	应付债券	种类		对方单位	
2801	长期应付款	种类		对方单位	

（续表）

编号	会计科目名称	二级科目	三级科目设计	核算明细	
2811	专项应付款	种类			
四、所有者权益类					
4001	实收资本	各投资方			
4002	资本公积	各投资方			
五、成本类					
5001	生产成本	基本成本			
5101	制造费用	折旧			
		工资	员工	部门	班组
5201	劳务成本				
5301	研发支出	分类		课题	项目
六、损益类					
6001	主营业务收入	产品大类			
6111	投资收益			对方单位	
6401	主营业务成本	产品大类			
6405	税金及附加	分类			
6601	销售费用	工资等	员工	部门	班组
6602	管理费用	工资等	员工	部门	班组
6603	财务费用	利息支出	银行		

二、会计凭证的编制

会计凭证是按一定格式编制的，用来记载经济业务的发生，明确经济责任，作为记账根据的书面证明，也是记录企业经济行为的重要法律依据。

（一）会计凭证的分类和作用

会计凭证按其编制程序和用途的不同，分为原始凭证和记账凭证。

一般来说，会计凭证包括凭证名称、编制凭证的日期及编号、接受凭证单位的名称、经济业务的数量和金额、填制凭证单位的名称和有关人员的签章等要素。

1. 原始凭证

原始凭证是记录经济业务已经发生、执行或完成,用以明确经济责任,作为记账依据的最初的书面证明文件,如出差乘坐的车船票、采购材料的发货票、到仓库领料的领料单等,都是原始凭证。原始凭证是在经济业务发生的过程中直接产生的,是经济业务发生的最初证明,在法律上具有证明效力,所以也可叫作"证明凭证"。

2. 记账凭证

记账凭证是会计人员根据审核无误的原始凭证或汇总原始凭证,用来确定经济业务应借、应贷的会计科目和金额而填制的,作为登记账簿直接依据的会计凭证。在前面的章节中曾指出,在登记账簿之前,应按实际发生经济业务的内容编制会计分录,然后据以登记账簿,在实际工作中,会计分录是通过填制记账凭证来完成的。

由于原始凭证来自不同的单位,种类繁多,数量庞大,格式不一,不能清楚地表明应记入的会计科目的名称和方向。为了便于登记账簿,需要根据原始凭证反映的不同经济业务,加以归类和整理,填制具有统一格式的记账凭证,确定会计分录,并将相关的原始凭证附在后面。这样不仅可以简化记账工作、减少差错,而且有利于原始凭证的保管,便于对账和查账,提高会计工作质量。

3. 原始凭证和记账凭证的区别

原始凭证与记账凭证之间存在着密切的联系。原始凭证是记账凭证的基础,记账凭证是根据原始凭证编制的。在实际工作中,原始凭证附在记账凭证后面,作为记账凭证的附件;记账凭证是对原始凭证内容的概括和说明;原始凭证有时是登记明细账户的依据。

记账凭证和原始凭证同属于会计凭证,但两者存在着以下差别。

(1) 原始凭证是由经办人员填制的;记账凭证一律由会计人员填制。

(2) 原始凭证根据发生或完成的经济业务填制;记账凭证根据审核后的原始凭证填制。

(3) 原始凭证仅用于记录、证明经济业务已经发生或完成;记账凭证要依据会计科目对已经发生或完成的经济业务进行归类、整理。

(4) 原始凭证是填制记账凭证的依据;记账凭证是登记账簿的依据。

4. 会计凭证的作用

(1) 可以记录经济业务的发生和完成情况,为会计核算提供最直接的原始依据。

(2) 可以检查经济业务的真实性、合法性和合理性,为会计监督提供重要依据。

（3）可以明确经济责任，为落实岗位责任制提供重要文件，也是企业经济责任考核的重要文件；经济业务发生后，需取得或填制适当的会计凭证，证明经济业务已经发生或完成；同时要由有关的经办人员，在凭证上签字、盖章，明确业务责任人。通过会计凭证的填制和审核，使有关责任人在其职权范围内各负其责，并利用凭证填制、审核的手续制度进一步完善经济责任制。

（4）可以反映相关经济利益关系，为维护合法权益提供法律证据。

（5）可以监督经济活动，控制经济运行。通过会计凭证的审核，可以检查经济业务的发生是否符合有关的法律、制度，是否符合业务经营、账务收支的方针和计划及预算的规定，以确保经济业务的合理性、合法性和有效性。

（二）会计凭证的传递

会计凭证的传递，是指各种会计凭证从填制、取得到归档保管为止的全部过程，即在企业、事业和行政单位内部有关人员和部门之间传送、交接的过程。要规定各种凭证的填写、传递单位与凭证份数，规定会计凭证传递的程序、移交的时间和接受与保管的有关部门。

1. 会计凭证传递过程中的注意事项

在制定会计凭证的传递程序、规定其传递时间时，应注意以下两个方面的问题，以合理地组织会计凭证的传递。

（1）规定传递路线。各单位应根据经纪业务的特点，结合内部机构和人员分工情况以及满足经营管理和会计核算的需要，规定会计凭证的传递程序，并据此确定会计凭证的份数，使经办业务的部门和人员能够及时地办理各种凭证手续。这样既符合内部牵制原则，又能加速业务处理过程，提高工作效率。

（2）规定传递时间。各单位要根据有关部门和人员办理经济业务的情况，恰当地规定凭证在各环节的停留时间和交接时间。

总之，会计凭证的传递既要能够满足内部控制制度的要求，使传递程序合理有效，同时又要尽量节约传递时间，减少传递的工作量。

2. 会计凭证传递的作用

从一定意义上说，会计凭证的传递起着在企业内部经营管理各环节之间协调和组织的作用。会计凭证传递程序是企业管理规章制度重要的组成部分，传递程序的科学与否，反映该企业的财务管理水平。

（1）有利于完善经济责任制度。经济业务的发生或完成及记录，是由若干责任人共同负责、分工完成的。会计凭证作为记录经济业务、明确经济责任的书面证明，体现了经济责任制度的执行情况。企业会计制度可以通过会计凭证传递程序和传递时间的规定，进一步完善经济责任制度，使各项业务的处理顺利进行。

（2）有利于及时进行会计记录。从经济业务的发生到账簿登记有一定的时间间隔，通过会计凭证的传递，使会计部门尽早了解经济业务发生和完成情况，并通过会计部门内部的凭证传递，及时记录经济业务，进行会计核算，实行会计监督。

3. 会计凭证的保管

会计凭证的保管是指会计凭证记账后的整理、装订、归档和存查工作。会计凭证的保管，主要有下列要求。

（1）会计凭证应定期装订成册，防止散失。从外单位取得的原始凭证遗失时，应取得原签发单位盖有公章的证明，并注明原始凭证的号码、金额、内容等，由经办单位会计机构负责人、会计主管人员和单位负责人批准后，才能代作原始凭证。若确实无法取得证明的，如车票丢失，则应由当事人写明详细情况，由经办单位会计机构负责人、会计主管人员和单位负责人批准后，代作原始凭证。

（2）会计凭证封面应注明单位名称、凭证种类、凭证张数、起止号数、年度、月份、会计主管人员、装订人员等有关事项，会计主管人员和保管人员应在封面上签章。

（3）会计凭证应加贴封条，防止抽换凭证。原始凭证不得外借，其他单位如有特殊原因确实需要使用时，经本单位会计机构负责人、会计主管人员批准，可以复制。向外单位提供的原始凭证复制件，应在专设的登记簿上登记，并由提供人员和收取人员共同签名、盖章。

（4）原始凭证较多时，可单独装订，但应在凭证封面注明所属记账凭证的日期、编号和种类，同时在所属的记账凭证上注明"附件另订"及原始凭证的名称和编号，以便查阅。

（5）每年装订成册的会计凭证，在年度终了时可暂由单位会计机构保管一年，期满后应当移交本单位档案管理机构统一保管；未设立档案管理机构的，应当在会计机构内部指定专人保管，出纳人员不得兼管会计档案。

（6）同时满足以下条件的，单位内部形成的属于归档范围的电子会计凭证等电子会计资料可仅以电子形式保存，形成电子会计档案，无须打印电子会计资料纸质件进行归档保存。

① 形成的电子会计资料来源真实有效，由计算机等电子设备形成和传输。

② 使用的会计核算系统能够准确、完整、有效接收和读取电子会计资料，能够输出符合国家标准归档格式的会计凭证、会计账簿、财务会计报表

等会计资料，设定了经办、审核、审批等必要的审签程序。

③ 使用的电子档案管理系统能够有效接收、管理、利用电子会计档案，符合电子档案的长期保管要求，并建立了电子会计档案与相关联的其他纸质会计档案的检索关系。

④ 采取有效措施，防止电子会计档案被篡改。

⑤ 建立电子会计档案备份制度，能够有效防范自然灾害、意外事故和人为破坏的影响。

⑥ 形成的电子会计资料不属于具有永久保存价值或者其他重要保存价值的会计档案。

在同时满足上述条件的情况下，单位从外部接收的电子会计资料附有符合《电子签名法》规定的电子签名的，可仅以电子形式归档保存，形成电子会计档案，无须打印电子会计资料纸质件进行归档保存。

单位仅以电子形式保存会计档案的，原则上应从一个完整会计年度的年初开始执行，以保证其年度会计档案保存形式的一致性。

（7）当年形成的会计档案，在会计年度终了后，可由单位会计机构临时保管一年，期满后再移交本单位档案机构统一保管；因工作需要确需推迟移交的，应当经单位档案管理机构同意，且最长不超过三年；单位未设立档案机构的，应在会计机构等机构内部指定专人保管。出纳人员不得兼管会计档案。

（8）单位保存的会计档案一般不得对外借出，确因工作需要且根据国家有关规定必须借出的，应当严格按照规定办理相关手续；其他单位如有特殊原因，确实需要使用单位会计档案时，经本单位会计机构负责人、会计主管人员批准，可以复制。向外单位提供的会计档案复制件，应在专设的登记簿上登记，并由提供人员和收取人员共同签名或者盖章。

（9）单位应当严格遵守会计档案的保管期限要求，保管期满前不得任意销毁。会计档案达到保管期限的，单位应当组织对到期会计档案进行鉴定。经鉴定，仍需继续保存的会计档案，应当重新划定保管期限；对保管期满，确无保存价值的会计档案，可以销毁；保管期满但未结清的债权债务会计凭证和涉及其他未了事项的会计凭证不得销毁，纸质会计档案应当单独抽出立卷，电子会计档案单独转存，保管到未了事项完结时为止。

三、基本财务报表的介绍

作为一名企业的财务工作者，必须学会如何阅读企业的财务报表，我们在本书的第七和第八章中会专门介绍有关财务报表的阅读和分析，但是在本书其他各章中,也经常会提及财务报表,为了让大家事先对财务报表有整体的感性的认识,我们在这里把准则中规定上市公司必须对外公布的四张财务报表做一个简单的介绍。这四张必须对外公布的财务报表分别是:资产负债表、利润表、现金流量表和所有者权益变动表。

(一)资产负债表

资产负债表是反映企业一定时点财务状况的报表。资产负债表为企业利益相关者提供他们所需要的各项有关财务状况的会计资料。这些资料包括:企业所掌握的资源及其结构;企业的偿债能力;企业负担的债务及其结构;所有者的权益及其结构;企业的财务趋向等。目前,资产负债表统一的项目和格式规范如表2-2所示。

表2-2 资产负债表

××年12月31日

××企业　　　　　　　　　　　　　　　　　　　　　　　　　　　　单位:元

资　产	年初数	年末数	负债及所有者权益	年初数	年末数
流动资产:			流动负债:		
货币资金			短期借款		
交易性金融资产			交易性金融负债		
应收票据			应付票据		
应收账款			应付账款		
预付款项			预收款项		
其他应收款			合同负债		
其中:应收利息			应付职工薪酬		
应收股利			应交税费		
存货			其他应付款		
合同资产			其中:应付利息		
持有待售资产			应付股利		
一年内到期的非流动资产			一年内到期的非流动负债		
其他流动资产			其他流动负债		
流动资产合计			流动负债合计		

（续表）

资产	年初数	年末数	负债及所有者权益	年初数	年末数
非流动资产：			非流动负债：		
债权投资			长期借款		
其他债权投资			应付债券		
长期应收款			其中：优先股		
长期股权投资			永续债		
其他权益工具投资			租赁负债		
其他非流动金融资产			长期应付款		
投资性房地产			长期应付职工薪酬		
固定资产			预计负债		
在建工程			递延收益		
使用权资产			递延所得税负债		
无形资产			其他非流动负债		
开发支出			非流动负债合计		
商誉			负债合计		
长期待摊费用			所有者权益（或股东权益）：		
递延所得税资产			实收资本（或股本）		
其他非流动资产			资本公积		
非流动资产合计			减：库存股		
			其他综合收益		
			盈余公积		
			未分配利润		
			所有者权益（或股东权益）合计		
资产总计			负债及所有者权益（或股东权益）总计		

（二）利润表

利润表是反映企业一定时期经营成果的报表。利润表提供的信息，可用于反映和评价企业当期经营活动的效益。通过利润表可以反映企业经营活动的多个方面，据以考核企业管理部门的工作绩效。利润表可用于分析企业的获利能力，预测企业未来的盈利趋势。目前，利润表统一的格式规范如表2-3所示。

表 2-3 利润表

××企业　　　　　　　　　　　　××年12月份

单位：元

项　　目	本月数	本年累计数
一、营业收入		
减：营业成本		
税金及附加		
销售费用		
管理费用		
研发费用		
财务费用		
其中：利息费用		
利息收入		
加：其他收益		
投资收益（损失以"—"填列）		
公允价值变动收益（损失以"—"填列）		
信用减值损失（损失以"—"填列）		
资产减值损失（损失以"—"填列）		
资产处置收益（损失以"—"填列）		
二、营业利润		
加：营业外收入		
减：营业外支出		
其中：非流动资产处置损失		
三、利润总额		
减：所得税费用		
四、净利润		
五、其他综合收益的税后净额		
（一）不能重分类进损益的其他综合收益①		
（二）将重分类进损益的其他综合收益②		
六、综合收益总额		

注：①②该项下具体项目请参照上市公司报表。

（三）现金流量表

现金流量表是一种为会计报表使用者提供企业一定会计期间内现金和现金等价物流入和流出的信息，以便于报表使用者了解和评价企业获取现金和现金等价物的能力，并据以预测企业未来现金流量的会计报表。目前，现金流量表统一的格式规范如表2-4所示。

表2-4 现金流量表

××企业　　　　　　　　　　××年度

单位：元

项　　目	行次	金额
一、经营活动产生的现金流量		
销售商品、提供劳务收到的现金		
收到的税费返还		
收到的其他与经营活动有关的现金		
经营活动现金流入小计		
购买商品、接受劳务支付的现金		
支付给职工以及为职工支付的现金		
支付的各项税费		
支付的其他与经营活动有关的现金		
经营活动现金流出小计		
经营活动产生的现金流量净额		
二、投资活动产生的现金流量		
收回投资收到的现金		
取得投资收益收到的现金		
处置固定资产、无形资产和其他长期资产收回的现金净额		
处置子公司及其他营业单位收到的现金净额		
收到的其他与投资活动有关的现金		
投资活动现金流入小计		
购建固定资产、无形资产和其他长期资产支付的现金		
投资支付的现金		
取得子公司及其他营业单位支付的现金净额		
支付的其他与投资活动有关的现金		
投资活动现金小计		
投资活动产生的现金流量净额		
三、筹资活动产生的现金流量		
吸收投资收到的现金		
取得借款收到的现金		
收到的其他与筹资活动有关的现金		
筹资活动现金流入小计		
偿还债务所支付的现金		
分配股利、利润或偿付利息支付的现金		
支付其他与筹资活动有关的现金		
筹资活动现金流出小计		
筹资活动产生的现金流量净额		
四、汇率变动对现金及现金等价物的影响		
五、现金及现金等价物净增加额		
加：期初现金及现金等价物余额		
六、期末现金及现金等价物余额		

(四)所有者权益变动表

所有者权益变动表是指反映构成所有者权益各组成部分当期增减变动情况的报表。所有者权益变动表以前一直作为资产负债表的附表,在2006年公布的新准则中,要求所有者权益变动表以正式报表编制,成为必须与资产负债表、利润表和现金流量表并列披露的第四张财务报表。这一变化既是与国际会计准则的"趋同",也是上市公司股东权益日益受到重视的体现。

所有者权益变动表应当全面反映一定时期所有者权益变动的情况,不仅包括所有者权益总量的增减变化,还应该包括所有者权益增减变动的重要结构性信息,特别是要反映直接计入所有者权益的利得和损失,让报表使用者准确理解所有者权益增减变动的根源。目前,所有者权益变动表的统一格式规范如下表2-5所示。

表2-5 所有者权益变动表

××企业　　　　　　　　　　××年度　　　　　　　　　　单位:元

项目	行次	本年金额						上年金额					
		实收资本	资本公积	盈余公积	未分配利润	库存股(减项)	所有者权益合计	实收资本	资本公积	盈余公积	未分配利润	库存股(减项)	所有者权益合计
一、上年年末余额													
1. 会计政策变更													
2. 前期差错更正													
二、本年年初余额													
三、本年增减变动金额(减少以"—"列示)													
(一)本年净利润													
(二)直接计入所有者权益的利得和损失													
(三)所有者权益投入资本													
1. 所有者本期投入资本													
2. 本年购回库存股													
3. 股份支付计入所有者权益的金额													
(四)本年利润分配													
1. 对所有者的分配													

（续表）

项　目	行次	本年金额					上年金额				
		实收资本	资本公积	盈余公积	未分配利润	库存股（减项）	所有者权益合计	实收资本	资本公积	盈余公积	未分配利润	库存股（减项）	所有者权益合计
2. 提取盈余公积													
（五）所有者权益内部结转													
1. 资本公积转增资本													
2. 盈余公积转增资本													
3. 盈余公积弥补亏损													
四、本年年末余额													

第二节 资金的时间价值

一、资金时间价值的概念

（一）资金时间价值的含义

资金时间价值，又称为货币时间价值，货币时间价值是现代管理的基础概念之一，考虑货币的时间价值是财务决策的第一原则。货币时间价值，是指一定数量的货币资金经历一段时间的投资和再投资所增加的价值，也称为资金的时间价值。

今天的 1 元钱与未来的 1 元钱不等值。在经济生活中，如果将 1 元钱存入银行，在银行存款年利率 5% 的情况下，一年后连本带利将为 1.05 元。这里所增加的 0.05 元就是资金的增值额，也就是说资金在周转使用中随着时间的推移而产生的价值增值。

（二）资金时间价值的本质

资金的时间价值究竟是怎样创造出来的，是不是所有的资金都具有时间价值呢？答案显然是否定的。并非所有的货币资金都有时间价值，如果把货币置放在家中或保险柜中，显然是不能产生增值的。货币时间价值产生的前提是要把它投放到生产或流通领域才能带来增值。货币投入生产经营过程后，企业用它来购买所需的资源，然后生产出新的产品，产品出售后得到的货币量因创造的利润而大于最初投入的货币量。可见，货币时间价值的本质是处于社会生产总周转过程中的资金在使用过程中由劳动者创造的，因资金所有者让渡资金使用权而参加社会财富分配的一种形式。

（三）资金时间价值量的规定性

从量的规定性来看，货币的时间价值是在没有风险和没有通货膨胀条件下的社会平均资金利润率。由于竞争，市场经济中各部门投资的利润率趋于平均化。基于此，企业在进行投资项目方案选择时，应该选择项目投资回报率大于或等于社会平均资金利润率的方案，否则应该选择放弃或另选项目。因此，货币的时间价值成为评价投资方案的基本标准之一。

资金时间价值有两种表现形式：一种是绝对数，即货币的时间价值额；另外一种是相对数，即货币的时间价值率。在实务中，更加习惯使用相对数字表示货币的时间价值，即增加价值占投入货币的百分数表示，例如，3%的银行存款年利率就是货币时间价值的相对数。通常将几乎没有任何风险没有通货膨胀条件下的政府债券利息率等同于资金时间价值的相对数，在我国比较多地用一年期银行存款利息率表示货币的时间价值率。

通过货币时间价值原理可以将不同时间预计会发生的现金流量折成同一时点的价值以作比较，即按一定的折现率折成现值或终值进行比较。因此，资金时间价值是企业进行筹资决策、投资决策、收益分配决策等财务管理活动时必须考虑的一个重要因素。

二、资金时间价值的计算

货币的时间价值分为终值和现值。当前的一笔资金在经过一段时间投资运营后在未来某一时刻的价值称为终值，由于终值是一笔资金与它增值部分的和，所以，终值也是资金的本利之和；将来某一时刻的一笔钱在现在的价值称为现值，因为现值会将本利和中资金增值部分去除，因此，求现值也就是求本金的过程。

资金的增值有两种计算方法：单利法和复利法。单利法是指在计算利息时，只有本金计算利息，利息部分不计算利息的方法；复利是指在计算利息时，不单本金计算利息，前期所产生的利息并入本金一起计算下一期利息的计算方法。计算终值和现值的方法也分为单利计算法和复利计算法。

（一）单利终值和现值的计算

1. 单利终值的计算

单利终值是指现在一定量的资金（现金）按照单利计算在未来某一时点上的价值。在单利方式下，每期利息的计算以原始本金为基础，利息不滚入本金再生利息。单利终值的一般计算公式为：
$$F = P + I$$
$$= P + P \times i \times n$$
$$= P(1 + i \times n)$$

式中：P——现值；

F——未来价值（终值）；

i——折现率；

n——期数。

【例 2-1】 现有 1 000 元现金，年利率 8%，请计算从第 1 年到第 3 年各年年末的终值。

解：1 年后的单利终值 = 1 000 × (1 + 8% × 1) = 1 080（元）

2 年后的单利终值 = 1 000 × (1 + 8% × 2) = 1 160（元）

3 年后的单利终值 = 1 000 × (1 + 8% × 3) = 1 240（元）

【例 2-2】 某人持有一张带息票据，面额为 10 000 元，票面年利率为 7%，出票日期为 1 月 1 日，票据期限为 90 天，则该票据持有者到期可得到本利和为多少？

解：F = 10 000 × (1 + 7% × 90/360)

= 10 000 × 1.017 5

= 10 175（元）

注：假设一年按 360 天计算。

2. 单利现值的计算

单利现值是指未来某一时点上的一定量的资金（现金）按照单利计算的现在的价值。单利现值其实是单利终值的逆运算，其计算公式为：
$$P = F/(1 + i \times n)$$

【例 2-3】 若年利率为 8%，从第 1 年到第 3 年，各年年末的 100 元钱，其现值分别是多少？

解：1 年后的单利现值 = 100/(1 + 8% × 1) = 92.59（元）

2 年后的单利现值 = 100/(1 + 8% × 2) = 86.21（元）

3 年后的单利现值 = 100/(1 + 8% × 3) = 80.65（元）

【例 2-4】 甲某的儿子现在 10 岁，甲某希望在其儿子 18 岁生日时能有一笔 100 000 元的教育基金，则在年利率 8%、单利方式计算条件下，甲某现在应该存入银行多少钱？

解：P = 100 000 ÷ (1 + 8% × 8)

= 100 000 ÷ 1.64

= 60 975.61（元）

（二）复利终值和现值的计算

资金的时间价值通常是按照复利计算的，这种计算法相对较为科学。因为在扩大再生产条件下，企业运作资金所取得的收益往往会再投入经营周转中，即使这部分收益自己不使用，至少也会存入银行，参加社会的资金周转，不使其闲置。这一过程与复利法的计算原理是一致的。另外，按照复利法计算和评价企业资金时间价值比使用单利法更为准确一些。在西方各国家及国际惯例中，也是按照复利法计算资金时间价值的，用来反映资金不断运动、不断增值的规律。因此，本教材除非特殊指明是单利计算外，都按照复利计算方法计算资金时间价值。

1. 复利终值的计算

复利终值是指现在一定量的资金（现金）按照复利计算的在未来某一时点上的价值。

第 1 年的复利终值：$F = P \times (1 + i)$

第 2 年的复利终值：$F = P \times (1 + i) \times (1 + i) = P \times (1 + i)^2$

第 3 年的复利终值：$F = P \times (1 + i)^2 \times (1 + i) = P \times (1 + i)^3$

依此类推，第 n 期的复利终值：$F = P \times (1 + i)^n$。

上式中的 $(1 + i)^n$ 称为"复利终值系数"，用 $(F/P, i, n)$ 表示。在实际运用中，这个复利终值系数不需要计算，可以通过查"复利终值系数表"得到（见附录一）。

【例 2-5】 如果现在有 10 000 元，年利率为 8%，则该 10 000 元 5 年后的复利终值是多少？

解：$F = P \times (1 + i)^n$
$= 10\,000 \times (1 + 8\%)^5$
$= 10\,000 \times 1.469\,3 = 14\,693（元）$

【例 2-6】 某人手里拥有 100 万元本金，为了让其资金更快速增值，他把资金放入某个典当行，该典当行约定的利息支付方式复利计息，一个月计息一次，月息为 2%，到期一次还本付息，某人跟该典当行签约 1 年，请问 1 年后他能从典当行拿到多少本利和？

解：本题其实就是已知 $P = 100$ 万元，$i = 2\%$，$n = 12$，求复利终值的问题，所以：

$F = 100 \times (1 + 2\%)^{12} = 100 \times 1.268\,2 = 126.82（万元）$

2. 复利现值的计算

复利现值是把将来的资金按一定利率折算到现在的价值，或者说为取得将来一定本利和现在所需要的本金。这一折算过程称为折现，折算时所采用的利率一般称为折现率。

复利现值的计算，是在已知 F，i 和 n 时，求现值 P。复利现值的计算，可以通过复利终值计算公式倒算求得。因为第 n 期的复利终值为：$F =$

$P\times(1+i)^n$,所以复利现值公式为:

$$P = \frac{F}{(1+i)^n} = F\times(1+i)^{-n}$$

式中:$(1+i)^{-n}$是把终值折算为现值的系数,称为复利现值系数,用符号$(P/F,i,n)$表示,可以通过查"复利现值系数表"得到(见附录二)。因此,复利现值也可以表示为:$P = F\times(P/F,i,n)$。

【例 2-7】 某人计划 5 年后获得本利和 200 000 元,假设投资报酬率为 10%,则他现在应该投入的金额是多少?

解:$P = F\times(1+i)^{-n}$
$= F\times(P/F,i,n)$
$= 200\,000\times 0.620\,9$
$= 124\,180(元)$

3. 名义利率和实际利率

在企业筹资和借贷活动中,经常会遇到这种情况:给定年利率,但是计息周期不一定总是 1 年,有可能是半年、季度、月份或日。比如,有的抵押贷款每月计息一次,银行之间拆借资金为每天计息一次。如果以"年"作为基本计息期,给定的年利率就叫作名义利率。如果每年复利一次,名义利率等于实际利率;如果不是按年计息,则实际利率并不等于名义利率。所以,实际利率是指不论复利期间的长短,在一年中实际的利率,又称为实际年收益率,也就是实际收到或支付的利息与本金的比值。

实际利率和名义利率之间的关系是:

$$1+i = \left(1+\frac{r}{m}\right)^m$$

所以:
$$i = \left(1+\frac{r}{m}\right)^m - 1$$

式中:r——名义利率;
m——每年复利次数;
i——实际利率。

当 m 趋向于无穷大时,$\left(1+\frac{r}{m}\right)^m = e^r$,即当 m 趋向于无穷大时,实际利率 $i = e^r - 1$。

【例 2-8】 本金 100 元,年利率为 8%。在一年内计息期分别为一年($m=1$)、半年($m=2$)、一季($m=4$)、一个月($m=12$)、一日($m=365$)、$m=\infty$ 时,试计算其实际利率。

解:把 m 和 r 的数据代入上面的式子,就可以得到各种不同计息周期下的 i,如表 2-6 所示。

表 2-6　不同计算周期下实际利率

本金	计息期	第 1 年年末的终值	实际年利率（i）
100	1 年	108	8.000%
100	半年	108.160	8.160%
100	1 个季度	108.243	8.243%
100	1 个月	109.300	9.300%
100	365 天	109.328	9.328%
100	永续计息	109.329	9.329%

从表 2-6 中可以看出，随着一年内计息次数的增加，实际年利率的增加并不是均匀变化的，当计息期间为 1 个月，即一年内计息次数为 12 次时，实际利率的增加最为明显，也就是说当计息周期为一个月时，货币的时间价值效用最为明显，这也是民间高利贷的计息周期一般以一个月计息一次的原因所在。

（三）年金终值和现值的计算

1. 年金的概念和种类

年金是指一定时期内定期、等额的系列收支。分期付款赊购、等额的折旧、利息、租金及销售收入等，都属于年金收付形式。年金按照收付款时间的不同，分为普通年金、先付年金、递延年金和永续年金。

普通年金，又称为后付年金，是指每期期末有等额收付款项的年金。

先付年金，又称即付年金或预付年金，是指在每期期初支付的年金。预付年金与普通年金的区别仅在于付款时间的不同。

递延年金，是指第一次支付发生在第二期或第二期以后的年金。

无限期定额支付的年金，称为永续年金。

2. 普通年金终值和现值的计算

（1）普通年金终值的计算。

普通年金终值是一定时期内每期期末收付款项金额的复利终值之和，相当于零存整取的本利和。设每期收付款金额为 A，利率为 i，期数为 n，则按复利计算的普通年金终值 F 的计算如图 2-1 所示。

年金终值的计算公式为：

$$F = A + A(1+i) + A(1+i)^2 + A(1+i)^3 + \cdots + A(1+i)^{n-1}$$

等式两边同乘以 $(1+i)$：

$$F(1+i) = A(1+i) + A(1+i)^2 + A(1+i)^3 + A(1+i)^4 + \cdots + A(1+i)^n$$

上述两式相减，得到：

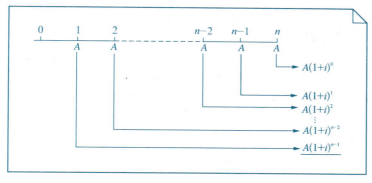

图 2-1 后付年金终值计算过程

$$F(1+i) - F = A(1+i)^n - A$$

所以：
$$F = A \cdot \frac{(1+i)^n - 1}{i}$$

式中：$\frac{(1+i)^n - 1}{i}$ 称为年金终值系数，记作：$(F/A, i, n)$，该系数可以通过查年金终值系数表获得（见附录三）。

【例 2-9】 假定甲某在第 1 年至第 5 年间每年年末存入银行 10 000 元，年利率为 6%，第 5 年年末，甲某的银行存款余额为多少？

解：本题中 $A = 10\,000$，$i = 6\%$，$n = 5$，求普通年金终值，则

$F = A \times (F/A, i, n) = 10\,000 \times 5.637\,1 = 56\,371$（元）

其中 5.637 1 是期数为 5、利率为 6% 的年金终值系数。

【例 2-10】 某化工厂计划 5 年后购买一台预计 1 000 万元的大型设备，现每年从利润中留成 180 万元存入银行作为专项基金，银行按复利计息，年利率为 7%，问 5 年后这笔基金是否能够购买此大型设备？

解：此题主要是计算出普通年金终值，然后用计算得出的值与设备的购买价格比较就可以得出结论。此题中，$A = 180$，$i = 7\%$，$n = 5$，则查年金终值系数表得到 $(F/A, 7\%, 5) = 5.750\,7$，因此：

$F = 180 \times 5.750\,7 = 1\,035.126$（万元）

因为 $F > 1\,000$ 万元，所以 5 年后这笔基金可以购买此大型设备。

（2）偿债基金的计算。

在现实经济生活中，经常要遇到计算偿债基金的时候。偿债基金是为在约定的未来某一时点清偿某笔债务和积聚一定数额的资金而必须分次等额支付的存款准备金。偿债基金的计算可以根据普通年金终值计算公式转换而得，是年金终值的逆运算：

$$A = F \cdot \frac{i}{(1+i)^n - 1} = F \times (A/F, i, n) = F \div (F/A, i, n)$$

式中：$\frac{i}{(1+i)^n - 1}$ 称为偿债基金系数，记作 $(A/F, i, n)$。它可以把普通

年金终值折算为每年需要支付的金额。偿债基金系数可以根据普通年金终值系数求倒数取得。

> 【例 2-11】 甲某有一笔 10 年后到期的债务，该债务本息共计 100 万元。甲某计划从现在起每年存入银行一笔款项。假定银行存款年利率为 6%，则甲某每年应该存入多少金额？
>
> 解：$A = F \div (F/A, i, n) = 100 \div (F/A, 6\%, 10)$
> $= 100 \div 13.180 = 7.5873（万元）$
>
> 即甲某应该在 10 年内每年存入银行 7.5873 万元，10 年后可以一次偿还本息 100 万元。

（3）普通年金现值的计算。

普通年金现值是一定时期内每期期末收付款项金额的复利现值之和，也相当于为了在每期期末取得相等金额的款项，现在需要投入的金额。设每期收付款金额为 A，利率为 i，期数为 n，则按复利计算的普通年金现值 F 的计算如图 2-2 所示。

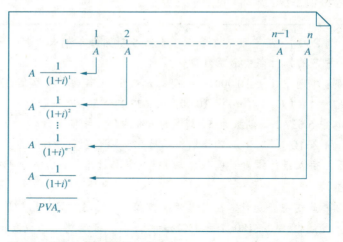

图 2-2 普通年金现值计算过程

年金现值的计算公式为：

$$P = A(1+i)^{-1} + A(1+i)^{-2} + A(1+i)^{-3} + \cdots + A(1+i)^{-(n-2)} + A(1+i)^{-(n-1)} + A(1+i)^{-n}$$

等式两边同乘以 $(1+i)$，则上式变为：

$$P(1+i) = A + A(1+i)^{-1} + A(1+i)^{-2} + \cdots + A(1+i)^{-(n-2)} + A(1+i)^{-(n-1)}$$

上述两式相减，整理可以得到：

$$P = A \cdot \frac{1-(1+i)^{-n}}{i}$$

式中：$\frac{1-(1+i)^{-n}}{i}$ 称为年金现值系数，记为 $(P/A, i, n)$，可查"年金现值系数表"直接获得（见附录四）。

> 【例2-12】 已知年复利率为8%，李某计划连续5年每年年末取出10万元。要求，计算李某第一年年初应该一次存入多少钱？
> 解：题中，$A=10$ 万元，$n=5$，$i=8\%$
> $$P = A \cdot (P/A, i, n)$$
> $$= 10 \times \frac{1-(1+8\%)^{-5}}{8\%}$$
> $$= 10 \times 3.9927 = 39.927（万元）$$
>
> 【例2-13】 某化工厂拟筹资380万元用于投资一条生产线。该生产线投产后预计在未来的10年期间每年的收益为65万元，公司要求最低投资报酬率为12%。问这项投资是否合算？
> 解：本题的解题思路为求10年收益的年金现值并与初始投资额比较。
> $$P = A \cdot (P/A, i, n) = 65 \times 5.6502 = 367.263（万元）$$
> 因为投资收益的现值小于初始投资额，所以这项投资不合算，应取消该投资。

（4）年资本回收额的计算。

资本回收额，是指在给定的年限内等额回收初始投入的资本或清偿初始所欠的债务。年资本回收额是年金现值的逆运算。资本回收额计算公式为：

$$A = P \times \frac{i}{1-(1+i)^{-n}} = P(A/P, i, n)$$

式中：$\frac{i}{1-(1+i)^{-n}}$ 称为"资本回收系数"，可利用年金现值系数的倒数求得。

> 【例2-14】 企业准备投资2 000万元的项目，预计项目期为15年，投资回报率为10%，请问这个项目每年至少给企业带来多少收益才是可行的？
> 解：$(A/P, 10\%, 15) = \frac{1}{(P/A, 10\%, 15)}$
> $$= \frac{1}{7.6061} = 0.13147$$
> $$A = 2\,000 \times 0.13147 = 262.95（万元）$$
> 因此，如果企业每年通过这个投资项目能够获益262.95万元以上，那么项目才是可行的。

3. 先付年金终值和现值的计算

（1）先付年金终值的计算。

先付年金的终值和后付年金终值的计算思路是一样的，都是将每次的收付款项折算到某一时间点的终值,然后再将这些终值求和。

先付年金终值计算的公式为:

$$F_{先} = A \times \left[\frac{(1+i)^{n+1} - 1}{i} - 1 \right]$$

或

$$F_{先} = A \times [(F/A, i, n+1) - 1]$$

式中:$\left[\frac{(1+i)^{n+1} - 1}{i} - 1 \right]$ 是先付年金终值系数,它和普通年金终值系数 $\left[\frac{(1+i)^n - 1}{i} \right]$ 相比,期数加1,而系数减1,因此,先付年金终值系数也可以用 $[(F/A, i, n+1) - 1]$ 表示,通过查普通年金终值系数表,查 $(n+1)$ 期后的值减1就可以得到先付年金终值系数。

虽然普通年金和先付年金收、付款次数相同,但是由于收、付款时间不一样,使得相同期数的先付年金终值比普通年金终值多计算一期利息。这是因为,普通年金最后一期在年末收付款,本期年金本身就是终值而不需要计算终值;但先付年金因为最后一期的收付时间是年初,所以最后一期终值也得计算一期的利息。因此,先付年金终值的计算公式也可以表示为:

$$F_{先} = A \times (F/A, i, n) \times (1+i)$$

【例2-15】 甲某从2001年开始每年年初存入银行10 000元,存款年利率为6%,请问到2010年年末甲某存款的本利和是多少?

解:第一方案:$F_{先} = A \times [(F/A, i, n+1) - 1]$
$= 10\,000 \times [(F/A, 6\%, 10+1) - 1]$
$= 10\,000 \times (14.971\,6 - 1)$
$= 139\,716(元)$

第二方案:$F_{先} = A(F/A, i, n) \times (1+i)$
$= 10\,000 \times (F/A, 6\%, 10) \times (1+6\%)$
$= 10\,000 \times 13.180\,8 \times 1.06$
$= 139\,716(元)$

(2)先付年金现值的计算。

先付年金的现值和后付年金现值的计算思路是一样的,都是将每次的收付款项折算到现值,然后再将这些现值求和。

先付年金现值计算的公式为:

$$P_{先} = A \times \left[\frac{1 - (1+i)^{-(n-1)}}{i} + 1 \right]$$

或

$$P_{先} = A \times [(P/A, i, n-1) + 1]$$

式中：$\left[\dfrac{1-(1+i)^{-(n-1)}}{i}+1\right]$ 称为"预付年金现值系数"，它是在普通年金现值系数基础上，期数减 1，系数加 1 所得的结果。通常记作 $[(P/A, i, n-1)+1]$。具体可以通过查普通年金现值系数表，得到 $(n-1)$ 期的值，然后加 1，便得到对应的先付年金现值系数的值。

虽然 n 期先付年金现值和 n 期普通年金现值的收、付款次数相同，但由于收、付款时点不同，n 期先付年金现值比 n 期普通年金现值少折现了一期利息。因此，在 n 期普通年金现值基础上乘以 $(1+i)$ 就可以求出 n 期先付年金的现值。因此，先付年金计算公式也可以表示为：

$$P_{先} = A \times (P/A, i, n) \times (1+i)$$

> 【例 2-16】 甲某购买房子，现在有两种付款方式可以选择：一种是现在一次性付清，房款为 200 万元；二是分期付款，于每年年初付款 45 万元，付款期为 5 年。假定银行利率为 7%，甲某应该选择哪一种付款方式？
>
> 解：$P_{先} = A \times (P/A, i, n) \times (1+i)$
> $\quad\quad\quad = A \times (P/A, 7\%, 5) \times (1+i)$
> $\quad\quad\quad = 45 \times 4.100\,2 \times 1.07 = 197.42（万元）$
>
> 或者 $P_{先} = A \times [(P/A, i, n-1)+1]$
> $\quad\quad\quad = A \times [(P/A, 7\%, 4)+1]$
> $\quad\quad\quad = 45 \times (3.387\,2 + 1) = 197.42（万元）$
>
> 因为 197.42 万元 < 200 万元，所以应该选择第二种付款方式。

4. 递延年金终值和现值的计算

（1）递延年金终值的计算。

递延年金是普通年金的一种特殊形式。递延年金终值只与年金的个数有关，与递延期无关，因此，递延年金终值的计算方法和普通年金终值一样，只要注意期数就可以了。

> 【例 2-17】 假如年利率为 10%，第一次支付在第四期期末，每次支付 10 000 元，连续支付 5 次（即 $n=5$），则递延年金终值是多少？
>
> 解：$F = A \times (F/A, i, n) = 10\,000 \times (F/A, 10\%, 5)$
> $\quad\quad = 10\,000 \times 6.105\,1$
> $\quad\quad = 61\,051（元）$

（2）递延年金现值的计算。

假设递延年金的第一期支付发生在第 $m+1$ 期期末，连续支付 n 次，m 表示递延期数。则递延年金现值的计算方法有如下三种。

方法 1：先求出递延年金在 n 期期初（第 m 期期末）的现值，再将它作为终值贴现至 m 期的第一期期初，就可以求得递延年金的现值。其计算公式为：

$$P_{递} = A \times (P/A, i, n) \times (P/F, i, m)$$

方法 2：先假设在连续的 $m+n$ 期内，每期有等额 A 的收付，求出 $m+n$ 期普通年金现值，然后减去没有付款的前 m 期普通年金现值，两者之差便是递延 m 期的 n 期普通年金现值。其计算公式为：

$$P_{递} = A \times [(P/A, i, m+n) - (P/A, i, m)]$$

方法 3：先求出递延年金的终值，再换算为期初现值。即先计算 n 期普通年金终值，然后再将 n 期期末的值复利折现到 $m+n$ 期初。其计算公式为：

$$P_{递} = A \times (F/A, i, n) \times (P/F, i, m+n)$$

【例 2-18】 甲某年初存入银行一笔资金，从第 4 年年末起每年取出 10 000 元，至第 10 年年末取完，年利率为 6%。求：甲某最初一次存入多少钱？

解：根据题意可知，$m=3$，$n=7$

第一方案：$P_{递} = A \times (P/A, i, n) \times (P/F, i, m)$
$= 10\,000 \times (P/A, 6\%, 7) \times (P/F, 6\%, 3)$
$= 10\,000 \times 5.582\,4 \times 0.839\,6$
$= 46\,869.83$（元）

第二方案：$P_{递} = A \times [(P/A, i, m+n) - (P/A, i, m)]$
$= 10\,000 \times [(P/A, 6\%, 10) - (P/A, 6\%, 3)]$
$= 10\,000 \times (7.360\,1 - 2.673\,0)$
$= 46\,871$（元）

第三方案：$P_{递} = A \times (F/A, i, n) \times (P/F, i, m+n)$
$= 10\,000 \times (F/A, 6\%, 7) \times (P/F, 6\%, 10)$
$= 10\,000 \times 8.393\,8 \times 0.558\,4$
$= 46\,870.98$（元）

5. 永续年金现值的计算

永续年金没有终止的时间，也就没有终值。在现实生活中，永续年金的例子也不少，比如西方国家有些债券为无限期债券，这些债券的利息可视为永续年金。又比如优先股有固定的股利而无到期日，所以优先股股利有时可以看作永续年金。又比如一些长期的存本取息项目（也就是存入本金后只取利息永远不取本金）也是永续年金。

永续年金的现值可以通过普通年金现值的计算公式导出：

$$P = A \cdot \frac{1-(1+i)^{-n}}{i} = \frac{1-\dfrac{1}{(1+i)^n}}{i}$$

当 $n \to \infty$ 时，$\dfrac{1}{(1+i)^n}$ 的极限为零，所以永续年金的现值为：

$$P_{永续} = \dfrac{A}{i}$$

【例 2-19】 甲某在遗嘱里拟立一项永久性奖学金，奖励他所在地区的优秀学者，计划每年颁发 20 000 元，假如年利率为 5%，求遗嘱里应该写明为该永久性奖学金一次性存入多少钱？

解：$P_{永续} = \dfrac{A}{i} = \dfrac{20\,000}{5\%} = 400\,000$（元）

第三节 资金的风险价值

资金的时间价值是在没有风险和通货膨胀下的社会平均资金收益率，没有涉及风险问题。但是，在企业的经营活动和财务活动中，风险是客观存在的，它对企业经营成果和财务状况有着深远影响。因此，树立风险报酬观念，也是财务管理的一项重要的价值观念。

一、风险的概念及其分类

（一）风险的概念

风险，一般是指事件未来结果的不确定性，是指在一定条件下和一定时期内，实际状况偏离预期目标的可能性。风险的出现，由于极具偶然性，人们无法事先知道。因此，有人说"时间价值是理财的第一原则，风险价值是理财的第二原则"。

首先，风险不等于危险，风险不仅包括负面效应的不确定性，还包括正面效应的不确定性，但是危险专门指负面效应，是损失发生及其程度的不确定性，可以认为危险只是风险的一部分。

其次，风险是"一定条件下"的风险，具有客观性，如投资者在什么时候，购买什么股票，买多少，风险是不同的。一旦这些问题确定了，风险大小就无法改变了，也就是说，特定投资的风险大小是客观的，但是是否冒风险以及冒多大的风险，是可以选择的，是主观决定的。

最后，风险是"一定时期内"的风险，也就是说风险的大小随时间延续而变化。随着时间的延续，事件的不确定性在减少，一旦事件完成，结果完全确定，也就没有风险了。

与风险相联系的另外一个概念是不确定性，也就是人们事先只知道采取某种行动可能形成的各种结果，但不知道它们出现的概率，或者两者都不知道，只能做些粗略的估计。风险与不确定性紧密相连，如果一项行动的后果具有不确定性，就意味着存在风险；反之，如果某一行动的后果是确定的，则意味着不存在风险。严格地说，风险和不确定性是有区别的，风险是指事先可以知道某一行动的所有可能出现的后果，以及每种后果的概率，也就是说风险是对可能结果的描述，是一个概率分布问题。不确定性是指事先不知道某一行动所有可能出现的结果，或者虽然知道可能出现的结果，但不知道它们出现的概率。例如，某公司计划上一个新项目，事先只知道这个新项目有成功和失败两种后果，但是不知道两种后果的概率各是多少，这属于不确定性问题而不是风险问题。但是在现实的经济生活中，人们很难区分这两个概念，在大多数情况下，人们把这两个概念视为同义语。

"风险"是一个非常重要的财务概念，企业的财务活动在获得收益的同时总是伴随着风险。

投资者在进行投资时，由于承担风险而获得的超过资金时间价值的额外收益，称为投资的风险报酬（或风险收益、风险价值）。项目投资可能会带来丰厚的回报，可能收益很小，也可能亏本，甚至血本无归。这主要是因为诸如产品市场环境、宏观经济环境、通货膨胀、经济景气等因素会严重影响企业的经济活动，企业收益可能会出现很好、一般和很差等情况。很显然，出现各种收益情况的概率都有，各种可能情况和机会的存在，揭示着风险的客观存在。那么在投资活动中获得多少收益，面临多大风险，收益和风险应如何度量，都关系到企业财务政策的制定。离开风险因素，就无法客观衡量企业报酬的高低。因此，风险衡量与风险报酬是开展财务管理活动的基本依据。

（二）风险的种类

1. 就风险的规避与分散程度而言，分为市场风险和公司特有风险两种

（1）公司特有风险，是指发生于个别企业的特有事件或某一行业所特有的风险，与系统全面地影响投资市场的经济、政治和其他因素无关，而是由发生于个别行业或公司的特有事件造成的风险，如家电公司所面临的特有风险具体地与家电行业、家电市场有关，而与政治、经济和其他影响证券的系统因素无关。公司特有风险大多是由于某个公司本身经营或管理不善而导致的投资风险。例如，产品落后、技术陈旧、销售不佳、成本过高、员工罢工、诉讼失败等。这种风险可以通过多角化投资来分散风险，所以也称可分散风险或非系统风险。

（2）市场风险，一般是指由整个经济的变动而造成的市场全面风险，

是所有公司都不可规避的一种风险。例如，由于市场波动而引起的所有投资人都要承受的风险（通货膨胀、经济衰退等）。又比如战争、国民经济的全面衰退、国家实行税制改革、世界发生能源危机等。因为这些因素影响到所有的企业，所以不可能通过多角化投资分散风险，因此这类风险也称不可分散风险或系统风险。例如，一个人投资于股票，不管他买哪一种或者哪一只股票，都必须要承担市场风险，所以他必须得考虑大盘的走势，而不能把一只股票孤立起来判断其未来走势。

2. 从公司本身的角度，风险可分为经营风险和财务风险

（1）经营风险，是指企业因生产经营方面的原因给企业盈利带来的不确定性。企业生产经营的许多方面都会受到企业外部和内部多因素的影响，具有很大的不确定性。影响经营风险的主要因素有：原材料供应市场变化导致原材料价格变动，新材料的出现，库存短缺等；由于产品质量不合格，机器设备发生故障，新技术、新产品开发失败，以及生产组织不合理等因素造成的生产方面的风险等。

（2）财务风险，是指企业因借款而增加的风险，是筹资决策带来的风险，也叫筹资风险。企业举债经营，全部资金中除了自有资金外还有一部分借入资金，这会对自有资金的盈利能力造成影响。如果企业利用借入资金进行生产经营的利润率小于借款利率，就会降低自有资金的盈利能力，当企业不能偿还到期的本息时，就会招致破产的风险。

二、风险决策

按风险的程度，可把企业财务决策分为以下三种类型。

（一）确定性决策

确定性决策是指决策者对未来的情况完全确定的或已知的决策。例如，某投资者将一笔资金存入某国有银行，由于在我国，国有银行实力雄厚，不大会出现破产倒闭的情况，因此，可以认为这笔投资是确定性投资。

（二）风险性决策

风险性决策是指决策者对未来的情况不能完全确定，但它们出现的可能性即概率的具体分布是已知的或可以估计的。例如，某投资者将资金投资于一家房地产公司的股票，已知这种股票在经济繁荣时能获得20%的回报，在经济一般时能获得12%的回报，在经济萧条时只能获得3%的回报。根据现有资料分析，认为明年经济繁荣的概率为30%，经济状况一般的概率为40%，经济萧条的概率为30%。这种投资决策属于风险性投资决策。

（三）不确定性决策

不确定性决策是指决策者对未来的情况不仅不能完全确定，而且对其

可能出现的概率也不清楚。例如，甲公司把 100 万元投资于一家石油开采公司，如果该开采公司能够开采到石油就会给甲公司报酬，但是如果开采不到石油就不能给甲公司任何报酬，但是能否开采到石油的概率根本不能确定。这种投资决策便属于不确定性决策。

从理论上讲，不确定性投资是无法计量的，但是在财务管理中，通常为不确定性投资主观规定一些概率，以便进行定量分析。在规定了主观概率后，不确定性投资与风险性投资就十分相似了。因此，在财务管理中，对风险性投资和不确定性投资不作严格区分，统称为风险性投资。

三、风险的衡量

由于风险具有普遍性和广泛性，所以正确地衡量风险就显得十分重要。风险实际上是最终获取的投资收益严重偏离其期望值的可能性，因此常用概率统计的方法分析和衡量其风险的大小。在概率分析法下，我们通常用期望值来估算投资的未来预期收益，用标准差和标准差系数来表示投资的风险。

（一）概率

概率是用于衡量随机事件发生可能性大小的数值。在投资决策中，概率是指预期投资环境变化、财务活动及其结果出现的可能性大小。概率分析是通过研究各种不确定性因素发生不同变动幅度的概率分布及其对项目经济效益指标的影响，对项目可行性和风险性以及方案优劣作出判断的一种不确定性分析法。一般用 X 表示随机事件，X_i 表示随机事件的第 i 种结果，P_i 表示第 i 种结果出现的概率，则概率分布必须符合以下要求。

（1）所有概率都在 0 和 1 之间，即 $0 \leq P_i \leq 1$；

（2）所有结果的概率之和等于 1，即 $\sum_{i=1}^{n} P_i = 1$。

其中，n 为可能出现结果的个数。

【例 2-20】 某企业投资生产了一种新产品，在不同的市场情况下，各种可能收益及概率如表 2-7 所示。

表 2-7 不同市场的概率与收益分布表

市场情况	年收益 X_i（万元）	概率 P_i
繁荣	300	0.3
正常	150	0.5
疲软	50	0.2

从表 2-7 中可以看出，所有的 P_i 均在 0 和 1 之间，且 $P_1+P_2+P_3=0.3+0.5+0.2=1$。

（二）期望值

期望值是指可能发生的结果与各自概率之间的加权平均值，反映投资者的合理预期，一般用 E 表示。在投资项目中，期望值往往通过投资报酬的期望值来反映，投资报酬的期望值是各种可能的报酬按其概率进行加权平均而得的报酬，投资报酬的期望值可按下列公式计算：

$$E = \sum_{i=1}^{n} X_i P_i$$

式中：E——投资报酬的期望值；

X_i——第 i 种可能出现结果的报酬率；

P_i——第 i 种可能出现结果的概率；

n——可能出现结果的个数。

> 【例 2-21】利用例 2-20 中的资料，计算投资报酬的期望值。
> 解：$E = 300 \times 0.3 + 150 \times 0.5 + 50 \times 0.2 = 175$（万元）

（三）标准差

标准差是用来衡量概率分布中各种可能值对期望值的偏离程度，是统计学中用来反映离散程度的一种量度，在经济投资中经常用它来反映风险的大小。标准差一般用符号 σ 表示，它的计算公式为：

$$\sigma = \sqrt{\sum_{i=1}^{n}(X_i - E)^2 \times P_i}$$

式中：σ 为投资报酬的标准差。

通过标准差可以揭示实际投资收益水平偏离预期水平的程度，即投资风险的大小。标准差越小，说明离散程度越小，风险也越小；反之，则风险越大。

> 【例 2-22】利用例 2-20 中的资料，计算投资报酬的标准差。
> 解：$\sigma = \sqrt{(300-175)^2 \times 0.3 + (150-175)^2 \times 0.5 + (50-175)^2 \times 0.2} = 90.14$
> 表明新产品的年收益与期望收益的标准差为 90.14。

（四）标准差系数

标准差是反映随机变量离散程度的一个指标，但它是一个绝对值，而不是一个相对量。因此，它只能用来比较期望报酬相同的各项投资的风险程度，而不能用来比较期望报酬不同时各项投资的风险程度。当期望报酬不同时，各项投资的风险程度，应该用标准差和期望报酬的比率即标准差系数（又称为变异系数）来衡量。其计算公式为：

$$V_\sigma = \frac{\sigma}{E} \times 100\%$$

式中：V_σ 表示投资报酬的标准差系数。

【例 2-23】 利用例 2-20 中的资料，计算投资报酬的标准差系数。

解：$V_\sigma = \dfrac{\sigma}{E} \times 100\% = \dfrac{90.14}{175} \times 100\% = 51.50\%$

上述例子都是针对某个投资项目，通过计算上述这些统计指标来评判该项目的收益和风险性。但是在实际工作中，经常会遇到同时有好几个投资项目，但是现有的资金只能选择一个项目，需要作出决策的时候。这时风险往往是一个考虑的重要因素之一。在项目收益相差不大时，应该优先选择风险小的项目。

【例 2-24】 甲公司目前有两个投资机会：A 投资机会是投资一个高科技项目，该领域竞争很激烈，如果经济发展迅速并且该项目搞得好，取得较好的市场占有率，利润会很大，否则，利润很小甚至亏本。而 B 项目是一个老产品并且是必需品，销售前景可以比较准确地预测到。假设未来的经济情况有三种：繁荣、一般、萧条，有关的概率分布和预期报酬率见表 2-8。

表 2-8　甲公司未来经济情况表

经济情况	发生概率	A 项目预期报酬率	B 项目预期报酬率
繁荣	0.3	30	20
一般	0.6	10	10
萧条	0.1	−25	5

要求：作出项目投资的决策。

解：很显然，该案例中，需要比较两个项目的未来收益率和风险，所以必须通过计算上述一些指标来帮助投资者作出决策。

首先计算两个项目的期望投资报酬率：

A 项目期望报酬率 $E_A = 0.3 \times 30\% + 0.6 \times 10\% + 0.1 \times (-25\%) = 12.5\%$

B 项目期望报酬率 $E_B = 0.3 \times 20\% + 0.6 \times 10\% + 0.1 \times 5\% = 12.5\%$

可见，这两个项目的未来预期报酬率是一样的，所以这时候，风险因素成为决策依据的关键因素。用来评判项目风险性的最合适的指标就是标准差系数。

A 项目的标准差为：

$\sigma_A = \sqrt{(30\% - 12.5\%)^2 \times 0.3 + (10\% - 12.5\%)^2 \times 0.6 + (-25\% - 12.5\%)^2 \times 0.1}$
$= 10.87\%$

> B 项目的标准差为：
> $$\sigma_B = \sqrt{(20\% - 12.5\%)^2 \times 0.3 + (10\% - 12.5\%)^2 \times 0.6 + (5\% - 12.5\%)^2 \times 0.1}$$
> $$= 5.12\%$$
>
> 因为两个项目的期望报酬率是一样的，而且 A 项目的标准差大于 B 项目，所以标准差系数也是 A 项目大于 B 项目，可见，A 项目的风险大于 B 项目，所以，在资金有限的情况下，应该投资 B 项目。

四、风险报酬的计算

风险与收益是一种对称关系，高风险可能伴随着高收益，低风险意味着低收益。企业的许多财务管理工作，都是在不确定的情况下进行的。忽略了风险因素，就无法正确评价企业报酬的高低。风险报酬原理，正确地揭示了风险与报酬之间的关系，是财务决策的基本依据。

风险报酬有两种表示方法：风险报酬额和风险报酬率。所谓风险报酬额，是指由于投资者冒风险进行投资而获得的超过资金时间价值的那部分额外报酬。所谓风险报酬率，是指投资者冒风险进行投资而获得的超过资金时间价值率的那部分额外报酬率，即风险报酬额与原投资额的比率。

（一）必要投资报酬率的构成

必要投资报酬率一般由如下三项内容组成。

（1）无风险报酬（一般是确定的，与投资时间的长短相关）：实际上这部分就是资金时间价值，通常用政府债券的报酬表示，或者在我国较多地用一年期的央行存款利率表示。

（2）风险报酬（一般是不确定的，与投资风险的大小相关）：实际上这部分是对投资者冒风险进行投资的补偿，是投资者获得的超过资金时间价值的额外报酬。

（3）通货膨胀贴补：实际上这部分是对投资者承担的货币贬值损失的一种补偿，它并不是真正意义上的投资报酬，在通货膨胀情况下，必须考虑这个因素才能确定投资者的真实报酬。

（二）风险报酬的计算

1. 计算风险报酬率

标准差系数虽然能够评价投资风险程度的大小，但还不是风险报酬率。要计算风险报酬率，还必须借助一个系数——风险报酬系数。风险报酬系数就是把标准差系数转化为风险报酬的一种系数或倍数。根据风险与报酬均衡原则，所冒风险越大，要求的报酬率越高；所冒风险越小，要求的报酬率越低。风险报酬率、风险报酬系数和标准差系数之间的关系如下所示：
$$R_r = b \times V_\sigma$$

式中：R_r——风险报酬率；

b——风险报酬系数；

V_σ——标准差系数。

在不考虑物价变动的情况下，投资报酬率主要包括无风险投资报酬率和风险报酬率。

投资报酬率＝无风险投资报酬率＋风险报酬率

投资报酬率的公式可表示为：
$$K = R_f + R_r = R_f + b \times V_\sigma$$

即：

投资报酬率＝无风险报酬率＋风险报酬系数 × 标准离差率

至于风险报酬系数的确定方法，主要有以下几种。

（1）根据以往同类项目加以确定。

b 的数据可以参照以往同类投资项目的历史资料，运用前述有关公式来确定。

【例 2-25】 甲企业准备进行一项投资，根据以往资料显示，这类项目投资风险报酬率平均为 20%，标准差系数为 50%，无风险报酬率为 9%，试计算这项投资的风险报酬系数。

解：该类项目的风险报酬系数为

$b = (R - R_f) \div V_\sigma = (20\% - 9\%) \div 50\% = 22\%$

（2）高低点法。

这种方法是采用历史资料中的最高报酬率和最低报酬率的数据，根据标准离差率与投资报酬率之间的关系加以确定。

【例 2-26】 根据甲企业的历史资料得知，一系列投资项目中最高报酬率为 28%，最高的标准差系数为 180%，最低报酬率为 9%，最低的标准差系数为 28%，试计算该类项目的风险报酬系数。

解：风险报酬系数 b 为

$$b = \frac{\text{最高报酬率} - \text{最低报酬率}}{\text{最高标准差系数} - \text{最低标准差系数}} \times 100\%$$

$$= \frac{28\% - 9\%}{180\% - 28\%} = 12.5\%$$

（3）由公司领导或公司组织专家确定。

前两种方法必须在历史资料比较充分的情况下才能采用，如果缺乏历史资料，则可以由企业领导，如总经理、财务总监、总会计师等根据经验确定，也可以由企业组织专家确定。实际上，风险报酬系数的确定，在很大程度上取决于公司对风险的态度。对待风险比较激进的公司，可以把 b 定得低一些；反之，比较谨慎的公司，可以把 b 定得高一些。

（4）由国家有关部门组织专家确定。

国家有关部门，如财政部、中央银行等组织专家，根据各个行业的条件和有关因素，确定各个行业的风险报酬系数，由国家定期公布，作为国家数据供投资者参考。

2. 计算风险报酬

在前述已经计算出了风险报酬率的条件下，计算风险报酬相对比较简单，计算公式为：

$$P_r = C \times R_r$$

式中：P_r——风险报酬；

C——总投资额；

R_r——风险报酬率。

> 【例2-27】 已知某企业有甲、乙两个投资项目，假设甲项目投资额为100万元，风险报酬系数为15%，标准差系数为35.6%；乙方案投资额为80万元，风险报酬系数为12%，标准差系数为60%，试计算两个方案的投资报酬。
>
> 解：两个投资方案的风险报酬率分别为：
>
> 甲方案的风险报酬率 $R_r = b \times V_\sigma = 15\% \times 35.6\% = 5.34\%$
>
> 乙方案的风险报酬率 $R_r = b \times V_\sigma = 12\% \times 60\% = 7.2\%$
>
> 两个投资方案的风险报酬分别为：
>
> 甲方案的投资报酬 $P_r = C \times R_r = 100 \times 5.34\% = 5.34$（万元）
>
> 乙方案的投资报酬 $P_r = C \times R_r = 80 \times 7.2\% = 5.76$（万元）

（三）风险报酬和企业决策

在企业决策过程中，一般要求项目或方案的预期报酬率大于必要投资报酬率，或者说至少大于资金的成本率。在多个方案可行性的情况下，具体决策时也取决于投资者对风险的偏好程度。基本原则是希望投资报酬率越高越好、风险程度越低越好。值得注意的是，上述风险价值计算的结果具有一定的假定性，现实经济生活中并不十分精确，关键是正确认识风险与报酬的关系，选择有可能降低风险的高报酬投资方案。

在风险资产收益和风险数量的研究中，资本资产定价模型在量化市场风险程度和对风险的定价上具有里程碑式的意义和作用。

五、资本资产定价（CAPM）模型

证券投资组合能分散非系统性风险，而且，如果组合是充分有效的，非系统性风险能完全被消除。证券组合关心的是系统性风险，在证券市场达到均衡而没有套利行为时，一种证券应当能够提供与系统性风险相对称的期望收益率，市场的系统性风险越大，投资者从该证券获得的期望收益率也应当越高。资本资产定价模型就有效地描述了在市场均衡状态下单个证券的风险与期望报酬率之间的关系。

资本资产定价模型（capital asset pricing model，CAPM）是由美国学者威廉·夏普（William Sharpe）、约翰·林特纳（John Lintner）和简·莫森（Jan Mossin）等人在资产组合理论的基础上发展起来的，目的在于研究证券市场上价格是如何决定的。这一模型是现代金融市场价格理论的支柱，广泛应用于投资决策和公司理财领域。

资本资产定价模型为：

$$K_i = K_{rf} + \beta_i (K_m - K_{rf})$$

式中：K_i——第 i 种股票或第 i 种证券组合的必要报酬率；

K_{rf}——无风险报酬率；

β_i——第 i 种股票或第 i 种证券组合的 β 系数，表示投资该资产的系统风险系数；

K_m——所有股票的平均报酬率。

该等式说明，单个资产所要求的风险溢价（即超过无风险利率部分）等于该资产的 β 系数乘以市场风险溢价。进一步说，假设股票市场的预期回报率为 K_m，无风险利率为 K_{rf}，那么，市场风险溢价就是 $K_m - K_{rf}$，这是投资者由于承担了与股票市场相关的不可分散风险而预期得到的回报。假如投资者投资了某 i 种资产（比如某公司股票），则 β_i 表示该种资产的回报率对市场变动的敏感程度，可以衡量该资产的不可分散风险。如果该种资产风险大，则 β_i 也大，所以要求的回报必然也高（遵循高风险高收益原则）。

资本资产定价模型表明，任何一只股票或债券等的预期收益率都等于无风险债券利率加上风险溢酬，即风险补偿。$(K_m - K_{rf})$ 表示风险的平均补偿水平，β 系数可以看作是具体 i 只股票或债券风险大小的表示，两者相乘就是该只股票获得的风险补偿。

资本资产定价模型一般可以用图 2-3 来表示。

图 2-3 中的直线 SML 即为证券市场线，该线条的斜率即市场平均风险补偿，反映了一般投资者的风险规避程度。投资者的风险规避程度越高，证券市场线的斜率就越陡，这时对风险资产所要求的风险补偿就越大，从而对风险资产所要求的收益率也越高。

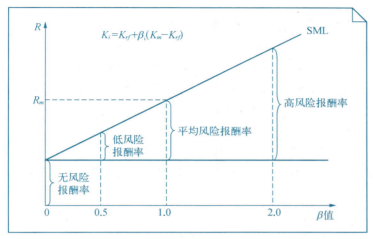

图 2-3　证券市场线

从图中可以看出，假如一只股票的走势与总体证券市场相同，那么它的风险也与市场平均风险相同，这只股票的 β 值就为 1；如果一只股票的涨跌变化幅度是市场平均变化幅度的 2 倍，那么该股票的市场风险也是总体市场平均风险的 2 倍；如果一只股票的涨跌变化幅度只是总体市场平均变化幅度的 50%，那么该股票的市场风险是市场平均风险的 0.5 倍。

投资者在投资活动中存在厌恶风险的心理，这种心理使投资者期望取得与投资所冒风险相当的风险补偿。β 值就是一种风险指数，反映了某种股票（证券）随市场变动的趋势，是这种股票相对于股票市场的变动性。

课后练习题

一、单项选择题

1. 企业收益的主要来源是（　　）。
   A. 经营活动　　　　　　　　　　B. 投资活动
   C. 筹资活动　　　　　　　　　　D. 投资收益
2. 以下属于原始凭证的是（　　）。
   A. 收款凭证　　　　　　　　　　B. 付款凭证
   C. 转账凭证　　　　　　　　　　D. 发票
3. 利润表反映企业的（　　）。
   A. 财务状况　　　　　　　　　　B. 经营成果
   C. 财务状况变动　　　　　　　　D. 现金流动

4. 从量的规定性看,货币的时间价值是没有风险和没有通货膨胀条件下的( )。
   A. 存款利率
   B. 企业自有资金利润率
   C. 企业投资报酬率
   D. 社会平均资金利润率
5. 企业有一笔5年后到期的贷款,到期值是200 000元,假设存款年利率为2%,则企业为偿还借款建立的偿债基金为( )元。(F/A, 2%, 5) = 5.204 0
   A. 181 143
   B. 37 671.2
   C. 32 252.3
   D. 38 432
6. 企业打算在未来3年每年年初存入2 000元,年利率为2%,单利计息,则在第3年年末存款的终值是( )元。
   A. 6 120.8
   B. 6 243.2
   C. 6 240
   D. 6 606.6
7. 下列说法不正确的是( )。
   A. 如果是已知普通年金终值求年金,则属于计算偿债基金问题
   B. 如果是已知普通年金现值求年金,则属于计算投资回收额问题
   C. 偿债基金系数与投资回收系数互为倒数
   D. 复利终值系数与复利现值系数互为倒数
8. 年名义利率为 r,每年计息4次,则年实际利率为( )。
   A. $\left(1+\dfrac{r}{4}\right)^4 - 1$
   B. $\left(1+\dfrac{r}{4}\right)^4$
   C. $(1+r)^4 - 1$
   D. $(1+r)^4$
9. 一定时期内每期期初等额收付的系列款项是( )。
   A. 预付年金
   B. 永续年金
   C. 递延年金
   D. 普通年金
10. 已知(F/A, 10%, 9) = 13.579,(F/A, 10%, 11) = 18.531。则10年期、利率为10%的预付年金终值系数为( )。
    A. 17.531
    B. 15.937
    C. 14.579
    D. 12.579
11. 下列各项年金中,只有现值没有终值的年金是( )。
    A. 即付年金
    B. 普通年金
    C. 先付年金
    D. 永续年金
12. 下列事项中,能够改变特定企业非系统风险的是( )。
    A. 竞争对手被外资并购
    B. 国家加入世界贸易组织
    C. 汇率波动
    D. 货币政策变化
13. 某企业拟进行一项存在一定风险的完整工业项目投资,有甲、乙两个方案可供选择:已知甲方案净现值的期望值为1 000万元,标准差为300万元;乙方案净现值的期望值为1 200万元,标

准差为330万元。下列结论中正确的是（　　）。

  A. 甲方案优于乙方案　　　　　　　B. 甲方案的风险大于乙方案

  C. 甲方案的风险小于乙方案　　　　D. 无法评价甲、乙方案的风险大小

14. 下列有关证券市场线的说法中，不正确的是（　　）。

  A. K_m是指贝塔系数等于1时的股票要求的收益率

  B. 预计通货膨胀率提高时，证券市场线会向上平移

  C. 从证券市场线可以看出，投资者要求的收益率仅仅取决于市场风险

  D. 风险厌恶感的加强，会提高证券市场线的斜率

15. 一项1 000万元的借款，借款期为3年，年利率为5%，若每半年复利一次，则实际年利率会高出名义利率（　　）。

  A. 0.16%　　　　　　　　　　　　B. 0.25%

  C. 0.06%　　　　　　　　　　　　D. 0.05%

二、多项选择题

1. 财务报表分析具有广泛的用途，一般包括（　　）。

  A. 寻找投资对象和兼并对象　　　　B. 预测企业未来的财务状况

  C. 预测企业未来的经营成果　　　　D. 评价公司管理业绩和企业决策

  E. 判断投资、筹资和经营活动的成效

2. 财务报表分析的主体是（　　）。

  A. 债权人　　　　　　　　　　　　B. 投资人

  C. 经理人员　　　　　　　　　　　D. 审计师

  E. 职工和工会

3. 下列各项活动中，属于筹资活动产生的现金流量项目的是（　　）。

  A. 以现金偿还债务的本金　　　　　B. 支付现金股利

  C. 支付借款利息　　　　　　　　　D. 发行股票筹集资金

  E. 收回长期债权投资本金

4. 下列各项中，属于年金形式的项目有（　　）。

  A. 零存整取储蓄存款的整取额　　　B. 定期定额支付的养老金

  C. 年投资回收额　　　　　　　　　D. 偿债基金

5. 递延年金具有（　　）的特点。

  A. 年金的第一次支付发生在若干期之后　　B. 没有终值

  C. 年金的现值与递延期无关　　　　D. 年金的终值与递延期无关

6. 本金10 000元，投资5年，年利率为8%，每季度复利一次，那么下列说法正确的有（　　）。

  A. 复利次数为20次

  B. 季度利率为2%

C. 实际利息为 4 859 元
D. 实际得到的利息要比按名义利率计算的利息低

7. 在利率和计算期相同的条件下,以下公式中,正确的是( )。
   A. 普通年金终值系数 × 普通年金现值系数 = 1
   B. 普通年金终值系数 × 偿债基金系数 = 1
   C. 普通年金终值系数 × 投资回收系数 = 1
   D. 复利终值系数 × 复利现值系数 = 1

8. 下列说法不正确的有( )。
   A. 当计息周期为一年时,名义利率与实际利率相等
   B. 当计息周期短于一年时,实际年利率小于名义利率
   C. 当计息周期长于一年时,实际年利率大于名义利率
   D. 当计息周期长于一年时,实际年利率小于名义利率

9. 下列关于资金时间价值系数关系的表述中,正确的有( )。
   A. 普通年金现值系数 × 投资回收系数 = 1
   B. 普通年金终值系数 × 偿债基金系数 = 1
   C. 普通年金现值系数 ×(1 + 折现率)= 预付年金现值系数
   D. 普通年金终值系数 ×(1 + 折现率)= 预付年金终值系数

10. 投资决策中用来衡量项目风险的,可以是项目的( )。
    A. 预期报酬率   B. 各种可能的报酬率的概率分布
    C. 预期报酬率的标准差系数   D. 预期报酬率的标准差

11. 甲、乙两种方案的期望报酬率分别为 20% 和 15%,标准差分别为 40% 和 35%,则( )。
    A. 甲方案的风险小于乙方案的风险
    B. 甲方案的风险大于乙方案的风险
    C. 两种方案的风险无法比较
    D. 甲方案报酬率的离散程度大于乙方案的离散程度

12. 按照资本资产定价模式,影响特定股票必要收益率的因素有( )。
    A. 无风险的收益率   B. 平均风险股票的必要收益率
    C. 特定股票的贝塔系数   D. 特定股票在投资组合中的比重

三、计算题

1. 某公司有一项付款业务,有甲、乙两种付款方式可供选择。
甲方案:现在支付 100 万元,一次性结清。
乙方案:分 3 年付款,1—3 年各年初的付款额分别为 30 万、35 万、40 万元。
假定年利率为 8%。
要求:按现值计算,从甲、乙两方案中选优。

2. 已知（F/P, 5%, 10）= 1.628 9, 据此计算（结果保留两位小数）：

（1）10年、5%的预付年金终值系数；

（2）（P/A, 5%, 10）。

3. 某企业拟采用融资租赁方式于2011年1月1日从租赁公司租入一台设备，设备款为40 000元，租期为3年，到期后设备归企业所有。

要求：

（1）若租赁折现率为12%，计算后付等额租金方式下的每年等额租金额。

（2）若租赁公司提出的租金方案有四个：

方案1：每年年末支付14 000元，连续付3年；

方案2：每年年初支付14 000元，连续付3年；

方案3：第1年年初支付22 500元，第3年年末支付22 500元；

方案4：第1年不付，第2年、第3年每年年末支付22 500元。

企业的资本成本为10%，比较上述各种租金支付方式下的终值大小，说明哪种租金支付方式对企业更为有利。

4. 某企业有A，B两个投资项目，计划投资额均为1 000万元，其收益（净现值）的概率分布如下表所示。

市场状况	概率	A项目净现值（万元）	B项目净现值（万元）
好	0.3	300	400
一般	0.5	150	200
差	0.2	50	−100

要求：（1）分别计算A，B两个项目净现值的期望值；

（2）分别计算A，B两个项目净现值的标准差；

（3）判断A，B两个投资项目的优劣。

答 案

一、单项选择题

1. A 2. D 3. B 4. D 5. D 6. C 7. C 8. A 9. A 10. A
11. D 12. A 13. B 14. C 15. C

二、多项选择题

1. ABCDE 2. ABCDE 3. ABCD 4. BCD 5. AD 6. ABC

7. BD   8. BC   9. ABCD   10. BCD   11. AD   12. ABC

三、计算题

1. $P_甲 = 100（万元）$

$P_乙 = 30 + 35 \times (P/F, 8\%, 1) + 40 \times (P/F, 8\%, 2) = 30 + 35 \times 0.925\ 9 + 40 \times 0.857\ 3 = 96.70（万元）$

由于 96.70 万元小于 100 万元，乙方案支付金额的现值较小，对于该公司来说乙方案较好。

2. （1）由于预付年金终值系数＝普通年金终值系数 $\times (1 +$ 折现率$)$，所以，"10 年、5%" 的预付年金终值系数＝$(F/A, 5\%, 10) \times (1 + 5\%)$；由于普通年金终值系数＝（复利终值系数－1）/$i$，所以，$(F/A, 5\%, 10) = [(F/P, 5\%, 10) - 1]/5\% = 12.578$；"10 年、5%" 的预付年金终值系数＝$12.578 \times (1 + 5\%) = 13.21$。

（2）$(P/A, 5\%, 10) = (F/A, 5\%, 10) \times (P/F, 5\%, 10)$
$\qquad\qquad\qquad\quad = (F/A, 5\%, 10)/(F/P, 5\%, 10)$
$\qquad\qquad\qquad\quad = 12.578/1.628\ 9$
$\qquad\qquad\qquad\quad = 7.72$

3. （1）后付等额租金方式下的每年等额租金额＝$40\ 000/(P/A, 12\%, 3) = 40\ 000/2.401\ 8 = 16\ 654.18（元）$

（2）方案 1 终值＝$14\ 000 \times (F/A, 10\%, 3) = 14\ 000 \times 3.310\ 0 = 46\ 340（元）$

方案 2 终值＝$14\ 000 \times (F/A, 10\%, 3) \times (1 + 10\%) = 14\ 000 \times 3.310\ 0 \times (1 + 10\%) = 50\ 974（元）$

或者：先付等额租金方式下的 3 年租金终值＝$14\ 000 \times [(F/A, 10\%, 3 + 1) - 1] = 50\ 974（元）$

方案 3 终值＝$22\ 500 \times (F/P, 10\%, 3) + 22\ 500 = 22\ 500 \times 1.331 + 22\ 500 = 52\ 447.5（元）$

方案 4 终值＝$22\ 400 \times (F/A, 10\%, 2) = 22\ 500 \times 2.100 = 47\ 250（元）$

所以，选择方案 1 较好。

4. （1）计算两个项目净现值的期望值：

A 项目：$300 \times 0.3 + 150 \times 0.5 + 50 \times 0.2 = 175（万元）$

B 项目：$400 \times 0.3 + 200 \times 0.5 + (-100) \times 0.2 = 200（万元）$

（2）计算两个项目净现值的标准差：

A 项目的标准差＝$\sqrt{(300 - 175)^2 \times 0.3 + (150 - 175)^2 \times 0.5 + (50 - 175)^2 \times 0.2} = 90.14$

B 项目的标准差＝$\sqrt{(400 - 200)^2 \times 0.3 + (200 - 200)^2 \times 0.5 + (-100 - 200)^2 \times 0.2}$
$\qquad\qquad\quad = 173.21$

（3）判断 A，B 两个投资项目的优劣：

由于 A，B 两个项目投资额相同，但期望收益（净现值）不相同，当两个方案的期望值不同时，决策方案只能借助于变化系数这一相对数值。变化系数＝标准差/期望值，变化系数越大，风险越大；反之，变化系数越小，风险越小。A 项目的变化系数＝$90.14/175 = 0.515\ 1$；B 项目的变化系数＝$173.21/200 = 0.866\ 1$。所以，B 项目的风险较大，投资 A 项目更优。

第三章

筹资管理

第一节 筹资对企业经营管理的意义

企业筹资，是指企业作为筹资主体，根据其生产经营、对外投资和调整资本结构等需要，通过筹资渠道和金融市场，并运用一定的筹资方式，经济有效地筹措和集中资金。一般来说，企业的筹资途径包括政府财政资本、银行信贷资本、非银行金融机构资本、其他法人资本、个人资本以及企业内部资本等。

在市场经济条件下，企业自负盈亏、自主经营，筹资主要途径也从依赖于财政拨款和补贴转变为自主从市场进行筹资。对于不同企业或处于不同发展时期的企业，资金都是其生存发展的基础和必要条件。因此，企业筹资成为财务管理的一项重要内容和经常性工作。筹资作为企业资金周转的起点，对企业经营管理有着重要意义。

一、筹资是企业创建的基础要素

企业在新创建时，必须满足我国相关法律对设立企业注册资本及实收资本的硬性要求。根据我国《企业财务通则》的规定，设立企业必须有法定的资本金。资本金是企业在工商行政管理部门登记的注册资金,是企业投资者投入的原始资本。资本金不足部分,可以通过短期或长期的银行借款(或发行债券)等方式进行筹集。

二、筹资是维持企业正常生产经营活动的需要

理论上,资金在其循环过程中,一般都可以补偿生产经营活动的各项耗费,从而实现简单再生产。但在实际经营中,每一次循环收回的资金与下一次循环所需要的资金在时间和实物形态上都不完全一致,资金的回收与资金的使用在时间上也并不完全衔接,可能会发生资金的临时短缺。这就需要企业运用各种手段筹集资金来解决资金的临时短缺,维持企业正常的生产经营活动。

三、筹资是扩大生产经营规模和增加对外投资的前提

无论是扩大生产经营规模,还是增加对外投资,企业都需要增加资金,需要筹资作为前提。企业规模的扩大主要存在两种形式:一种是单纯依靠增加生产要素的数量,例如:新建厂房、增加设备、引进人才,这是外延的扩大再生产;另一种是主要依靠技术进步,改善生产要素的质量,例如:引进技术、改进设备、提高固定资产的生产能力、培训工人、提高劳动生产率,这是内涵的扩大再生产。不管是外延的扩大再生产还是内涵的扩大再生产,都需要通过筹资来解决资金的短缺问题。

四、筹资是调整企业资本结构的重要手段

资本结构,是指长期负债与股东权益(普通股、优先股、留存收益)的分配情况,反映的是企业债务与股权的比例关系,是企业财务状况的一项重要指标。资本结构在很大程度上决定着企业的偿债和再融资能力,决定着企业未来的盈利能力。合理的融资结构可以降低融资成本,发挥财务杠杆的调节作用,使企业获得更大的自有资金收益率。

在正常生产经营的资金运转和扩大规模的筹资活动中,资本结构会发生改变,现存的资本结构可能不再合理,偏离符合企业价值最大化的最佳结构。在此情况下,企业可以根据自身实际情况,运用筹资这一手段来改变现存的资本结构,从而降低企业风险或提高收益水平。例如,增加权益资本、相应减少负债资本,可以降低财务风险,提高企业的偿债能力;而增加负债筹资、减少权益筹资,可以提高权益资本利润率,还可以起到税收调节作用。运用筹资来调整资本结构,可能会引起资本总额的增减变动,也可能在资本总额不变的前提下,通过调整使资本结构

趋于合理。

第二节 权益资金的筹集

权益资金，也称为自有资金，是企业依法筹集并长期拥有、可以自主调配运用的资金。权益资金的所有权属于企业所有者，企业对权益资金依法享有经营权。本节主要介绍的是权益资金的两种主要筹资方式，即投入资本筹资和发行普通股。

一、投入资本筹资

（一）投入资本筹资的含义

投入资本筹资，又称为吸收直接投资，是指企业以协议等形式，直接吸收国家、企业单位、个人、外商等的投入资金，这是形成企业资本金的一种筹资方式。吸收直接投资是向企业外部筹集自有资金的重要方式之一。与发行证券不同，吸收直接投资不以证券为媒介，投资人直接将其所出资产投入企业，按其出资额的比例分享利润或承担损失。

吸收直接投资曾经是企业的主要筹资方式，现在仍是非股份制企业的主要筹资方式。

1. 吸收直接投资的种类

按资金来源，可以将企业吸收直接投资方式筹集的资金分为以下四种。

（1）吸收国家直接投资，主要是国家财政拨款，由此形成国家资本金。

（2）吸收企业、事业等法人单位的直接投资，由此形成法人资本金。

（3）吸收城乡居民和企业内部职工的个人直接投资，由此形成个人资本金。

（4）吸收外国投资者及我国香港、澳门、台湾地区投资者的直接投资，由此形成外商资本金。

2. 投资者的出资形式

企业在采取吸收直接投资方式筹集资金时，投资者可以采用现金或非现金的形式进行出资。

（1）以货币资金出资。

以货币资金出资，是吸收直接投资中最重要的出资方式。筹资企业可以根据自己的偏好利用货币资金购买各种生产资料、支付各种费用，以满足企业正常经营和日常周转需要。因此,筹资企业要争取投资者尽可能采用货币资金方式出资。

(2) 以实物出资。

以实物出资,即投资者直接以厂房、建筑物、机器设备等固定资产和原材料、燃料、产品等流动资产进行的投资。筹资企业吸收实物资产投资时应该注意以下两点。

① 进行适用性分析。实物资产确为企业科研、生产、经营所需,并且技术性能比较好。

② 进行价值公允性评估。资产作价可由双方按公平合理的原则协商确定,也可聘请专业资产评估机构来确定。

(3) 以无形资产出资。

我国《公司法》规定:"股东可以用货币出资,也可以用实物、知识产权、土地使用权等可以用货币估价并可以依法转让的非货币财产作价出资,但是法律、行政法规规定不得作为出资的财产除外。"具体包括商标权(包括商品商标和服务商标)、专利权(包括发明、实用新型和外观设计)、非专利技术(指未申请或未申请到专利且不受专利保护的技术)、土地使用权(指在一定期限内依法取得的占有和使用土地的权利)等。对作为出资的非货币财产,企业应当评估作价,核实资产,不得高估或低估作价。值得注意的是,企业获得土地使用权后,不能用于出售或抵押。这是因为在我国土地属于国家所有,可以进行投资的仅是土地的使用权而不是其所有权。

(二) 投入资本筹资的优缺点

1. 吸收直接投资的优点

(1) 有利于尽快形成生产能力。吸收直接投资不仅可以接受货币资金筹资,也可以直接接受实物、无形资产投资,直接获取所需要的先进设备和技术。与筹集现金的筹资方式相比,接受实物投资可以快速形成生产能力,尽快开拓产品市场,满足生产经营的需要。

(2) 有利于增强企业信誉,提高企业借款能力。吸收投资所筹集的资金属于自有资金,能增强企业的信誉和借款能力,对扩大企业举债规模和增强企业实力具有重要作用。

(3) 有利于规避财务风险。吸收投资可以根据企业经营状况向投资者支付报酬,企业经营状况好,可以向投资者多支付一些报酬;企业经营状况不好,就可以不向投资者支付报酬或少支付报酬,比较灵活,所以企业承担的财务风险较小。

2. 吸收直接投资的缺点

（1）资金成本较高。投资者以直接投资的方式出资，不能获得固定的收益，需要承担较大的风险，因此必将要求更高的投资回报率。筹资企业应尽量增加收益以达到投资者期望回报的要求，并按合同的规定将收益分配给投资者。

（2）难以进行产权交易。吸收直接投资方式没有证券作为媒介，注册资本不划分为等额股份，投资者按出资额持有企业的产权证明书。投资者需要转让产权时，必须经企业股东会同意，并且不具备在资本市场上进行产权交易的条件，这也将加大投资者的风险和企业筹资的难度。

（3）容易分散企业的控制权。投资者要求获得与投资数量一致的经营管理权。如果外部投资者的投资较多，则投资者会有相当大的管理权，甚至会对企业实行完全控制，这也是吸收直接投资的不利因素。

二、发行普通股

股票是股份公司在筹集资本时向出资人公开或私下发行的、用以证明出资人的股本身份和权利、并根据持有人所持有的股份数享有权益和承担义务的凭证。股票是一种有价证券，代表着其持有人（股东）对股份公司的所有权，每一股同类型股票所代表的公司所有权是相等的，即"同股同权"。股票采用纸面形式或者国务院证券监督管理机构规定的其他形式。

（一）股票的分类

股份有限公司根据有关规定以及筹资和投资者的需要，可以发行不同种类的股票。

1. 按股东的权利和义务划分，股票可分为普通股和优先股

普通股是公司发行的且在公司的经营管理和盈利及财产的分配上享有普通权利的股份，代表满足所有债权偿付要求及优先股东的收益权与求偿权要求后对企业盈利和剩余财产的索取权，是股票的一种基本形式，也是发行量最大、最为重要的股票。其股东所享有的权利和承担的义务最为广泛。

优先股是公司发行的优先于普通股股东分取股利和公司剩余财产的股票。但是，优先股股东一般没有参与公司经营管理的权利。优先股通常预先定明股息收益率，并且优先股的股息一般不会根据公司经营情况而增减，一般也不能参与公司的分红，但优先股可以先于普通股获得股息。对公司来说，由于股息固定，它不影响公司的利润分配。

中国目前有少数上市公司有优先股发行，比如康美药业、交通银行等。

2. 按是否在股票上载明股东姓名，股票可分为记名股票和无记名股票

记名股票是在股票和公司股东名册上注明持有人姓名的股票。记名股票一律用股东本名，其转让、继承要办理过户手续。公司发行记名股票的，应当置备股东名册，记载股东的姓名或者名称、住所及各股东所持股份、各股东所持股票编号、各股东取得股份的日期。

无记名股票是在股票票面上不记载股东的姓名或名称的股票。公司不置备股东名册，只记载股票数量、编号及发行日期。无记名股票的转让、继承无须办理过户手续，买卖双方办理交割手续后就可以完成股票的转让。

按照我国《公司法》规定，公司向发起人、法人发行的股票应为记名股票；向社会公众发行的股票，可以为记名股票，也可以为无记名股票。

3. 按股票票面有无金额划分，可分为面值股票和无面值股票

面值股票，是指公司发行的票面上标有金额的股票，又称为面额股票。持有面额股票的股东，对公司享有权利和承担义务的大小，以其所拥有的全部股票的票面金额之和占公司发行在外股票总面额的比例大小来确定。

无面值股票，也称为无面额股票，无面额股票不标明票面金额，只在股票上载明所占公司股票总额的比例或股份数，也称"分权股份"或"比例股"。之所以采用无面额股票，是因为股票价值实际上是随公司财产的增减而变动的。发行无面额股票，有利于促使投资者在购买股票时，注意计算股票的实际价值。这种股票并非没有价值，而是不在票面上标明固定的金额，只记载其为几股或股本总额的若干分之几。无面额股票淡化了票面价值的概念，但仍然有内在价值，它与面额股票的差别仅在表现形式上。也就是说，它们代表着股东对公司资本总额的投资比例，股东享有同等的股东权利。20世纪早期，美国纽约州最先通过法律允许发行无面额股票，以后美国其他州和一些国家也相继效仿。但目前世界上很多国家（包括中国）的《公司法》规定不允许发行这种股票。

4. 按投资主体划分，可分为国家股、法人股、个人股和外资股

国家股是有权代表国家投资的部门或机构以国有资产向公司投入而形成的股份。

法人股是指企业法人依法以其可支配的资产向公司投入而形成的股份，或具有法人资格的事业单位和社会团体以国家允许的用于经营的资产向公司投入形成的股份。

个人股为社会个人或本公司职工以个人合法财产投入公司而形成的股份。

外资股是外国和我国港、澳、台地区投资者以合法财产用有关方式向公司投资形成的股份。

5. 按有无表决权划分，可分为有表决权股和无表决权股

有表决权股是指持有人对公司的经营管理享有表决权的股票，普通股大多享有表决权。

无表决权股是指根据法律或公司章程的规定，对股份有限公司的经营管理不享有表决权的股票。有的公司为防止拥有大量股份的股东享有过多的表决权，形成对公司的绝对控制或操纵，对持有股份达到一定比例的普通股在公司章程中规定限制其表决权。多数优先股均为限制表决权股或无表决权股。

6. 按股票上市地点和面向的投资者划分，可分为A股、B股、H股、S股、N股、T股等

A股，是指供我国个人或法人买卖的、以人民币标明面值并以人民币认购和交易的、在上海证券交易所和深圳证券交易所上市的普通股票。

B股，是指人民币特种股票，由我国境内公司发行，境内上市交易，它以人民币标明面值，以外币认购和交易。

H股，是指注册地在内地、在香港上市的股票。依此类推，S股、N股、T股分别是指注册地在内地，在新加坡、美国纽约、日本东京上市的股票。

(二) 普通股股东的权利和义务

持有普通股股份者即为普通股股东。股东作为投资者根据其占有公司股份的比例享有一定的权利，并以其所持股份为限对公司承担责任。

1. 普通股股东的权利

(1) 投票表决权。在股份有限公司每年召开股东大会时，作为该股票发行公司的股东有权利参加，并拥有对公司重大事项的投票表决权，从而间接地影响公司的经营决策。因此，这一权利也称为参与决策权。

(2) 盈余分配权。盈余分配权也是普通股股东的一项基本权利。普通股的股东在公司把红利分派给优先股的股东之后，有权享有公司分派的红利。但公司盈余并不一定全部都要作为股利分掉，盈余的分配方案由股东大会决定，每一个会计年度内董事会根据企业的盈利数额和财务状况来决定分发股利的多少并经股东大会批准通过。

(3) 优先认股权。在优先认股权制度下，现有的股东有权保持对企业所有权的现有百分比。如果公司增发普通股股票，现有股东有权按持有公

司股票的比例优先购买新发行的股票,以维持其在公司的权益比例。同时,普通股股东对公司经营承担的风险较其他种类股票的股东大。

（4）剩余财产要求权。在公司解散或清算时,若有剩余财产,作为股东有权按持股比例进行分配。但是,剩余资产先偿还债权人,再给予优先股股东,最后剩下的分配给普通股股东。

（5）对公司账目和股东大会决议的审查权和对公司事务的质询权。根据《公司法》的规定,股东有权查阅、复制公司章程、股东会会议记录、董事会会议决议、监事会会议决议和财务会计报告。股东也可以要求查阅公司会计账簿。股东要求查阅公司会计账簿的,应当向公司提出书面请求,并说明目的。公司有合理依据认为股东查阅会计账簿有不正当目的,可能损害公司合法利益的,可以拒绝提供查阅,并应当自股东提出书面请求之日起十五日内书面答复股东并说明理由。公司拒绝提供查阅的,股东可以请求人民法院要求公司提供查阅。

2. 普通股股东的义务

（1）遵守公司章程。我国《公司法》规定,公司股东应当遵守法律、行政法规和公司章程,依法行使股东权利。

（2）承担经营风险、对公司债务负有限责任。一旦公司经营亏损或宣告破产,应对公司债务直接承担责任。但这种责任是有限的,它以持股数量的比例作为其承担责任的界限。也就是说,股东承担公司的经营风险的责任仅以其出资额为限。

（3）不得滥用股东权利损害他人利益。普通股股东不得滥用股东权利损害公司或其他股东的利益,不得滥用公司法人独立地位和股东有限责任损害公司债权人的利益。公司股东滥用股东权利给股东造成损害的,应当依法承担赔偿责任。公司股东滥用公司法人独立地位和股东有限责任逃避责任,严重损害公司债权人利益的,应当对公司债务承担连带责任。公司的控股股东、实际控制人、董事、监事、高级管理人员不得利用其关联关系损害公司利益。如违反有关规定,给公司造成损失的,应当承担赔偿责任。

（三）普通股筹资的优缺点

1. 普通股筹资的优点

（1）能增强企业的信誉和借贷能力。由于发行普通股所筹的资金属于企业的自有资金,与借入资金相比较,它能提高企业的资信和借款能力,并且保证了公司对资金的最低需求,对公司长期持续稳定经营具有重要意义。

（2）没有固定的股利负担。普通股筹资没有固定的股利负担。公司可以根据盈利状况以及股利政策来决定每年股利支付与否、支付数量多少。公司有盈余，并认为适于分派股利，就可以分给股东一部分股利；公司盈余较少，或虽有盈余但现阶段资金短缺或有更有利的投资机会，也可以少支付或不支付股利。

（3）没有固定到期日，筹资风险小。公司发行普通股股票，其所筹资本是公司永久性资本，没有固定到期日，不用支付固定的利息；正常情况下无须偿还，除非公司清算才需偿还。因此，普通股股本是公司资本中最为稳定的资金来源，筹资风险最小，对保证企业最低的资金需求有重要意义。

（4）筹资限制少。发行普通股筹资属于公司主权资本的筹措，可以使公司免受债权人及优先股股东对公司经营所施加的各种限制，保证公司经营的灵活性。

（5）促进股权流通和转让。普通股筹资以股票为媒介，便于股权的流通和转让，便于吸收新的投资者。

2. 普通股筹资的缺点

（1）资金成本高。一般而言，普通股筹资的成本要高于债务筹资及优先股筹资。这主要是由于投资于普通股的风险较高，投资者相应要求较高的报酬。而且股利是从税后利润中支付，没有抵税作用。此外，普通股的发行费用也较高，这样也加大了发行普通股筹资的成本。

（2）可能会分散公司控制权。公司发行新普通股，增加新股东，可能会导致公司控制权的分散。而股东增多、股权不均衡的情况下，公司的重大决策方案难以达成一致意见。同时，原有股东考虑到公司控制权分散的问题，会反对增发新股。

（3）可能导致股价下降。一方面，新股东对公司已累积的盈余具有分享权，会降低普通股的每股净收益；另一方面，增发新的普通股股票，可能被投资者视为消极信号。两者都会导致普通股股票价格下降。

（4）不易尽快形成生产能力。普通股筹资吸收的一般都是货币资金，还需要通过购置和建造才能形成生产能力。

第三节 债务资金的筹集

债务资本，是指企业依法筹集并使用的需要按期支付利息并偿还本金的资金。债务资本的出资人是企业的债权人,有权在约定的期限内按照约定的利率,向企业按期索取利息并要求企业到期偿还本金。

债务资本筹资一般有银行借款、发行债券、信托产品融资、融资租赁和商业信用五种方式。

一、银行借款

银行借款,是指企业向银行或其他非银行金融机构借入的借款,主要用于购建固定资产和满足企业各种流动资金占用的需要。银行借款筹资是企业一种重要的负债筹资方式。

(一)银行借款的种类

(1)按借款期限长短,银行借款可分为短期借款、中期借款和长期借款。

短期借款,是指借款期限在 1 年以内(含 1 年)的借款。中期借款,是指借款期限在 1 年以上(不含 1 年)5 年以下(含 5 年)的借款。长期借款,是指借款期限在 5 年(不含 5 年)以上的借款。

(2)按提供贷款的机构不同,银行借款可分为政策性银行贷款、商业银行贷款和其他金融机构贷款。

政策性银行贷款,是指执行国家政策性贷款业务的银行向企业发放的贷款。商业银行贷款,是指由各商业银行向企业提供的贷款,主要满足企业建设竞争性项目的资金需求。其他金融机构贷款,是指除银行以外的金融机构,如信托投资公司、财务公司等,向企业提供的贷款。一般来讲,其他金融机构贷款较商业银行贷款的期限更长,利率也较高,对借款企业的信用要求和担保的选择也比较严格。

(3)按有无担保物分类,银行借款可分为担保贷款和信用贷款。

担保贷款是借款企业以自身资产或保证人资产作担保而获得的贷款。贷款的担保方式有保证、抵押、质押,这些担保方式可以单独使用也可以结合使用。抵押贷款,是指以特定的抵押品为担保的贷款。银行向财务风险较大、信用不好的企业发放贷款,往往需要有抵押品担保,以减少自己蒙受损失的风险。作为贷款担保的抵押品可以是不动产、机器设备等实物资产,也可以是股票、债券等有价证券等能够变现的资产。抵押借款的资金成本通常高于非抵押借款,这是因为银行将抵押贷款视为一种风险贷款,因而收取较高的利息。并且,银行管理抵押贷款比管理非抵押贷款更为困难,因此往往另外收取手续费。企业取得抵押借款还会限制其抵押财产的使用和将来的借款能力。如果贷款到期时借款企业不能或不愿偿还贷款,银行可取消企业对抵押品的赎回权并有权处理抵押品。

信用贷款，是指不以抵押品作担保的贷款，即仅凭借款企业的信用或保证人的信用而发放的贷款。信用贷款一般是贷给那些资信优良的企业，而且对于这种贷款，因为风险大，往往附加一定的条件限制。

（4）按贷款的用途分类，银行借款还可分为基本建设贷款、更新改造贷款、科研开发和新产品试制贷款等。

（二）银行借款的信用条件

银行在发放贷款时，往往带有一些信用条件，主要有授信额度、周转授信协议、补偿性余额等。

1. 授信额度

授信额度，也称为贷款限额，是借款人与银行在协议中规定的允许借款人无担保贷款可得到的最高限额。授信额度的有效期通常为一年。银行可以根据企业生产经营状况的好坏核准或调整授信限额。通常在信贷限额内，企业可以随时向银行申请借款，但银行并不承担提供全部信贷限额的义务。如果企业信誉恶化，即使银行曾经同意按授信额度提供贷款，银行也有权利拒绝放贷，而且无须承担法律责任。

2. 周转授信协议

周转授信协议，是指银行从法律上承诺向企业提供不超过某一最高限额的贷款协定。它是一种正式的信贷限额。银行做出的这种协定，往往具有法律效力。只要企业的借款总额没有超过最高限额，银行必须满足企业在任何时候提出的借款要求。企业享用周转协定，通常要对贷款限额的未使用部分支付给银行一定比例的费用，以补偿银行所作出的承诺。承诺费用一般按照未使用授信额度的一定比例计算。

【例3-1】 银行正式核准某企业在一年内最高周转限额为500万元，该企业使用了300万元，假设银行的承诺费率为5‰，则该企业必须向银行支付的承诺费为：

（500－300）×5‰＝1（万元）

3. 补偿性余额

补偿性余额，是指银行要求借款人在银行中保持按贷款限额或实际借用额的一定百分比（通常为10%—20%）计算的最低存款余额。补偿性余额有助于银行降低贷款风险，补偿其可能遭受的损失；但对借款企业来说，补偿性余额则提高了借款的实际利率，加重了企业的利息负担。补偿性余额贷款实际利率的计算公式为：

补偿性余额贷款实际利率＝名义利率÷（1－补偿性余额比例）

（三）银行借款筹资的优缺点

1. 银行借款的优点

（1）筹资速度快。长期借款的手续比发行债券、股票简单得多，只需与银行等贷款机构达成协议即可，企业可以迅速获得所需资本。

（2）借款成本较低。与发行股票相比，利用借款筹资，利息可在税前支付，成本比股票筹资的成本低；与发行债券相比，长期借款的利率通常低于债券利率，并且筹资费用更少，因此成本较低。

（3）弹性较大。借款时企业可以与银行直接交涉，通过协商确定借款时间、数量和利息。在借款期间，如果企业的财务状况发生某些变化，可以与银行再协商从而变更条件。而债券筹资所面对的是社会广大投资者，协商改善筹资条件的可能性很小。

（4）保持股东控制权。长期借款的债权人无权参与企业经营管理，因此不会引起控制权的转移或股东股权稀释。

2. 银行借款的缺点

（1）财务风险较大。与债券一样，长期借款必须按时定期还本付息，在企业经营不善时，可能会产生不能偿付的到期债务，甚至会导致企业破产，因此给企业带来较大的财务风险。

（2）限制条款较多。企业在与银行签订的借款合同中，一般都有一些限制条款，这些条款可能会限制企业的经营、筹资和投资活动。例如，不准在正常情况下出售较多的非产成品存货，以保持企业正常的生产经营能力；不准以任何资产作为其他承诺的担保或抵押，以避免企业承受过重的负担；不能贴现应收票据或出售应收账款，以避免或有负债等。

（3）筹集数额有限。长期借款的数额往往受到借款机构资本实力的制约，难以像发行公司债券、股票那样一次筹集大笔资金，无法满足公司大规模筹资的需要。

二、发行债券

债券，是指债务人为筹集资本依照法定程序发行，承诺按约定的利率和日期支付利息，并在特定日期偿还本金的一种有价证券。债券是一种反映债权债务关系的书面凭证。按照我国《公司法》规定和国际惯例，股份有限公司和有限责任公司发行的债券称为公司债券。因此，非公司制企业不得发行公司债券。采用债券筹集资金，主要是为了满足企业长期资金的需要。

(一)债券的基本要素

1. 票面价值

票面价值,是指债券发行时债券券面标明的价值。债券面值是发行公司到期时偿还本金的数额,也是在债券有效期内计算利息的本金额。因此,债券面值是影响债券发行价格的最基本的因素。

2. 票面利率

票面利率,是指债券发行公司预计向投资者支付的利息占债券面值的比率。票面利率是一种名义利率,在发行债券时就已经确定并标明在债券票面上。

3. 债券期限

债券期限,是指从债券的计息日起到偿还本息日止的时间,是在债券发行时就确定的债券还本的年限。债券的期限越长,未来的不确定因素越多,债券持有人承担的风险越大。

4. 发行价格

发行价格,是指债券原始投资者购入债券时应支付的市场价格,它与债券的面值可能一致也可能不一致。理论上,债券发行价格是债券的面值和要支付的年利息按发行当时的市场利率折现所得到的现值。在实务中,发行价格还要结合发行公司自身的信誉情况来确定。

5. 发行人名称

发行人名称指明债券的债务主体,为债权人到期追回本金和利息提供依据。

(二)债券的种类

1. 按是否记名,债券可分为记名债券和无记名债券

记名债券,是指债券上记载债权人的姓名或名称,并在发行单位或代理机构进行登记的债券。转让时原持有人以背书方式或者法律、行政法规规定的其他方式转让,办理相应的过户手续。通常记名债券可以挂失。这种债券的优点是比较安全,缺点是转让时手续复杂。

无记名债券是指无须在债券上记载持有人的姓名或名称,也无须在发行单位或代理机构登记造册的债券。此种债券可随意转让,无须办理过户手续,因而比较方便。我国发行的债券一般是无记名债券。

2. 按有无抵押担保,债券可分为信用债券和担保债券

信用债券是指没有抵押品,完全靠公司良好的信誉而发行的债券。由于这种债券没有具体财产作抵押,因此,通常只有经济实力雄厚、信誉较高的企业才有能力发行这种债券。公司结业清算时,信用债券持有人的求偿权和普通债权人一样。企业发行信用债券往往有许多限制条件,这些限制

条件中最重要的称为反抵押条款,即禁止企业将其财产抵押给其他债权人。

担保债券是指以保证、质押、抵押等方式担保发行人按期还本付息的债券。其中,保证债券是指以第三方的信用作为担保发行的债券;质押债券是指以其动产、存单、有价证券等作为担保发行的债券;抵押债券,是指债券发行人在发行债券时,通过法律上的适当手续将债券发行人的部分财产作为抵押的债券,一旦债券发行人出现偿债困难,则出卖这部分财产以清偿债务。抵押债券具体来说又可分为一般抵押债券和实物抵押债券。

3. 按能否转换为股票,债券可分为可转换债券和不可转换债券

可转换债券,是指发行人依照法定程序发行,在一定期间内依据约定的条件可以转换成股份的公司债券。

不可转换债券,是指债券发行时没有约定可在一定条件下转换成普通股这一特定条件的债券。大多数债券属于这种类型。

4. 债券按利率的不同,可分为固定利率债券和浮动利率债券

固定利率债券,是指在整个偿还期内按照固定利率向债权人支付利息的债券。固定利率债券不考虑市场变化因素,不确定性较小。

浮动利率债券,是指在发行时规定债券利率随基准利率(一般是指国库券利率或银行同业拆放利率)变动而变动的债券。浮动利率债券往往是中长期债券。企业发行浮动利率债券的主要目的是为了补偿通货膨胀带来的损失。

5. 债券按是否上市,可分为上市债券和非上市债券

上市债券,是指经由政府管理部门批准,在证券交易所内买卖的债券。上市债券信用度高,价值高,且变现速度快,所以比较吸引投资者;但上市条件严格,并要负担上市费用。

非上市债券不在证券交易所上市,只能在场外交易,流动性差。

6. 债券按是否参加公司盈余分配,可分为参加公司债券和不参加公司债券

参加公司债券,是指债权人不仅可按预先约定获得利息收入,还可在一定程度上参加公司利润分配的公司债券。

非参加公司债券,指持有人只能按照事先约定的利率获得利息的公司债券。

另外,目前国内外还普遍存在一种偿还次序优于公司股本权益、但低于公司一般债务的一种债务形式,称为次级债。需要特别指出的是,次级债里的"次级",与银行贷款五级分类法(正常、关注、次级、可疑、损失)里的"次级贷款"中的"次级"是完全不同的概念。次级债券里的"次级"

仅指其求偿权"次级",并不代表其信用等级一定"次级";而五级分类法里的"次级"则是与"可疑""损失"一并划归为不良贷款的范围。一般来说,次级债在企业的求偿优先顺序为:一般债务＞次级债务＞优先股＞普通股,求偿权优先级越高的证券,风险越低,期望收益也越低;反之亦然。美国2008年爆发的金融危机就跟次级债发行过多、风险没有控制有关系。

(三)债券的发行价格

债券的发行价格,是指债券原始投资者购入债券时应支付的市场价格,它与债券的面值可能一致也可能不一致。债券的发行价格有三种:等价、折价和溢价。等价,是指以债券的票面金额为发行价格;溢价,是指以高出债券票面金额的价格为发行价格;折价,是指以低于债券票面金额的价格为发行价格。

之所以出现发行价格与票面价值不等,是因为资金的市场利率是经常变化的,而票面利率在债券发行后就不能调整。从债券的印刷到正式发行要经过较长的一段时间,在这段时间里如果市场利率发生变化,使得市场利率与票面利率不等,就会形成债券溢价或折价发行。

决定债券发行价格高低的因素有债券面值、票面利率、市场利率、债券期限和债券的信用级别。在债券面值、票面利率、期限和信用级别一定的情况下,债券的发行价格主要取决于债券票面利率与市场利率的对比。一般情况下,债券票面利率大于市场利率时,企业应溢价发行债券;债券票面利率小于市场利率时,企业应折价发行债券;债券票面利率等于市场利率时,企业可以等价发行债券。

确定债券发行价格,通常用未来现金流量贴现法。不考虑发行费用的情况下,债券发行价格由债券利息的年金现值和到期本金的复利现值组成,其计算公式为:

$$P = \frac{M}{(1+K)^n} + \sum_{t=1}^{n} \frac{I}{(1+K)^t}$$

式中:P 为债券发行价格;M 为债券面值;I 为债券票面利息;n 为公司债券期限,通常用年表示;t 为付息期数;K 为发行债券时的市场利率。

【例3-2】 某公司发行面值为1 000元、票面利率为12%、期限3年的债券,每年末支付当年利息,到期还本付息。在市场利率分别为10%,12%和14%的情况下,其发行价格各为多少?

解:(1)市场利率为10%时,债券发行价格计算如下:

$$P = \frac{1\,000}{(1+10\%)^3} + \sum_{t=1}^{3} \frac{1\,000 \times 12\%}{(1+10\%)^t} = 1\,049.74(元)$$

在市场利率低于票面利率的情况下，债券发行价格为 1 049.74 元，大于票面价值，为溢价发行。

（2）市场利率为 12% 时，债券发行价格计算如下：

$$P = \frac{1\,000}{(1+12\%)^3} + \sum_{t=1}^{3} \frac{1\,000 \times 12\%}{(1+12\%)^t} = 1\,000（元）$$

在市场利率等于票面利率的情况下，债券发行价格为 1 000 元，等于票面价值，为等价发行。

（3）市场利率为 14% 时，债券发行价格计算如下：

$$P = \frac{1\,000}{(1+14\%)^3} + \sum_{t=1}^{3} \frac{1\,000 \times 12\%}{(1+14\%)^t} = 953.57（元）$$

在市场利率低于票面利率的情况下，债券发行价格为 953.57 元，小于票面价值，为折价发行。

（四）债券筹资的优缺点

1. 债券筹资的优点

（1）资金成本低。与股票成本相比，公司债券筹资的资金成本比较低。因为债券的发行费用较低，而且债券利息在所得税之前列支，有税盾效应。此外，债券的投资风险比股票的投资风险低，因此投资人要求的报酬率也较低。

（2）保证控制权。债券持有人作为债权人没有表决权，不直接参与企业的经营和管理，因而不会改变所有者对企业的控制，有利于保障所有者的权益。

（3）可以获得财务杠杆收益。债券筹资是按事先确定的利息率向持有人支付利息的，债券持有人不参加企业盈利的分配。当企业资本收益率高于债券利息率时，债券筹资便可以提高权益资本收益率，使企业所有者获得资本收益率超过债券利息率那部分的财务杠杆收益。

2. 债券筹资的缺点

（1）财务风险较高。债券一般有固定的到期日，需要定期还本付息，当公司经营不景气时也需要向债权人还本付息，这会使公司陷入财务困境，甚至导致破产。

（2）限制条件较多。发行债券的契约中往往规定一些限制条款，比长期借款、融资租赁等融资方式的限制条件多且严格，从而限制了公司对所筹资金的使用，甚至会影响公司以后的筹资能力。

（3）信息披露成本高。发行债券需要公开披露募集说明书及其引用的审计报告、资产评估报告、资信评级报告等多种文件。债券上市后也需要披露定期报告和临时报告，信息披露成本较高。同时也不利于保护公司的经营、财务等信息及其他商业机密。

三、信托产品融资

信托又称"相信委托",它是以资产为核心、信任为基础、委托为方式的一种财产管理制度。一般来说,有资金的人出于保值增值的目的,把自己不能很好管理和运用的资金交给所信任的人去进行管理或处理,受托财产权的人要收取一定的中间业务费用。目前,我国老百姓投资渠道狭窄,而中小企业受行业政策限制或受到宏观调控的影响,普遍融资困难,所以通过信托公司为中介的信托产品融资受到广大老百姓和企业的欢迎。

信托产品是银行信贷市场的一种补充产品,在某些时候间接起到对银行信贷的补充作用。由于其相对商业银行信贷投放总额而言整体资金规模较小,对宏观调控政策影响不大,因此,也是宏观调节的监视器和调节器。

例如,我国自2009年起对房地产市场实施宏观调控以来,房地产企业向银行申请贷款受政策限制而变得非常困难;这一阶段,房地产信托则风起云涌,开发商通过各种手段向信托公司进行融资补充流动资金来保证自己项目的顺利进行。客观上看来,中央银行一刀切的调控政策也可能错杀一批优质企业,对国家整体经济产生局部不利影响,但是又不能因为个别因素调整宏观调控政策,在此背景下,信托市场就起到填平补缺的作用。因此,我们也可以理解为信托产品的发展客观上是宏观经济政策预留的缝隙,起到对宏观调控政策补充的作用,形象地说就是"关上大门留下一扇小窗"。

同时,信托产品也是一种为投资者提供低风险、稳定收入回报的金融产品。信托品种在产品设计上非常多样,各自都会有不同的特点。各个信托品种在风险和收益潜力方面可能会有很大的区别。

(一)贷款信托类

贷款信托类产品通过信托方式吸收资金用来发放贷款。这种类型的信托产品,是目前数量最多的一种。

1. 贷款信托类产品的特点

(1)对投资人而言,项目的收益是封顶的。收益来源于贷款利息,而贷款利息又往往参照执行人民银行相关利率标准。这意味着委托人的收益上限是贷款利率,而且面临着信托公司提取管理费用等对这一收益的抵扣。不同的管理费用计提方式意味着收益抵扣的程度是不一样的,直接影响着投资人的利益。

(2)尽管信托公司基于自身专业技能挑选了相关项目进行贷款,但由于信息不对称，投资人只能依赖对信托公司的信任。因此，信托产品的风险也是显而易见的。

2. 贷款信托类业务的分类

贷款信托业务包括委托人确定用途的流动资金贷款信托和由受托人确定管理方式的贷款信托。

（1）委托人确定用途的流动资金贷款信托：信托公司将多个委托人的信托资金聚集起来，形成一定规模和实力的资金组合，以流动资金贷款的形式将资金提供给既定的资金使用人，用于生产经营活动以获取信托收益。

（2）由受托人确定管理方式的贷款信托：委托人将合法拥有的一定金额的资金委托给信托公司（受托人），由受托人代为确定管理方式并以自己的名义向借款人提供贷款，约定在一定期限内回收本金及利息并交付给受益人的资金信托业务。

信托资金主要运用于经济实力较强、资信等级较高、信誉好的知名企业或有变现能力较强的资产抵（质）押以及有政府财政预算安排偿还的风险较低的流动资金贷款。信托公司根据实际情况具体选择信托资金使用人。在资金闲置期间可运用于同业拆放、国债回购等风险较低的金融工具。

（二）权益信托类

权益类信托产品是指通过对能带来现金流的权益设置信托的方式来筹集资金，其突出优点是实现了公司无形资产的变现，从而加快了权益拥有公司资金的周转，实现了不同成长性资产的置换。

1. 权益信托类产品的内容

权益投资所投资的对象中，相当多项目收益的产生依赖于政府公共权力的行使，主要是各类公共产品和准公共产品，如城市基础设施、交通项目、教育项目等。包括基础设施收费权、公共交通营运权、旅游项目收费权、教育项目收费权等。

2. 权益信托类产品的风险

权益投资的资金信托产品就其风险收益特征来看，一般其风险相对股权投资类的资金信托项目更小，收益率虽然不会特别高，但是非常稳定。另外，这类信托在资金运用时，可以采取权利质押的方式保障投资者的收益，例如将高速公路的收费权质押。另外，还可以通过政府财政给予补贴等方式确保收益率达到一定水平。

3. 权益信托类产品与其他产品的区别

权益投资的资金信托和股权投资类的资金信托有类似之处，亦有不同之处，其主要不同是：其一，股权投资的对象一定是企业，而权益投资的对象是收费权、营运权、项目分红权等能够产生收益的项目或权利；其二，除非发生股权转让，股权投资通常是没有期限的，而权益投资一般是有期限的；其三，在股权投资中，股权拥有者可以以股东的身份参与企业管理，其权利的来源是《公司法》及相关法律、法规及企业章程，不需要通过合同专门约定，而权益投资的权利所有者不一定参与管理，即使参与管理也是以权利拥有者的身份行使管理权，其管理权的范围、大小由投资合同规定。

（三）融资租赁信托类

融资租赁信托是指委托人基于对信托投资公司的信任，将自己合法拥有的资金委托给信托投资公司，由信托投资公司按委托人的意愿以自己的名义，为受益人的利益或者特定目的运用于融资租赁业务的行为。融资租赁信托交易可以分为两个部分。

第一，信托资产的形成即融资租赁交易部分，包括融资租赁的三方交易过程。

第二，信托计划的设立部分，包括信托计划的发行、监管、收益分配等过程。流程具体说明如下。

（1）投资人在商业银行开立专户，通过银行购买融资租赁信托计划，成为信托资产的所有权人。

（2）商业银行将信托资金转入信托公司在银行的信托专户，并对其进行监管。

（3）信托公司作为出租人（在非过手租赁情况下）与承租人、担保人签订《融资租赁合同》。

（4）根据承租人的要求，信托公司向指定的设备供应商购买租赁物。

（5）设备供应商将租赁物发运到承租人所在地，经过安装、调试、操作培训等环节，保证租赁物能正常运行。保修、维修等售后服务以及可能的回购是设备供应商应长期履行的责任。

（6）承租人根据《融资租赁合同》的约定，定期足额支付租金。租期通常为1—3年，最长一般不超过5年；不管租赁物实际使用效益如何，承租人都必须按合同履行支付租金的义务。

（7）信托公司将专户内收到的租金（通常1—3个月收一次），每满一年就向投资人分配一次信托净收益（指回收的租金扣除各种费用之后的余额）。

（8）银行将信托专户的收益分配通过转账的方式转入投资人账户。

（9）信托公司作为出租人将租赁物以名义货价转让给承租人，最终完成一笔租赁交易。

(四)动产和不动产信托

1. 动产信托

动产信托是指接受的信托财产是动产的信托,它是不动产信托的对称。动产信托的目的是管理或处理这些财产,能够进行受托的种类包括:车辆及其他运输工具;机械设备;贵金属。受托财产主要有铁路车辆、汽车、飞机、电子计算机、设备器械等。

动产设备的信托是以设备的制造者及出售者作为委托人,委托人把动产设备的财产权转移给信托公司(受托人),受托人根据委托人的一定目的,对动产设备进行管理和处分,包括落实具体用户,并会同供需双方商定出售或转让信托动产的价格、付款期限等有关事宜,出租动产设备,代理委托人监督承租方按期支付租金。

动产设备信托一般根据动产的种类分为车辆信托、船舶信托、汽车信托、贵金属信托,一般是以金钱信托以外的信托方式进行信托。动产信托有助于生产大型设备的单位及时收回货款,以便加速资金周转和进行再生产;而且还有助于使用大型设备的单位筹措一部分资金即能使用上设备,这就有助于社会投资者找到可靠的投资对象。动产信托可分为管理处分型、即时处分型和出租型三种,其中基本形式是管理处分型。

2. 不动产信托

不动产信托是以土地及地面固定物为信托财产的信托,是管理和出卖以土地、房屋为标的物的信托。在不动产信托关系中,作为信托标的物的土地和房屋,不论是保管目的、管理目的或处理目的,委托人均应把它们的产权在设立信托期间转移给信托投资机构所有。

不动产信托是信托投资机构经办的财产信托中最为复杂的一种业务。不动产信托可分为房地产信托(又称为建筑物信托)和土地信托。

房地产信托是指信托机构接受委托经营、管理和处理的财产为房地产及相关财务的信托关系。它包括房地产信托存款、房地产信托贷款和房地产委托贷款。目前,我国房地产信托机构有两类:一类是专业银行设立的房地产信托机构;另一类是专业性的房地产信托投资公司。

土地信托是土地所有者为了有效地利用土地获取收益,把土地委托给信托投资机构,信托投资机构按信托契约的规定,筹集建设资金、建造房屋、募集租户,对租户办理租赁以及建筑物的维护、管理或出租,把这种管理、出租所得作为信托收益交给土地所有者(受益者)。土地信托可分为租赁型和分块出售型。

此外，实际工作中，信托还包括有价证券信托、环境保育信托、保险金信托、养老金信托等多种，由于此类信托操作专业性较强，日常工作中应用不多，在此就不详细介绍了。

我国过去十年信托行业发展迅速，但是其间也出现了一些问题，比如2022年房地产信托的大面积暴雷，正是行业发展激进造成风险集中显现。房地产信托项目的大面积暴雷主要原因在于房地产行业的过度融资和信托公司为了业绩而没有把控好风险，给广大的投资者带来了很大的损失。展望未来，希望信托公司和房地产企业能够积极应对处理，尽量减少投资者的损失。

四、融资租赁

（一）租赁的种类

租赁是指通过签订资产出让合同的方式，使用资产的一方（承租方）通过支付租金，向出让资产的一方（出让方）取得资产使用权的一种交易行为。在这项交易中，承租方通过得到所需资产的使用权，完成了筹集资金的行为。

根据性质或目的不同，租赁分为经营租赁和融资租赁两种。

1. 经营租赁

经营租赁，又称为业务租赁，是指为了满足经营使用上的临时或季节性需求而发生的资产租赁。经营租赁是一种短期租赁形式，它是指出租人不仅要向承租人提供设备的使用权，还要向承租人提供设备的保养、保险、维修和其他专门性技术服务的一种租赁形式。

2. 融资租赁

融资租赁，是指由出租方用资金购买承租方选定的设备，并按照签订的租赁协议或合同将设备租给承租方长期使用的一种经济行为。融资租赁实质上转移了与资产所有权有关的全部或绝大部分风险和报酬，可以看作是融资的一种方式。

融资租赁的主要特征有以下几方面。

（1）租赁物一般由承租人决定，出租人融通资金进行购买，并且租赁给承租人使用。在租赁期间内只能租给一个企业使用。

（2）承租人负责检查验收制造商所提供的租赁物，对该租赁物的质量与技术条件出租人不向承租人作出担保。

（3）出租人保留租赁物的所有权，承租人在租赁期间支付租金而享有使用权，并负责租赁期间租赁物的管理、维修和保养。

（4）租赁合同一般比较稳定，在租赁期内，承租人必须连续支付租金，非经同意中途不得退租；并且赁期较长，一般为租赁资产寿命的一半以上。

（5）租期结束后，承租人可以选择廉价购买租赁资产。

（二）融资租赁的形式

根据投资来源和付款对象不同，可以将融资租赁分为直接租赁、售后回租和杠杆租赁。

1. 直接租赁

直接租赁，是指承租人直接向出租人租入所需要的资产，并向出租人支付租金。直接租赁的出租人是制造商、金融公司、专业租赁公司等，其特点表现为出租人既是租赁设备的购买者，又是设备的出租者。直接租赁是融资租赁中最为普遍的一种租赁形式。

2. 售后回租

售后回租，是指承租人根据协议，将原来属于自己所有的资产售给出租人，然后以租赁的形式从出租方重新租回资产的使用权。在这种情况下，承租人获得出售资产的现金，并且可以继续使用原资产。但是，承租人失去了该资产的所有权。从事售后回租的出租人通常为租赁公司等金融机构。

3. 杠杆租赁

杠杆租赁，是由出租人、承租人、贷款人三方组成的一种租赁形式。从承租人的角度看，杠杆租赁与其他形式没有本质不同，均为按照约定获得资产的使用权，并按期支付租金。从出租人的角度看，其身份发生了转变，出租人只垫付购置资产所需的一部分资金（通常为20%—40%），其余部分则以该资产为担保向贷款人借入。出租人将购进的设备出租给承租方并收取租金，并且用收取的租金偿还贷款。这样，出租方只用少量资金就可完成巨额的租赁业务，就如同杠杆原理一样，故称为杠杆租赁。

（三）融资租赁租金的确定

1. 融资租赁租金的构成

融资租赁的租金包括租赁资产的成本、租赁资产的成本利息、租赁手续费等。

（1）租赁资产的成本。租赁资产的成本主要由设备买价、运杂费、运输途中的保险费和安装调试费等构成，是租金的主要内容。

（2）租赁资产的成本利息。租赁资产的成本利息是指租赁公司为购买租赁设备所筹集资金的成本，如因购买设备向银行借款而支付的利息。

（3）租赁手续费。租赁手续费包括租赁公司承办租赁设备的营业费用和一定的盈利。租赁手续费的高低一般没有固定标准，可由出租方和承租方双方协商确定。

2. 融资租赁租金的支付方式

融资租赁租金的支付方式直接影响租金的计算，一般由租赁双方协商确定。具体类型包括以下三种。

（1）按支付间隔期的长短，可以分为年付、半年付、季付和月付等方式；

（2）按支付时间的先后，可以分为先付租金和后付租金两种；

（3）按每期支付租金数额是否相等，可以分为等额支付和不等额支付两种。

3. 融资租赁租金的计算

租金的计算方法很多，目前，国际上流行的租金计算方法主要有平均分摊法、等额年金法、附加率法、浮动利率法等。在我国融资租赁实务中，大多采用平均分摊法和等额年金法。

（1）平均分摊法。

平均分摊法，是指先以商定的利息率和手续费率计算出租赁期间的利息和手续费，然后连同设备成本按支付次数平均分摊。这种方法没有充分考虑时间价值因素。

每次应付租金的计算公式如下：

$$R = \frac{(C-S)+I+F}{N}$$

式中：R 为每次支付租金；C 为租赁设备购置成本；S 为租赁设备预计残值；I 为租赁期间利息；F 为租赁期间手续费；N 为租期。

【例3-3】 甲企业于2012年1月1日从租赁公司租入一套设备，价值100万元，租期为5年，预计租赁期满时的残值为8万元归租赁公司，年利率按10%计算，租赁手续费率为设备价值的2%，租金每年末支付一次。试计算该套设备租赁每次支付的租金。

解：$R = \frac{(C-S)+I+F}{N}$

$= \frac{(100-8)+[100\times(1+10\%)^5-100]+100\times 2\%}{5}$

$= 31.01$（万元）

（2）等额年金法。

等额年金法，是指运用年金现值的计算原理计算每期应付租金的方法。在这种方法下,每期等额支付的租金可以看作是年金,租入设备的价值看作是年金现值之和,综合利率和手续费确定一个租赁费率,看作是贴现率。在我国租赁业中,一般采取等额年金法来计算租金。在实际租赁过程中,租金一般分为先付租金和后付租金两种支付方式。

① 后付租金的计算。承租人和出租人双方商定的租金支付方式大多是后付等额租金,即前面章节涉及的普通年金的概念。根据资本回收额计算公式,可确定后付租金方式下每年支付租金数额的计算公式:

$$A = P \div (P/A, i, n)$$

式中:A 为每年等额支付的租金;P 为租入设备的价值;i 为折现率;n 为租赁期限。

【例 3-4】 根据例 3-3 的资料,现假设设备残值归属于承租企业,租费率为 12%。试采用等额年金法计算承租企业每年末支付的租金。

解:$A = P \div (P/A, i, n) = 100 \div (P/A, 12\%, 5)$
　　$= 100 \div 3.6048 = 27.74$(万元)

② 先付租金的计算。承租企业有时可能会与租赁公司商定,采取先付等额租金的方式支付租金。这样的支付方式符合预付年金的概念,即:

$$A = P \div [(P/A, i, n-1) + 1]$$

式中:A 为每年年初等额支付的租金;P 为租入设备的价值;i 为折现率;n 为租赁期限。

【例 3-5】 根据例 3-4 的资料,假如采用先付年金方式,则每年年初支付的租金为多少?

解:$A = P \div [(P/A, i, n-1) + 1]$
　　$= 100 \div [(P/A, 12\%, 4) + 1]$
　　$= 100 \div 4.0373 = 24.77$(万元)

(四)融资租赁筹资的优缺点

1. 融资租赁的优点

(1)筹资速度快。融资租赁往往比借款取得资金后再购置设备更迅速、更灵活。因为融资租赁中,筹资与设备购买是同时进行的,从而缩短了设备的购进、安装时间,使企业尽快形成生产经营能力。

(2)设备淘汰风险小。随着科学技术快速发展,固定资产的更新时间不断缩短。利用租赁融资中租赁期一般短于资产使用寿命的特点,可以减少设备陈旧过时的风险。而且多数租赁协议规定设备陈旧过时的风险由出租人承担,承租企业可避免这种风险。

(3)限制条款少。通过发行股票、债券及银行借款等方式筹资,企业都要受到许多条件的限制,相比之下,融资租赁所受限制较小。

(4)财务风险小。融资租赁和发行债券、银行借款等筹资方式不同,不需要到期一次性偿还本金,而是将本息在整个租赁期内平均分摊,从而降低了企业的财务风险。

(5)税收负担轻。融资租赁的租金可以在税前扣除,具有抵税作用。

(6)能延长资金融通的期限。通常为设备而贷款的借款期限比该资产的物理寿命要短得多,而租赁的融资期限却可以接近其全部使用寿命期限,并且其金额随设备价款金额而定,无融资额度的限制。

2. 融资租赁的缺点

(1)资金的成本较高。租金的总额往往超过设备价值总额,而且租金要比向银行借款或发行债券的利息高很多。承租企业在经济不景气、财务困难时,固定的租金支付更是企业的沉重负担。

(2)筹资的数额有限。融资租赁是以租赁设备为前提解决公司的长期资金的短缺,所以筹资的数额必定以设备的租金为限。

(3)难于改良资产。承租企业未经出租人同意,不得擅自对租赁资产加以改良。

五、商业信用

商业信用,是指企业在商品交易或劳务供应中由于延期付款(应付账款)或预收货款(预收账款)而形成的借贷关系,是由于货币和商品在时间与空间上的分离而形成的企业间的直接信用行为。商业信用是在商品赊购过程中自然形成的,因而常常被称为"自然筹资"。

(一)商业信用的形式

商业信用的形式主要有应付账款、商业汇票、预收货款、应交税费和应付职工薪酬五种。

1. 应付账款

应付账款,是指买方在购买商品后未立刻支付的款项。对买方来讲,延期付款相当于向卖方借用资金购进商品,实际上就是获得了一笔短期融通的资金。

2. 商业汇票

商业汇票,是指企业进行延期付款商品交易时开具的反映债权债务关系的票据,支付期一般为1—6个月。根据承兑人的不同,商业汇票分为商业承兑汇票和银行承兑汇票两种。根据是否带息，商业汇票分为带息票据和不带息票据。商业汇票的利率一般比银行借款的利率低，且不用保持相应的补偿余额、支付协议费和手续费等，所以应付票据的筹资成本低于银行借款成本。但是，商业汇票到期必须归还，如果延期便要交付罚金。

3. 预收货款

预收货款，是指卖方企业在交付货物之前向买方预先收取部分或全部货款的信用形式，一般用于生产周期长、资金需求量大的货物销售。对于卖方来说，预收货款相当于向买方借入资金后用货物抵偿。通常情况下，买方对于紧俏商品乐于采用预收货款形式，以便取得期货。另外，对于生产周期长、资金占用量大的商品，卖方也往往向买方预收部分货款，以缓解资金占用过多的压力。

4. 应缴税费

应缴税费，是指企业在报表日或会计期末应该缴给国家但是还没有缴纳的各类税金，包括应缴增值税、应缴消费税、应缴所得税等。对于企业来说，拖欠应缴税费相当于获得国家的无息贷款，所以如果企业能管理好应缴税费项目，也是一个解决资金问题的渠道。但是，由于各种税款国家都有明确规定最后的缴纳时间，企业不能为了解决资金问题违背法律规定，要恰当地处理好两者之间的关系。

下列是企业比较常用的运用应缴税费进行融资的方式。

（1）实行款到发货的企业，货物发出后，迟迟不向购买方提供发票，主要手段是延缓确认销售利润，主要目的是延缓缴纳流转税及所得税。

（2）所得税占款。有些企业，年度经营利润往往在会计年度的最后一个季度确认或者在来年所得税汇算清缴时再行确认，从而达到延缓缴税节省流动资金的目的。

（3）有些现金流实在紧张的企业，应缴税金余额较大，企业此时宁可缴纳滞纳金，也要通过占款来缓解企业的现金压力。

5. 应付职工薪酬

企业利用应付职工薪酬进行占款融资也是比较常用的融资手段。

在现实工作中，我们经常会听到或亲身体验到，某些外资企业或经济效益较好的企业，一年发放16个月薪水或者20个月的薪水，让人羡慕不已。其实从会计核算和财务处理角度来看，该公司本年度在会计处理上，计提员工薪酬待遇，应按照16个月或者20个月的年度工资总额计提入成本或者费用科目，在资产负债表中记入应付职工薪酬科目下；此部分的工资成本已经列入当期损益抵充公司利润，企业也由此少缴纳税金。由此看来，公司实际上是占用了员工每月应得的劳动报酬作为融资的手段之一，缓解公司的现金压力。也有不少外资企业给员工计算应发放的年底奖金金额会比较大，但是这部分年底奖金往往会在次年的3—6月发放，这就能起到巨额的应付职工薪酬占款融资目的。

（二）商业信用条件

1. 信用条件

商业信用条件是指买方在赊购商品时，卖方制定相应的信用条件和政策，以促使买方及时付款。

信用条件中包括现金折扣百分比、折扣期限和信用期限。信用条件通常表示为（2/10, n/30）的形式。其中，"2/10"意味着企业所享受的现金折扣率是2%，折扣期限为10天。也就是说，企业在10天内付款都可以享受现金折扣2%，折扣额为0.2万元，免费信用额为9.8万元（10 — 0.2）。如果公司准备享受折扣，应选择在第10天付款。"n/30"意味着企业的信用期限是30天。超过10天后付款没有折扣，并且30天内必须付清款项。

2. 放弃现金折扣成本

企业如果在折扣期限内放弃现金折扣，此时所获得的商业信用就是一种有代价的信用。因为公司未对折扣加以利用会形成相应的机会成本。

$$放弃现金折扣成本 = \frac{折扣百分比}{（1 - 折扣百分比）} \times \frac{360}{（信用期限 - 折扣期限）}$$

上式表明，放弃现金折扣成本与折扣百分比的大小、折扣期的长短呈同方向变化，与信用期的长短反方向变化。企业一旦放弃了现金折扣，就应该尽可能地延期付款，从而尽可能地降低商业信用成本。

> 【例3-6】 在信用条件（2/10, n/30）下，试计算企业放弃折扣所负担的成本。
> 解：放弃现金折扣成本 = [2%/(1 - 2%)] × [360/(30 - 10)] = 36.7%

一般来说，企业向银行取得信用额度借款的年利率都会比计算的放弃现金折扣的机会成本率低，可见，放弃现金折扣而进行的商业信用筹资是一种代价很高的筹资手段。所以，在可能的条件下，企业应该享受现金折扣的条件。

（三）商业信用筹资的优缺点

1. 商业信用筹资的优点

（1）筹资方便。对于多数企业来说，商业信用是一种持续性的信贷形式，且无须正式办理筹资手续，具有自然融资的特点。

（2）筹资成本低。如果没有现金折扣或使用不带息票据，则企业利用商业信用筹资不会产生负担成本。

2. 商业信用筹资的缺点

商业信用的期限一般要短于其他筹资方式，不利于企业对资金的统筹运用。如果企业享受现金折扣，则用资期限会更短；若放弃现金折扣，则要承担较高的机会成本。

第四节 混合性资金的筹集

混合性筹资是指兼具权益资本筹资和债务资本筹资双重属性的长期筹资。通常包括发行优先股筹资和发行可转换债券筹资等。

一、发行优先股

优先股，是指相对普通股而言，在某些方面有优先权的特殊股票，主要表现为优先分配股利和优先分配剩余财产。由于优先股投资者承受风险低于普通股投资者，因此优先股股东获得的预期投资报酬率低于普通股股东的预期报酬率，并且在通常情况下不享有表决权。

（一）优先股的种类

1. 按优先股股息是否可以累积支付，可分为累积优先股和非累积优先股

累积优先股，是指企业过去年度未支付的股利可以累积由以后年度的利润一起支付的优先股股票。非累积优先股，是指仅按当年利润分配股利，而不予累积不付的优先股股票。

2. 按是否可以转换普通股或债券，可分为可转换优先股和不可转换优先股

可转换优先股，是指其持有人可按规定的条件和比例将其持有的

优先股转换为企业的普通股或债券的一种优先股。不可转换优先股，是指不具有这种转换权利的优先股。可转换优先股能增加筹资和投资双方的灵活性，比较受欢迎。我国现行《优先股试点管理办法》规定，上市公司不得发行可转换为普通股的优先股。但商业银行可根据商业银行资本监管规定，非公开发行触发事件发生时强制转换为普通股的优先股。

3. 按是否参与剩余利润的分配，可分为参与优先股和不参与优先股

参与优先股，是指当企业利润在按规定分配给优先股股东和普通股股东后仍有剩余时，能够与普通股一起参与分配额外股利的优先股。非参与优先股，是指只能获得固定股利，不能参加剩余利润分配的优先股。我国现行《优先股试点管理办法》规定，公司章程应明确优先股股东参与剩余利润分配的比例、条件等事项。

4. 按是否可赎回，可分为可赎回优先股和不可赎回优先股

可赎回优先股，是指企业出于减轻优先股股利负担或调整资本结构等目的，可按规定以一定价格购回的优先股。不可赎回优先股，是指企业不能购回的优先股。

5. 按股息率是否允许变动，可分为固定股息率优先股和浮动股息率优先股。

固定股息率优先股是指在优先股股权存续期内，采用相同固定股息率或者明确每年固定股息率，各年度股息率可以不同的优先股。浮动股息率优先股是指在优先股股权存续期内，采用浮动股息率的优先股。我国现行《优先股试点管理办法》规定，优先股采用浮动股息率，应当明确优先股存续期内票面股息率计算方法。

（二）优先股股东的权利

1. 优先分配股利的权利

优先股股东通常优先于普通股股东分配股利。对于累积优先股而言，这种优先权更为突出。

2. 优先分配公司剩余财产的权利

当公司解散、破产等进行清算时，优先股股东通常优先于普通股股东分配公司的剩余财产。其金额仅限于优先股的票面价值，加上累积未支付的股利。

3. 有限管理权

优先股股东通常没有权力过问公司的经营管理，不享有表决权。只有

当涉及优先股股东相关权益问题时，才有权参与表决。

我国现行《优先股试点管理办法》规定，公司累计三个会计年度或连续两个会计年度未按约定支付优先股股息的，股东大会批准当年不按约定分配利润的方案次日起，优先股股东有权出席股东大会与普通股股东共同表决，每股优先股股份享有公司章程规定的一定比例表决权。

（三）优先股的性质

优先股筹资方式是一种混合型的筹资方式，介于发行普通股和债券之间。

（1）就其筹资属性和股利支付来看，优先股类似于普通股，属于公司自有资金。优先股无到期日，不用偿还本金，优先股股利从税后净利中支付。

（2）就固定股利支付和优先权来看，优先股性质与债券类似，有固定的股利，并且对分配和清算后的剩余财产具有优先权。

（四）优先股筹资的优缺点

1. 优先股筹资的优点

（1）提高企业的资信和借款能力。由于优先股与普通股一样，所筹资金也为自有资金，发行优先股能加大自有资金的比例，可增强公司的资金实力，提高公司的举债、偿债能力。

（2）财务风险较低。由于优先股所筹资金一般没有固定的到期日，也不用偿付本金，可供企业长期使用，企业的财务压力相对较小。虽然有固定股利的规定，但固定股利的支付并不是公司的法定义务。即使公司暂时不能支付优先股股利，优先股股东也不能像债权人一样强制企业发放，甚至迫使企业破产。

（3）不会分散公司控股权。通常情况下，优先股股东没有参与权和表决权，发行优先股可以避免公司股权的分散。当公司既想向外界筹措自有资金，又不想分散原有股东的控制权时，就可利用优先股筹资。

（4）便于企业调节资本结构。大多数优先股同时又附有收回条款，具有弹性，当财务状况较差时发行优先股，而在财务状况较好时收回，有利于结合资金需求，同时也能控制企业的资本结构。

2. 优先股筹资的缺点

（1）资金成本高。优先股的固定股利需要在税后支付，不能产生债券利息的税盾效应；同时，优先股利率通常比债券的利息率高，所以一般优先股的资本成本比债券资金成本高。

（2）筹资限制多。发行优先股时，通常有许多限制性条款，包括对普通股股利支付的限制、对企业借款的限制等。

二、发行可转换债券

可转换债券,是可转换公司债券的简称,又简称可转债,是指发行人依照法定程序发行,在一定期间内依据约定的条件可以转换成股份的公司债券。从本质上讲,可转换债券是在发行公司债券的基础上,附加了一份期权,因此兼有债券和股票的筹资功能,在转换权行使之前属于公司的债务资本,转换权行使之后属于公司的权益资本。

按照《公司法》的规定,发行可转换为股票的公司债券的,公司应当按照其转换办法向债券持有人换发股票,但债券持有人对转换股票或者不转换股票有选择权。可转换债券转换为股票后,发行股票上市的证券交易所应当安排股票上市流通。按照我国的有关规定,重点国有企业发行可转换债券的,以拟发行股票的价格为基准,按一定比例折扣作为转换价格;上市公司发行可转换债券的,以发行可转换债券前一个月股票的平均价格为基准,上浮一定幅度作为转换价格。

(一) 可转换债券的基本要素

可转换债券的基本要素是指构成可转换债券基本特征的必要因素,这些要素基本上决定了可转换债券的总体特征。

1. 标的股票

可转换债券对股票的可转换性,实际上是一种股票期权或股票选择权,它的标的物一般是发行公司自己的股票,也可以是其他公司的股票,例如该公司的上市子公司的股票。

2. 票面利率

可转换债券的票面利率是指可转换债券作为一种债券时的票面利率,由发行人根据当前市场利率水平、公司债券资信等级和发行条款确定,一般低于相同条件的不可转换债券。

3. 转换比率及转换价格

转换比率是指一定面额可转换债券可转换成普通股票的股数。用公式表示为:

$$转换比率 = 可转换债券面值 / 转换价格$$

转换价格,即将可转换债券转换为普通股的每股价格,一般比可转换债券发售公司的股票市场价格高出10%—30%。转换价格可以是固定的,也可以是变动的。转换价格变动的趋势一般是随到期日的临近而逐期提高,以促使可转换债券的持有者尽早地进行转换。用公式表示为:

$$转换价格 = 可转换债券面值 / 转换比率$$

> 【例3-7】假设某公司发行了期限为10年、票面价值为1 000元的可转换债券,公司允许债券持有者用每份债券调换20股普通股,即转换比率为20,试计算转换价格。
>
> 解:转换价格＝可转换债券面值/转换比例
> 　　　　　＝1 000/20＝50(元)

4. 有效期限和转换期限

就可转换债券而言,其有效期限与一般债券相同,指债券从发行之日起至偿清本息之日止的存续期间。

转换期限,是指可转换债券持有人行使转换权的有效期限。可转换债券的转换期可以与债券的期限相同,也可以短于债券的期限。我国《上市公司证券发行注册管理办法》规定,可转换公司债券自发行结束之日起6个月后方可转换为公司股票,转换期限由公司根据可转换公司债券的存续期限及公司的财务状况确定。

5. 赎回条款

赎回条款是指可转换债券的发行企业可以在债券到期日之前提前赎回债券的规定,是可转换债券的基本要素之一,通常包括不可赎回期、赎回价格、赎回条件等。该条款一般规定:如果公司的股票价格在若干个交易日内满足赎回条件,公司有权按照赎回价格赎回公司剩余的可转换债券。赎回条款是公司所拥有的一项期权。发行公司在赎回债券之前,要向债券持有人发出通知,要求其在将债券转换为普通股与卖给发行公司(发行公司赎回)之间作出选择。由于公司的赎回价格一般要远远小于转换价值,所以此条款最主要的作用就是实现强制性转股,缩短可转换债券的期限。

6. 回售条款

当可转换债券的转换价值远低于债券面值时,持有人必定不会执行转换权利,此时投资人依据一定的条件可以要求发行公司以面额加计利息补偿金的价格收回可转换公司债券。回售条款包括回售时间、回售价格等内容。回售条款是为投资者提供的一项安全性保障。

7. 转换价格修正条款

可转换债券的价格并不是固定不变的。转换价格修正是指发行公司在发行可转换债券后,由于公司尚未送股、配股、增发股票、分立、合并、拆细及其他原因导致发行人股份发生变动,引起公司股票名义价格下降时而对转换价格所做的必要调整。

（二）可转换债券筹资的优缺点

1. 可转换债券筹资的优点

（1）筹资成本较低。可转换债券给予债券持有人以优惠的价格转换公司股票的权利，因此可转换债券利率低于普通债券，节约了利息支出，降低了公司的筹资成本。在可转换债券转换为普通股票时，减少了公司发行股票的筹资费用。

（2）有利于筹集更多资金。可转换债券既可以使投资者获得固定利息，又为投资者提供了股权投资选择权，对投资者具有一定的吸引力，便于资金的筹集。

（3）有利于稳定股票价格。可转换债券规定的转换价格一般高于其发行时的公司股票价格，在公司股票价格较低时，可以通过发行可转换债券来筹集资金，从而通过转换实现较高价位的股权筹资，同时避免了进一步降低公司股票市价。

（4）有利于调整资本结构。可转换债券作为混合型筹资方式，在转换前属于公司的一种债务。若公司希望可转换债券持有人将债券转换为股票，还可以诱导其转为股票；若公司不希望持股人转股，可以借助赎回条款等减少持有人转股。

（5）减少筹资中的利益冲突。由于一部分投资者在可转换债券到期时会将可转换债券转换成普通股，发行可转换债券不会太多地增加公司的偿债压力，相对来讲，其他债权人对此反对声音较小，受其他债务的限制性约束较少。同时，可转换债券持有人也是公司潜在的股东，与公司有较大的利益趋同性，冲突较少。

2. 可转换债券筹资的缺点

（1）承担一定财务压力。发行可转换债券后，如果公司股价低迷，持券者没有如期转换普通股，则会增加公司偿还债务的压力，加大公司的财务风险。特别是在订有回售条款的情况下，公司短期内集中偿还债务的压力会更明显，存在回售风险。

（2）可能遭受筹资损失。一方面，如果转股时公司股价高于转股价格，公司就会遭受损失。另一方面，如果公司股价在一定时间段内连续低于转股价格达到一定幅度时，持有人会按照约定价格将尚未转股的公司债券回售给公司，也会使公司遭受损失。此外，一旦持有人转股之后，可转换公司债券还会失去债券利率较低的好处。

第五节　资本成本

一、资本成本的概念与作用

（一）资本成本的概念

资本成本是指企业取得和使用资本时所付出的代价。取得资本所付出的代价，也就是筹资过程中发生的费用，主要指发行债券、股票的费用，向银行及非银行金融机构借款的手续费用等。使用资本所付出的代价，主要由货币时间价值构成，如向股东、债权人支付的股利、利息等。

资本成本通常用相对数来表示，即由于使用资本而给出资方支付的报酬与实际获得的资本之间的比率。其一般计算公式为：

$$K = \frac{D}{P-F} \times 100\% = \frac{D}{P(1-f)} \times 100\%$$

式中：K 为资本成本，以相对数表示；D 为资金使用费用；P 为筹资总额；F 为筹资费用；f 为筹资费用率，即 $f=F/P$。

（二）资本成本的作用

1. 资本成本是企业筹资决策的重要依据

从企业筹资角度看，资本成本是企业筹措资金所需支付的代价，亦即资本提供者预期获得的报酬率。

企业的资本可以从各种渠道，如银行信贷资金、民间资金、企业资金等来源取得，其筹资的方式也多种多样，如吸收直接投资、发行股票、银行借款等。但不管选择何种渠道，采用哪种方式，主要考虑的因素还是资本成本。通过不同渠道和方式所筹措的资本，将会形成不同的资本结构，由此产生不同的财务风险和资本成本。所以，资本成本也就成了确定最佳资本结构的主要因素之一。随着筹资数量的增加，资本成本将随之变化。当筹资数量增加到增资的成本大于增资的收入时，企业便不能再追加资本。因此，资本成本是限制企业筹资数额的一个重要因素。

2. 资本成本是评价和选择投资项目的重要标准

从公司投资角度看，资本成本是企业投资所要求的最低可接受的报酬率。只有当投资项目的收益高于资本成本的情况下，才值得为之筹措资本；反之，就应该放弃该投资机会。因此，资本成本也称为最低可接受的收益率、投资项目的取舍收益率。

3. 资本成本是衡量企业资金效益的临界基准

资本成本作为长期投资决策和资本决策的概念基础，主要包括自有资本、债券、长期借款等长期资本的资本成本。如果一定时期的综合资本成本率高于总资产报酬率，就说明企业资本的运用效益差，经营业绩不佳；反之，则相反。

4. 资本成本是制定企业营运资金管理决策的依据

如果把企业流动资产看作不同投资项目，那么营运资金其实也存在着不同的资本成本。可见，资本成本可以用来评估营运资金投资和筹资政策。当流动资产资本成本较高时，企业可以适当减少营运资金投资额，采用相对积极的筹资策略。在制定应收账款信用政策、信用条件和收账政策以及存货采购批量和储存数量时，都需要企业把资本成本作为重要决策依据。

二、个别资本成本

个别资本成本是指各种长期筹资方式的成本，包括长期借款成本、债券成本、优先股成本、普通股成本和留存收益成本。

（一）债务资本成本的计算

债务资本成本主要包括长期借款成本和债券成本。对于债务资本成本而言，其使用费用是指企业为了获取资金的使用权而支付给债权人的利息。而根据法律规定，利息在税前支付，具有减税效应，因此企业实际承担的资金使用费用为：利息×（1－所得税税率）。

1. 长期借款成本

长期借款成本包括借款利息及筹资费用两部分。其中，利息在税前支付，可以起到抵税的作用，因此长期借款成本的计算公式为：

$$K_L = \frac{I_L(1-T)}{L(1-f_L)} = \frac{R_L(1-T)}{1-f_L}$$

式中：K_L 为长期借款成本；I_L 为长期借款年利息；T 为所得税税率；L 为长期借款筹资额；f_L 为长期借款筹资费率；R_L 为长期借款年利率。

长期借款的筹资费用主要是手续费，一般数额很少，所以可以忽略不计。因此，在不考虑银行借款手续费时，长期借款资本成本的计算公式又可以简化为：

$$K_L = R_L(1-T)$$

【例3-8】 某公司需要5年期银行借款200万元，年利率为8%，每年付息一次，到期偿还本金。筹资费率为0.3%，企业所得税税率为25%，则该项长期借款的个别资本成本为多少？

解：$K_L = \dfrac{200 \times 8\% \times (1-25\%)}{200 \times (1-0.3\%)} = 6.02\%$

如果不考虑筹资费用，长期借款资本成本为：$K_L = 8\% \times (1-25\%) = 6\%$。

2. 债券资本成本

债券和长期借款均属于公司的债务资本,资金的使用费用均在税前支付。但债券的筹资费用较高,包括申请费、注册费、印刷费和推销费等。因此,债券资金成本通常高于长期借款的资金成本。由于筹资费用较高,故一般不可忽略。在不考虑资金时间价值的条件下,债券资本成本的计算公式为:

$$K_B = \frac{I_B(1-T)}{B(1-f_B)}$$

式中:K_B 为债券成本;I_B 为债券年利息;T 为企业所得税税率;B 为债券筹资额(按发行价格确定);f_B 为债券筹资费用率。

【例 3-9】 某公司将发行面值为 100 元的债券 1 000 张,票面利率为 12%,期限为 8 年。筹资费率为 3%,企业所得税税率为 25%。若该批债券平价发行,则其债券资本成本为多少?

解:$K_B = \dfrac{100\,000 \times 12\% \times (1-25\%)}{100\,000 \times (1-3\%)} = 9.28\%$

(二)权益资本成本的计算

权益资本成本主要包括优先股成本、普通股成本和留存收益成本。留存收益成本又称作内部权益成本,新发行的优先股和普通股成本可称作外部权益成本。对于权益资本成本而言,使用费用是指向股东支付的股利。根据法律规定,企业需要先根据税前利润缴纳公司所得税,再向股东进行股利分配。因此,股利与利息不同,不具有避税效应。

1. 优先股成本

优先股的股息是固定的,按照股息固定的股票估值公式,优先股票的资本成本计算公式为:

$$K_P = \frac{D_P}{P(1-f_P)}$$

式中:K_P 为优先股资本成本;D_P 为优先股股利;P 为优先股发行总额(按发行价格确定);f_P 为优先股筹资费用率。

2. 普通股成本

企业的普通股成本,其实就是投资者投资普通股时要求的投资报酬率。可以用不同方法计算普通股的投资报酬率,从而得到普通股的资本成本率。

(1)股利折现模型法。

普通股成本可以通过普通股的价值等于普通股筹资净额来确定。普通股的价值就是以投资者要求的投资报酬率,也就是普通股成本为贴现率,是未来期望的股利的现值之和。

$$P_0(1-f_c) = \sum_{t=1}^{\infty} \frac{D_t}{(1+K_c)^t}$$

式中：P_0 为普通股的发行价格；f_c 为普通股的筹资费率；D_t 为普通股第 t 年的股利；K_c 为普通股的投资报酬率，即普通股资本成本率。

运用上式计算普通股成本，会因具体的股利政策不同而有所不同。

如果公司采取固定股利政策，即每年分配固定股利 D 元，可以将其看作永续年金，则股利增长模型为：

$$P_0(1-f_c) = \frac{D}{K_c}$$

从而推导出普通股资本成本率的计算公式，同优先股资本成本的计算公式。

如果公司采取固定增长股利政策，第 0 年分配的股利为 D_0，股利增长率为 g，则普通股股利增长模型为：

$$\begin{aligned}P_0(1-f_c) &= \frac{D_1}{(1+K_c)^1} + \frac{D_1(1+g)}{(1+K_c)^2} + \frac{D_1(1+g)^2}{(1+K_c)^3} + \cdots \\ &\quad + \frac{D_1(1+g)^{n-1}}{(1+K_c)^n} + \cdots \\ &= D_1 \left[\frac{1}{(1+K_c)^1} + \frac{(1+g)}{(1+K_c)^2} + \frac{(1+g)^2}{(1+K_c)^3} + \cdots \right. \\ &\quad \left. + \frac{(1+g)^{n-1}}{(1+K_c)^n} + \cdots \right] \\ &= \frac{D_1}{K_c - g}\end{aligned}$$

从而推导出普通股资本成本率的计算公式为：

$$K_c = \frac{D_1}{P_0(1-f_c)} + g$$

【例 3-10】 某公司将发行普通股 1 000 万元，预计第一年的股利率为 10%，以后每年增长 5%，筹资费率为 6%，试计算该普通股的资本成本。

解：$K_c = \dfrac{1\,000 \times 10\%}{1\,000 \times (1-6\%)} + 5\% = 15.64\%$

（2）资本资产定价模型法。

这个模型已经在第二章第三节中详细介绍，此处不再重复说明。

（3）风险溢价法。

风险溢价法是根据风险收益均衡原则来确定普通股资本成本的。对同一家公司的投资中，普通股投资者比债券投资者承担更多的风险，就要求获得更高的投资报酬率。因此,普通股股票的收益率应该在债券投资收益率的基础上,追加一定的风险溢价。可以将普通股资本成本表示为:

$$K_C = K_B + RP_C$$

式中:K_B 为税后债务成本;RP_C 为普通股风险溢价。

RP_C 没有直接的计算方法,只能从经验中获得信息。资本市场经验表明,大多数情况下公司普通股的风险溢价程度要高于债券成本的3%—5%。

3. 留存收益成本

留存收益是指企业从历年实现的利润中提取或留存于企业的内部积累,包括企业的盈余公积和未分配利润两个部分。它来源于企业的生产经营活动所实现的净利润,是企业缴纳所得税后形成的,其所有权属于股东。股东将这一部分未分派的税后利润留存于企业,实质上是对公司进行追加投资。

留存收益成本是指股东因未分配股利而丧失对外投资的机会损失。它不是实际发生的费用,而是一种机会成本。因此,留存收益的成本率就是普通股股东要求的投资收益率,只是不用考虑筹资费率。则留存收益资本成本率的计算公式为:

$$K_s = \frac{D}{P} + g$$

式中:K_s 为留存收益资本成本率;D 为预期第一年股利额;P 为普通股市价;g 为普通股股利年增长率。

【例 3-11】 承例 3-10,该公司留存收益 100 万元,试计算该公司留存收益成本率。

解:$K_s = \dfrac{100 \times 10\%}{100} + 5\% = 15\%$

(三)不同筹资方式资本成本的比较

在不同筹资方式下,因影响因素不同,资本成本高低也不等,需分别测算。

上述几种长期筹资方式中,资本成本由低到高排序一般为:长期借款成本、债券成本、优先股成本、留存收益成本和普通股成本。即:

长期借款成本<债券成本<优先股成本<留存收益成本<普通股成本

三、综合资本成本

一般情况下,一个企业不可能只使用单一的方式进行筹资,而往往同时通过多种渠道、采用多种方式筹措长期资本。不同筹资方式下,资本成本各不相同。为了进行筹资和投资决策,必须要计算企业全部长期资本的总成本，即综合资本成本。综合资本成本，又称为加权平均资本成本，是以各种不同筹资方式的资本成本为基数，以各种不同筹资方式占资本总额的比重为权数计算的加权平均数，其计算公式为：

$$K = \sum K_i W_i$$

式中：K 为综合资本成本；K_i 为第 i 种个别资本成本；W_i 为第 i 种个别资本占全部资本的比例。

由上式可以看出，企业综合资本成本是由个别资本成本和各种资本占全部资本的比例即权数这两个因素确定的。

【例 3-12】 某企业账面长期资金总额为 1 000 万元，其中长期借款 200 万元，长期债券筹资 200 万元，普通股筹资 400 万元，其余为留存收益。其资金成本分别为 6%、8%、14%、13%。试计算该企业的综合资本成本。

解：$K = 6\% \times \dfrac{200}{1\,000} + 8\% \times \dfrac{200}{1\,000} + 14\% \times \dfrac{400}{1\,000} + 13\% \times \dfrac{200}{1\,000} = 11\%$

上述综合资本成本中关于权数的计算，是按账面价值确定的，称为账面价值法。使用账面价值法易于从资产负债表中获得有关资料，能够反映筹资当时的状况，比较客观。但是，如果企业债券、股票的市场价值严重脱离其账面价值，则按照这个公式计算出的资金成本会和实际加权平均资金成本不一样，从而作出错误的筹资决策。所以，在实务中，还存在用市场价值权数和目标价值权数来计算加权平均资本成本以弥补账面价值法的缺陷。

市场价值权数，是指以债券、股票的现行市场价格确定权数。它能反映企业目前的实际综合资金成本，有利于筹资决策。但由于证券的市场价格处于经常变动之中，因而不易确定市场价值权数。此外，市场价值权数和账面价值权数反映的是企业过去和目前的资本结构，据此确定的综合资金成本不一定适合于面向未来的筹资决策。

目标价值权数是指以债券、股票等的未来预计的目标市场价格确定权数，从而计算加权平均资金成本。它能体现期望的资本结构，适用于企业筹集新资。但是债券、股票等的未来的目标市场价格难以合理地估计，因此通常选择现行市场价值作为权数，采用期望的资本结构计算加权平均资金成本。

四、资本成本决策中需要注意的问题

从上述理论论述中可以清楚地知道，企业实际使用的任何一笔资金都是有成本的，不管是向别人借用的、实际支付利息的资金，还是不需要支付利息的自有资金。但是在实务工作中，经常有管理者对于资金成本的理解

有误区，总以为只有向别人借的资金才有成本，自己的资金是没有成本的，带有这种观点的管理者容易在一些财务决策中忽略自有资金的成本而导致决策失误。这是实务工作者特别需要注意的问题。

目前我们在对企业业绩的考核时看得最多的指标是利润指标，大家都知道利润是一个会计指标，是用本期企业的所有收入减去所有成本和费用后的差额得到的。而这里的成本和费用中与资金有关的，一般只包括付出利息的借贷资本成本或债券资本成本，不包括自有资金的成本，这使得许多企业看似利润数据颇佳，但是不久后却陷入经营困境。所以，目前不少企业不再使用利润指标来考核自己的业绩，而是使用经济增加值指标。所谓经济增加值（EVA），是指用传统的利润指标减去自有资本的成本后的差额。显然，经济增加值就是考虑了企业所有资本成本之后的一个反映企业业绩的比较客观的指标。我们不妨阅读一下以下两个案例。

案例阅读

美国安然公司倒闭

美国安然公司在20世纪90年代后期，其净利润和每股收益都呈上升趋势。按照传统的财务分析，这预示着安然公司未来的美好前景。但如果我们用EVA（经济增加值）来进行分析，结果却大相径庭。在1996—2000年，除了1997年EVA为正值外，其余年份均为负值，并且EVA呈明显的下滑趋势。这说明，在安然公司利润增长的过程中，不仅没有创造价值，反而在毁灭价值，并且价值毁灭的数量呈扩大趋势。正是EVA连续多年的下滑趋势，导致了2001年"安然大厦的坍塌"。

"青岛啤酒"的EVA价值管理

青岛啤酒1993年7月和8月分别在香港和上海上市。从1997年开始，青岛啤酒以"高起点发展、低成本扩张"战略加快了扩张步伐，先后收购兼并了近40家啤酒生产企业。到2001年年底，青岛啤酒的产销量由1996年的37万吨猛增到251万吨，市场份额由2.2%增至11%，成为一个覆盖17个省市、拥有48家啤酒生产企业和3家麦芽厂的全国龙头啤酒集团。公司品牌价值跃升至全国啤酒行业榜首。但是，2001年年报显示，青岛啤酒当年的净利润为10 289万元，与预计实现净利润17 051万元相差近40%，净资产收益率为3.47%，每股收益也仅为0.104 6元。面对企业增产不增收的困境，青岛啤酒的董事长李桂荣苦苦思索，终于从思腾思特管理咨询（中国）有限公司寻觅到了解决问题的药方，建立了以EVA为中心的目标管理体系和激励约束机制。其建立步骤如下。

步骤一：在员工中形成对EVA价值管理的认同。经过系统培训，使员工们认识到，只有当EVA为正即资本回报超过资本成本时，才是真正创造了财富，应该从追求会计利润最大化转变为追求资本增值最大化，使变革的观念为全体员工所理解和认同。

步骤二：建立以EVA为中心的目标管理体系。公司要求财务部门除了依据相关会计法规编制对外报表以外，还要按照 EVA 编制内部报告。建立起以提高 EVA 为目标的事前决策、事中监控和事后评价的管理体系。

步骤三：建立以 EVA 为中心的激励约束机制。从 2002 年起，青岛啤酒在经理层实行年薪制。年薪制分为基本年薪和风险收入年薪两部分，达成目标的 80% 拿基本年薪，超出部分则按一定比例提取风险收入年薪。EVA 计算了资本投入的成本，弥补了年薪制的漏洞，促使经理层更加注重提高资本使用效率，投资更为谨慎。以 EVA 为基础的激励制度使股东、管理者和员工的利益紧紧地联系在一起，形成了人人关心 EVA、人人创造 EVA 的局面。

步骤四：建立适应 EVA 的扁平化的组织体系。

步骤五：再造基于 EVA 价值平台的业务流程。把资本效率低下的非核心业务外包出去。

EVA 价值管理实施后，效果非常明显：自 2002 年以后，青岛啤酒业绩大幅增长，且现金分红丰厚，稳定的现金流回报也大大提升了公司的资本价值。我们可以通过表 3-1 看出其实施效果。

表 3-1　青岛啤酒历年每股收益和分红数据

年　份	每股收益（元）	分红方案
1993	0.251 0	10 派 1.66 元
1994	0.184 2	10 派 0.8 元
1995	0.155 7	10 派 0.9 元
1996	0.080 0	不分配
1997	0.066 9	不分配
1998	0.110 0	不分配
1999	0.099 4	10 派 1 元
2000	0.105 8	10 派 1 元
2001	0.102 9	10 派 1.1 元
2002	0.230 7	10 派 2.2 元
2003	0.239 5	10 派 2 元
2004	0.263 9	10 派 1.5 元
2005	0.232 3	10 派 1.6 元
2006	0.334 0	10 派 2.2 元
2007	0.426 6	10 派 2.2 元
2008	0.534 7	10 派 2.5 元
2009	0.952 8	10 派 1.6 元
2010	1.125 5	10 派 1.8 元
2011	1.286 0	10 派 2.6 元
2012	1.3	10 派 4 元
2013	1.46	10 派 4.5 元
2014	1.47	10 派 4.5 元
2015	1.27	10 派 3.9 元
2016	0.77	10 派 3.5 元
2017	0.94	10 派 4.2 元
2018	1.05	10 派 4.8 元
2019	1.37	10 派 5.5 元
2020	1.63	10 派 7.5 元
2021	2.33	10 派 11 元

第六节 筹资活动时财务报表的调整

在筹资活动中,资金提供方通常需要审查和关注资金需求方的各种材料,为了能够顺利筹集到所需要的资金,筹资方经常会采用调整其财务报表等手段,从而达到筹资的目的。本节主要介绍实务中常见的筹资方调整财务报表的一些手段、方法。本节叙述以一个案例展开。

一、初始资料

案例 3-1

已知 ABC 项目公司 2022 年末资产负债表及损益表如表 3-2、表 3-3 所示,目前该企业 5 000 万元短期借款即将到期,银行需要重新评估展期事宜,公司能否获得原银行批准授信不得而知。同时 2023 年度 ABC 项目公司有意扩大生产规模,开拓新的产品和市场,需要在原有借款基础上再增加 2 000 万元借款。针对公司这样的需求,作为财务管理者,应当采取何种方法才能达到公司增加借款的目的?

表 3-2　ABC 项目公司资产负债表

编制单位：ABC 项目公司　　　　　　　　　　　　　　　　　　　　　　　　　　　　单位：万元

资产	2021 年	2022 年	负债和所有者权益	2021 年	2022 年
货币资金	500	200	短期借款	5 000	5 000
应收账款	2 700	9 700	应付账款	2 000	9 100
其他应收款	5 000	5 000	其他应付款	16 000	17 675
存货	5 000	8 150	应交税费	300	300
流动资产合计	13 200	23 050	流动负债合计	23 300	32 075
			长期借款	0	0
			负债合计	23 300	32 075
长期股权投资	12 000	11 500	实收资本（或股本）	5 000	5 000
固定资产	4 600	5 600	资本公积	0	0
			盈余公积	0	0
			未分配利润	1 500	3 075
			所有者权益合计	6 500	8 075
资产总计	29 800	40 150	负债和所有者权益总计	29 800	40 150

表3-3　ABC项目公司损益表

单位：万元

项目	年度	
	2021年	2022年
一、营业收入	35 500	38 000
减：营业成本	28 000	29 000
税金及附加	1 000	1 200
销售费用	2 000	2 200
管理费用	2 000	2 500
财务费用	500	500
加：其他收益		
投资收益	—	−500
二、营业利润	2 000	2 100
加：营业外收入		
减：营业外支出		
三、利润总额	2 000	2 100
减：所得税	500	525
四、净利润	1 500	1 575

二、报表分析

某银行信贷经理根据ABC项目公司2022年度财务报表的资料分析得出，该公司2022年主要存在以下问题。

（1）负债率仍然居高不下。

（2）与2021年度相比，企业盈利能力出现下降。

（3）与2021年度相比，营业利润出现下滑，产品毛利率下降。

（4）长期股权投资占总资产比重较大，长期投资亏损导致公司净利润下降。

（5）企业应收应付项目占总资产比例较大，企业存在坏账潜在风险。

（6）此外，通过计算可以得出，ABC公司本年度主要财务数据和各项财务指标与2021年相比，均出现大幅波动，且一些指标波动幅度较大，其中存货周转、应收账款周转均有较大下滑。

三、评估

作为银行审核贷款风险管理评估的必备条件，基于对出借资金安全性的首要考虑，银行往往需要企业就以下几个问题作出解释和答复。

（1）产品毛利、净利润、毛利率、净利率下降的原因是什么？

（2）应收账款、存货、应付账款大幅增长的原因是什么？

（3）增加的存货中的主要组成，是可随时变现的原材料居多，还是处于生产状况的半成品、产成品居多？存货中的原材料是否具备未来升值的可能？

（4）长期股权投资占总资产比例较高，未来的收益情况如何？是否给企业未来经营带来潜在风险？（如有必要还可能将长期投资的企业财务报表——打开分析，给企业带来附加的工作量）

（5）ABC项目公司会否将借入的资金再次投入收购股权的行为？

（6）往来项目中，其他应收款能否收回？是否存在潜亏的风险？

（7）其他应付款占据债务较大的比例，企业与其他应付款单位是否存在私下对赌协议？（该等对赌协议往往会给企业带来颠覆性风险）是否存在将融资增加的款项用于归还借款的可能性？

（8）其贷款的基本条件负债率可能就是企业无法融资的硬伤。

针对如此大量的问题和复杂数据，正所谓"按住葫芦冒出瓢"。公司财务数据的组成本来就是通过各种会计科目日积月累借贷平衡组成的，所有的财务数据在现金流量进出的基础上都可以被逐步还原；因此，公司无论如何解释，对于经营丰富的银行风险管理员而言，都能看出其破绽和不足。公司在解释过程中还会出现自相矛盾、无法自圆其说，有的公司甚至出现证据自相矛盾、相互推翻的尴尬窘境，最终无法达到融资的目的。

四、财务报表调整手段和方法

那么，针对ABC项目公司的状况，企业经营者和财务管理者采用何种方案才可能使企业顺利完成本年度的借款展期和融资工作呢？

以下是常用的方法。

1. 债转股

一般来说，能够出借如此大量资金给ABC项目公司的出资方，不是股东也是与企业生产经营存在较大关联性的企业，也就是通常所说的利益共同体。如系企业的股东方，出于搭建融资平台和扶植企业做大做强的理念，将其他应付款中的债权人为股东的那部分资金转入"股本"或"资本公积"项下，在完善必须的法律程序和工商变更后ABC项目公司的财务指标立即可以发生根本变化。

2. 债务转移

如债权人非本企业股东，也可以采用债务转移的方式，即由债权人、公司股东、本公司三方商定债务转移协议，将本公司的债务转入某一股东或全部股东名下，则公司的债权人变为公司股东方，再由股东方同意将债权转为股权，则也达到使企业财务指标发生扭转的目的。

假设ABC项目公司股东同意按照上述方法之一为公司转移8 000万元的债务，其中，4 000万元用于向ABC项目公司增资，其余4 000万元计入资本公积，则转移后，ABC项目公司的资产负债表及财务指标变化如表3-4所示。

表3-4　ABC项目公司债转股后资产负债表

编制单位：ABC项目公司　　　　　　　　　　　　　　　　　　　　　　　　　　　　　　　　　　单位：万元

资　产	2021年	2022年	负债和所有者权益	2021年	2022年
货币资金	500	200	短期借款	5 000	5 000
应收账款	2 700	9 700	应付账款	2 000	9 100
其他应收款	5 000	5 000	其他应付款	16 000	9 675
存货	5 000	8 150	应交税费	300	300
流动资产合计	13 200	23 050	流动负债合计	23 300	24 075
			长期借款	0	0
			负债合计	23 300	24 075
长期股权投资	12 000	11 500	实收资本（或股本）	5 000	9 000
固定资产	4 600	5 600	资本公积	0	4 000
			盈余公积	0	0
			未分配利润	1 500	3 075
			所有者权益合计	6 500	16 075
资产总计	29 800	40 150	负债和所有者权益总计	29 800	40 150

通过上述债转股处理后，企业的主要财务指标及财务比率发生了很大变化，综合评分得到很大提升。

由此看来，通过简单的债务置换处理，ABC项目公司的企业资信评级已经发生根本性改变，已经基本上符合银行授信的负债率硬性要求。

3. 资产置换

从ABC项目公司报表可看出，其长期投资占总资产比例约为25%，是一个权重较高的资产项目；事实上这也很可能导致贷款机构最终出于风险考虑终止本次业务。对此，假如ABC项目公司的债权人中仍主要由大股东组成（假设大股东占其他应付款总额的10 000万元），则可以将长期股权投资的股权转让至大股东名下，公司的总资产规模通过资产置换将得到缩减，从而达到提高权益比率，降低资产负债率的目的，也减少了银行评审时对长期股权投资项目的过度关注与忧虑。

此外，其他应收款项目中，如也有关联公司与其他应付款的关联公司相对应，或者与股东方存在各种股权关联，也可以采用资产置换的方法来优化 ABC 项目公司的财务指标。

假设 ABC 项目公司股东同意按照上述方法为公司置换出 10 000 万元的长期股权投资资产，置换出 3 000 万元的其他应收款，则资产置换后，ABC 项目公司的资产负债表及财务指标变化见表 3-5。

表 3-5 ABC 项目公司资产置换后资产负债表

编制单位：ABC 项目公司　　　　　　　　　　　　　　　　　　　　　　　　　　　　　　　单位：万元

资　产	2021 年	2022 年	负债和所有者权益	2021 年	2022 年
货币资金	500	200	短期借款	5 000	5 000
应收账款	2 700	9 700	应付账款	2 000	9 100
其他应收款	5 000	2 000	其他应付款	16 000	4 675
存货	5 000	8 150	应交税费	300	300
流动资产合计	13 200	20 050	流动负债合计	23 300	19 075
			长期借款	0	0
			负债合计	23 300	19 075
长期股权投资	12 000	1 500	实收资本（或股本）	5 000	5 000
固定资产	4 600	5 600	资本公积	0	0
			盈余公积	0	0
			未分配利润	1 500	3 075
			所有者权益合计	6 500	8 075
资产总计	29 800	27 150	负债和所有者权益总计	29 800	27 150

4. 设计交易对手

在现实信贷过程中，流动资金的贷款是最便捷、最常用的贷款方式之一，其审批流程简单、审批速度快，最常见的贷款用途为贸易周转贷款，与企业的应收账款高度关联。在实际操作时，由于银行的信贷政策并不禁止关联方进行交易活动，因此很多企业会充分利用游戏规则，进行大量关联交易，以较小的交易预付款（一般为合同额的 30%），以应收账款还款来源作为保证，申请贸易链流动资金贷款。在应收账款尚未回收之前，就可能将该笔交易的全额资金从银行贷出。其手法主要是搭建很多平台类型贸易公司，通过贸易链的设计，达到融资的目的。同时，流动资金还经常与银行承兑汇票等票据结合使用，以银行承兑汇票作为支付手段，降低企业的实际借款利率；有些信用等级评级较高的企业，向银行申请承兑汇票时，可能只需要20%—30%的保证金就可取得100%的汇票面额，从而形成第二次杠杆融资。

此外，由于银行承兑汇票一般在兑付期内（6个月）不占用银行的存款额度，而且银行还可以通过开票手续费、保证金、贴现息等实现收益，因此这种方式深受银行和企业双重欢迎。

在此我们仍以ABC项目公司为例：针对ABC项目公司2022年度销售收入和利润下降等因素，公司采用设计交易对手的方式来争取银行贷款，在年末与关联第三方公司签订贸易合同，将存货中的库存产品权属进行账面转移（销售合同、发货单、出库单），一方面降低企业产品库存；另一方面创造较高的经济利润。

假设ABC项目公司按照上述方法，将存货8 150万元以15 000万元的价格销售给关联公司，关联公司付款方式为首次支付50%，半年后支付50%，则完成产权交易后，ABC项目公司的资产负债表及财务指标变化如表3-6所示。

表3-6 ABC项目公司设计交易后资产负债表

编制单位：ABC项目公司 单位：万元

资产	2021年	2022年	负债和所有者权益	2021年	2022年
货币资金	500	7 700	短期借款	5 000	5 000
应收账款	2 700	17 200	应付账款	2 000	9 100
其他应收款	5 000	5 000	其他应付款	16 000	17 675
存货	5 000	0	应交税费	300	2 012
流动资产合计	13 200	29 900	流动负债合计	23 300	33 787
			长期借款	0	0
			负债合计	23 300	33 787
长期股权投资	12 000	11 500	实收资本（或股本）	5 000	5 000
固定资产	4 600	5 600	资本公积	0	0
			盈余公积	0	0
			未分配利润	1 500	8 213
			所有者权益合计	6 500	13 213
资产总计	29 800	47 000	负债和所有者权益总计	29 800	47 000

通过上述一系列设计交易后,与 2021 年相比,ABC 公司的财务数据得到明显优化,在授信评级得分上,显而易见可以得到较大的提高。

以上主要就公司针对债务性融资的需求,通过上述四种方法合法合理地进行财务调整,达到美化财务报表的目的,从而顺利完成融资任务。

5. 促销等组合手段优化资产结构

当然,在实际经营管理过程中,公司除进行债务融资之外,还会根据公司长期发展战略的需求,阶段性进行权益融资。而且,权益性融资相对于债务性融资而言,有债务融资无法比拟的优势。下面仍以 ABC 项目公司为例,就权益性融资常用手段进行介绍。

采用资产置换的方式不仅仅局限于长期股权投资或者其他应收款,在实际操作中,企业出于权益融资的目的,还会将流动资产中变现能力不强或者存在潜在亏损的项目采用资产置换的方式换出,如通过将存货中不良资产置换至关联公司,将应收账款中无法收回的部分置换至关联公司等手段,达到降低非经常性亏损的目的,起到优化企业财务数据的作用,最终吸引公众投资者或者战略投资者的青睐。

仍以 ABC 项目公司为例,已知按照原报表数据,ABC 项目公司的主要经济指标如表 3-7 所示。

表 3-7 ABC 项目公司主要经济指标

单位:万元

项　　目	计算公式	2022 年		2021 年	
每股收益=	净利润−优先股股利	1 575	0.32	1 500	0.30
	发行在外普通股股本	5 000		5 000	
每股净资产=	年末股东权益	8 075	1.62	6 500	1.30
	年末普通股股数	5 000		5 000	

假设某一私募机构愿意以 2022 年度 ABC 项目公司每股收益为基础,按照增资前 20 倍 PE 的估值,对 ABC 项目公司进行增资入股,双方商定 ABC 项目公司同意增资 500 万股,则 ABC 项目公司按照原方案可以筹到的资金 = 20×0.32×500 = 3 200 万元。

如 ABC 项目公司在引入私募机构前,为了得到更多的增资款,决定在 2022 年将库存商品采用促销手段销售一空,将存货 8 150 万元以 15 000 万元的价格促销,本次促销实际收到销售款 7 500 万元,形成应收账款 7 500 万元,则销售完成后,企业资产负债表与上述表 3-6 相同,而企业的其他财务指标已发生很大变化(见表 3-8)。

表 3-8　ABC 项目公司主要经济指标

单位：万元

项目	计算公式		2021 年		2022 年	
每股收益＝	净利润－优先股股利	6 713	1.34	1 500	0.30
	发行在外普通股股本	5 000		5 000	
每股净资产＝	年末股东权益	13 213	2.64	6 500	1.30
	年末普通股股数	5 000		5 000	

由此可见，与上述方案相比，2022 年度经促销后，企业的每股收益和每股净资产得到大幅提升，企业市场份额和业绩均出现爆发性增长。如同样以 20 倍 PE 吸引战略投资者入股，增加同样的股本，公司可以获得的资金＝20×1.34×500＝13 400 万元，几乎是前述方案的 4 倍。而且按照公司估值方法获得的这类资金，如企业实实在在经营，至少需要 2—3 年的辛苦劳作才可完成（私募完成后的企业资产负债表如表 3-9 所示）。

表 3-9　ABC 项目公司私募融资后资产负债表

编制单位：ABC 项目公司　　　　　　　　　　　　　　　　　　　　　　　　　　　　　单位：万元

资产	2021 年	2022 年	负债和所有者权益	2021 年	2022 年
货币资金	500	21 100	短期借款	5 000	5 000
应收账款	2 700	17 200	应付账款	2 000	9 100
其他应收款	5 000	5 000	其他应付款	16 000	17 675
存货	5 000	0	应交税费	300	2 012
流动资产合计	13 200	43 300	流动负债合计	23 300	33 787
			长期借款	0	0
			负债合计	23 300	33 787
长期股权投资	12 000	11 500	实收资本（或股本）	5 000	5 500
固定资产	4 600	5 600	资本公积	0	12 900
			盈余公积	0	0
			未分配利润	1 500	8 213
			所有者权益合计	6 500	26 613
资产总计	29 800	60 400	负债和所有者权益总计	29 800	60 400

形象地来说，通过一定的财务手段和经营行为的变化，只要措施得当合法，公司的价值就可以完成由"乌鸡变凤凰"的华丽转身。

由此我们也不难联想,我国证券市场中的很多股票,在上市发行募集资金发布招股说明书阶段,无一不是"俊男靓女"、光鲜照人;而经过 2—3 年的证券市场的锤炼,很多企业还原本来面目,沦为垃圾股。这也充分说明,其在上市过程中,或多或少地进行了财务包装。事实上,有的企业为了达到上市融资的目的,不惜以身试法,大量造假,关于此方面如何辨别,在之后的章节中再另外介绍。

6. 先私募增资后债务融资

以上述方法五为例,如 ABC 项目公司按照设计交易后的方案取得增资款,则其资产负债表变化如表 3-9 所示。

由表 3-9 不难看出,完成私募融资后,ABC 项目公司的资产负债表各项财务数据可以用"亮丽"来形容。公司除获得大量现金可以用于扩大生产经营、开拓市场、研发新产品外,还可用来偿还借款等,由此降低财务成本,提高公司的净利率。

此外,企业通过一轮轮的私募融资,在上市进程中也进入了快车道。企业在私募所取得的大量资金的推动下往往会改变原有的亦步亦趋的发展方式,在生产经营的各个环节大刀阔斧地提速前进。有些私募企业除提供资金外,还会为企业提供市场对接和额外资源,助推企业向上市公司迈进。而且,企业私募融资完成后,新的财务指标也会令企业成为各家银行争抢的"香饽饽"。

综上所述,现实工作中企业筹资的手段还有很多种,如发行信托产品、应付账款融资、项目融资等,但是无论哪种融资方式,企业的财务报表是反映企业自身经营状况的最有说服力的资料。只要在合法合理的基础上,能通过对公司资产的合理配置和运用,为公司随时筹资做好充足的准备工作,也是体现财务管理水平和财务工作人员技能和素质的重要方面。

课后练习题

一、单项选择题

1. 企业筹集的资金,按资金性质的不同,可分为( )。
   A. 直接筹资和间接筹资   B. 内源筹资和外源筹资
   C. 权益资金和债务资金   D. 短期资金和长期资金
2. 债券发行时,当票面利率大于市场利率时,( )。
   A. 等价发行债券   B. 溢价发行债券
   C. 折价发行债券   D. 平价发行债券

3. 相对于长期借款而言，股票筹资的优点是（　　）。
   A. 筹资迅速　　　　　　　　　　　　B. 成本低
   C. 易于企业保守财务秘密　　　　　　D. 无到期日，不需要归还
4. 下列权利中，不属于普通股股东权利的是（　　）。
   A. 公司管理权　　　　　　　　　　　B. 分享盈余权
   C. 优先认股权　　　　　　　　　　　D. 优先分配剩余财产权
5. 一般情况下，下列筹资方式中，企业所承担的财务风险由大到小排列为（　　）。
   A. 融资租赁、发行股票、发行债券　　B. 融资租赁、发行债券、发行股票
   C. 发行债券、融资租赁、发行股票　　D. 发行债券、发行股票、融资租赁
6. 下列各项中，不属于融资租赁租金的构成项目的是（　　）。
   A. 租赁设备的购置成本　　　　　　　B. 利息
   C. 租赁手续费　　　　　　　　　　　D. 租赁设备维修保养费
7. 在下列各项中，不属于商业信用融资内容的是（　　）。
   A. 赊购商品　　　　　　　　　　　　B. 预收货款
   C. 办理应收票据贴现　　　　　　　　D. 用商业汇票购货
8. 商业信用筹资的特点不包括（　　）。
   A. 容易取得
   B. 若没有现金折扣或使用不带息票据一般不负担成本
   C. 期限较短
   D. 在放弃现金折扣时成本较低
9. 企业在进行追加筹资决策时，所使用的资本成本是（　　）。
   A. 综合资本成本　　　　　　　　　　B. 权益资本成本
   C. 边际资本成本　　　　　　　　　　D. 未来资本成本
10. 更适合于企业筹措新资金的加权平均资本成本是按（　　）计算的。
    A. 账面价值　　　　　　　　　　　　B. 市场价值
    C. 目标价值　　　　　　　　　　　　D. 清算价值

二、多项选择题

1. 企业在制定或选择信用标准时必须考虑的基本因素是（　　）。
   A. 同行业竞争对手的情况　　　　　　B. 企业承担违约风险的能力
   C. 收账方针　　　　　　　　　　　　D. 客户的资信程度
2. 所谓信用条件就是指企业接受客户信用订单时所提出的付款要求，主要包括（　　）。
   A. 信用期限　　　　　　　　　　　　B. 信用等级
   C. 折扣期　　　　　　　　　　　　　D. 现金折扣

3. 下列属于长期借款的一般性限制条款的有( )。
   A. 对企业借入其他长期债务的限制
   B. 对企业资本性支出规模的限制
   C. 对企业支付现金股利的限制
   D. 对企业流动资金保有量的规定
4. 下列项目中属于资金成本中筹资费用内容的是( )。
   A. 借款手续费
   B. 债券发行费
   C. 债券利息
   D. 股利
5. 相对于普通股股东而言,优先股股东可以优先行使的权利有( )。
   A. 优先认股权
   B. 优先表决权
   C. 优先分配股利权
   D. 优先分配剩余财产权
6. 商业信用的形式主要包括( )。
   A. 预收账款
   B. 商业汇票
   C. 应付账款
   D. 融资租赁
7. 下列各项中属于长期债券优缺点的是( )。
   A. 发行成本高
   B. 筹资规模大
   C. 可能会分散公司控制权
   D. 具有长期性和稳定性
8. 与其他筹资方式相比,普通股筹资的特点包括( )。
   A. 筹资限制较多
   B. 增加公司信誉
   C. 财务风险小
   D. 可能会分散公司的控制权
9. 相对于普通股筹资而言,属于债务筹资特点的有( )。
   A. 筹集的资金具有使用上的时间性
   B. 不会形成企业的固定负担
   C. 需要固定支付债务利息
   D. 资本成本比普通股筹资成本低
10. 在事先确定了企业资本规模的前提下,吸收一定比例的负债资金,可能产生的结果有( )。
    A. 降低企业资本风险
    B. 降低企业财务风险
    C. 加大企业财务风险
    D. 提高企业经营能力
11. 企业的筹资动机包括( )。
    A. 企业维持日常生产的需要
    B. 企业扩展和发展的需要
    C. 企业偿还债务的需要
    D. 企业调整资本结构的需要
12. 直接筹资和间接筹资的差别主要有( )。
    A. 筹资机制不同
    B. 筹资范围不同
    C. 筹资效率和费用高低不同
    D. 筹资效应不同

三、计算题

1. 某公司拟发行每张面值100元、票面利率为9%、期限为3年、每年付息一次的债券。试计算市场利率为 8%，9%，12% 时的发行价格。

2. 某公司由于经营需要，需借入资金 100 万元。银行要求维持限额 20% 的补偿性余额，借款年利率 8%。

试计算：

（1）计算公司需向银行申请的借款数额为多少。

（2）计算该笔借款的实际利率。

3. 某公司拟采购一批零件，供应商规定的付款条件为"2/10，N/30"，每年按 360 天计算。

试计算：

（1）假设银行短期贷款利率为 15%，计算放弃现金折扣成本，并确定对该公司最有利的付款日期。

（2）假设目前有一短期投资报酬率为 40%，确定对该公司最有利的付款日期。

4. 某公司采用融资租赁方式租入一台设备，价款为 500 万元，租期为 15 年，贴现率为 10%。采用等值年金法计算租金。

试计算：

（1）每年年末支付租金方式的应付租金。

（2）每年年初支付租金方式的应付租金。

注：$(P/A, 10\%, 15) = 7.6061$

5. 某企业计划筹集资金 500 万元，所得税税率为 25%。相关资料如下：

（1）向银行借款 100 万元，借款年利率 6%，手续费 1%。

（2）平价发行债券，债券面值 200 万元，票面利率 8%，期限为 10 年，每年支付一次利息，筹资费率为 3%。

（3）平价发行优先股 100 万元，预计年股利率为 10%，筹资费率为 5%。

（4）发行普通股 100 万元，每股发行价格 10 元，筹资费率为 6%。预计第一年每股股利 1.2 元，以后每年按 8% 递增。

试计算该企业加权平均资金成本。

四、简答题

1. 股权筹资有哪几种方式？它们的优缺点是什么？
2. 我国公司法规定，投资者的出资形式主要有哪几种？
3. 如何看待吸收直接投资方式？
4. 债券发行价格的影响因素包括什么？简述其计算方法。
5. 简述可转换债券的概念、基本要素以及优缺点。
6. 影响筹资活动的因素包括哪些？
7. 影响资本成本的因素有哪些？

答 案

一、单项选择题

1. C 2. B 3. D 4. D 5. C 6. D 7. C 8. D 9. C 10. C

二、多项选择题

1. ABD 2. ACD 3. ABCD 4. AB 5. CD 6. ABC
7. ABD 8. BCD 9. ACD 10. AC 11. ABCD 12. ABCD

三、计算题

1. 解：

（1）市场利率为 8% 时，债券的发行价格：

$P_1 = 100 \times 9\% \times (P/A, 8\%, 3) + 100 \times (P/F, 8\%, 3) = 102.57（元）$

（2）市场利率为 9% 时，债券的发行价格：

$P_2 = 100 \times 9\% \times (P/A, 9\%, 3) + 100 \times (P/F, 9\%, 3) = 100（元）$

（3）市场利率为 12% 时，债券的发行价格：

$P_3 = 100 \times 9\% \times (P/A, 12\%, 3) + 100 \times (P/F, 12\%, 3) = 92.80（元）$

2. 解：

（1）$100/(1 - 20\%) = 125（万元）$

（2）$8\%/(1 - 20\%) = 10\%$

3. 解：

（1）如果第 10 天付款，享受 2% 的现金折扣；

如果第 30 天付款，放弃现金折扣成本为：

$(2\%/98\%) \times (360/20) = 36.73\%$

假设银行短期贷款利率为 15%，对公司最有利的付款日期为第 10 天付款。

（2）假设目前有一短期投资报酬率为 40%，对公司最有利的付款日期为第 30 天付款。

4. 解：

（1）每年年末支付租金方式的应付租金 $= 500/(P/A, 10\%, 15) = 65.74（万元）$

（2）每年年初支付租金方式的应付租金 $= 500/[(P/A, 10\%, 15) \times (1 + 10\%)] = 59.76（万元）$

5. 解：

借款成本 $= I(1 - T)/L(1 - f)$

$\qquad = 100 \times 6\% \times (1 - 25\%)/[100 \times (1 - 1\%)]$

$\qquad = 4.55\%$

债券成本 $= I_b(1 - T)/[B(1 - f_b)]$

$$= 200 \times 8\% \times (1-25\%)/[200 \times (1-3\%)]$$
$$= 6.19\%$$

优先股成本 $= D/[P(1-f)]$
$$= 100 \times 10\%/[100 \times (1-5\%)]$$
$$= 10.53\%$$

普通股成本 $= D_1/[P_0(1-f)] + g$
$$= 1.2/[10 \times (1-6\%)] + 6\%$$
$$= 18.77\%$$

企业加权平均成本 = 借款成本 × 借款权重 + 债券成本 × 债券权重 + 优先股成本 × 优先股权重 + 普通股成本 × 普通股权重
$$= 4.55\% \times (100/500) + 6.19\% \times (200/500) + 10.53\% \times (100/500) + 18.77\% \times (100/500)$$
$$= 9.25\%$$

四、简答题

1.（1）投入资本筹资，又称为吸收直接投资，是指企业以协议等形式，直接吸收国家、企业单位、个人、外商等的投入资金，这是形成企业资本金的一种筹资方式。

吸收直接投资的优点包括：有利于尽快形成生产能力；有利于增强企业信誉，提高企业借款能力；规避财务风险。

吸收直接投资的缺点包括：资金成本较高；难以进行产权交易；容易分散企业的控制权。

（2）发行普通股。股票是股份公司在筹集资本时向出资人公开或私下发行的、用以证明出资人的股东身份和权利，并根据持有人所持有的股份数享有权益和承担义务的凭证。

普通股筹资的优点包括：能增强企业的信誉和借贷能力；没有固定的股利负担；没有固定到期日，筹资风险小；筹资限制少。

普通股筹资的缺点包括：资金成本高；可能会分散公司控制权；可能导致股价下降。

2. 实物资产、货币资金、无形资产。

3. 吸收直接投资的优点：

（1）有利于尽快形成生产能力。

（2）有利于增强企业信誉，提高企业借款能力。

（3）规避财务风险。

吸收直接投资的缺点：

（1）资金成本较高。

（2）难以进行产权交易。

（3）容易分散企业的控制权。

4. 决定债券发行价格高低的因素有债券面值、票面利率、市场利率和债券期限。

债券发行价格由债券利息的年金现值和到期本金的复利现值组成。

5. 可转换债券,是可转换公司债券的简称,又简称可转债,是指发行人依照法定程序发行,在一定期间内依据约定的条件可以转换成股份的公司债券。

可转换债券的基本要素包括:标的股票;票面利率;转换比率及转换价格;有效期限和转换期限;赎回条款;回售条款;转换价格修正条款等。

可转换债券筹资的优点包括:筹资成本较低;有利于筹集更多资金;有利于稳定股票价格;有利于调整资本结构;减少筹资中的利益冲突。

可转换债券筹资的缺点主要为发行可转换债券后,如果公司股价低迷,持券者没有如期转换普通股,则会增加公司偿还债务的压力,加大公司的财务风险。

6. 影响筹资活动的因素包括法律因素、经济因素、公司因素等。

7. 影响资本成本的因素包括市场因素、资金供求状况、公司资本结构等。

第四章
投资管理

第一节 投资管理概述

一、投资的概念

投资是指特定经济主体为了在未来获得收益,在一定时期内向一定标的物投放资金或资金等价物的经济行为。投资是一个过程,是货币转化为资本的过程。投资也是财务活动中较重要的一个环节,通过投资环节选择企业发展所需的生产要素,如土地、厂房、设备、人员等,并对这些要素进行有效组合和有效经营,从而达到企业价值最大化的目的。从这个方面来说,投资是企业价值增值的源泉。

二、投资的作用

1. 投资是企业生存和发展的前提条件

投资不仅是企业财务活动中必不可少的环节,也是企业生产活动中的必要环节。企业的生存和发展,必须要有足够的生产要素支撑,而生产要素的购买离不开企业投资;仅仅购买了生产要素还不够,企业需要将这些生产要素有效地组合起来,这就需要提高劳动生产率和生产技术,而提高劳动生产率和生产技术也需要投资；之后要对各种要素组合进行管理，有效的管理方法也离不开企业的投资。因此，企业的生存和发展是以投资为前提条件的。

2. 投资是降低企业风险的有效方法

企业投资过程是一个风险分散的过程。首先，企业可以投资生产薄弱环节，使企业弥补短板，协调发展，降低薄弱环节可能带来的生产风险；其次，企业可以进行多元化经营，投资多个产品、多条生产线，这种多元化经营能够有效防止某一产品市场的波动对公司带来的影响，有利于降低企业的产品风险；最后，企业除了投资生产，还可投资各类证券，证券投资的多样化可以对冲风险，同时提高企业的盈利能力。

3. 投资是实现企业财务管理目标的重要途径

投资的过程是货币转化为资本的过程，对资本转换形式科学合理的控制是企业财务管理的目标。通过对生产资料、科学技术、劳动生产力等要素的科学组合来提升企业综合价值，并让企业组合的结果成为可以盈利的资本。而投资正是资金运转的手段，因此投资是实现企业财务管理目标的重要途径。

三、投资的种类

投资的分类方式较多，根据不同的管理需要，可有多种分法，比较常见的方式有如下几种。

（一）按投资与生产经营的方式分

按照这种分法，投资可以分为直接投资和间接投资。

1. 直接投资

直接投资是指投资者将货币资金直接投入生产经营性资产，通过直接投资，投资者可以拥有全部或一定数量的企业资产及经营的所有权，直接进行或参与投资的经营管理。直接投资包括对现金、厂房、机械设备、交通工具、通信设备、土地或土地使用权等各种有形资产的投资和对专利、商标、咨询服务等无形资产的投资。直接投资是比较传统的投资方式，也是比较基础的投资方式。

2. 间接投资

间接投资是指投资者以其资本购买公司债券、金融债券或公司股票等各种有价证券，预期获取一定收益的投资。由于其投资形式主要是购买各种各样的有价证券，因此也被称为证券投资。与直接投资相比，间接投资的投资者除股票投资外，一般只享有定期获得一定收益的权利，而无权干预投资对象对这部分投资的具体运用及其经营管理决策；间接投资的资本运用比较灵活，可以随时调用或转卖，更换其他资产，谋求更大的收益；间接投资可以分散风险，可以减少政治经济形势变化带来的投资损失。对于生产性企业来说，间接投资产生得比直接投资晚，但发展至今，其重要性并不亚于直接投资。

（二）按投资对象的性质分

按照这种分法，投资可分为实业投资和金融投资。

1. 实业投资

实业投资（或称实体经济投资）是指经济主体（包括法人和自然人）为未来获得收益而于现在投入生产要素，以形成资产的一种经济活动，也就是经济主体为未来获得收益而于现在投入资金或资本到生产领域的活动。实业投资区别于股票投资、债券投资等纯金融投资的要点在于纯金融投资仅表现为所有权的转移，并不构成生产能力的增长，而实业投资则能提高经济生产能力，是推动经济增长的因素之一。

2. 金融投资

金融投资（或称虚拟经济投资）是指购买属于综合生产要素的权益性权利资产的投资。企业通过金融资产上所附属的权利间接控制被投资企业的生产经营活动，获取投资收益。金融投资所购买的金融资产代表综合生产要素，并不直接从事具体生产经营活动，所以金融投资也就是间接投资。金融投资和实业投资虽然区别甚多，但两者之间也有联系，比如，金融投资为实物投资提供资金来源，而实物投资也是金融投资的最终归宿；金融投资的收益最终来源于实物投资所创造的物质财富。

（三）按投资范围分

按投资范围，投资可分为对内投资和对外投资。

1. 对内投资

对内投资是指把资金投向企业内部，形成各项流动资产、固定资产、无形资产和其他资产的投资。如果一个公司对内投资的现金流出量大幅度提高，往往意味着该公司正面临着新的发展机会或新的投资机会，公司股票的成长性一般会很好。因此，可以把对内投资作为公司健康状况的风向标。

2. 对外投资

对外投资是指把资金投向企业外部，企业向外部投资既可以以现金、实物、无形资产等形式对其他企业进行直接投资，也可以以购买股票、债券等有价证券的方式对其他企业进行间接投资。对外投资的增加意味着外部机会较多较好，通常表明国家整体经济形势良好。

（四）按投资期限分

按投资期限，投资可分为短期投资和长期投资。

1. 短期投资

短期投资是指投资期限在 1 年内的投资。具体来说，包括存货、应收账款、短期有价证券等。由于短期投资的流动性较强，也可称为流动资产或者营运资产。短期投资通常是为了保证企业日常生产经营活动而进行的投资，具有易变现、持有期短、波动大等特点。

2. 长期投资

长期投资是指投资期限在 1 年以上的投资。具体来说，包括对固定资产、无形资产、长期证券等一些有价资产的投资。由于长期投资标的的资产性较强，也可称为资产性投资。长期投资通常旨在掌控某些资源，甚至其他企业的控制权，具有不易变现（流动性差）、持有期长、波动小等特点。

四、投资决策程序

虽然不同种类投资作出决策时的依据有所不同，但决策程序大同小异。决策程序的科学性保证了决策的正确性。以下为企业一般投资决策程序。

（一）把握投资机会

企业应当根据自身情况和国家产业政策导向确定投资领域，在该领域中发现机会并把握机会。在寻找机会的过程中，如果企业长远目标和短期利益发生了冲突，应当以长远目标为导向，避免短视行为。

（二）搜集资料，拟定投资方案和备选方案

在抓住机会以后应当立即展开资料搜集活动，包括公司内部资料、外部资料、财务资料和非财务资料，根据这些资料拟定投资方案。备选投资方案通常不止一个，以供决策人员分析、选择出最佳方案。

（三）投资方案的比较和选择

决策人员运用科学的理论和实践经验，分析公司内部情况和外部经济环境后，可选择出最佳投资方案。这个过程通常需要比较谨慎地比较和分析。

（四）项目的实施

方案确定以后需要对方案进行落实。管理者应当对项目实施进行跟踪管理，适时调整，使项目得到最好的落实。

（五）投资方案的再评价

投资方案的再评价不仅包括在项目实施过程中不断地纠正和调整，也包括项目完成后的反思和总结。由于过去项目的经验对以后的项目选择和方案制订具有很好的借鉴意义，因此每次项目完成后进行再评价能够让企业的投资形成良性循环。

第二节 证券投资的基本概念

证券投资是一种间接投资，包括股票投资、债券投资和基金投资，是企业投资的重要组成部分。

一、证券投资的概念

证券投资是狭义的投资，是指企业或个人购买有价证券，借以获得收益的行为。证券投资是企业投资活动中比较重要的一种。

二、证券的分类

1. 按证券的期限不同，可分为短期证券和长期证券

短期证券是期限在 1 年以内的证券，具体来说，有国库券、商业票据、银行承兑汇票等。

长期证券是期限在 1 年以上的证券，具体来说，有长期债券、长期股权投资等。

2. 按证券的发行主体不同，可分为政府证券、金融证券和企业证券

政府证券是政府财政部门或其他代理机构为筹集资金，以政府名义发行的证券，主要包括国库券和公债两大类。一般国库券由财政部发行，用以弥补财政收支不平衡；公债是指为筹集建设资金而发行的一种债券。

金融证券是银行及非银行金融机构发行的证券，包括金融股票和金融债券。金融股票代表着其持有者（股东）对金融股份公司的所有权，这种所有权是一种综合权利，包括参加股东大会、投票表决、参与公司的重大决策等权利；金融债券是银行等金融机构作为筹资主体为筹措资金而面向个人发行的一种有价证券，是表明债务、债权关系的一种凭证。债券按法定手续发行，承诺按约定利率定期支付利息并到期偿还本金。

3. 按证券的收益状况不同，可分为固定收益证券和变动收益证券

固定收益证券是指持券人可以在特定的时间内取得固定的收益并预先知道取得收益的数量和时间的证券，如固定利率债券、优先股股票等。

变动收益证券是指随着客观条件的变化，其收益也随之变化的证券。如普通股，其股利收益事先不确定，而是按公司税后利润的多少来确定；又如浮动利率债券，也属此类证券。

4. 按证券所体现的权益关系和经济内容不同，可分为权益性证券、债权性证券、混合性证券和投资基金

持有权益性证券，代表持有者拥有证券标的物的财产所有权；持有债权性证券，持有者无标的物的所有权，只有债权；混合性证券兼有股票特点和债券特点，一般指优先股；投资基金是一种比较特殊的证券，投资者购买基金，然后由基金管理公司集中进行投资管理。

三、证券投资的分类

前文介绍了证券的分类，根据证券的分类，证券投资也有多重分类。证券投资按照投资对象的不同，可分为债券投资、股票投资、基金投资和组合投资；按照投资收益的不同，可分为固定收益证券投资、变动收益证券投资；按照投资周期长短的不同，可分为短期证券投资和长期证券投资。

下文将详细介绍股票投资、债券投资、基金投资这几种证券投资方式。

四、证券投资的目的

1. 保值目的

通常工商企业等财力雄厚的企业进行证券投资的目的多为保值，这类企业希望在风险相对不大的情况下实现增值。企业为了保证日常经营，总是保留了一部分现金形态的资产，但过多的现金意味着较大的机会成本，因此管理者将这部分现金投资于风险较小的标的物上，同时也尽量保持这部分资产的流动性。

2. 盈利目的

通常中小投资者会通过证券投资盈利，尤其是个人。部分规模不大的企业也会通过证券投资盈利。证券投资具有"高风险，高收益"的特点，虽然风险较大，但预期收益率也高于其他类型投资。

第三节 股票投资

股票投资是最常见的投资方式之一。根据中证协数据，截至 2021 年年末，证券行业为客户开立 A 股资金账户 2.98 亿个。调查显示，在 2021 年，

46%的股民都是亏损状态，但是也有10.5%的股民盈利超过50%，[1]可见总体而言，股票投资高收益与高风险并存，下文将简要介绍股票投资的相关财务知识。

一、股票投资概述

股票投资有如下几个特点。

（1）投资人有权参与公司经营。

股票持有人，即股东作为公司所有者，拥有公司的部分所有权。股东组成股东大会，股东大会是企业的权力机构。因此，股票持有者可以在股东大会上行使表决权，参与公司经营。

（2）投资人无权收回本金，只能转让股权。

投资者作为公司的股东，一旦入股，就不能收回本金，但是股权可以转让。上市公司股票可以在公开市场转让，非上市公司股票也可根据规定有条件地转让。由于转让是在公开市场上进行的，转让价格也是浮动的，该转让价格跟公司业绩、行业前景、经济形势相关，受到多重因素的影响。从这方面来看，股票的风险性较大。

（3）投资收益率相对高，但波动较大。

股票收益率高于大多数债券的收益率。普通股股东有权参与公司利润分配，但普通股股东无权要求企业支付固定的利息，这与能够拿到固定利息的债券不同。因此，与债券相比，股票的收益相对高，风险也相对大。

关于股票的分类、普通股股东的权利和义务等，本书已经在第三章第二节有详细论述。关于优先股的种类、优先股股东权利等，详细可见第三章第四节。本章就不再展开论述了。

二、股票内在价值的计算

股价是指股票的交易价格，与股票的内在价值是相对的概念。股票价格的真实含义是企业资产价值的货币体现。股票的价格由股票的内在价值所决定，受股票市场影响，当市场不景气的时候，市场资金偏紧，股票的价格一般会低于股票内在价值；当市场处于上升期的时候，市场资金充裕，股票的价格一般高于其内在价值。

要判断一只股票是否值得投资，就要先确定股票内在价值和股票市价的大小。股票内在价值高于市价时可买入股票，低于市价时抛出股票。

---

[1] 数据来源：《2021年53%基民亏损！众多顶流基金经理收益为负……财经评论员：追星难"躺赢" 耐心持有享收益》，央视财经，2022年1月6日。

1. 股票内在价值计算的一般模型

股票内在价值是股票预期未来现金流入的现值，对于股票而言，未来现金流入就是股利，即股票内在价值是未来股利的现值。因此，股票内在价值的计算公式为：

$$V = \frac{D_1}{(1+i)^1} + \frac{D_2}{(1+i)^2} + \cdots + \frac{D_\infty}{(1+i)^\infty} = \sum_{t=1}^{\infty} \frac{D_t}{(1+i)^t}$$

式中：V——股票内在价值；

D_t——第 t 年的股利；

i——贴现率，即必要报酬率；

t——年份。

其中，贴现率的确定依据投资者所要求的收益率为准，确定方法比较多，主要有以下几种。

（1）根据股票历史上长期的平均收益率来确定。这种方法是根据过去的情况预测未来的情况，有一定的合理性；但这种确定方法是建立在未来公司经营不会发生大变化的前提下的。

（2）参照债券的收益率再加上一定的风险报酬率来确定。这种方法基于"股票风险高于债券，收益也高于债券"的规律，比较合理；但这种确定方法需要准确估计风险报酬率的额度，对评估的专业性要求高。

（3）直接使用市场利率。因为市场利率是投资股票的机会成本，在一定程度上可以作为贴现率；但如果直接用市场利率，则无法反映本企业的具体情况，无法区别于其他企业，而且市场利率波动幅度大，难以确定用何时的市场利率作为贴现率最合适。

以上是一般模型，但一般模型在实务操作中较难应用，比如未来无限期的股利在实际中无法估算，因此要讨论其他模型来简化问题。下面分别介绍股利零增长型、固定比率增长型、阶段性增长型等模型。

2. 股利零增长模型

零增长模型假设未来股利不变，这种模型对于普通股不适用，但适用于优先股股票内在价值的确定，因为大多数优先股的股利都是固定的，因此零增长模型又称为优先股定价模型。股票的内在价值的计算公式为：

$$V = \frac{D}{i}$$

式中：V——股票内在价值；

D——未来无限期每年的股利；

i——必要报酬率。

> 【例 4-1】 某投资者个人拟购买 A 公司发行的优先股,预期股利为每股 1 元,必要报酬率为 10%,如果目前该优先股市价为每股 12 元,请问该投资者是否应该购买?
>
> 解:根据优先股股票内在价值的计算公式:
>
> $$V = \frac{D}{i} = \frac{1}{10\%} = 10(元)$$
>
> 由于股票市价为 12 元/股,但其内在价值只有 10 元/股,因此投资者不应该购买,因为该股票的收益率必然低于 10%,投资者可以等股票价格跌到 10 元以内再作打算。

3. 股利按固定比率增长模型

上述零增长模型不适用于普通股,下面讨论可以适用于普通股的模型。一般而言,股利的增长率与公司盈余的增长率幅度一致,如果公司盈余按固定比率增长,则股利也将按固定比率增长。在公司没有受到巨大冲击的情况下,通常公司盈余的增长变化幅度也不大,由此股利按固定比率增长模型有其存在的合理性。

如果企业当年股利为 D_0,则 t 年后的股利为:

$$D_t = D_0 \times (1 + g)^t$$

式中:D_t——第 t 年的股利;

D_0——当年的股利;

g——股利的增长率;

t——年份。

将该式代入上述股票内在价值的一般模型,可以得出:

$$V = \sum_{t=1}^{\infty} \frac{D_0 \times (1+g)^t}{(1+i)^t} = D_0 \sum_{t=1}^{\infty} \frac{1(1+g)^t}{(1+i)^t}$$

根据无穷级数的性质,若 $i > g$,则 $\sum_{t=1}^{\infty} \frac{(1+g)^t}{(1+i)^t} = \frac{1+g}{i-g}$,即:

$$V = D_0 \frac{1+g}{i-g} = \frac{D_1}{i-g}$$

上式就是股利按固定比率增长模型推出的股票内在价值的计算公式。

> 【例 4-2】 某公司今年发放的股利为 1 元/股,预计该公司未来股利增长率在 10%,假设必要报酬率为 12%,则该公司的股票内在价值为多少?假设目前该公司的股票市价为 50 元/股,请问投资者是否应该投资该股票?
>
> 解:根据股票内在价值的计算公式:

$$V = D_0 \frac{1+g}{i-g} = \frac{1 \times (1+10\%)}{12\% - 10\%} = 55(元)$$

即股票的内在价值为 55 元,由于目前该公司的股票市价为 50 元/股,低于其内在价值,因此投资者可以购入该公司股票。

4. 股利阶段性增长模型

股利阶段性增长是指股利一段时间内高速增长,接着在另一段时间里正常地、固定地增长,或者保持不变的一种增长模式。在这种情况下,计算股票的内在价值必须分段讨论,最后加总。

【例 4-3】 某个人投资者持有 A 公司的股票,投资必要回报率为 15%,预计 A 公司未来 5 年内股利将高速增长,其增长率为 10%,但 5 年后将转为正常增长,增长率为 5%,公司当年的股利政策所确定支付的股利为每股 4 元,请计算该公司股票的内在价值。如果此时公司的股票价格为 40 元,请问投资者是否应该投资?

计算如下所示:

$$V = \sum_{t=1}^{5} \frac{4 \times (1+10\%)^t}{(1+15\%)^t} + \sum_{t=6}^{\infty} \frac{D_5 \times (1+5\%)^{t-5}}{(1+15\%)^{t-5}}$$

(1)首先计算 5 年内企业高速增长期的股利现值,如表 4-1 所示。

表 4-1 企业高速增长期的股利现值

年 份	股 利	贴现系数	现 值
1	4.40	0.869 6	3.83
2	4.84	0.756 1	3.66
3	5.32	0.657 5	3.50
4	5.86	0.571 8	3.35
5	6.44	0.497 2	3.20
合计			17.54

(2)然后计算 5 年后正常增长的股利的现值。

首先计算 5 年后的股票的内在价值:

$$V = D_5 \frac{1+g}{i-g} = 6.44 \times \frac{1+5\%}{15\% - 5\%} = 67.62(元)$$

将两者加总,得:

$V = 17.54 + 67.62 = 85.16(元)$

由于公司股票内在价值为 85.16 元,而公司的股价为 40 元,远小于其内在价值,目前的股价是低估了的股价,因此投资者可以购入 A 公司股票。

三、股票的收益率

投资的最终目的是获得利润,股票作为一种投资方式,其盈利能力应该受到重视。股票的盈利能力,即股票的收益率,是指未来的报酬率,又称预期报酬率,由两部分构成:预期股利收益率,预期资本利得收益率。因此,需要区分永久持有的股票和中途转让的股票。

(一)永久持有时的股票预期收益率

永久持有的股票是指企业或个人将永久持有某公司股票,由于不存在转让问题,即股票的涨跌对股票持有者没有利益上的影响。也意味着股票持有者放弃了资本利得的收益,此时的股票预期收益率仅指预期股利利率。

此时,现金流出就是购买成本,现金流入就是每期的股利收入。现金流入贴现的总和应当等于现金流出,这是购买该股票的条件。计算股票预期收益率,可根据以下公式:

$$P = \frac{D_1}{(1+R)^1} + \frac{D_2}{(1+R)^2} + \cdots + \frac{D_\infty}{(1+R)^\infty}$$

式中:P——股票购入价格;
D_t——第 t 期股利;
R——股票预期收益率。

因此,只要知道股票购入价格和未来每期的股利,就可以算出股票预期收益率。

1. 股利零增长的股票预期收益率

这种情况假定股利在未来保持不变,因此最为简单,其计算公式为:

$$R = \frac{D}{P}$$

式中:R——预期收益率;
D——不变的股利;
P——股票购入价格。

> 【例4-4】 股票A购入价格为每股10元,每股每年分配股利1元,试计算A股票的预期收益率。
> $$P = \frac{D}{P} = \frac{1}{10} = 10\%$$

但这种情况在现实中几乎不可能存在,因此下面介绍几种与现实更为吻合的情况及其计算方法。

2. 股利按固定比率增长的股票预期收益率

股利按固定比率增长相对于股利零增长更贴近实际情况,此时股票内在价值为:

$$V = D_0 \frac{1+g}{i-g} = \frac{D_1}{i-g}$$

此时股票内在价值就是股票未来现金流入的现值。使现金流入的现值(V)等于现金流出(P),i就是预期收益率R,即:

$$P = \frac{D_1}{R-g}$$

即:

$$R = \frac{D_1}{P} + g$$

式中:R——预期收益率;

D_1——第一期的股利;

P——股票购入价格;

g——股利增长率。

【例4-5】 某公司前一年的股利为1元/股,预计股利增长率为10%,股票必要报酬率为12%,股票内在价值为多少?若购入股票时的价格为10元/股,该公司的股票预期收益率为多少?若购入价格为60元呢?若购入价格为55元呢?

解:股票内在价值为 $V = D_0 \frac{1+g}{i-g} = 55$(元)

根据股利增长率公式计算,当购入价格为10元时:

$$R = \frac{D_1}{P_1} + g = \frac{1 \times (1+10\%)}{10} + 10\% = 0.21$$

当购入价格为60元时:

$$R = \frac{D_1}{P_2} + g = \frac{1 \times (1+10\%)}{60} + 10\% = 0.118$$

当购入价格为55元时:

$$R = \frac{D_1}{P_3} + g = \frac{1 \times (1+10\%)}{55} + 10\% = 0.12$$

由此可见,当购入价格等于股票内在价值,即购入价格没有虚高也没有低估的时候,股票预期收益率与必要的报酬率相等;当购入价格高于股票内在价值时,预期收益率低于必要的报酬率,这笔投资达不到要求,所以应当放弃这笔投资;当购入价格低于股票内在价值时,预期收益率高于必要的报酬率,这笔投资有利可图。

3. 股利呈阶段性增长时的股票投资报酬率

这种情况最贴近现实,但计算也最为复杂。其计算原理与之前介绍的情况是一样的,但应当分段考虑,分段计算,最后算出总和。运用股票内在价值(V)=股票购买价格(P),求解出贴现率,此时的贴现率即投资收益率。

由于篇幅限制,这里不再详细推算,读者可自行推算出这种情况下的投资报酬率。

（二）中途转让时的股票投资收益率

投资者购入股票后,可以在股票流通市场流通转让,一旦投资者决定转让某种股票,股票的收益率就等于预期股利收益率加上预期资本利得收益率,公式如下:

$$R = \frac{\sum D}{P_0} + \frac{P_1 - P_0}{P_0}$$

式中:$\sum D$——持有期获得的股利之和;

P_0——股票购买价;

P_1——股票预期售出价。

小额投资者持有股票的期限通常较短,中途转让的可能性较大,因此该公式对于小额投资者的意义较大。企业投资者基于投资目的的不同,将投资分为长期投资和短期投资。长期股权投资持有期较长,目的在于掌握目标企业的所有权,这类投资可以看作永久持有股票；短期股票投资的持有期较短,目的在于赚取利润和分散风险,利润中的很大一块来自资本利得,因此这类投资自然归类于中途转让的股票。

四、股票投资的风险及风险控制

（一）股票投资的风险

1. 利率风险

这里所说的利率是狭义的利率,仅指银行信用活动中的存贷款利率。由于利率是经济运行过程中的一个重要经济杠杆,它经常发生变动,从而给股票市场带来明显的影响。一般来说,银行利率上升,股票价格下跌,反之亦然。其主要原因有两个方面:第一,人们持有金融资产的基本目的,是获取收益,在收益率相同时,他们则乐于选择安全性高的金融工具,通常银行储蓄存款的安全性要远远高于股票投资,所以,一旦银行存款利率上升,资金就会从证券市场流出,从而使证券投资需求下降,股票价格下跌,投资收益率因此减少。第二,银行贷款利率上升后,信贷市场银根紧缩,企业资金流动不畅,利息成本提高,生产发展与盈利能力都会随之削弱,企业财务状况恶化，造成股票市场价格下跌。

2. 购买力风险

购买力风险，又称通货膨胀风险，是指由于通货膨胀引起的投资者实际收益率的不确定。股票市场是企业与投资者直接融资的场所，因而社会货币资金的供给总量成为决定证券市场供求状况和影响股票价格水平的重要因素，当货币资金供应量增长过猛，出现通货膨胀时，股票价格将受到影响。通货膨胀对股票的影响分两个阶段：在通胀之初，公司、企业的房地产、机器设备等固定资产账面价值因通货膨胀而水涨船高，物价上涨不但使企业存货能高价售出，而且可以使企业从以往低价购入的原材料上获利，名义资产增值与名义盈利增加，公司、企业股票的市场价格随之上涨，而且预感到通货膨胀的投资者会选择持有有价证券而非现金或存款，因此股票市场供不应求，股票价格因此也会抬升；但通货膨胀持续一段时间以后，新的生产成本因原材料等价格上升而提高，企业利润相应减少，投资者开始抛出股票，转而寻找其他金融资产保值的方式，所有这些都将使股票市场需求萎缩，供大于求，股票价格自然也会显著下降。

3. 流动性风险

流动性风险是指由于将资产变成现金方面的潜在困难而造成的投资者收益的不确定。当投资者急需现金，一只股票在不作出大的价格让步的情况下卖出的困难越大，则拥有该只股票的流动性风险程度越高。在市场上，有些股票极易脱手，投资者可在价格上不引起任何波动的情况下轻而易举地卖出；而另一些股票在投资者急着要将它们变现时，很难脱手，除非忍痛贱卖，在价格上作出很大牺牲。通常流动性风险与股票发行公司的经营情况和整体经济环境有较大关系。

4. 企业经营风险

经营风险是指由于公司的外部经营环境和条件以及内部经营管理方面的问题造成公司收入的变动而引起的股票投资者收益的不确定。企业经营风险对股票的影响体现在多个方面：企业经营不善影响股利的发放；企业经营不善影响股票价格，从而影响潜在资本利得；企业经营不善还可能产生股票的流动性风险；最后，企业长久的经营不善有可能导致企业倒闭，给投资者造成巨大损失。

5. 宏观经济风险

宏观经济风险主要是指由于宏观经济因素的变化、经济政策变化、经济的周期性波动以及国际经济因素的变化给股票投资者可能带来的意外损失。宏观经济风险对股票市场的影响具有普遍性和广泛性，在经济衰退或者经济政策偏紧的时候，几乎所有企业都会受到或多或少的影响。

6. 市场风险

出现市场风险的原因，主要是投资者对股票的一般看法或对某些种类或某一组股票的看法发生变化所致。因此，这种风险也可称作投资者心理因素的风险。这类风险非常难控制，是股票市场动荡的一大因素。有时候公司收入正在节节上升，经营业绩良好，但其股票价格却下降，正是因为这类风险。股票受这类风险的影响甚于其他投资工具。

（二）股票投资风险控制的原则

1. 回避风险原则

回避风险原则是指事先预测风险发生的可能性，分析和判断风险产生的条件和因素，在经济活动中设法避开它或改变行为的方向。在股票投资中的具体做法是：放弃对风险性较大的股票的投资，转而投资其他金融资产或不动产，或改变直接参与股票投资的做法，求助于共同基金，间接进入市场等。相对来说，回避风险原则是一种比较消极和保守的控制风险的原则。

2. 减少风险原则

减少风险原则是指人们在从事经济活动的过程中，不因风险的存在而放弃既定的目标，而是采取各种措施和手段设法降低风险发生的概率，减轻可能承受的经济损失。在股票投资过程中，投资者在已经了解到投资于股票有风险的前提下，一方面，不放弃股票投资动机；另一方面，运用各种技术手段，努力抑制风险发生的可能性，削弱风险带来的消极影响，从而获得较丰厚的风险投资收益。对于大多数投资者来说，这是一种进取性的、积极的风险控制原则。

3. 留置风险原则

这是指在风险已经发生或已经知道风险无法避免和转移的情况下，正视现实，从长远利益和总体利益出发，将风险承受下来，并设法把风险损失减少到最低程度。在股票投资中，投资者在自己力所能及的范围内，确定承受风险的度，在股价下跌，自己已经亏损的情况下，果断"割肉斩仓""止损"，自我调整。

4. 共担风险原则

在股票投资中，投资者借助于各种形式的投资群体合伙参与股票投资，以共同分担投资风险。这是一种比较保守的风险控制原则。它使投资者承受风险的压力减弱了，但获得高收益的机会也少了，遵循这种原则的投资者一般只能得到平均收益。

五、上市公司主要财务指标

（一）每股收益

1. 每股收益包括的内容

每股收益（EPS），又称每股税后利润、每股盈余，是指税后利润与股本总数的比率。它是测定股票投资价值的重要指标之一，是分析每股价值的一个基础性指标，也是综合反映公司获利能力的重要指标。

其内在含义是普通股股东每持有一股所能享有的企业净利润或需承担的企业净亏损。每股收益通常被用来反映企业的经营成果，衡量普通股的获利水平及投资风险，是投资者等信息使用者据以评价企业盈利能力、预测企业成长潜力，进而作出相关经济决策的重要的财务指标之一。

2. 每股收益的种类

根据股数取值的不同，有全面摊薄每股收益和加权平均每股收益。全面摊薄每股收益是指计算时取年度末的普通股份总数，理由是新发行的股份一般是溢价发行的，新老股东共同分享公司发行新股前的收益。加权平均每股收益是指用于计算的股份数（分母）数值用上年末股本余额加上本年度加权股本数量（按月对应总股数的加权数），理由是由于公司年初投入的资本和本年度新增资产投入时间不同，收益产生的基础也不同。

3. 使用每股收益分析盈利性要注意的问题

（1）每股收益不反映股票所含有的风险。例如，假设某公司原来经营消费类产品，最近转向房地产投资，公司的经营风险增大了许多，但每股收益可能不变或提高，并没有反映风险增加的不利变化。

（2）股票是一个份额概念，不同股票的每一股在经济上不等量，它们所含有的净资产和市价不同即换取每股收益的投入量不相同，限制了每股收益的公司间相互比较。

（3）每股收益多，不一定意味着多分红，还要看公司股利分配政策。

4. 每股收益的计算公式

（1）加权平均每股收益。

上市公司如果股份总额没有发生变化，其年度每股收益就不存在加权平均的差异。但一些公司由于增发新股（含老股增发和新股发行）、送股、转增股本或配股等原因，股份总额发生变化，使用加权平均法计算出的每股收益就称为加权平均每股收益，这样就可以更准确、更合理地反映公司客观的盈利能力。

【例4-6】 以上市公司 ABC 股份公司为例,该公司 2010 年末原有总股本 8 626 万股,2011 年 9 月 6 日又增发新股 3 500 万股,到 2011 年末总股本达到 12 126 万股。而 2011 年度 ABC 股份公司实现净利润 2 659.70 万元,如按原年初总股本计算,则 2011 年度 ABC 公司每股收益为 2 659.70 万元÷8 626 万股＝0.31 元。

如按全面摊薄法计算,则 2011 年度 ABC 公司每股收益为 2 659.70 万元÷（8 626＋3 500）万股＝0.22 元。

而按加权平均每股收益计算,ABC 股份公司 2011 年初总股本 8 626 万股,2011 年 9 月份发行 3 500 万新股,当年只有 3 个月（10—12 月）多了 3 500 万股,即达到现有总股本 12 126 万股,按全年平均计算增加了 3 500 万×3/12＝875 万股,期末计算每股收益时,公司总股本按 8 626 加上 875 万计算,每股收益为 2 659.7 万元÷（8 626＋875）万股＝0.28 元。即加权平均每股收益为 0.28 元。

从上例数据来看,在净利润指标没有发生变化的情况下,通过新旧会计准则和不同核算办法计算的每股收益各不相同。

（2）稀释每股收益。

稀释每股收益是新会计准则所引入的,被用来评价"潜在普通股"对每股收益的影响,以避免该指标虚增可能带来的信息误导。

潜在普通股是指赋予其持有者在报告期或以后期间享有取得普通股权利的一种金融工具或其他合同。目前,我国企业发行的潜在普通股主要有可转换公司债券、认股权证、股份期权等。

稀释每股收益以基本每股收益为基础,假设企业所有发行在外的稀释性潜在普通股均已转换为普通股,从而分别调整归属于普通股股东的当期净利润以及发行在外普通股的加权平均数计算而得的每股收益。相对于基本每股收益,稀释每股收益充分考虑了潜在普通股对每股收益的稀释作用,以反映公司在未来股本结构下的资本盈利水平。

【例4-7】 某上市公司 2008 年归属于普通股股东的净利润为 20 000 万元,期初发行在外普通股股数 10 000 万股,年内普通股股数未发生变化。2008 年 1 月 1 日,公司按面值发行 20 000 万元的 3 年期可转换公司债券,债券每张面值 100 元,票面固定年利率为 2%,利息自发放之日起每年支付一次,即每年 12 月 31 日为付息日。该批可转换公司债券自发行结束 12 个月以后即可以转换为公司股票。转股价格为每股 10 元,即每 100 元债券可转换为 10 股面值为 1 元的普通股。债券利息不符合资本化条件,直接计入当期损益,所得税税率为 33%。

假设不考虑可转换公司债券在负债和权益成分上的分析,且债券票面利率等于实际利率,2008 年度每股收益计算如下：

基本每股收益＝20 000/10 000＝2 元

> 如该公司债权人符合条件转换为股权,则原来需要支付的债券已经不需要支付了,会计处理上转为公司收益:
> 假设转换所增加的净利润 = 20 000×2%×(1 − 33%) = 268 万元
> 根据转换条件,每 10 元转为 1 元面值 1 股,则
> 转换所增加的普通股股数 = 20 000/10 = 2 000 万股
> 增量股的每股收益 = 268/2 000 = 0.134 元
> 此时,由于增量股的每股收益小于基本每股收益,因此实际上可转换公司债券形成的股权对公司每股收益具有稀释作用:
> 稀释每股收益 =(20 000 + 268)/(10 000 + 2 000)= 1.689 元。

5. 每股收益分析方式

(1)指标排序。通过每股收益指标排序来寻找绩优股和垃圾股。

(2)横向比较。横向比较同行业的每股收益来选择龙头企业。

(3)纵向比较。纵向比较个股每股收益来判断该公司的成长性。

每股收益仅代表的是某年每股的收益情况,没有延续性,因此不能单独作为判断公司成长性的指标。上市公司送股、增发和配股或者发行可转换公司债券,均会改变总股本。公司总股本变化,每股收益会发生相反的变化。

其次,公司财务报表上的净利润数字,是根据会计制度核算而来的,并不一定反映出公司实际的获利情况,采取不同的会计处理方法,可以取得不同的盈利数字。

与其他国家会计制度比较,中国会计制度核算出的净利润比采用国际通行的会计制度核算出来的盈利数字通常偏高。有时候,投资者不妨留意公司应收账款的变化,如果应收账款的增长速度大大超过收入的增长速度的话,很可能一部分已计入利润的收入最终将收不回来,很多企业会用此手段在未来大额计提坏账。

此外,公司固定资产等资产的实际损耗与贬值的速度大于其折旧速度的话,当最终要对这些设备更新换代时,就要付出比预期更高的价格,这同样会减少当前实际的盈利数字。

(二)每股股利

1. 每股股利简介

每股股利是股利总额与流通股股数的比值。其计算公式为:

每股股利 = 股利总额 / 普通股股数

股利总额是用于对普通股进行分配的现金股利的总额,普通股股数是

企业发行在外的普通股股数（不是加权平均数）。

每股股利是反映股份公司每一普通股获得股利多少的一个指标，指标值越大表明获利能力越强。影响每股股利多少的因素主要是企业股利发放政策与利润分配政策。如果企业为扩大再生产、预留发展资金而留有利润，每股股利就少，反之则多。

2. 每股股利在投资中的应用

在公司分配方案的公告中，每股股利通常表述为"每10股发放现金股利××元"，所以投资者需要将分配方案中的现金股利再除以10才可以得到每股股利。对于投资者而言，不论公司股本是否扩大，都希望每股股利保持稳定，尤其对于收益型股票，每股股利的变动是投资者选股的重要考量。

3. 每股股利与每股收益之间的关系分析

上市公司每股股利发放多少，除了受上市公司获利能力大小影响以外，还取决于公司的股利发放政策。

每股收益是公司每一普通股所能获得的税后净利润，但上市公司实现的净利润往往不会全部用于分派股利。每股股利通常低于每股收益，其中一部分作为留存利润用于公司自我积累和发展。

反映每股股利与每股收益之间关系的一个重要指标是股利发放率，即每股股利分配额与当期的每股收益之比。借助于该指标，投资者可以了解一家上市公司的股利发放政策。

（三）每股净资产

1. 基本概念

每股净资产是指股东权益与总股数的比率。每股净资产代表公司本身拥有的财产，也是股东们在公司中的权益，又叫作股东权益。其计算公式为：每股净资产＝股东权益÷总股数。这一指标反映每股股票所拥有的资产现值。

例如，某公司净资产为15亿元，总股本为10亿股，它的每股净资产值为1.5元（15亿元÷10亿股）。

每股净资产值反映了每股股票代表的公司净资产价值，是支撑股票市场价格的重要基础。每股净资产值越大，表明公司每股股票代表的财富越雄厚，通常创造利润的能力和抵御外来因素影响的能力越强。净资产收益率是公司税后利润除以净资产得到的百分比率，用以衡量公司运用自有资本的效率。

还以某公司为例,其税后利润为 2 亿元,净资产为 15 亿元,净资产收益率为 13.33%。

从会计报表上看,上市公司的每股净资产主要由股本、资本公积金、盈余公积金和未分配利润组成。根据《公司法》的有关规定,股本、资本公积和盈余公积在公司正常经营期内是不能随便变更的,因此,每股净资产的调整主要是对未分配利润进行调整。

2. 每股净资产分析

每股净资产指标反映了在会计期末每一股份在公司账面上到底值多少钱,如在公司性质相同、股票市价相近的条件下,某一公司股票的每股净资产越高,则公司股票投资价值越大,投资者所承担的投资风险越小。

但不同类型的公司每股净资产没有可比性,比如投资于高速公路等基础设施的公司,由于其投资额巨大,因此每股净资产较高;如从事软件生产的企业,则每股净资产可能很低,但是这并不影响其赚钱的能力。

因此,有时候也可以这样理解,在每股收益相等的情况下,每股净资产越低的公司,其经营管理团队的资产运用能力越强,即以较低的资产赚到了与持有较高资产的企业同等的利润。

(1)股票价格与每股净资产。

股票的净资产标志着上市公司的经济实力,因为任何一个企业的经营都是以其净资产数量为依据的。如果一个企业负债过多而实际拥有的净资产较少,则意味着其经营成果的绝大部分都将用来还债;如负债过多出现资不抵债的现象,企业将会面临破产的危险。

股票价格与每股净资产之间的关系并没有固定的公式。除了净资产外,企业的管理水平、技术装备、产品的市场占有率及外部形象等都会对企业的最终经营效益产生影响,而净资产对股票价格的影响主要来自平均利润率规律的作用。

(2)调整后每股净资产。

根据国际通行会计准则,企业的支出有收益性支出和资本性支出之分,收益性支出的效益仅与本会计年度相关,资本性支出的效益则与几个会计年度相关。对每股净资产指标的调整,实际上是扣除了资产中的一些潜在费用或未来费用。调整后的每股净资产计算公式为:

调整后的每股净资产=(年度末股东权益—3 年以上的应收款项—待处理(流动、固定)资产净损失—开办费—长期待摊费用)/年度末普通股股份总数

> **【例 4-8】** 某股票上市公司资产总额为 50 000 万元,负债合计 30 000 万元,年末普通股股份总数 10 000 万股,该公司 3 年以上的应收款项 1 000 万元,待处理流动资产净损失 600 万元,待处理固定资产净损失 200 万元,长期待摊费用 200 万元。则本会计年度末该公司:
> 净资产 = 50 000 万 − 30 000 万 = 20 000 万元
> 调整后的净资产 = 20 000 万 − 1 000 万 − 600 万 − 200 万 − 200 万 = 18 000 万元
> 每股净资产 = 20 000 万 ÷ 10 000 万股 = 2.0 元/股
> 调整后每股净资产 = 18 000 万 ÷ 10 000 万股 = 1.8 元/股

从上例可以看出,造成这些公司每股净资产调整前后出现差异的原因,主要是长期账龄的应收账款和其他应收款、待处理资产净损失等不良资产所致。

以前由于我国相关会计制度不甚严密,对这些不良资产能否变现考察不严,从而导致了部分上市公司会计报表中的数据出现很大水分。而事实上这些"浮肿"的资产都是企业无法收回的,也就是我们通常所说的"潜亏"。新规定要求把这些减项从净资产中减去,挤去报表数字中的"水分",使得调整后的每股净资产更实在可靠,质量更高,从而提高了这一指标的真实性。

投资者通过对每股净资产的调整,也可以进一步发现相关公司在生产经营、财务状况中存在的问题,有利于公司稳健成长,提高企业竞争力,抵御各种风险。

(四)市盈率

股票的市盈率(P/E 或 PER),指每股市价除以每股收益,通常作为判断股票便宜或昂贵的指标。市盈率把企业的股价与其制造财富的能力联系起来。

市盈率越低,代表投资者能够以相对较低的价格购入股票。

假设某股票的市价为 24 元,而过去一年的每股收益为 3 元,则市盈率为 24/3 = 8。该股票被视为有 8 倍的市盈率,即在假设该企业以后每年净利润和去年相同的基础上,回本期为 8 年,折合平均年回报率为 12.5%(1/8),投资者每付出 8 元可分享 1 元的企业盈利。

投资者计算市盈率,主要用来比较不同股票的价值。理论上,股票的市盈率越低,表示该股票的投资风险越小,越值得投资。比较不同行业、不同国家、不同时段的市盈率是不大可靠的。比较同类股票的市盈率较有实用价值。

1. 影响市盈率的主要因素

市盈率越低越好,市盈率越低,表示公司股票的投资价值越高;反之,则投资价值越低。

一般而言，影响公司股票市盈率的因素有以下几方面。

第一，上市公司预期获利能力的高低。如上市公司预期获利能力不断提高，虽然目前市盈率较高，也值得投资者进行投资，因为上市公司的市盈率会随公司获利能力的提高而不断下降，说明公司具有较好的成长性。

第二，分析和预测公司未来的成长性。如果上市公司的成长能力越高，公司持续成长的可能性就越大，则投资者就越愿意付出较高的代价，以换取未来的成长收益。

第三，投资者所获报酬率的稳定性。如果上市公司经营效益良好且相对稳定，则投资者获取的收益也较高且稳定，投资者就愿意持有该公司的股票，则该公司的股票市盈率由于众多投资者的普遍看好，会相应提高。

第四，利率水平变动的影响。当市场利率水平变化时，市盈率也应作相应的调整。

2. 市盈率所代表的意义

如果某股票有较高市盈率，可能有以下原因。

（1）市场预测未来的盈利增长速度快。

（2）该企业一向有可观盈利，但在前一个年度出现特殊支出，降低了盈利。

（3）出现泡沫，该股被以超过其内在价值的价格在交易。

（4）该企业有特殊的优势，保证能在低风险情况下持久获得盈利。

（5）市场上可选择的股票有限，在供求定律下，股价将上升。

如果某股票有较低市盈率，可能有以下原因。

（1）市场预测该企业和去年相比较，盈利将减少，企业价值将下降。

（2）该企业在去年出现过一次性的特殊收入，暂时提高了去年的盈利。

（3）该股的价格被市场低估。

（4）股票的供给超过了市场上资金的投资需求。

一般来说，市盈率指标大小的判断有如下常用标准。

<0：指该公司盈利为负（因盈利为负，计算市盈率没有意义，所以一般软件显示为"—"）。

0—13：价值被低估。

14—20：正常水平。

21—28：价值被高估。

28+：反映股市出现投机性泡沫。

值得一提的是，如果某股票的市盈率为零，即代表股票去年处于亏损状态。

3. 市盈率的计算方法及公式

利用不同的数据计算出的市盈率,有不同的意义。我国目前现行市盈率利用过去四个季度的每股盈利计算,而预测市盈率可以用过去四个季度的盈利计算,也可以根据上两个季度实际盈利及未来两个季度的预测盈利的总和计算。

静态市盈率＝市价/最近一个年度的每股收益

动态市盈率(PEG),其计算公式是以静态市盈率为基数,乘以动态系数。该系数为 $1/(1+i)^n$,i 为企业每股收益的增长性比率;n 为企业的可持续发展的存续期。

> 【例 4-9】 某上市公司目前股价为 20 元,每股收益为 0.38 元,去年同期每股收益为 0.28 元,成长性为 (0.38－0.28)/0.28＝35%,即 i＝35%,该企业未来保持该增长速度的时间可持续 5 年,即 n＝5,则动态系数为 $1/(1+35\%)^5$＝22%。相应地,动态市盈率为 11.6 倍(静态市盈率:20 元/0.38 元＝52 倍;动态市盈率:52 倍 ×22%＝11.6 倍)。
>
> 上述方法在计算时由于要预测企业未来持续增长速度,且企业增长未来不确定因素居多,有时为便于理解和计算,用以下两种方式计算出的数据也被叫作"动态市盈率":
>
> $$动态市盈率 = \frac{股票市价}{当年中报每股净利润 \times \frac{去年年报净利润}{去年中报净利润}}$$
>
> $$动态市盈率 = 静态市盈率(p/e) / 平均增长率(r)$$
>
> 式中:p——收盘价;
> e——每股收益;
> r——平均增长率。
>
> 市盈率的计算只包括普通股,不包含优先股。
>
> 从市盈率可引申出市盈增长率,此指标加入了盈利增长率的因素,多适用于高增长行业和新企业。

4. 市盈率指标缺陷

市盈率指标用来衡量股市平均价格是否合理具有一些内在的不足。

(1) 计算方法本身的缺陷。成分股指数样本股的选择具有随意性。各国各市场计算的平均市盈率与其选取的样本股有关,样本调整一下,平均市盈率也跟着变动。即使是综合指数,也存在亏损股与微利股对市盈率的影响不连续的问题。举个例子,2001 年 12 月 31 日上证 A 股的市盈率是 37.59 倍,如果中石化 2000 年度不是盈利 161.54 亿元,而是 0.01 元,上证

A 股的市盈率将升为 48.53 倍。更有讽刺意味的是，如果中石化亏损，它将在计算市盈率时被剔除出去，上证 A 股的市盈率反而升为 43.31 倍，真所谓"越是亏损市盈率越高"。

（2）市盈率指标很不稳定。随着经济的周期性波动，上市公司每股收益会大起大落，这样算出的平均市盈率也大起大落。1932 年美国股市最低迷的时候，市盈率却高达 100 多倍，如果据此来挤掉股市泡沫，那是非常荒唐和危险的，事实上当年是美国历史上百年难遇的最佳入市时机。

（3）市盈率只是股票投资价值的一个影响因素。投资者选择股票，不一定要看市盈率，很难根据市盈率进行套利，也很难根据市盈率说某某股票有投资价值或没有投资价值。实际上股票的价值或价格是由众多因素决定的，用市盈率一个指标来评判股票价格过高或过低是很不科学的。

（五）市净率

1. 市净率的定义

市净率（P/B 或 PBR）指的是每股股价与每股净资产的比率。

每股净资产是股票的账面价值，它是用成本计量的，而每股市价是这些资产的现在价值，它是证券市场上交易的结果。市价高于账面价值时企业资产的质量较好，有发展潜力，反之则资产质量差，没有发展前景。一般认为，市价低于每股净资产的股票，称为"破净"，其内在价值就像售价低于成本的商品一样，属于"处理品"。当然，"处理品"也不是没有购买价值，问题在于该公司今后是否有转机，或者购入后经过资产重组能否提高获利能力。

2. 市净率的计算公式

$$市净率 = 每股市价 / 每股净资产$$

净资产的多少是由股份公司经营状况决定的，股份公司的经营业绩越好，其资产增值越快，股票净值就越高，因此股东所拥有的权益也越多。

一般来说，市净率较低的股票，投资价值较高，理论上其公司万一破产，按照账面净资产对投资者进行补偿，投资者可以获得较高的收益；相反，则投资价值较低。

3. 市净率在分析中的应用

当公司的资产利润率奇低时，或者公司发生亏损时，该比率将失去意义，因为分母为零或接近零的话，指标趋于无穷大。所以，单纯用市盈率指标来评价而不看具体盈利状况的话，可能会错误地估计公司的发展，作出错误的判断。

同时，每股净资产的构成基数不同往往也会造成不同结果。比如国内上市公司中，神马实业某年度的每股净资产高达 5.989 元，不可谓不高，但是其净资产构成中拥有 12.11 亿元的应收账款，折合成每股 2.14 元，一旦计提坏账准备，其每股净资产就会大幅下降。再比如说通威股份，虽然每股净资产高达 4.03 元，但其每股未分配利润达到了 0.75 元，而且已准备向老股东分配，这样对于新股东而言，享受到的净资产大概只有 3.3 元。因此，对待静态净资产要用动态观点来看。

六、证券市场指标与货币政策的关联

（一）市盈率与银行利率的关系

1. 存款利率与市盈率的关系

我们在证券市场经常会看到，每当央行宣布存款利率加息 0.25 个百分点，股票市场立马作出反应，隔天开盘的指数必然出现剧烈波动，那银行的存款利率和股市究竟存在何种关联，它们之间的关系又是如何计算的？

我们已知：市盈率＝每股市价/每股收益。

把每股市价看成是本金（投入资金），假设上市公司当年赚取的每股收益全部用于分配给公司股东（包括若干中小投资者），那么每位投资者分得的每股收益就是投入的资金获得的收益（相当于利息）。

同时，我们已知：利率＝利息/本金；即利息收入＝利率 × 本金；也就是利息收入等于本金投入带来的固定收益。

于是，市盈率 ＝ 本金/利息 ＝ 1/利率，假设存款利率为 5%，则与之对应的证券市场平均市盈率＝ 1/5% ＝ 20 倍。

当存款利息加息 0.25% 时，与之对应的证券市场平均市盈率＝ 1/（5% ＋ 0.25%）＝ 19 倍，与 20 倍相比，实际证券市场指数下跌幅度＝（20 － 19）/20 ＝ 5%，也就是说，每加息 0.25 个百分点，指数与之对应的下跌幅度约为 5%；这就是为什么每次加息，股指总会大幅下挫的原因之一。

也就是说股民花 20 元/股买入的某股票，其当年的每股收益为 1 元且完全分配给股民，其所获得的投资收益与将 20 元存入银行一年所获得的利息收入相当。由于股市还有其内在的风险和不确定因素，因此投资者存入银行的利息收入相对固定而无风险，在加息周期内股民将资金存入银行的意愿显得更加强烈。

当然，与之对应的是，每当中央银行降低存款利率，证券市场指数也会随之应声上涨。

阅读材料

本杰明·格雷厄姆（1894—1976年）是华尔街的传奇人物，被称为"现代证券之父"，著有《证券分析》和《聪明的投资者》。他生于纽约市，毕业于哥伦比亚大学，华尔街上的权威人物，现代证券分析和价值投资理论的奠基人。

格雷厄姆认为："股票之所以出现不合理的价格在很大程度上是由于人类的惧怕和贪婪情绪。极度乐观时，贪婪使股票价格高于其内在价值，从而形成一个高估的市场；极度悲观时，惧怕又使股票价格低于其内在价值，进而形成一个低估的市场。投资者正是在缺乏效率市场的修正中获利。投资者在面对股票市场时必须具有理性。格雷厄姆提醒投资者们不要将注意力放在行情上，而要放在股票背后的企业身上，因为市场是一种理性和感性的掺杂物，它的表现时常是错误的，而投资的秘诀就在于当价格远远低于内在价值时投资，等待市场对其错误的纠正。市场纠正错误之时，便是投资者获利之时。"

（资料来源：《证券分析》，格雷厄姆著）

2. 股市与贷款利率的关系

在一个加息周期里，经济活跃，企业利润增长（在利率的增长积累到一定程度之前应该是股票为王的时期），每一次加息之前，由于人们对加息的担心，股市都有可能出现小幅调整的走势，一旦加息，股市仍会回到原来的上升趋势里。在当贷款利率上调到 6.5% 以上时（高度紧缩），尽管投资的利润丰厚但风险也非常巨大，不仅要随时承担银根紧缩带来的经济减缓，而且还会因为可能上升的利率使资金成本大大提高，收益大打折扣，从而使企业的利润减少，业绩下滑，进而使实体领域的通胀减缓直至正常（多数情况会直至通缩出现），因此投资选择时应保持高度谨慎的态度。

3. PE 与利率的关系

研究股票的 PE 与利率的关系可以让我们对股市估值有一个基本的认识框架。

我们已经知道，股市平均 PE 的倒数为股市利率，当股市利率与 5 年期银行利率持平，股市对一些保守稳健性投资者可能已失去吸引力。而对于股市经验丰富的投资者，往往会盯住一年期银行利率为目标线，政策与股市的趋势一旦形成，由于证券市场的惯性作用，走势往往会走出超过人们预期的情形。

4. 各国银行利率与市盈率的关系

由于各国经济类型、总量不同，各国的市盈率与其利率的关系也各不相同，一般来说，市盈率与国家经济政策之间的关系可以总结为以下几方面。

（1）市盈率与该国的宏观经济增长速度有关。GDP 增长快的国家，市盈率就会高一些；反之，就会低很多。

（2）市盈率与该国的货币政策密切相关。国家实行宽松扩张型货币政策，市盈率就会高；从紧收缩货币政策，市盈率就会很低。

（3）市盈率与该国的汇率政策有关。本币不能自由兑换，货币政策宽松，市盈率就会高很多；货币政策紧缩时，市盈率就会低很多。反之，本币可以完全自由兑换时，一国市盈率就会尽可能与海外股市接轨。

（4）市盈率与一国证券市场的规章制度与金融政策有关。在很多发达国家，允许以股票抵押去贷款再来买股票（垫头交易我国现称之为"融资融券"），这些国家股市风险也很大，这与发展中国家不允许做垫头交易的市盈率就会很不相同。

（二）CPI 对股市影响

CPI（consumer price index，消费者物价指数）是政府用来衡量通货膨胀的其中一个数据。通俗地讲，CPI 就是市场上的货物价格增长百分比。一般市场经济国家认为 CPI 增长率在 2%—3% 属于可接受范围，当然还要看其他数据。高速经济增长率会拉高 CPI，但物价指数增长速度快过人民平均收入的增长速度就一定不是好事，而一般平均工资的增长速度很难超越 3%—4%。

严格来说，CPI 与股市价格之间没有严格的反比或者正比关系。有时候，物价上涨，股价上涨；物价下跌，股价也会下跌。但日常经济现象中，CPI 却实实在在影响证券市场的走势，成为股市涨跌的重要参考数据之一。CPI 对股票市场价格的影响主要表现在以下五个方面。

（1）商品价格出现缓慢上涨，且幅度不是很大，但物价上涨率大于借贷利率的上涨率时，公司库存商品的价值上升，由于产品价格上涨的幅度高于借贷成本的上涨幅度，于是公司利润上升，股票价格也会因此而上升。

（2）商品价格上涨幅度过大，股价没有相应上升，反而会下降。这是因为，物价上涨引起公司生产成本上升，而上升的成本又无法通过商品销售而完全转嫁出去，从而使公司的利润降低，股价也随之降低。

（3）物价上涨，商品市场的交易呈现繁荣兴旺时，有时是股市正陷于低沉的时候，人们热衷于及时消费，使股价下跌；当商品市场上涨回跌时，反而成了投资股票的最好时机，从而引起股价上涨。

（4）物价持续上涨，引起股票投资者的保障意识增强，因此使投资者从股市中抽出来，转投向动产或不动产，如房地产、贵重金属等保值性强的物品上，带来股票需求量降低，因而使股价下跌。

（5）物价持续上涨，会促使政府出于对社会稳定及多方面综合考虑，动用金融手段来予以干涉，如加息、提高准备金率等回收市场流动资金，造成货币市场资金总量短缺，证券市场加速下跌。

因此，正所谓"成也萧何，败也萧何"，CPI 与股指虽然没有明确的比率关系，但也息息相关。

从证券投资角度看，投资者较为关心物价走势。美国长达 70 多年的历史数据显示，低通胀环境（CPI 在 2%—4%）最有利于股市投资，当 CPI 上升到 4% 以上，利率风险增大，股市市盈率趋于下降；相反，当 CPI 回落到 2% 以下，通缩风险增大，企业盈利前景变得不乐观，股市市盈率趋于下降。

我们可以进一步解释物价和市盈率的关系。物价下降，甚至出现通货紧缩时，企业产品价格下跌，企业毛利受到挤压，盈利前景不乐观，股票估值向下；反过来，物价上升，企业盈利也将上升，但若物价上升失控，出现高通胀（大于 10%），企业赚的钱大部分进了银行腰包，企业盈利增长前景并不好，股票估值将向下。投资界和企业界一致认可的理想情形是经济高增长、物价轻微上升。

（三）货币供应量（M1，M2）对证券市场的影响

1. 狭义货币供应量（M1）

货币供应量是指某个时点上全社会承担流通和支付手段的货币存量。现阶段，我国将货币供应量划分为三个层次。

一是流通中现金 M0，即在银行体系外流通的现金。

二是狭义货币供应量 M1，即 M0＋企业活期存款＋农村存款＋机关团体部队存款＋个人持有的信用卡类存款。

三是广义货币供应量 M2，即 M1＋企业存款中具有定期性质的存款＋居民储蓄存款＋外币存款＋信托类存款。

M1 的结构中，M0 是我国居民消费品购买力实现的主要媒介手段，对全国零售商品物价指数产生重要影响；其余的活期存款部分是生产资料市场购买力的主要媒介，与生产资料价格水平和工业生产情况都有密切关系。M1 是经济周期波动和价格波动的先行指标，对 M1 的严密监测与调控对抑制通货膨胀和实现经济的健康增长具有十分重要的意义。

2. 广义货币供应量（M2）

在我国现阶段 M2 是指 M1 加上机关、团体、部队、企业和事业单位在银行的定期存款，城乡居民储蓄存款，外币存款和信托类存款。

M2 可用来作为观察和调控中长期金融市场均衡的目标，通常 M2 的增幅应控制在经济增长率、物价上涨率、货币流通速度变化程度三者之和的

范围内。由于许多金融工具具有货币的职能，因此，M2 是中央银行重要的货币政策操作目标。

3. 货币供应量与证券的相互关系

股票如需上涨，根本上需要资金推动。因此，货币供应量与股市息息相关。通过我国证券市场历来走势分析得出，两者之间的相互关系可以总结为以下几方面。

（1）从股票市场价格对货币供应量不同层次的影响来看，股票市场价格对 M1 的影响最大，对 M2 的影响次之，对 M0 的影响最小；反之，从货币供应量不同层次对股票市场价格的影响来看，M2 对股市价格波动影响最大，M1 次之，M0 影响最小，但影响程度均相对较低。

（2）广义货币供应量（M2）表示整个社会资金的宽松程度，它在一定程度上说明证券市场的外围资金的多少。当 M2 增长较快时，表明社会上资金充裕，证券市场处于牛市时会维持趋势，处于熊市时往往难以长期低迷，因为投资价值的凸显将会吸引场外资金进入股市。

（3）如果中央银行提高存款准备金率，这在很大程度上限制了商业银行体系创造派生存款的能力，就等于冻结了一部分商业银行的超额准备金。由于存款准备金率对应数额庞大的存款总量，并通过货币乘数的作用，使货币供给量更大幅度地减少，证券市场价格趋于下降，股票价格下跌。

（4）如果中央银行提高再贴现率，对再贴现资格加以严格审查，商业银行资金成本增加，市场贴现利率上升，社会信用收缩，证券市场的资金供应减少，使证券市场行情走势趋软。

（5）如果中央银行降低存款准备金率或降低再贴现率，通常都会导致证券市场行情上扬，股票价格上涨。

（6）当指数上涨时，股票市场对货币供给结构会产生巨大的影响，当股价大幅上扬时，货币的流动性会加大。具体来说，股价的大幅上扬会使一部分现实不流通的货币从证券市场逐步流出，转化为现实流通的货币，导致 M1/M2 上升，即货币的流动性增强。这时有可能导致货币市场流动性泛滥，出现通货膨胀的苗头。此时，政府势必通过行政手段干预证券市场和调整货币供应量，新一轮调控随之而至。

由此看来，在若干个经济周期内，股市的轮番涨跌和政府的宏观调控手段总是轮番登场、此消彼长的。

第四节 债券投资

一、债券的分类和票面要素

债券是政府、金融机构、工商企业等直接向社会借债筹措资金时,向投资者发行,承诺按一定利率支付利息并按约定条件偿还本金的债权债务凭证。债券购买者与发行者之间是一种债权债务关系,债券发行人即债务人,投资者(债券持有人)即债权人。

(一)债券的分类

前文已简单介绍了债券的种类。下面将详细介绍债券的分类。按照不同的分类方法,债券可以分为不同的类别。

1. 根据发行主体的不同,可分为政府债券、金融债券、公司债券

(1)政府债券的发行方为政府,主要目的是弥补政府财政赤字或投资重点建设项目。中央政府发行的债券称为国债。我国国债的发行大致经历了如下几个阶段:新中国成立到 50 年代末,我国发行过人民胜利折实公债和国家经济建设公债;"文革"时期国债的发行陷入停滞;改革开放后,我国国民收入分配格局发生了重大的变化,政府财政收入占国民收入的比重下降,为了缓解财政赤字,弥补资金缺口,我国开始大规模发行国债,80 年代后国债品种渐多,方式更灵活。目前,我国国债的主要品种有国库券、国家重点建设债券、财政债券、特种债券、保值债券、基本建设债券等。政府债券的发行主体是政府,因此风险在各种债券中最小,但相应地,政府债券的收益在各类债券中也是最小的。

(2)金融债券是银行等金融机构作为筹资主体为筹措资金而面向个人发行的一种有价证券,是表明债务、债权关系的一种凭证。金融债券发行的目的是解决银行等金融机构的资金来源不足和期限不匹配的矛盾。由于银行等金融机构在一国经济中占有较特殊的地位,政府对它们的运营又有严格的监管,因此,金融债券的信用通常高于其他非金融机构债券,违约风险相对较小,具有较高的安全性。所以,金融债券的利率通常低于一般的企业债券,但高于风险更小的国债和银行储蓄存款利率。

(3)公司债券是指公司依照法定程序发行的,约定在一定期限还本付息的有价证券。公司债券是公司债的表现形式,基于公司债券的发行,在债券的持有人和发行人之间形成了以还本付息为内容的债权债务法律关系。债券的还款来源是公司的经营利润,但是任何一家公司的未来经营都存在很大的不确定性,公司债券持有人由此会承担着损失利息甚至本金的风险。因此,根据收益风险成正比的原则,公司债券的收益也高于政府债

券和金融债券。

2. 根据偿还期限的不同，可分为到期偿还债券、期中偿还债券和展期偿还债券

（1）到期偿还债券又称满期偿还债券，是指按照债券发行时规定的还本时间，在债券到期时一次性全部偿还本金的偿债方式。由于这种方式计算简单，手续方便，因此大部分债券都采用这种偿还方式。

（2）期中偿还债券是指在债券最终到期日之前，偿还部分或者全部本金。这种债券在发行时通常都确定了债券分期偿还的事项，比如期中何时偿还、偿还率、宽限期等。债券偿还率是指每次偿还的金额占发行总额的比例。偿还的宽限期是指债券发行后不允许提前偿还、转换的时间，它一般是根据债券偿还期的长短来确定的。比如一种 10 年期债券，对个人购买的宽限期为 5 年，偿还率为 20%，这意味着发行后第 6 年开始每年偿还发行额的 20%。

（3）展期偿还是指在债券期满后又延长原规定的还本付息日期的偿债方式。展期偿还债券也称为延期偿还债券。它适用的场合通常是发行一种附设延期售回条款的债券。

3. 按照计息方式，可分为单利债券、复利债券、贴现债券和累进利率债券

（1）单利债券是指在计算利息时，不论期限长短，仅按本金计息，所生利息不再加入本金计算下期利息的债券。

（2）复利债券与单利债券相对应，它是指在计算利息时，按一定期限将所生利息加入本金再计算利息，逐期滚算的债券。

（3）贴现债券是指在票面上不规定利率，发行时按某一折扣率，以低于票面金额的价格发行，到期时仍按面额偿还本金的债券。

（4）累进利率债券是指以利率逐年累进方法计息的债券。其利率随着时间的推移，后期利率将比前期利率更高，有一个递增率，呈累进状态。例如，第一年为 5%，第二年为 6%，第三年为 7% 等。累进利率债券的期限一般是浮动的，投资者可以自行选择，但须符合最短持有期和最长持有期的限制。

除以上几种分类外，还有其他的分类方式，比如按照利率是否固定可分为浮动利率债券和固定利率债券等。这里就不一一列举了。

（二）债券的票面要素

债券作为债权的凭证，在债券票面上有一些固定的票面要素。

1. 票面币种和价值

这是债券最基本的票面要素，票面价值指的是发行时设定的金额，它代表着发行人借入的金额，也是发行人在未来某一特定日期偿还给债券持

有人的金额。通常除了货币金额以外，还会表明货币种类。

2. 偿还期限

债券偿还期限是指债券从发行之日起至偿清本息之日止的时间。各种债券有不同的偿还期限，短则几个月，长则几十年，习惯上有短期债券、中期债券和长期债券之分。短期债券指期限在 1 年以内的债券；期限在 1 年以上、10 年以下的债券为中期债券；期限在 10 年以上的债券为长期债券。期限越长，债券流动性越差，风险越大。因此，长期债券的利率通常高于短期债券的利率，但有时也会出现短期债券利率高于长期债券的情况。

3. 票面利率

票面利率是指在债券上标识的利率，它在数额上等于债券每年应付给债券持有人的利息总额与债券总面值相除的百分比。债券利率是债权人让渡资金使用权而得到的补偿，利率越高意味着补偿额越大，债务人的负担也相应更重。但票面利率并不等于实际利率，实际利率指按照复利计算的、一年期的利率。由于债券有单利、复利之分，计息频率也不同，因此票面利率和实际利率很难相等。

二、债券投资的概念和特点

1. 债券投资的概念

上文介绍了债券的概念，债券投资就是以债券作为投资对象的一种投资方式。作为一种投资，债券投资具有收益性、安全性和流动性的特点。

2. 债券投资的特点

（1）收益性。

债券是有价证券，是能够给投资者带来收益的证券。不同种类债券的收益性不同，总体来说，国家发行的债券以政府税收为担保，收益较低；然后是金融债券，金融机构受到国家的管制较多，因此风险也不大，所以金融证券的收益高于国家债券但低于其他企业债券；最后是企业债券，由于企业在市场经济环境中面临各种风险，企业债券的保障最少，因此企业债券的收益是最高的。

（2）安全性。

根据收益风险原则，能够带来高收益的投资通常伴随着高风险，因此看到收益的同时，也不应忽视债券的风险。

债券的安全性是相对于其他投资手段而言的，比如股票，股票股利由业绩决定，因此股利的不确定性很大，债券的利息在发行时就已经约定好，因此债券利息安全性高；另外股票的价格波动也比债券高，股票不能赎回只能转让，债券到期后可以赎回等。这些都说明债券相对于股票安全性更高。特别是对于国债来说，其本金及利息的给付是由政府作担保的，几乎没有什么风险，是具有较高安全性的一种投资方式。

（3）流动性。

流动性是指收回债券本金的速度快慢程度。上市债券具有较好的流动性。当债券持有人急需资金时，可以在交易市场随时卖出，而且随着金融市场的进一步开放，债券的流动性将会不断加强。因此，债券作为投资工具，最适合想获取固定收入的投资人和做长期投资的人。债券流动性通常跟债券的风险有很大关联，在政府债券、金融债券和企业债券中，政府债券的流动性最强，其次是金融债券，再次是一般企业债券。在金融债券和企业债券中，越是规模大、资金雄厚、业绩良好的企业的债券，流动性越好。

三、债券内在价值的计算

计算债券内在价值，也称债券估价。要评价债券是否值得投资，首先要做的就是对债券进行估价。与股票相似，债券的现金流出就是债券购买价格，现金流入是利息和本金的归还，或者债券转让价格。因此，债券的未来现金流入有利息流入、本金流入和转让价款流入等。

要给债券估价，首先应该了解债券价值的概念。债券的价值，也称债券的内在价值，是指债券未来现金流入按照投资者所要求的必要报酬率进行贴现后的现值。它可以分解成债券各期利息收入的现值加上债券到期偿还本金的现金之和。在债券内在价值大于债券市场价格时，投资者应该购入债券；债券内在价值小于市场价格时，投资者若购入债券将会受损。因此，债券的内在价值对于债券投资决策有很重要的意义。

下面介绍几种常见债券的估价模型。有按固定利率、复利计息、并定期支付利息的债券估价模型，按固定利率、单利计息、并到期一次还本付息的债券估价模型，贴现发行债券的估价模型，永久型债券的估价模型。

（一）按固定利率、单利计息、并定期支付利息的债券估价模型

债券内在价值由利息部分和本金部分组成，一般公式如下：

$$V = \sum_{t=1}^{n} \frac{D_t}{(1+i)^t} + \frac{M}{(1+i)^n}$$

$$= I \times (P/A, i, n) + M \times (P/F, i, n)$$

式中：V——债券内在价值；

t——时期；

D_t——第 t 期的利息，保持不变；

i——贴现率，即必要报酬率或市场利率；

M——债券的面值，即到期的本金；

n——付息的总期数；
I——利息；
M——本金。

【例 4-10】 某公司债券利息率为 10%，债券的面值为 100 元，债券期限为 10 年，市场利率为 15%，当前债券市场价格为 90 元，请问投资者是否应该购买该债券？

解：根据债券内在价格的计算公式：

$$V = \sum_{t=1}^{n} \frac{D_t}{(1+i)^t} + \frac{M}{(1+i)^n}$$

$= 100 \times 10\% \times (P/A, 15\%, 10) + 100 \times (P/F, 15\%, 10)$
$= 10 \times 5.018\,8 + 100 \times 0.247\,2$
$= 74.908（元）$

债券的内在价值为 74.908 元，小于债券市场价格 90 元，因此此时买入该债券会亏损。

（二）按固定利率、单利计息、并到期一次还本付息的债券估价模型

此类债券内在价值的一般计算公式如下：

$$V = \frac{M \times (1 + r \times n)}{(1+i)^n}$$

$$= M \times (1 + r \times n) \times (P/F, i, n)$$

式中：V——债券内在价值；
M——债券的面值，即到期的本金；
r——债券利息率；
i——贴现率，即必要报酬率或市场利率；
n——付息的总期数。

由于这类债券不存在分期付息的情况，因此先加总到期时所需偿还的本金和利息之和，然后将总额按照贴现率贴现即为债券内在价值。

【例 4-11】 某企业发行面值为 100 元的债券，利息率为 5%，债券不计复利，到期一次性付清本金和利息，总期限为 5 年，市场利率为 10%，该债券价格为多少时，投资者才能购买该债券？

解：根据此类债券的内在价值的一般公式：

$$V = \frac{M \times (1 + r \times n)}{(1+i)^n}$$

$= 100 \times (1 + 5\% \times 5) \times (P/F, 10\%, 5)$
$= 77.612\,5（元）$

该债券的内在价值为 77.612 5 元，所以市场价格大于 77.612 5 元时，投资者投资该债券有利可图，低于这个价格就不应该投资该债券。

（三）贴现发行债券的估价模型

贴现发行债券是一种比较特殊的债券，这类债券的债券面额按照一定利率（通常按照市面利率）和期限折成现值，发行时并不按照面额发行，到期偿付时按照债券面额偿付。贴现债券的特点是在票面上只标明金额，不标明利率。其估价公式如下：

$$V = \frac{M}{(1+i)^n} = M \times (P/F, i, n)$$

式中：V——债券内在价值；

M——债券的面值，即到期的本金；

i——贴现率，即必要报酬率或市场利率；

n——付息的总期数。

> 【例 4-12】 某企业发行贴现债券 A，该债券的面值为 1 000 元，市场利率为 10%，债券期限为 5 年，投资者购买 A 债券的条件是什么？
>
> 解：首先根据公式估算出企业内在价值：
>
> $$V = \frac{M}{(1+i)^n} = 1\,000 \times (P/F, 10\%, 5) = 620.92（元）$$
>
> 当债券 A 定价在 620.92 元以上时，定价高于债券内在价值，购买该债券会亏损；定价低于 620.92 元时，投资该债券能够盈利。

（四）永久型债券的估价模型

永久型债券指一种不规定本金返还期限、可以无限期地按期取得利息的债券。永久债券的利息一般高于浮动利息，债券的发行人一般多为商业银行。其发行目的是为了扩充银行的自有资金实力。

永久型债券的估价公式为：

$$V = \frac{利息额}{必要报酬率}$$

当必要报酬率等于票面利率时，债券价值一定等于债券面值；当必要报酬率高于票面利率时，债券价值一定低于债券面值，此时不应该投资该债券；当必要报酬率低于票面利率时，债券价值一定高于债券面值，此时投资能够盈利。

四、债券投资收益

（一）债券投资收益的具体内容

1. 债券利息

债券利息是指资产因投资于不同种类的债券（国债、地方政府债券、企业债、金融债等）而定期取得的利息。

2. 资本损益

资本损益是股票买入价与卖出价之间的差额，又称资本利得。卖出价大于买入价时为资本收益，卖出价小于买入价时为资本损失。同样，它也存在于债券收益性中，即债权人到期收回的本金与买入债券或中途卖出债券之间的价差收入。

债券投资收益是指这两者之和。所以，在计算债券投资收益率的时候，两个方面都要考虑。

（二）债券收益率

1. 持有至到期时的债券收益率

到期收益率指按照当前市场价格购买债券并持有至到期日，能够获得的预期收益率。现金流出量（债券购买价格）和未来现金流入量的现值相等时的折现率即债券收益率。债券购买价格的一般公式如下：

债券购买价格＝年利息 × 年金现值系数＋面值 × 复利现值系数

即：

$$P = \sum_{t=1}^{n} \frac{D_t}{(1+i)^t} + \frac{M}{(1+i)^n}$$

$$= D_t \times (P/A, i, n) + M \times (P/F, i, n)$$

式中：P——债券购买价格；

t——时期；

D_t——第 t 期的利息；

i——到期收益率；

M——债券的面值，即到期的本金；

n——付息的总期数。

【例4-13】 某个人投资者购买了 A 公司的债券，债券面值为 100 元，购买价格为 105 元，债券期限为 5 年，票面利率为 6%，该债券使用复利计算，每期支付利息，求该债券的到期收益率。

解：用逐步测试法计算：

（1）先用 $i = 6\%$ 来试算：

$$P = \sum_{t=1}^{n} \frac{D_t}{(1+i)^t} + \frac{M}{(1+i)^n}$$

$$= D_t \times (P/A, i, n) + M \times (P/F, i, n)$$

$$= 25.27 + 74.73 = 100（元）$$

这说明当票面利率与到期收益率相等时，此时债券面值和发行价格是一样的。反过来说，平价发行债券，其到期收益率等于票面利率。

再用 $i = 7\%$ 来试算：

（2）因为购买价格大于面值，所以到期收益率必然小于 6%，故先用 $i = 5\%$ 来试算：

$$P = \sum_{t=1}^{n} \frac{D_t}{(1+i)^t} + \frac{M}{(1+i)^n}$$
$$= D_t \times (P/A, i, n) + M \times (P/F, i, n)$$
$$= 104.33 （元）$$

由于 104.33 元仍然低于 105 元，所以收益率应该还要小于 5%。

（3）用 $i = 4\%$ 来试算：

$$P = \sum_{t=1}^{n} \frac{D_t}{(1+i)^t} + \frac{M}{(1+i)^n}$$
$$= D_t \times (P/A, i, n) + M \times (P/F, i, n)$$
$$= 108.90 （元）$$

（4）用插补法计算：$i = 4\% + \frac{108.90 - 105}{108.90 - 104.33} \times (5\% - 4\%) = 4.85\%$

因此该债券的收益率为 4.85%。

投资者根据自己要求的报酬率，如果报酬率高于 4.85%，则可以投资；如果低于 4.85%，则不宜投资。

2. 期中转让时的债券收益率

持有期中转让的债券收益率是指投资者购入债券后没有等到期满，在到期前就将债券出售，此时投资者所获得的收益率。假定是每期付息、到期还本的债券。其收益率的计算公式如下：

$$持有期间收益率 = \frac{已获得的年利息 + \frac{（卖出价 - 买入价）}{持有期限}}{买入价}$$

上述公式表明持有期间收益由两部分构成：年利息和资本利得（卖出价和买入价的差价）。

【例 4-14】 某投资者购买了 B 债券，债券面值为 100 元，期限为 10 年，债券利息率为 5%，买入时价格为 105 元，两年后卖出，卖出时的价格为 102 元，求其持有期间的收益率。

解：

$$持有期间收益率 = \frac{已获得的年利息 + \frac{（卖出价 - 买入价）}{持有期限}}{买入价}$$

$$= \frac{100 \times 5\% + \dfrac{105 - 102}{2}}{105} = 6.19\%$$

其收益率为 6.19%。

五、债券投资风险

前文介绍过股票投资的风险,债券投资也具有多种风险,其部分风险与股票投资相似,但也有其独有的风险,比如违约风险。

(一)利率风险

利率风险,是指由于利率变动使投资者遭受损失的风险。利率同债券价格呈负相关关系,利率升高,债券价格下降;利率降低,债券价格上升。债券期限越长,债券价格受利率影响越大。

如果投资者能准确预测市场利率的走向,就能自然地避免由于利率波动给自己带来的资本利得损失。

(二)违约风险

违约风险又称信用风险,是指证券发行人在证券到期时无法还本付息而使投资者遭受损失的风险,它通常针对债券而言。一般政府债券违约风险极低,但可能会出现贬值情形(如希腊和西班牙等出现危机的欧洲国家),金融债券违约风险小,企业债券违约风险大。公司如果因为某种原因不能完全支付本金和利息,则债券投资者不得不自己承担损失。即使公司的财务状况非常好,也不排除出现财务问题,因此投资者在投资时,应当认真评估,谨慎投资。

为了降低违约风险,首先应当选择信用级别较高的债券;其次可以购买担保债券,这类债券在公司无法偿还的时候可以得到一定数额的担保人的补偿。

(三)流动性风险

流动性风险是指经济主体由于金融资产的流动性的不确定性变动而遭受经济损失的可能性。所谓流动性的不确定性就是能否顺利地按目前合理的市场价格出售的风险。如果债券能够在较短的时间内按市场价格出售变现,则称该债券的流动性较强;反之,如果债券不能在较短时间内按市场价格变现,则称该债券的流动性弱。

通常企业急需资金的时候,会在短期内出售债券,为出售债券所付出的佣金或者为出售债券而不得不打折出售的损失,就是一种流动性风险的体现。

（四）再投资风险

当原债券到期后，投资者不能投资于相同或者更高利率的债券，这种风险就称为再投资风险。通常短期债券的再投资风险大于长期债券，因为：首先，短期债券回收期限短，在市场波动较大的情况下，很有可能面临利率的大幅波动，再投资利率的波动性较大；其次，由于短期债券回收期限短，在短时间内需要投资者对新的债券进行评估、购买，这种人力、物力的消耗也是一种成本。

例如，长期债券利率为12%，短期债券利率为8%，企业本来是为了降低风险而购买了短期债券，但短期债券到期时市场其他投资产品的利率已经降低到5%，则再投资风险产生。

（五）购买力风险

购买力风险是因为通货膨胀、货币贬值的影响而导致购买力下降，从而使债券的实际收益下降，给投资者带来实际收益水平下降的风险。因此，购买力风险又称通货膨胀风险。通货膨胀风险对于企业来说影响通常较大，比如当幅度较大的通货膨胀发生的时候，货币的实际购买力下降，甚至有即使投资者的收益增加，购买力仍然减少的情况。

要避免购买力风险，应该尽量投资预期报酬率递增的资产，如房地产、股票等，通常债券的收益比较固定，受到购买力风险的影响较大。

（六）回收性风险

部分债券附有回收性条款，这类债券有强制被回收的可能，强制回收通常发生在市场利率下降、投资者按照债券票面利率能够得到大于市场利率的收益之时，此时投资者再投资得到的收益要低于原债券。因此，强制收回债券对于投资者来说是一种损失。

（七）企业经营风险

企业经营风险指经营不善，造成企业经营状况恶化，企业信用等级下降，从而导致债券价值下降的情况。这种风险取决于企业的管理水平，对于企业本身来说是一项可控因素。

因此，投资者在选择企业债券时应当评估所投资企业的管理水平，投资管理水平高的企业可避免该风险。

（八）可转换风险

可转换债券是债券的一种，它可以转换为债券发行公司的股票，通常具有较低的票面利率。从本质上讲，可转换债券是在发行公司债券的基础上，附加了一份期权，并允许购买人在规定的时间范围内将其购买的债券转换成指定公司的股票。

由于这种债券会在规定的时间转换成股票，而股价的波动通常较大，投资者的风险就相对较大。

（九）经济周期风险

随着经济运行的周期性变化，各个行业及上市公司的盈利水平也呈周期性变化，从而影响到金融市场的走势。在经济繁荣时期，由于经济持续增长，公众收入普遍增加，公司业绩良好，债券风险减小，投资需求增加，债券价格普遍上涨；在经济衰退期，公众收入减少，公司业绩下滑，投资风险变大，投资需求相应减少，债券价格因此下跌。经济周期的波动不仅影响债券价格，还影响债券到期是否能收回本金。

（十）国家金融政策、财税政策的变化风险

政策风险是指政府有关证券市场的政策发生重大变化或是有重要的举措、法规出台，引起证券市场的波动，从而给投资者带来的风险。其中，金融政策和财税政策的变化对证券市场的影响最大。

紧缩的货币政策会减少市场的货币供给，造成企业资金紧张，因此会发行债券募集资金，此时债券供给较多，但由于企业资金紧张，企业经济效益下滑的可能性变大，公司风险变大，公众投资积极性减弱，债券需求变弱，因此债券价格会降低；反之，宽松的货币政策会使企业资金需求减弱，企业业绩上升，投资者信心回升，投资需求变强，因此债券价格会升高。

财税政策也会影响债券价格，通常是通过影响宏观经济环境来影响债券价格。

第五节 基金投资

一、基金投资概述

1. 基金投资的概念

基金投资是一种间接的证券投资方式。由基金管理公司通过发行基金份额，集中投资者的资金，由基金托管人（即具有资格的银行）托管，由基金管理人管理和运用资金，从事股票、债券等金融工具投资，然后共担投资风险、分享收益。

2. 基金投资的特点

（1）基金由受过专业训练的专家运作，这些专家经验更丰富，具备专业知识，投资时更理性，因此基金的投资更具备专业性。

（2）基金是一种间接的证券投资方式，投资者通过购买基金将资金

集中到基金管理公司，再由基金管理公司统一投资，所以基金投资具有间接性。

（3）基金投资具有金额小、费用低的优点，投资者可以根据自己的闲置资金规模确定投资额，这解决了部分小额投资者入市难，以及为小额投资花费大量时间进行管理等问题。

（4）基金具有组合资产、分散风险的好处。专家通过专业分析，将募集到的基金投资于不同的资产，因此风险比较小。

3. 投资基金的发展

投资基金起源于英国，盛行于美国。第一次世界大战后，美国取代了英国成为世界经济的新霸主，一跃从资本输入国变为主要的资本输出国。随着美国经济的大幅增长，日益复杂化的经济活动使部分投资者越来越难以判断经济动向。为了有效促进国外贸易和对外投资，美国开始引入投资信托基金制度。

1926年，波士顿的马萨诸塞金融服务公司设立了"马萨诸塞州投资信托公司"，成为美国第一个具有现代面貌的共同基金。在此后的几年中，基金在美国经历了第一个辉煌时期。到20世纪20年代末期，所有的封闭式基金总资产已达28亿美元，开放式基金的总资产只有1.4亿美元，但后者无论在数量上还是在资产总值上的增长率都高于封闭式基金，20年代每年的资产总值都有20%以上的增长，1927年的增长率更超过100%。

1929年全球股市的大崩盘，使刚刚兴起的美国基金业遭受沉重的打击。随着全球经济的萧条，大部分投资公司倒闭，残余的也难以为继。但比较而言，封闭式基金的损失要大于开放式基金。此次金融危机使得美国投资基金的总资产下降了50%左右。此后的整个30年代中，证券业都处于低潮状态。面对大萧条带来的资金短缺和工业生产率低下，人们投资信心丧失，再加上第二次世界大战的爆发，投资基金业一度裹足不前。

危机过后，美国政府为保护投资者利益，制定了《证券法》(1933年)、《证券交易法》(1934年)，之后又专门针对投资基金制定了《投资公司法》(1940年)和《投资顾问法》(1940年)。《投资公司法》详细规范了投资基金组成及管理的法律要件，为投资者提供了完整的法律保护，为日后投资基金的快速发展奠定了良好的法律基础。投资基金已风行世界各国。美国四分之一的家庭投资于投资基金（在美国叫作共同基金）。基金业已成为仅次于商业银行的第二大金融产业，并在股票市场上唱主角。进入90年代，美国新投入股票市场的资金有80%来自共同基金。1993年，美国个人投资仅占股票市值的20%，而共同基金已超过了50%。

在我国，基金投资起步较晚。1987年，中国新技术创业投资公司与汇丰集团、渣打集团在中国香港联合设立了中国置业基金，首期募集 3 900 万元，这标志着中资金融机构开始正式涉足投资基金业务。

1992 年 11 月，中国国内第一家比较规范的投资基金"淄博基金"设立，揭开了基金业在内地蓬勃发展的热潮。

1994 年后，基金业开始进行整顿，因为在基金蓬勃发展的过程中，许多不规范的问题暴露出来，为了保证基金业的长久稳定发展，就必须对不规范行为进行整顿。

1997 年《证券投资基金管理暂行办法》颁布，为我国基金业的发展奠定了法律基础，基金业的发展进入一个比较规范的阶段。

1998 年，南方基金管理公司和国泰基金管理公司分别发起设立了"基金开元"和"基金金泰"，拉开了中国证券投资基金试点的序幕。1999 年，"老基金"逐步被清理合并为新的证券投资基金。

2002 年，第一家中外合资基金管理公司——招商基金管理有限公司成立，标志着我国基金业进入对外开放的阶段。

2004 年，《证券投资基金法》及一系列配套法规实施，证券投资基金的运作有了更完善的法律基础。

2005 年，中国人民银行、中国银监会、中国证监会联合发布《商业银行设立基金管理公司试点管理办法》。其后，中国工商银行、交通银行、建设银行先后发起设立基金管理公司，基金业与银行业混业化经营开始，其他一些金融产品和行业也渐渐涉足基金业。

近几年基金行业发展蓬勃，截至 2021 年 12 月底，我国境内共有基金管理公司 137 家，管理的公募基金资产净值超 25 万亿元。

二、基金投资的分类

1. 按照法律地位，可分为契约型基金和公司型基金

契约型基金，是根据一定的信托契约原理组建的代理投资制度。委托者、受托者和受益者三方订立契约，由经理机构（委托者）经营信托资产，银行或信托公司（受托者）保管信托资产，投资人（受益者）享有投资收益。

公司型基金是按照股份公司方式运营的。投资者购买公司股票成为公司股东。公司型基金涉及四个当事人：投资公司，是公司型基金的主体；管理公司，为投资公司经营资产；保管公司，为投资公司保管资产，一般由银行或信托公司担任；承销公司，负责推销和回购公司股票。

公司型基金又可分为封闭式和开放式两种。封闭式基金发行期满基金规模就封闭起来，不再增加或减少股份，所发行的股票数量保持不变。开放式基金，也称为共同基金，其股票数量和基金规模不封闭，投资人可以随

时根据需要购买基金以实现投资,也可以回售基金以撤出投资。

2. 按募集方式,可分为私募基金和公募基金

私募基金面向特定的投资群体,满足对投资有特殊期望的客户需求。私募基金的投资者主要是一些大的投资机构和一些富人。

公募基金是受政府主管部门监管的,向不特定投资者公开发行受益凭证的证券投资基金。这类基金在法律的严格监管下,有着信息披露、利润分配、运行限制等行业规范。

3. 按对投资收益和风险所设定的目标,可分为收益型基金和增长型基金

收益型基金追求投资的定期固定收益,因而主要投资于有固定收益的证券,如债券、优先股股票等。收益型基金不刻意追求在证券价格波动中可能形成的价差收益,因此投资风险较低,但相应地,投资收益也较低。

增长型基金追求证券的增值潜力,通过发现价格被低估的证券,低价买入并等待升值后卖出,以获取投资利润。

4. 按基金投资方向不同,可分为货币市场基金、养老基金、产业投资基金、对冲基金、债券基金、股票基金等

货币市场基金是投资于货币市场金融产品的基金,专门从事商业票据、银行承兑汇票、可转让大额定期存单以及其他短期票据的买卖。

养老基金是一种用于支付退休收入的基金,是社会保障基金的一部分。养老基金通过发行基金股份或受益凭证,募集社会上的养老保险资金,委托专业的基金管理机构,用于产业投资、证券投资或其他项目的投资,以实现保值增值为目的。

产业投资基金是一种借鉴西方发达市场经济规范的"创业投资基金"运作形式,通过发行基金受益券募集资金,交由专业人士组成的投资管理机构操作,基金资产分散投资于不同的实业项目,投资收益按资分成的投融资方式。

对冲基金是私募基金的一种,是专门为追求高投资收益的投资人所设计的基金。其最大的特点是广泛运用期权、期货等金融衍生工具,在股票市场、债券市场和外汇市场上进行投机活动,风险极高。

债券基金是一种风险比较低的基金,是基金管理公司为稳健型投资者设计的,专门投资政府债券、企业债券等各类债券的基金类型。债券基金通常定期派息,其风险和收益水平都相对较低。

股票基金风险略高于债券基金,它指投资于股票市场的基金,其投资对象包括普通股和优先股,风险和收益都相对较高,是一种比较受欢迎的基金类型。目前,我国最多的基金类型也是这类基金。

三、基金投资的运作模式

基金投资是一种利益共享、风险共担的投资方式。基金投资的运作有以下几个关键步骤。

（1）基金发起人设计并发行基金。

（2）确定基金单位，基金份额用"基金单位"表达，它是确定投资者在某一投资基金中所持份额的额度。初始发行基金等额分成若干份，其中每一份就是一个"基金单位"。通常用"基金单位"表示认购的最低限额。

（3）由指定的银行（或其他信托机构）保管和处理基金资产。将基金管理和基金保管分开是为了防止基金管理者滥用基金。基金保管机构接受基金管理者的指令，负责基金具体的投资操作，处理基金资金拨付、证券交割、利润分配、本利偿付等事项。

（4）基金管理公司负责基金的日常运作。基金管理公司通常负责设计基金品种、制订基金投资计划，确定投资目标和投资策略，然后用基金购买其他资产，向基金保管者发出指令。

基金运作的路径如下：

投资者→基金管理人→其他资产→投资回报→投资者

投资者到基金管理人是基金募集过程，基金管理人到其他资产是基金运营过程，其他资产到投资回报是资金产生回报的过程，投资回报到投资者是向基金投资者返回利息的过程。以上路径是一个回路，即从投资者开始最终仍会回到投资者。

四、基金内在价值的分析

分析基金价值，应当先了解基金资产净值，因为基金价值指基金投资能带来的净现金流量，它取决于目前能给投资者带来的现金流量，通常用基金的净资产价值来表达。基金资产净值是指某一时点上某一投资基金每份基金单位实际代表的价值，是基金单位价格的内在价值。基金资产净值是衡量一个基金经营好坏的标准，也是基金交易价格的计算依据。一般情况下，基金单位价格和资产净值趋于一致。

基金资产净值的计算公式为：

$$基金资产净值 = 基金资产总值 - 基金负债总值$$

（1）基金资产总值，包括基金投资资产组合的所有内容，具体如下。

第一，基金拥有的上市股票、认股权证和债券，价格以计算日或者最近集中交易市场的收盘价为准。

第二，基金拥有的未上市股票、认股权证，价格以有资格的会计师事务所或者资产评估机构测算为准。

第三，基金拥有的未上市债券，价格以债券面值加上至计算日的应收利息，基金拥有的短期票据以买进成本加上买进日至计算日的应收利息计算价值。

第四，现金和银行存款。

第五，为可能存在的无法收回的资产以及或有负债所提取的准备金。

第六，已经签订契约但尚未履行契约的资产。

（2）基金负债总值，包括基金对外的一切负债，具体内容如下。

第一，依照基金购买时签订的契约所规定的至计算日管理人对基金投资者的未付报酬。

第二，其他负债。

基金单位资产净值的计算公式为：

$$基金单位资产净值 = \frac{基金资产净值}{已售出基金单位总数}$$

下面就封闭式基金和开放式基金分别分析基金的价值。

1. 封闭式基金的价值

封闭式基金，是指基金规模在发行前已确定，在发行完毕后和规定的期限内，基金规模固定不变的投资基金。根据封闭式基金的定义，可以看出封闭式基金在一定期限内不能赎回，只能交易。这与股票的情况比较相似，因此价格也可分为发行价格和交易价格。发行价格由发行费用和基金面值组成。交易价格为二级市场上交易时的价格，一般用当天的收盘价表示。通常比较交易价格和基金单位资产净值，可作出正确的投资决策。若交易价格小于基金单位资产净值，则投资该基金有利可图；相反，若交易价格大于基金单位资产净值，表明基金价格虚高，此时投资将会给投资者带来损失。就基金交易价格的形成，应当看到其影响因素非常多，有宏观经济状况、证券市场状况、市场供求关系、基金管理者管理水平等内外因素，因此交易价格并不能时刻与基金单位净值保持一致。

2. 开放式基金的价值

开放式基金，是指基金发起人在设立基金时，基金份额总规模不固定，可视投资者的需求，随时向投资者出售基金份额，并可应投资者要求赎回发行在外的基金份额的一种基金运作方式。开放式基金通常在场外交易，价格分为申购价格和赎回价格。开放式基金的价格与基金单位资产净值成正比，基金单位资产净值越高，则基金单位价格越高，反之亦然。申购价格一般由基金资产净值加上一定销售费用，赎回时不收取费用，一般就等于基金资产净值。但由于申购时所支付的销售费用通常较高，因此赎回对于投资者来说有一定的损失。

五、基金投资的收益

（一）基金投资收益的种类

基金投资的收益决定基金投资者的收益，因此分析基金投资的收益对于投资者投资基金时所作出的决策具有重要参考意义。

基金收益是基金资产在运作过程中所产生的超过自身价值的部分。具体地说，基金收益包括基金投资所得利息、股利、资本利得、资本增值等。

1. 利息收益

投资基金投资于政府债券、可转让定期存单、商业票据和债券等金融工具，其主要收益就是利息。对于开放式基金，投资者可随时赎回基金，因此必须保持一定数量的现金以应付投资者的赎回请求。这些现款在银行里的利息也算入利息收益里。就基金类型而言，债券基金和货币市场基金的收益主要是利息收益。

2. 股利收益

根据前文所述，最流行的基金类型是股票基金，股票基金的收益就是股利收益。股利收益包括上市公司股利收益和非上市公司股利收益。股利收益与利息收益相比，具有不确定性和风险性等特点。

3. 资本利得和资本增值

资本利得，又称资产买卖差价，是指资产持有者在市场上进行交易，当资产的市场价格高于买入价格时，卖出资产就可以赚取价差收益，这种价差收益称为资本利得。相对地，如果资产的市价低于买入价格，卖出资产就要承担损失，这种损失被称作资本损失。在基金卖出前，基金的资本利得就称为资本增值，资本增值是一种潜在的利益。

（二）基金收益率

基金收益率指基金增值的具体情况，通过基金净资产的价值变化来衡量。由于基金净资产的价值由市价计量，基金资产市价增加，则基金投资收益增加。因此，基金收益率计算公式为：

$$基金收益率 = \frac{年末持有份数 \times 年末基金单位净值 - 年初持有份数 \times 年初基金单位净值}{年初持有份数 \times 年初基金单位净值}$$

【例 4-15】 基金 A 在 2019 年 12 月 31 日资产总额为 30 060 万元，负债总额为 60 万元，已售出 1 亿基金单位。试求：

（1）基金 A 在 2020 年 1 月 1 日的基金单位资产净值；

（2）若 2020 年 1 月 1 日投资者持有基金份数为 4 万份，2020 年 12 月 31 日基金投资者持有份数不变，此时单位净值为 4 元，求该基金 2020 年的收益率。

（1）基金单位净值 $= \dfrac{30\,060 - 60}{10\,000} = 3$（元/基金单位）

（2）基金收益率 $= \dfrac{40\,000 \times 4 - 40\,000 \times 3}{40\,000 \times 3} = 33.33\%$

六、基金投资的评价

（一）优点

投资基金的优点是能够在承担较小风险的情况下，获得较大的收益。这在一定程度上打破了"高收益高风险，低收益低风险"原则。基金能够有这个优点的原因是：基金通常由专家管理，专家具有相应的投资知识和丰富的投资经验，委托专家理财能够避免个人投资时可能出现的失误；另外，基金公司资金雄厚，基金公司筹集的资金额较大，可以利用大规模的资金进行分散投资，多样化的投资能够降低风险。

（二）缺点

基金虽然在一定程度上打破了"高收益高风险，低收益低风险"原则，但仍不能完全跳出这个定律。基金的风险较小，因此收益仍然低于股票。因为基金管理者在组合投资时，为了降低风险也错过了很多高收益投资。另外，在经济形势不好的时候，基金投资亏损的可能性较大，因为基金投资的操作机制是寻求多样化的投资机会，经济形势不好的时候，投资机会比较单一，且预期收益不高，因此容易造成亏损。

第六节 项目投资

一、项目投资概述

（一）项目投资概念

项目投资指以特定项目为对象，直接与新建项目或更新改造项目有关的长期投资行为。它是企业直接的、生产性的实物投资，通常包括固定资产投资、无形资产投资、开办费投资和流动资金投资等内容。

（二）项目投资特点

（1）投资内容独特。每个项目至少投资一项固定资产，即投资内容有特定要求。

（2）投资数额大。项目投资不同于证券投资，证券投资可以根据企业资金流动性的宽松与否选择合适的数量进行投资，即证券投资对投资额并无特殊要求，但项目投资通常需要较大的金额，而且一旦制订计划，投资额度就被限定，不具有灵活性。

（3）影响时间长。通常项目投资的资金回收周期和项目周期相一致。而项目周期通常都比较长，通常实业企业的项目周期都大于5年，因此项目投资的影响时间长。

（4）发生频率低。项目投资的频率远低于证券投资，因为项目投资的周期比较长，另外企业新建项目需要较长时间评估，旧的项目不需要经常更新，因此项目投资发生频率低。

（5）变现能力差。变现能力差是由于投资回收周期长，且由于项目投资本身的特点，项目投资在到期前很难通过交易转让。

（6）投资风险大。投资风险大主要是因为资金回收周期长、变现能力差，另外项目投资属于直接投资，直接投资表明投资者承担全部风险，而间接投资通常有中间人可以分担部分风险。

（三）项目投资的程序

项目投资的程序包括以下环节：项目提出，项目评价，项目决策，项目执行。

（四）项目计算期

项目计算期是指投资项目从投资建设开始到最终清理结束整个过程的全部时间，即该项目的有效持续时间。完整的项目计算期包括建设期和生产经营期。

（五）项目投资的资金构成

原始投资是项目所需要的现实资金水平的价值指标，是能够使项目完全达到设计生产能力、开展正常经营而投入的全部现实资金，包括建设投资和流动资金投资两项内容。

建设投资是指在建设期内的投资，包括固定资产投资、无形资产投资、开办费投资等。

流动资金投资是指项目投产前后分次或一次投放于流动资产项目的投资增加额，又称营运资金投资。

原始投资总额包括了建设投资和流动资金投资，考虑了建设时的资金和运营时的资金。

（六）项目投资资金的投入方式

按照投入资金的时间不同，可以分为一次投入和分次投入两种形式。具体选择哪种投入方式与项目具体内容有关。

建设投资可以采用年初预付的方式，也可以采用年末结算的方式；流动资金投资必须采取预付的方式，因此其首次投资必须在建设末期之前完成。

二、项目投资决策评价

项目投资决策评价的方法较多，总体分为非贴现评价法和贴现评价法。下面将分别就这两大类进行简单介绍。

（一）非贴现评价法

1. 静态投资回收期法

投资回收期是指从项目投建之日起，用项目所得的净收益偿还原始投资所需要的年限。投资回收期分为静态投资回收期与动态投资回收期两种。

静态投资回收期是在不考虑资金时间价值的条件下，以项目的净收益回收其全部投资所需要的时间。它有"包括建设期的投资回收期"和"不包括建设期的投资回收期"两种形式。其单位通常用"年"表示。投资回收期一般从建设开始年算起，也可以从投资年开始算起，计算时应具体注明。

静态投资法的决策标准：计算出的静态投资回收期应与行业或部门的基准投资回收期进行比较，若小于或等于行业或部门的基准投资回收期，则认为项目是可以考虑接受的，否则不可行。基准投资回收期就是行业或部门根据多年实践，测算正常的情况下，一个项目的投资回收期，作为计算静态、动态投资回收期的参考。通常投资回收期越短，投资风险越小。

该方法的优点是简明、容易计算；缺点是忽视货币时间价值，而且忽视回收期以后能够得到的收益。通常战略项目的短期收益比较低，长期收益比较高，尤其是回收期以后项目的影响时间十分长，因此用该方法容易错过战略项目投资，只投资于短期的、急功近利的项目。

2. 平均报酬率法

平均报酬率是投资项目寿命周期内平均的年投资报酬率，也称平均投资报酬率。它是用投资项目寿命周期内的年平均现金流入量取代年平均会计利润，用初始投资额取代平均投资额的方法。

平均报酬率的决策标准：平均报酬率应该高于无风险投资的利率，越高越好。

平均报酬率的优点是计算简单、容易理解，此方法不受项目期限长短、现金流量大小等绝对概念的影响；缺点是没有考虑时间价值因素，不能反映项目的期限对项目收益的影响。

（二）贴现评价法

1. 净现值法

净现值是指投资方案所产生的现金净流量以资金成本为贴现率折现之后与初始投资额现值的差额。净现值法是以计算出的净现值为判断标准的评价方法。

净现值法的决策标准：如果净现值大于0，则项目可以投资；如果几个方案的净现值都大于0，净现值越大越好。

净现值法的优点是考虑了资金时间价值，考虑了项目计算期的全部净现金流量，体现了流动性和收益性的统一，考虑了风险性，因为贴现率本身就是风险的体现，风险越大贴现率通常越大；缺点是难以确定计算过程中的贴现率和现金流量，是一个绝对指标，当投资额不同时，无法比较几个方案的优劣，以及计算比较复杂等。

2. 内部报酬率法

内部报酬率是指力图在项目内找出一个事先不知道的贴现率，也就是使投资项目净现值为零时的贴现率，这个贴现率称为内部报酬率。

内部报酬率法的决策标准：内部报酬率与资金成本进行比较，如果内部报酬率大于其资金成本，该方案为可行方案，反之则不可行；当几个方案的内部报酬率都高于资金成本，且投资额相等，则选择内部报酬率最高的方案；如果几个方案的内部报酬率都高于资金成本但投资额不等，应该先计算收益：

$$投资收益 = 投资额 \times （内部报酬率 - 资金成本）$$

然后选择投资收益最大的方案。

内部报酬率的优点是考虑了资金时间成本，是一种动态评估方法，而且是从企业内部出发，消除了行业基准收益率高低的影响；缺点是计算复杂，当经营期企业追加投资时，可能造成计算混乱。

3. 获利指数法

获利指数是指投资项目未来报酬的现值与初始投资额现值之比。

获利指数法的决策标准：获利指数大于1的投资可行，小于1的投资不可行；当多个方案的获利指数都大于1时，选择获利指数最大的方案。

获利指数法的优缺点与净现值法基本相同，但获利指数法弥补了净现值法的一个不足：获利指数法动态地反映了项目投资资金投入与总产出之间的关系，是一个相对量，因此运用获利指数法可以比较不同投资额的方案。

4. 净现值率法

净现值率法是从净现值法和获利指数法发展出来的。净现值率是指未来现金流入现值与项目资金投入的差额占项目资金投入的比例。

净现值率法的决策标准：净现值率大于 0 则投资可行，小于 0 则不可行；当多个方案的净现值率都大于 0 时，选择净现值率高的方案。

净现值率法由于是从净现值法和获利指数法发展出来的，其优劣也与上述两种方法相同。它与获利指数法一样，计算出的是相对量，因此不同投资金额的净现值率可以比较。

下面将以项目投资中的固定资产投资为例，具体介绍项目投资现金流量的计算和项目投资评价。

第七节 | 固定资产投资

一、固定资产的分类

1. 按经济用途，可分为经营用固定资产和非经营用固定资产

经营用固定资产是指直接为企业生产、经营过程服务的固定资产，如生产用的机器设备、厂房等；非经营用固定资产是指虽不能直接为企业生产经营服务，却为生产经营提供间接服务的固定资产，如企业食堂等。

2. 按使用情况，可分为使用中的固定资产、未使用的固定资产和不需用的固定资产

使用中的固定资产是指当前正在生产经营部门中被使用、能创造价值的固定资产，根据《企业会计准则》的规定，由于季节性或正在修理等原因而暂停使用的固定资产及企业出租给其他单位使用的固定资产，视同使用中的固定资产；未使用的固定资产是指已完工或已购建但当前未投入使用的新增固定资产，以及因改建、扩建等原因而暂停使用的固定资产；不需用固定资产是指企业不需要以及不再使用的各种固定资产。

3. 按是否拥有所有权，可分为自有固定资产和租入固定资产

自有固定资产是企业拥有产权的固定资产，自有固定资产只要求企业拥有所有权，对固定资产的使用权并无要求，所以可以是自用固定资产，也可以是租出固定资产，比较特殊的融资租入固定资产，融资也融物，因为其租赁年限一般达到固定资产使用年限的 7% 以上，因此也可视为自有固定资产；租入固定资产指经营性租赁租入的固定资产，这类资产所有权明显不属于本企业。

二、固定资产投资的分类

1. 按对企业发展影响，可分为战术性投资和战略性投资

战术性投资是指不会改变企业发展方向和规模的投资，这种投资主要用于购置非重要设备、改善生产环境等；战略性投资是指比较重要的、会改变企业发展方向和企业规模的投资，这种投资主要用于购置厂房、主要生产设备等。两种投资对企业未来发展影响不同，受到财务部门的重视程度也不同。

2. 按固定投资间的关系，可分为相关性投资和非相关性投资

两项投资间如果存在明显的互相影响关系，比如放弃其中一项投资会影响另一项投资，则称其为相关性投资，否则称为非相关性投资。辨明固定投资间的关系可以帮助决策者避免犯错，避免一笔投资的失败所导致的连环错误。

3. 按对企业生产的作用，可分为新建企业投资、简单再生产投资和扩大再生产投资

新建企业投资是指为一个新建企业运营所置备的必需固定资产，这类资产也被称为原始资产，是新建企业能够正常运营的物质基础；简单再生产投资是指更新已有的设备，这类固定资产投资是为了维持原有的生产规模，一般情况下只需要将老化的、低效率的设备置换掉即可，评估过程相对简单；扩大再生产投资则不同，因为这类投资的目的是为了扩大企业规模，所置备的设备也是旨在生产新产品或者达到更高的产量，因为关系到企业规模和方向，其在投资评估上更为谨慎。

三、固定资产投资的特点

固定资产投资相对于其他类型投资，有比较明显的特点。

1. 一次性投入较大

固定资产的单价一般比较高，如厂房和大型设备，因此每次购置固定资产都需要支出较大一笔费用，可能会影响到企业短期内的流动性资金，所以需要财务人员合理规划，规划出流动性资金和资产性资金两种不同类型的资金。

2. 投资次数较少

由于固定资产的单价比较高，折旧年限相对较长，因此不用频繁投资，只需在固定资产折旧年限到期的时候或者固定资产提前报废的时候更新设备。

3. 投资周期长，变现能力差

由于固定资产折旧年限长，资金回收期限也相对长。固定资产的投资周期根据具体的设备而不同，但通常大于 5 年。因此，固定资产投资的变现能力差。

4. 决策影响深远

首先，固定资产一次性投入大，固定资产投资决策影响力自然大，一笔错误的固定资产投资会造成较大的资金缺口；其次，固定资产投资周期长，一旦做了错误决策，要纠正需要很长时间。

5. 具有实物形态和价值形态两种形态

对于其他资产，一般都会以一种形态存在，如企业存款，就只以价值形态存在。但固定资产存在折旧问题，未折旧部分以实物形态存在，而已折旧部分以价值形态存在。这两种形态在整个固定资产未报废期间都是并存的。

四、固定资产投资对国民经济发展的影响

固定资产投资的目的是在未来获得收益，但固定资产投资对于国民经济的影响范围要大得多。具体表现在以下几个方面。

1. 固定资产投资是当年 GDP 的重要组成部分

在国民经济核算中，GDP 有三个组成部分，即最终消费、资本形成总额、货物和服务净出口。资本形成总额包括固定资本形成总额和存货增加两部分，固定资本形成总额是当年获得的固定资产减去退出生产或运行的固定资产价值总额，而当年获得的固定资产是前几年和当年固定资产投资形成的。固定资产投资在当年对生产资料等构成消费，使此前已形成的相应生产能力得以发挥，GDP 得到实现。因此，固定资产投资是当年 GDP 的一个重要组成部分。作为 GDP 的组成部分，每增加一定量的投资，就促进 GDP 总量的相应增加，形成投资需求对经济增长的拉动作用，与消费需求、出口需求一起被称为拉动经济增长的"三驾马车"。

投资具有乘数效应。由于企业的一笔投资会对其他企业的产品产生需求，在其他企业生产能力已被充分利用并获得盈利之后，就会引起这些企业也扩大投资，如此多次传递，投资需求会不断扩大，即增加一笔投资会带来大于这笔投资额数倍的 GDP 增加；相反，减少一笔投资也会引起其他企业减少投资，从而引起数倍于这笔投资额的 GDP 的减少。这就是凯恩斯的投资乘数理论。因此，投资需求对经济增长的影响作用具有双向性：扩大投资需求，将对经济增长产生拉动作用；缩小投资需求，则会对经济增长产生抑制作用。

> **阅读材料**
>
> 　　住房制度市场化后，房地产逐渐成为国民经济的支柱产业。2000—2020年，我国房地产业增加值由4 141亿元增加到7.5万亿元，房地产业占GDP比例由4.13%上升至7.34%，房地产业对GDP增长的贡献率从4.8%波动增至13.9%。
>
> 　　2020年，房地产及其产业链占我国GDP的17.2%，其中房地产业的直接贡献占GDP的7.3%，带动产业链的增加值占GDP的9.9%，以对金融、批发、建材的带动最为明显。在国际上，房地产对经济贡献的占比甚至更高。因统计口径和发展阶段差异，英美等发达经济体房地产业增加值占GDP比重超10%，普遍高于我国。
>
> 　　（资料来源：国家统计局，泽平宏观）

2. 形成未来生产和服务能力

固定资产投资不仅通过消费投资品增加当年的GDP，而且本身会形成未来的生产和服务能力。固定资产投资，一方面可以弥补因折旧和技术落后而淘汰的生产能力，即维持简单再生产；另一方面直接增加未来社会财富的创造能力，可以实现扩大再生产。例如，新建成一个工厂投产后，可以增加下一时期的生产量，为下一时期的投资、生产活动提供资本品和中间投入产品（原辅材料、能源），或为社会提供最终消费品，这是固定资产投资的根本目的。

3. 提供就业岗位

固定资产投资形成生产资料和提供工作岗位，对扩大就业发挥重要作用。固定资产投资对增加就业的作用，可以从四个层面理解：一是投资项目的建设，直接为建筑业提供就业岗位；二是增加投资引起对相关投资品供应行业产品需求的增加，促进相关行业扩大生产，从而使相关行业增加就业岗位；三是投资项目建成后，必须吸纳一定的劳动力来维持项目的正常生产运行；四是为交通运输业、商业流通业、售后服务业等后续相关行业提供一定的就业岗位。

4. 促进消费

固定资产投资可以促进消费增长，提高人民生活水平。投资对消费的促进作用主要通过以下几个方面来体现。

（1）固定资产投资通过建设过程的各种支出，有一定比例的投资资金要转入消费领域。国家发展和改革委员会投资研究所2003年研究计算得到的比例为58%。

（2）生产性投资可以扩大生产能力，促进生产发展，投资建设新的企业或生产线一般都伴随着产品创新、技术创新和工艺创新，能够提高消费品的质量，降低生产成本，直接为人们提供新的、更多、更好的物质消费资料；非生产性投资则可以促进社会福利和服务设施的建设，为人们的文化、教育、卫生、娱乐等消费提供更多更好的服务，为人们的出行、交流提供更大的方便。

（3）投资具有促进企业发展和经济增长的作用，可以为社会带来更多就业机会，提高全社会劳动者收入的平均水平，为促进人们扩大消费支出提供条件。

五、全社会固定资产投资的分布

固定资产投资是社会固定资产再生产的主要手段。通过建造和购置固定资产的活动，国民经济不断采用先进技术装备，建立新兴部门，进一步调整经济结构和生产力的地区分布，增强经济实力，为改善人民物质文化生活创造物质条件。

固定资产投资额是以货币表现的建造和购置固定资产活动的工作量，它是反映固定资产投资规模、速度、比例关系和使用方向的综合性指标。全社会固定资产投资按经济类型可分为国有、集体、个体、联营、股份制、外商、港澳台商、其他等。按照管理渠道，全社会固定资产投资分为基本建设、更新改造、房地产开发投资和其他固定资产投资四个部分。

1. 基本建设投资

基本建设指企业、事业、行政单位以扩大生产能力或工程效益为主要目的的新建、扩建工程及有关工作。

2. 更新改造投资

更新改造指企业、事业单位对原有设施进行固定资产更新和技术改造，以及相应配套的工程和有关工作（不包括大修理和维护工程）。

3. 房地产开发投资

房地产开发投资指房地产开发公司、商品房建设公司及其他房地产开发法人单位和附属于其他法人单位实际从事房地产开发或经营活动的单位统一开发的包括统代建、拆迁还建的住宅、厂房、仓库、饭店、宾馆、度假村、写字楼、办公楼等房屋建筑物和配套的服务设施，以及土地开发工程（如道路、给水、排水、供电、供热、通信、平整场地等基础设施工程）的投资，不包括单纯的土地交易活动。

4. 其他固定资产投资

其他固定资产投资指全社会固定资产投资中未列入基本建设、更新改造和房地产开发投资的建造和购置固定资产的活动。

课后练习题

一、单项选择题

1. 依照证券的收益状况，证券可分为（　　）。
   A. 短期证券和长期证券
   B. 政府证券、金融证券和企业证券
   C. 固定收益证券和变动收益证券
   D. 权益性证券、债权性证券、混合性证券和投资基金

2. （　　）是股票和债券共有的特点。
   A. 投资人有权参与公司经营　　　　B. 投资人无权收回本金
   C. 投资无风险　　　　　　　　　　D. 投资具有收益性

3. 债券票面要素不包括（　　）。
   A. 持有人姓名　　　　　　　　　　B. 票面币种和价值
   C. 偿还期限　　　　　　　　　　　D. 票面利率

4. 公司型基金的当事人不包括（　　）。
   A. 投资公司　　　　　　　　　　　B. 担保公司
   C. 管理公司　　　　　　　　　　　D. 保管公司

5. （　　）不属于现金流出。
   A. 固定资产投资支出　　　　　　　B. 税金支出
   C. 付现成本支出　　　　　　　　　D. 固定资产残值变现

6. （　　）是指股东权益与总股数的比例。
   A. 每股收益　　　　　　　　　　　B. 每股股利
   C. 每股净资产　　　　　　　　　　D. 每股市价

7. （　　）是指归属股东的税后净利润与总股数的比例。
   A. 每股收益　　　　　　　　　　　B. 每股股利
   C. 每股净资产　　　　　　　　　　D. 每股市价

8. 市净率是指（　　）的比率。
   A. 每股股价与每股收益　　　　　　B. 每股股价与每股净资产
   C. 每股净资产与每股股价　　　　　D. 每股收益与每股股价

9. 市盈率是指（　　）的比率。
   A. 每股股价与每股收益　　　　　　B. 每股股价与每股净资产
   C. 每股净资产与每股股价　　　　　D. 每股收益与每股股价

10. 证券投资是一种（　　）投资。
    A. 直接　　　　　　　　　　　　　B. 间接

C. 必要 D. 无风险

二、多项选择题

1. 投资的作用包括（   ）。
   A. 为企业生产经营活动的正常开展提供财务保障
   B. 是企业生存和发展的前提条件
   C. 是降低企业风险的有效方法
   D. 是实现企业财务管理目标的重要途径

2. 股票投资风险控制原则包括（   ）。
   A. 回避风险原则 B. 减少风险原则
   C. 留置风险原则 D. 公担风险原则

3. 债券投资收益包括（   ）。
   A. 经营收入 B. 利息
   C. 营业外收入 D. 资本损益

4. 债券投资的风险包括（   ）。
   A. 利率风险 B. 购买力风险
   C. 流动性风险 D. 企业经营风险

5. 项目投资非贴现评价法包括（   ）。
   A. 静态投资回收期法 B. 平均报酬率法
   C. 净现值法 D. 内部报酬率法

6. 证券投资，包括（   ）。
   A. 股票投资 B. 债券投资
   C. 基金投资 D. 股权投资

7. 按发行主体的不同，可分为（   ）。
   A. 政府债券 B. 金融债券
   C. 贴现债券 D. 公司债券

8. 按计息方式的不同，可分为（   ）。
   A. 单利债券 B. 金融债券
   C. 贴现债券 D. 累进债券

9. 基金，按募集方式可分为（   ）。
   A. 契约型基金 B. 公募基金
   C. 公司型基金 D. 私募基金

10. 债券投资的特点包括(　　)。
   A. 收益性
   B. 流动性
   C. 安全性
   D. 投机性

三、计算题

1. A公司股票前一期发放股利2元/股，预计未来的股利增长率在5%左右，股票的必要报酬率为10%，目前市场上A公司股票的价格为50元/股，请问B公司此时购入A公司的股票的收益率为多少？B公司是否应当现在购入A公司的股票？

2. 某上市公司本年度的净利润为20 000万元，每股支付股利2元。预计该公司未来三年进入增长期，净收益第一年增长14%，第二年增长14%，第三年增长8%。第四年及以后将保持其净收益水平。该公司一直采用固定股利支付率的政策，并打算今后继续实行该政策。该公司没有增发普通股和发行优先股的计划。

要求：
（1）假设投资人要求的报酬率为10%，计算股票的价值（精确到0.01元）。
（2）如果股票的价格为24.89元，计算股票的期望报酬率（精确到1%）。

3. A公司发行固定利率为5%的债券，债券面值为100元，定期支付利息，债券期限为5年，市场利率为8%，请算出债券的内在价值。

4. C债券面值为100元，年利率为6%，期限5年，某公司以90元买进，两年后以98元卖出，试计算其持有期间的收益率。

5. 有一面值为1 000元的债券，票面利率为8%，每年支付一次利息，2017年5月1日发行，2022年4月30日到期。每年计息一次，投资的必要报酬率为10%，债券的市价为1 080元，问该债券是否值得投资。

四、论述题

1. 直接投资和间接投资的区别是什么？
2. 证券投资的目的通常有哪些？
3. 如何计算股票的内在价值？计算股票的内在价值有何意义？
4. 债券投资收益由哪些部分构成？
5. 简述基金投资的含义和分类。
6. 简述项目投资的评价方法。

答　案

一、单项选择题

1. C　　2. D　　3. A　　4. B　　5. D　　6. C　　7. A　　8. B　　9. A　　10. B

二、多项选择题

1. BCD　　2. ABCD　　3. BD　　4. ABCD　　5. AB
6. ABC　　7. ABD　　8. ACD　　9. BD　　10. ABC

三、计算题

1. 解：A 公司股票的内在价值为：

$$V = D_0 \frac{1+g}{i-g} = 42（元）$$

A 公司股票目前的预期收益率为：

$$R = \frac{D_1}{P} + g = 9.2\%$$

即 A 公司目前的预期收益率低于必要报酬率，因此 B 公司现在购入 A 公司的股票是亏损的。

2. （1）预计第 1 年的股利 =2×（1+14%）=2.28（元），预计第 2 年的股利 = 2.28×（1+14%）= 2.60（元），预计第 3 年及以后的股利 = 2.60×（1+8%）= 2.81（元），股票的价值 = 2.28×（P/F，10%，1）+ 2.60×（P/F，10%，2）+ 2.81/10%×（P/F，10%，2）= 27.44（元）

（2）24.89 = 2.28×（P/F，i，1）+ 2.60×（P/F，i，2）+ 2.81/i×（P/F，i，2）

由于按 10% 的期望报酬率计算，其股票价值为 27.44 元，市价为 24.89 元时的期望报酬率应高于 10%，故用 11% 开始测试：当 i=11% 时，2.28×（P/F，11%，1）+ 2.60×（P/F，11%，2）+2.81/11%×（P/F，11%，2）=24.89（元）。所以，股票的期望报酬率 =11%。

3. 解：由债券内在价值的计算公式得：

$V = I×(P/A, i, n) + M×(P/F, i, n) = 100×5\%×(P/A, 8\%, 5) + 100×(P/F, 8\%, 5) = 5×3.992\ 7 + 100×0.680\ 6 = 88.023\ 5$（元）

因此，债券的内在价值为 88.023 5 元。

4. ［100×6%+（98-90）÷2］÷90×100% = 11.11%

5. 债券价值 = 1 000×8%（P/A，10%，5）+ 1 000（P/F，10%，5）= 80×3.791 + 1 000×0.621 = 924.28（元）

∵ 债券价值 < 市价　　∴ 不值得投资

四、论述题

1. 直接投资是指投资者将货币资金直接投入生产经营性资产，通过直接投资，投资者可以拥有全部或一定数量的企业资产及经营的所有权，直接进行或参与投资的经营管理。直接投资包括对现金、厂房、机械设备、交通工具、通信、土地或土地使用权等各种有形资产的投资和对专利、商标、咨询服务等无形资产的投资。直接投资是比较传统的投资方式，也是比较基础的投资方式。

间接投资是指投资者以其资本购买公司债券、金融债券或公司股票等各种有价证券，预期获取一定收益的投资。由于其投资形式主要是购买各种各样的有价证券，因此也被称为证券投资。与直接投资相比，间接投资的投资者除股票投资外，一般只享有定期获得一定收益的权利，而无权干预被投资对象对这部分投资的具体运用及其经营管理决策；间接投资的资本运用比较灵活，可以随时调用或转卖，更换其他资产，谋求更大的收益；可以减少因政治经济形势变化而承担的投资损失的风险。间接投资可以分散风险，对于生产性企业来说，间接投资产生得比直接投资晚，但发展至今，其重要性并不亚于直接投资。

区别主要在于投资方式和投资目的。直接投资是直接将货币资金投入生产经营性资产，目的在于直接参与投资的经营管理；间接投资是通过购买公司债券、金融债券或公司股票等方式投资，目的是取得收益而非直接参与管理。

2. 保值目的：

通常工商企业等财力雄厚的企业进行证券投资的目的多为保值，这类企业希望在风险相对不大的情况下实现增值。企业为了保证日常经营，总是保留了一部分现金形态的资产，但过多的现金意味着较大的机会成本，因此管理者将这部分现金投资于风险较小的标的物上，同时也尽量保持这部分资产的流动性。

盈利目的：

通常中小投资者会通过证券投资盈利，尤其是个人。部分规模不大的企业也会通过证券投资盈利。证券投资具有"高风险，高收益"的特点，虽然风险较大，但预期收益率也高于其他类型投资。

3. （1） $V = \dfrac{D_1}{(1+i)^1} + \dfrac{D_2}{(1+i)^2} + \cdots + \dfrac{D_\infty}{(1+i)^\infty}$

$= \sum\limits_{t=1}^{\infty} \dfrac{D_t}{(1+i)^t}$

式中：V——股票内在价值；

D_t——第 t 年的股利；

i——贴现率，即必要报酬率；

t——年份。

（2）通过比较股票内在价值和股票市价的大小，判断一种股票是否值得投资。股票内在价值高于市价时可买入股票，低于市价时抛出股票。

4. 利息：

债券利息是指资产因投资于不同种类的债券（国债、地方政府债券、企业债、金融债等）而定期取得的利息。

资本损益：

资本损益是股票买入价与卖出价之间的差额，又称资本利得。卖出价大于买入价时为资本收益，卖出价小于买入价时为资本损失。同样它也存在于债券收益性中，即债权人到期收回的本金与买入债券或中途卖出债券与买入债券之间的价差收入。

5. 含义：基金投资是一种间接的证券投资方式。由基金管理公司通过发行基金份额，集中投资者的资金，由基金托管人（即具有资格的银行）托管，由基金管理人管理和运用资金，从事股票、债券等金融工具投资，然后共担投资风险、分享收益。

分类：

（1）按照法律地位，可分为契约型基金和公司型基金。

（2）按募集方式，可分为私募基金和公募基金。

（3）按对投资收益和风险所设定的目标，可以分为收益型基金和增长型基金。

（4）按基金投资方向不同，可分为货币市场基金、养老基金、产业投资基金、对冲基金、债券基金、股票基金等。

6.（1）非贴现评价法：

① 静态投资回收期法；

② 平均报酬率法。

（2）贴现评价法：

① 净现值法；

② 内部报酬率；

③ 获利指数法；

④ 净现值率法。

（详见正文）

第五章 营运资金管理

第一节 营运资金对公司经营活动及财务活动的影响

营运资金，是指某时点内企业的流动资产与流动负债的差额。从资产负债表的结构来看，如果流动资产等于流动负债，则占用在流动资产上的资金是由流动负债融资得来的；如果流动资产大于流动负债，则与此相对应的"净流动资产"要以长期负债或所有者权益的一定份额为其资金来源；反之，如果流动资产小于流动负债，则与此相对应的"净流动资产"是由公司的流动负债对象为其提供的，从侧面说明企业融资能力较强。会计上不强调流动资产与流动负债的关系，而只是用它们的差额来反映一个企业的偿债能力，这个差额就称为营运资金，也称为狭义营运资金。

此外，与之对应的还有广义营运资金，又称总营运资本，是指一个企业投放在流动资产上的资金，具体包括现金、有价证券、应收账款、存货等占用的资金。

一、营运资金对公司经营活动的影响

营运资金可以用来衡量公司或企业的短期偿债能力,其金额越大,代表该公司或企业对于支付义务的准备越充足,短期偿债能力越好。在营运资金充裕的情况下,公司能够进一步提高市场核心竞争力,并对公司的主营业务收入、净资产、每股净资产、资产负债率、盈利能力和资本结构等产生显著、积极而有利的影响。

(1)财务状况方面:营运资金到位后,公司的财务结构将得到优化,可以减少负债融资,降低利息支出,提升公司盈利能力;此外,也有利于公司负债率的降低,拓宽未来融资渠道和扩大融资规模,增强风险抵抗能力。

(2)经营状况方面:营运资金到位后,将大大增强公司的资金实力,有利于公司抓住行业快速发展的先机,迅速扩大经营规模。

综合以上分析,如公司的营运资金出现负数,也就是公司的流动资产小于流动负债时,这家企业的营运可能随时因周转不灵而中断,也就是通常所说的"现金流断流",由此带来的后果或许是灾难性的。

二、营运资金的计算

计算企业的营运资金需求量其实也是考核企业资金管理能力及资金利用率的问题。一般来说,假如企业生产经营都在可预算范围内执行,其营运资金的需求其实是可控的;但事实上,由于营运资金受企业内部环境和外部环境的影响因素较多,营运资金的计算结果只是企业管理的参考之一。营运资金计算的公式为:

$$\begin{aligned}营运资金&=流动资产-流动负债=(总资产-非流动资产)-\\&\quad(总资产-所有者权益-长期负债)\\&=(所有者权益+长期负债)-非流动资产\\&=长期资本-长期资产\end{aligned}$$

三、营运资金的特点

企业由于经济类型不同,生产经营周期和投资回收周期也各不相同。例如,从事房地产投资的企业,其资金回收期往往需要1—2个会计年度;而从事贸易周转的企业,往往一天之内资金周转几次。因此,根据不同企业类型,分析其营运资金的特点,对提高财务管理水平和企业经营能力都有较强的参考价值。营运资金的主要特点如下。

(1)周转时间短。如存货周转、应收账款周转都是在一个会计期间内进行的,说明营运资金可以通过短期筹资方式加以解决。

(2)变现能力强。非现金形态的营运资金如存货、应收账款、短期有

价证券容易变现,这一点对企业应付临时性的资金需求有重要意义。

(3)数量具有波动性。流动资产或流动负债容易受内外条件的影响,数量的波动往往很大。

(4)来源具有多样性。营运资金的需求问题既可通过长期筹资方式解决,也可通过短期筹资方式解决。仅短期筹资,就有银行短期借款、短期融资、商业信用、票据贴现等多种方式。

四、营运资金管理的重要性

营运资金管理是对企业流动资产及流动负债的管理。一个企业要维持正常的运转就必须要拥有适量的营运资金,因此,营运资金管理是企业财务管理的重要组成部分。据调查,公司财务经理有60%的时间都忙于营运资金管理,形象地来说就是"整天围着钱转"。因此,要搞好营运资金管理,必须解决好流动资产和流动负债两个方面的问题,换句话说,就是下面两个问题。

(1)根据生产计划和经营预算,企业每个阶段应投入多少在流动资产上,即资金运用的管理。主要包括现金管理、应收账款管理和存货管理。

(2)企业应该如何解决流动资产的融资,即资金筹措的管理。包括银行短期借款的管理和商业信用的管理。

可见,营运资金管理的核心内容就是对资金运用和资金筹措的管理。

五、营运资金紧张的成因

导致企业营运资金紧张的原因很多,也很复杂。从外部因素来看,包括政策和市场变化的因素;从内部因素来看,包括企业缺乏有效的资金管理机制的成分。通常来说,造成公司营运资金紧张的内部因素可以总结为以下几个方面。

(1)销售不畅,产品积压,货款回收难度加大,坏账风险加大。

(2)产品积压,库存增多,致使资金周转缓慢,存货跌价风险加大。

(3)管理薄弱,浪费严重,生产消耗过高,自补资金能力不足。

(4)盲目扩张,对外投资占用的资源转化为流动资金的紧张。

六、提高营运资金管理效率的方法

由此看来,加强营运资金管理就是加强对流动资产和流动负债的管理;就是加快现金、存货和应收账款的周转速度,尽量减少资金的过分占用,降低资金占用成本;就是利用商业信用,解决资金短期周转困难,同时在适当的时候向银行借款,利用财务杠杆,提高权益资本报酬率。

现实工作中，如何有效管理和筹措营运资金，也是财务管理的重要工作，主要有以下几种办法。

1. 规避坏账风险

许多企业为了实现利润，或者销售部门出于绩效考虑，往往一味销售更多产品，对回笼资金缺乏约束且经常采用赊销形式，片面追求销售业绩，可能会忽视对应收账款的管理，造成管理效率低下。例如，对赊销的现金流动情况及信用状况缺乏控制，未能及时催收货款，容易出现货款被拖欠从而造成的账面利润高于实际资金的现象。对此，财务部门应加强对赊销和预购业务的控制，制定相应的应收账款、预付货款控制制度，加强对应收账款的管理，及时收回应收账款，减少坏账风险，从而提高企业资金使用效率。

2. 增加企业价值

会计利润是当期收入和费用成本配比的结果。在任何收入水平下，企业都要做好对内部成本、费用的控制，并做好预算，加强管理力度，减少不必要的支出，杜绝日常经营中的跑冒滴漏，这样才能够提高利润，增加企业价值。

3. 提高管理效率

财务管理应站在企业全局的角度，构建科学的预测体系，进行科学预算。预算包括销售预算、采购预算、投资预算、人工预算、费用预算等，这些预算使企业能预测风险，及时得到资金的各种信息，及时采取措施，防范风险，提高效益。同时，这些预算可以协调企业各部门的工作，提高内部协作的效率，而且，销售部门在销售、费用等预算指导下，还可事先对市场有一定了解，把握市场变化，减少存货的市场风险。

4. 完善管理制度

明确内部管理责任制。很多企业认为催收货款是财务部门的事，与销售部门无关，其实这是一种错误的观点。事实上，销售人员应对催收应收账款负主要责任，如果销售人员在提供赊销商品时，还要承担收回应收账款的责任，并且与其绩效考核挂钩，那么，他就会谨慎对待每一项应收账款。

建立客户信用档案。企业应在财务部门中设置风险控制员，通过风险控制员对供应商、客户的信用情况进行深入调查和建档，并进行信用等级设置，对处于不同等级的客户实行不同的信用政策，减少购货和赊销风险。

由此看来，营运资金管理在企业销售及采购业务中处于重要地位，对企业利润目标的实现会产生重大影响。因此在建立财务管理制度时，对于营运资金的管理制度可以根据以下几方面来制定。

（1）审批控制点。把收支审批点作为关键点，控制资金的流入、流出。

审批关键点包括：制定资金的限制接近措施，经办人员进行业务活动时应该得到授权审批，未经授权的人员不得办理资金收支业务；使用资金的部门提出用款申请，记载用途、金额、时间等事项；经办人员在原始凭证上签章；经办部门负责人、主管总经理和财务部门负责人审批并签章。

（2）复核控制点。复核控制点是减少错误和舞弊的重要措施。复核控制关键点包括：资金营运活动会计主管审查原始凭证反映的收支业务是否真实合法，经审核通过并签字盖章后才能填制原始凭证；凭证上的主管、审核、出纳和制单等印章是否齐全。

（3）收付控制点。资金的收付导致资金流入流出，反映着资金的来龙去脉。该控制点包括：出纳人员按照审核后的原始凭证收付款，并对已完成收付的凭证盖戳记，并登记日记账；主管会计人员及时准确地记录在相关账簿中，定期与出纳人员的日记账核对。

（4）记账控制点。资金的凭证和账簿是反映企业资金流入流出的信息来源，如果记账环节出现管理漏洞，很容易导致整个会计信息处理结果失真。记账控制点包括：出纳人员根据资金收付凭证登记日记账；会计人员根据相关凭证登记有关明细分类账；主管会计登记总分类账。

（5）对账控制点。对账是账簿记录系统的最后一个环节，也是报表生成的前一个环节，对保证会计信息的真实性起到重要作用。对账控制点包括：账证核对、账账核对、账表核对、账实核对等。

（6）银行账户管理控制点。企业应当严格按照《支付结算办法》等国家有关规定，加强银行账户的管理，严格按规定开立账户，办理存款、取款和结算。银行账户管理的关键控制点包括：银行账户的开立、使用和撤销是否经授权，下属企业或单位是否有账外账。

（7）电子银行权限及印章保管控制点。印章是明确责任、表明业务执行及完成情况的标记。印章的保管要贯彻不相容职务分离的原则，严禁将办理资金支付业务的相关印章和票据集中一人保管，印章要与空白票据分管，财务专用章要与企业法人章分管。

第二节 货币资金管理

货币资金是指在企业生产经营过程中处于货币形态的资金，按其形态和用途不同可分为库存现金、银行存款和其他货币资金。货币资金是企业中流动性最强的资产，是企业对外流通和支付的重要工具。其他货币资金包括外埠存款、银行汇票存款、银行本票存款、信用证保证金存款、信用卡存款、存出投资款等。

货币资金是企业最重要的支付工具，在经营过程中，大量的经济活动都是通过货币资金的收支来进行的。例如商品的购进、销售，工资的发放，税金的缴纳，股利、利息的支付以及进行投资活动等，都需要通过货币资金进行收付结算。

同时，一个企业货币资金拥有量的多少，标志着它偿债能力和支付能力的大小，是投资者分析、判断企业财务状况的重要指标，在企业资金循环周转过程中起着连接和纽带的作用。因此，企业既要防止不合理地占压货币资金，又要保证业务经营的正常需要，在日常结算过程中，严格执行货币资金管理的有关规定，进行科学合理的管理。

一、货币资金管理和控制的原则

在实务操作中，科学合理地使用货币资金为企业的生产经营服务，是财务管理水平高低的综合体现。管好用好货币资金，应遵循以下基本原则。

1. 严格职责分工

"不相容职务相分离原则"是一项严密的内部牵制制度，即通常所说的"印鉴分离、钱账分离"，将涉及货币资金不相容的职责分由不同的人员担任，以减少和降低货币资金管理上舞弊的可能性。

2. 交易分开原则

为防止将现金收入直接用于现金支出的坐支行为，必须实行交易分开原则，收支两条线，将现金支出业务与现金收入业务分开处理。

3. 实施内部稽核制度

内部稽核制度也是会计内部控制制度的重要一环，设置内部稽核单位和人员，建立内部稽核制度，加强对货币资金管理的监督，及时发现货币资金管理中存在的问题并予以改进。

4. 实施定期轮岗制度

对涉及货币资金管理和控制的业务人员实行定期轮换岗位，以减少货币资金管理与控制中产生舞弊的可能性。

二、货币资金管理控制的重点

1. 把好货币资金的支出关

节流等于开源，因此，控制非法和不合理的资金支出，等于带来了等量的资金流入。但如何判定哪些支出合法、合理，而哪些支出有问题、有"嫌疑"呢？关键是看支出程序是否合法、合理。为此，要做到"四审四看"，即：一是审支付申请，看是否有理有据；二是审支付程序，看审批程序、权限是否正确，审批手续是否完备；三是审支付复核，看复核工作是否到位；四是审支付办理，看是否按审批意见和规定程序办理。

2. 管住"七个点"

（1）货币资金的流入点。对取得的货币资金收入及时入账，不私设小金库，不账外设账，严禁收款不入账。

（2）银行开户点。对银行账户的开立、管理等要有具体规定，并及时、定期对银行开户点进行认真清理和检查。

（3）现金盘存点。日常现金盘点工作应增加其他第三者参与盘点或监盘的内容，保证现金账面余额与实际库存相符。

（4）银行、客户对账点。一是单位与银行之间的对账要有规律，每月至少要核对一次。二是加强与异地和同城业务单位之间往来款项的核对，确保货币资金支付合理，回收及时、足额。

（5）票据及印章保管点。"薄薄票据，价值千金；小小印章，力重万钧。"要明确各种票据的购买、保管、领用、背书转让、注销等环节的职责权限和程序，并专设备查簿登记，防止空白票据的遗失和被盗用，票据备查簿等同于会计档案管理。必须加强银行预留印鉴的管理，严禁由一个人保管支付款项所需的全部印章。

（6）督促、检查点。加强对与货币资金有关的人员和制度的督促检查，对监督检查过程中发现的问题，应当及时采取措施，加以纠正和完善。

（7）财会人员的任用点。财会人员要具有政治思想好、业务能力强、职业道德好的良好素质，还要具备从业资格和任职资格。同时，要建立定期换岗、轮岗制度，防止一个人在财会部门长时期做同一工作。

三、集团公司货币资金管理模式

随着我国经济转型进度加快，行业热点也在不断转换。一些完成原始资本积累的企业，随着市场经济的发展，不断调整产业结构，逐步形成多元化、集团化、控股化的经营模式，并随着信息化的发展，货币资金的管理也具备了集团化统一管理的条件。具体来说，货币资金实行集团化管理主要有以下几种方式。

（一）统收统支

企业的一切现金收付活动都集中在企业的财务部门，各分支机构或子公司不单独设立账号，一切现金支出都通过财务部门付出，现金收支的批准权高度集中在经营者，或者经营者授权的代表手中。

统收统支的方式有助于企业实现全面收支平衡，提高现金的流转效率，减少资金的沉淀，控制现金的流出；但是不利于调动各层次开源节流的积极性，影响各层次经营的灵活性，以致降低集团经营活动和财务活动的效率。

（二）拨付备用金

企业按照一定的期限统拨给所属分支机构和子公司一定数额的现金，备其使用。等各分支机构或子公司现金支出后，持有关凭证到企业财务部报销以补足备用金。

与统收统支方式比较，其特点如下。

（1）集团所属各分支机构有了一定的现金经营权。

（2）集团所属各分支机构或子公司在集团规定的现金支出范围和支出标准之内，可以对拨付的备用金的使用行使决策权。但是，集团所属各分支机构或子公司仍不独立设置财务部门，其支出的报销仍要通过集团财务部门的审核，现金收入必须集中到集团财务部门，超范围和超标准的开支必须经过经营者或其授权的代表批准。

上述两种方式只适用于同城或相距不远的非独立核算的分支机构，至于子公司通常不适用该方式。

（三）设立结算中心

结算中心通常是由企业集团内部设立，办理内部各成员或分公司现金收付和往来结算业务的专门机构。它通常设立于财务部门内，是一个独立运行的职能机构。

1. 结算中心的职能

（1）集中管理各成员或分公司的现金收入，一旦各成员企业或分公司收到现金收入时，都必须转账存入结算中心在银行开立的账户，不得挪用。

（2）统一拨付各成员或分公司业务所需的货币资金，监控货币资金使用方向。

（3）统一对外筹资，确保整个集团的资金需要。

（4）办理各分公司之间的往来结算，计算各分公司在结算中心的现金流入净额和相关的利息成本或利息收入。

（5）核定各分公司日常留用的现金余额。

2. 结算中心货币管理的特点

实行结算中心进行货币资金管理的企业，往往都具备以下一种或者几种情形及特点。

（1）各分公司都有自身的财务部门、有独立的账号进行独立核算，拥有现金的经营权和决策权。

（2）为了减少因分散管理而导致的现金沉淀增加，提高现金的周转效率，节约资金成本，集团公司对各分公司的现金实施统一结算。

（3）实行收支两条线。各分公司根据结算中心所核定的数额留用最高现金保存额（通常按日常零星支出支付需要确定），将每日超出部分的现金收入转入结算中心设立的专门账户，当各分公司留用超过核定金额的现金时，必须事先向结算中心提出申请。

（4）对各分公司提出的申请有两种管理方式：一是逐项审批制。对各项用款必须列明用途、数额、时间，经营者或其授权人批准后方可拨出。二是超权限审批制。超过分公司经理审批权限的部分，必须经过经营者或其授权人批准。

（5）由企业集团制定现金管理的规定，结算中心根据规定监控各分公司的现金交纳与支用。

（6）各分公司不直接对外借款，由结算中心统一对外办理。

由此可见，结算中心方式并不意味着将各分公司的全部现金集中到资金总库，而是关于资金动员、资金流动和投资等决策过程的集中化，在经营权力方面，各分公司仍拥有较大的经营权和决策权。

（四）设立内部银行

内部银行是将社会银行的基本职能与管理方式引入集团化企业内部管理机制而建立起来的一种内部资金管理机构，主要职责是进行企业或集团内部日常的往来结算和资金调拨、运筹。

1. 内部银行主要职责

（1）设立内部结算账户。每个分公司都在内部银行开设账户，企业生产经营活动中一切实物转让、劳务协作均视作商品交易，通过内部银行办理往来结算。

（2）发行支票和货币。内部银行根据有关规定发行其自身的支票和货币，在各分公司之间使用。

（3）发放内部贷款。内部银行根据集团公司为各分公司核定的资金和费用定额等，结合实际需要，对其发放贷款。在管理上采取：一是全额有偿占用方式。无论是定额内还是超定额的内部贷款都实行有偿占用，计算利息。二是差额有偿占用方式。定额以外贷款部分计息或多收利息。

（4）筹措资金。由内部银行统一对外筹措资金，各分公司无权对外筹资。内部银行根据企业经营状况统一运筹，合理调度资金。

（5）制定结算制度。内部银行统一制定结算方式、时间，规范结算行为，同时对结算业务中的资金流向的合理合法性进行监督，及时发现问题，纠正资金使用中的盲目性和局限性。

（6）建立信息反馈系统。内部银行定期或不定期地将资金流动状况以报表的形式反馈给各分公司，报送集团公司，以及时掌握资金使用状况。

（7）银行化管理。内部银行本身也实行银行化管理，建立贷款责任制，强化资产风险管理，实行相对独立核算、自负盈亏。

2. 内部银行现金管理的特征

设立内部银行是把一种模拟的银企关系引入到集团内部的资金管理中，各分公司与集团之间是一种贷款管理关系。内部银行成了结算中心、货币发行中心、贷款中心和监管中心，对现金管理的特征主要表现在以下几方面。

（1）各分公司之间的现金收付和结算事项均通过内部银行统一开立的账号办理，一般不直接对外进行。

（2）各分公司在内部银行开立存款账户和贷款账户，实行存贷分户管理，具有收支两条线的特征。各分公司与内部银行之间是存贷关系，实行有偿存贷制度。

（3）各分公司在财务上享有独立财权，对贷款有权按用途自行安排使用，也即各分公司享有现金经营权和决策权。

3. 内部银行的模式

在实践中，根据内部银行对资金管理的集中程度，具体分为以下三种模式。

（1）高度集中模式。该模式是在内部银行开始实行时采用的管理模式，目前在许多企业集团仍具有生命力。主要体现在资金使用权的高度集中、统一主要原材料采购等重要资金使用。集权模式的使用需要有畅通的信息渠道和有效的控制监督手段，保证资金决策的效率和正确性。这种模式适用于集团中各分公司地理位置比较集中、各子公司之间关系密切、集团领导层决策手段先进、管理水平高的情况，以保证集权的管理层能够灵活反应，快速决策，降低管理成本。

（2）相对分散的模式。该模式是指集中控制重大投资权，集中对外融资及纳税，内部单位集中在内部银行开户，使用权分散，各单位对存放在内部银行的流动资产使用负完全责任。该模式适用于特大型企业集团各子公司在生产经营内容上有较大差异的情况。

（3）松散模式。在该模式下，不要求企业集团的成员把现金形态的流动资产全部存入内部银行，而采用类似银行往来结算中心的做法，仅在内部银行开立结算账户，存放结算准备金，以保证集团内部结算的顺利进行，并使集团对下属单位的奖惩有资金的基础。由于这种模式下成员的流动资金管理有更大的自由度，因此当它们需要在内部银行贷款时可采取不同于资金全部集中在内部银行的成员的利率计算。这种模式目前在我国尚不多见,国外大型跨国公司有类似做法,如日本索尼集团下各分公司将结算准备金存入公司总部,利率在银行优惠利率基础上减去 0.25%,各分公司需要资金时向公司总部贷款,利率在银行优惠利率基础上加 0.25%。

(五) 财务公司

财务公司是一种经营部分银行业务的非银行金融机构。其经营范围除抵押放款以外,还有外汇、联合贷款、包销债券、不动产抵押、财务及投资咨询等业务。我国的财务公司大多是在集团公司发展到一定水平后,由人民银行批准,作为集团公司的子公司而设立的,所以,它还担负着集团公司的理财任务。

1. 财务公司的职能

(1) 通过在企业集团内部转账结算等加速资金周转。通过融资租赁和买方信贷,注入少量资金,解决集团内部产品购销两方面的问题;通过对集团内部提供担保、资信调查、信息服务、投资咨询等为企业集团内部各单位提供全方位服务。

(2) 财务公司运用同业拆借、发行债券及新股、从事外汇及有价证券交易等手段,为集团开辟广泛的融资渠道,并成为集团的融资中心。

(3) 将集团暂时闲置的资金投向高效的产业和行业,或者用于集团本身发展的项目,使资金运用效率最大化。

2. 财务公司的特点

(1) 它是独立的法人企业,与其他企业的关系是一种等价交换的市场竞争关系。

(2) 它是执行部分银行业务的非银行金融机构,当然它行使银行的部分职能。

(3) 承担集团公司募集资金、供应资金和投资的功能,并且为集团所属子公司寻找项目供应资金,因而财务公司也行使对子公司和对投资项目资金使用的监控功能。

从财务公司的功能看,集团设立财务公司是把一种完全市场化的银企关系引入集团资金管理中,使得集团各子公司具有完全独立的财权,可以自行经营自身的现金,对现金的使用行使决策权。另外,集团对各子公司的现金控制是通过财务公司进行的,财务公司对集团各子公司进行专门约束,而且这种约束是建立在各自具有独立的经济利益基础上的。集团公司经营者(或最高决策机构)不再直接干预子公司的现金使用和取得。

3. 财务公司的作用

随着国内公司股份制步伐的加快,财务公司对企业集团的重要作用日趋明显。财务公司可以在以下方面实现以资金为纽带,在信息、人才和管理上的有机结合。

(1)成为集团的金融中心。通过财务公司与集团成员间相互持股和控股(产权渗透)的关系,实现产业资本和金融资本的结合,使集团各成员之间形成以资本为纽带的各种密切合作关系,充分发挥其金融职能和管理职能。

(2)成为集团的信息中心。通过集团财务公司收集和掌握各种国际国内的经济信息、各种方针政策、法律法规、利率汇率及经济运行状态,为集团各分公司融资投资活动提供重要参考。

(3)成为集团的投资中心、投资顾问。财务公司应该为集团内各分公司筹集资金,并投到关系集团长远发展的具有深远意义的重大项目上,增强后劲,促进技术进步。还要合理安排好集团各分公司固定资产与流动资产的合理比例。另外,还要凭借自己的信息优势、理财优势,帮助投资主体开展咨询评估,参与企业的投资决策,当好参谋。

四、目前我国企业集团货币资金的管理
(一)我国企业集团货币资金管理现状

目前我国大多数集团企业虽然实行现金集中管理,但是并没有形成系统科学的资金集中管理系统,有些民营企业出于资金安全和任人唯亲的考虑,让家族内亲戚负责资金管理,这种做法的弊端是显而易见的,有时候产生的后果就是制约了企业的创造力和公信力,甚至于成为企业快速发展的绊脚石,总结其原因,主要有以下几方面的问题。

(1)企业集团下属机构多,地域分布广,对子分公司的控制力度弱,在时间、空间上给资金管理带来很大难度,失控现象时有发生。

(2)子分公司多头开户现象普遍,资金存放分散,企业集团无法及时了解资金的全盘状况,不易发现资金运行中的问题和隐患。

(3)对子分公司的资金存量及其运行状况无法实施有效、及时的监管,资金收支缺乏有效的控制手段,甚至出现将经营资金违法存放在"小金库"中的现象,建立账外账,资金安全受到严重影响。

(4)子公司的担保、抵押等行为无法全面监控和掌握,给资金管理和企业经营增加了不确定的风险因素。

(5)集团内部成员企业存款与贷款两高,资金不能够有效调控配置,加大了财务费用,不能形成资金的规模效应,降低了资金使用效率。一部分企业的资金闲置而形成沉淀,另一些企业合理的、急切的资金需求得不到保障。

（6）从集团总体来看，一方面，全集团的资金存量很大，但是分散在诸多银行的不同账户上，分散在不同的地域，缺乏有效的集中手段；另一方面，集团公司自身经营和建设急需的资金却不容易贷到。在集团实行收支两条线的情况下，由于时间差的存在，也形成了大量的在途资金。

（7）企业集团的整体信用等级不高，融资渠道有限，加大了融资成本。

（8）缺乏统一的信息平台，信息传递不畅，经营决策者难以及时、准确、全面地掌握生产经营全过程的财务状况和资金信息，影响了经营目标和战略决策的制定实施。

（二）企业集团货币资金集中管理的必要性

1. 从企业集团总体的角度来看

货币资金集中管理是企业集团加强内部管理的需要，也是企业集团强化对成员企业管控的需要，更是企业集团发挥资金聚合优势、降低成本提高效益的需要。企业集团实施资金的集中管理，各成员企业服从集团对资金的整合要求，通过集团公司的调控，实现沉淀资金的集中使用，减少不必要的对外融资，消除存贷双高现象。在集团内部，通过资金的集中管理，统一筹集、合理分配、有序调度，降低融资成本，提高资金使用效率，确保集团战略目标的实现，实现整体利益的最大化。

2. 从成员企业的角度来看

实行货币资金集中管理具有如下优点。

（1）降低融资门槛，减少中间环节，利于抢抓市场机会。在资金集中管理模式下，成员企业在集团内部融资，办理更快捷便利，免去了向金融机构贷款的冗杂环节。在单个企业信用级别较低、筹资规模有限的情况下，可以利用集团公司的整体信用等级，迅速筹集到发展业务所需要的足够的资金。在市场瞬息万变的情况下，可以及时抓住稍纵即逝的机遇，发展壮大企业。

（2）降低融资成本及财务风险。在集团内部融资，可以取得相对外部融资更优惠的条件，发生更低的融资成本，可以把企业的财务风险控制到最低。同时，在集团集中管控模式下，企业的决策和投资是严格控制在集团总体战略目标之下的，客观上起到限制成员企业投资风险的作用。

（3）促使沉淀资金产生收益，形成其他业务收入。成员企业日常业务的结余沉淀资金，可以及时归集到集团公司，将暂时闲置的资金投放到需要的其他成员企业，产生资金收益，提高经济效益。

3. 从集团公司与成员企业的往来来看

集团公司与成员企业之间业务联系紧密，相应的资金往来频繁，上下级之间实行收支两条线制度，通过内部资金集中管理与结算，通过成熟的软件平台，可以实现资金的即时收付，减少资金在途时间，避免出现资金往来的"时间差"，既提高了效率，又降低了财务费用。

（三）实行货币资金集中管理的益处

目前，我国某大型集团资金管理模式实行财务公司为运作平台的总分账户模式。概括起来，它的资金集中管理实现了"五化"，即柜面业务电子化、异地业务本地化、核算支付一体化、货币资金结算与内部资金核算处理同步化、业务管理流程化。本着资金所有权、收益权、使用权不变原则，量入为出、以收定支原则，预算控制原则，收支两条线原则，统一领导、集中运作、分级管理、各负其责原则，安全高效原则，通过资金信息系统与外部商业银行资金结算网络系统以及成员企业财务管理系统的相互连接，实现了财务公司与商业银行、财务公司与企业的互联互通。资金信息系统建成后，以资金信息系统为依托，通过登录网络的形式，实现资金管理业务网上操作、资金收入网上核对、资金运行网上调拨、内部往来网上封闭结算、外部结算网上支付、资金信息网上传递。这样充分地发挥了结算中心、融资中心、资金管理中心的职能。这种模式已达到国内领先、世界一流的水平，主要有如下几个优势。

1. 聚沙成塔，积小钱办大事

企业集团通常由多行业、多层次法人企业及其非法人分支机构组成。随着企业集团的规模不断大型化，组成企业集团的企业或机构个数不断增多，分布的地域范围也不断扩大，跨行业、跨地区甚至跨国企业集团大量出现。

企业集团的成员企业或机构设立之初大多数会在当地银行开设银行账户，进行资金结算。在这些成员企业的银行账户中，会或多或少地留存一些资金余额。分散在各个企业的存款余额，从单个账户看，一般都不会很大，不足以办大事，但从集团层面看，其总量有可能是一笔可观的资金，能够满足较大的资金需求。

换一个角度看，由于企业集团的成员企业分布于不同的行业、不同的地域，它们面临的发展机遇就有可能不同。由此就可能出现一部分企业由于发展机遇好，业务增长迅速，出现资金短缺；另一部分企业由于业务增长平稳，出现资金大量结余。而资金短缺的企业在外部银行贷款形成的财务费用与资金结余的企业在外部银行存款形成的利息收入之差，就是企业资金集中管理的机会成本。

实行资金集中管理使集团内部成员企业间的投融资变得更加简单。企业集团内部成员企业间的投融资行为可以不需要两个成员企业间单独协商，资金结余的企业只需将其在集团结算中心的活期存款转为长度相当于其资金闲置期间的定期存款，而资金紧张的成员企业只需向结算中心申请一笔内部企业贷款，通过集团结算中心的日常业务即可处理，省去了外部银行贷款所必须进行的大量繁杂手续和融资费用。

2. 收拢五指，信用好筹资易

没有一个企业能够长期完全使用其自有资本经营下去。它们或多或少需要通过银行、供应商、客户筹集其发展过程中所需的生产经营资金。企业的筹资能力主要取决于其偿债能力，同时与其收益能力、资产管理能力及其市场发展机遇也有一定关系。

通常情况下，单个成员企业的偿债能力不会大于整个企业集团的偿债能力。偿债能力强的成员企业其面临的发展机遇又有可能不处于最佳时期，其收益能力、发展能力就有一定缺陷，因此其筹资能力不一定很强。相反，成员企业中可能会有一些是新起步企业，它们面临着极好的发展机遇，没有任何包袱，收益能力、发展能力非常好，但资产负债比率可能会很高，偿债能力比较弱。诸如此类的原因，采用每个成员企业单打独斗的方式筹资难以达到较好的筹资效果。

如果集团将资金集中管理，由于集团统一对外开户，其整体偿债能力较强，收益能力和管理水平较高，信用较高，就比较容易筹到大笔资金。企业集团成员企业通过集团结算中心就能够获得其所需的资金，省去了各成员企业与外部银行大量的协商、签约、担保等繁杂手续和筹资费用。

采用集团资金集中管理方案，还能够对全集团的内、外担保行为进行管理，避免出现无序对外担保造成的信用能力下降，有效防范信用风险。

集团资金集中管理相当于收拢五指，用企业集团的整体信用进行筹资，自然能够产生较好的筹资效果。

3. 体内循环，不花钱划转快

企业集团成员企业多由前向一体化、后向一体化、横向一体化企业构成。它们之间通常会在较大经营范围和地域范围内存在集团内部交易，产生大量的内部资金结算业务。

在不实行资金集中管理的企业集团中，成员企业间的资金结算需要通过外部银行进行。一笔资金从付款方成员企业到收款方成员企业需要通过付款方开户银行到收款方开户银行的多个银行结算环节；不在同一银行系统开户的成员企业在收付款开户银行间还要通过联行，经过的环节更多。资金到账需要一定的时间，同时还要支付一定的手续费。资金在企业集团外流转，产生大量在途资金，资金划转效率低。

将集团资金集中管理，通过先进的网络技术，采用资金管理系统能够实现企业集团成员企业内部交易的网上结算，一笔交易达成后，只要付款方成员企业通过系统输入一张付款单，成员企业间的资金划转在瞬间内就能完成，付款方成员企业的付款和收款方成员企业的收款在同一时间达成，没有任何中间环节和时间间隔，不产生任何在途资金，划转效率高，能够有效提高集团资金周转速度。同时，由于使用集团内部网上结算系统，不需要支付任何额外费用，能够节约大量财务手续费。对于纵向一体化企业集团，其内部交易大量存在，采用这种方式对于提高集团资金周转速度、节省结算手续费的效果就更加明显。

4．全面管理，易监控不浪费

集团及其下属企业之间由于集团的整体战略和具体成员企业的经营目标之间可能存在差异，各层级资金管理人员资金使用的动机可能存在一定差异，整个集团的资金使用行为就有可能产生差异，不规范的资金使用行为也就在所难免。因此，集团资金管理的一个重要方面是对集团资金的流量、流向实行有效控制，确保集团资金使用行为规范、合理，达成集团整体战略目标。企业集团内各子公司的资金收付通过总账户办理，企业集团就能够掌握子公司的资金状况，对资金流向的合理性和合法性进行监督，及时发现问题，并纠正资金使用中的盲目性，使其符合企业集团的整体发展战略，从而使企业集团内各子公司的资金运作完全置于企业集团的监控之下。

（四）企业集团实施资金集中管理应注意的问题

1．保障网络系统安全

资金集中管理系统全部网上操作，关系到整个资金集中管理的安全，所以应把网络系统的安全性放在首位。

2．引入银行信贷机制

企业集团如没有严格的资金强制回收措施，内部拖欠本息现象将会很严重，使企业集团的资金运转困难。因此，要引入银行信贷管理机制，健全信贷风险制度，防止内部信贷风险，确保资金安全。

3．资金监控重在基层

一些子公司会在小集团利益驱动下，试图摆脱企业集团的资金监控，消极执行资金调度指令。因此，要强化对内部资金的监控，将资金管理的重点放在基层。

4．推行全面现金预算

企业集团融资的过度集中，会使融资风险内部化，一旦某子公司不能履行还款义务，将波及企业集团的资金链，严重时可能导致资金链断裂，甚至破产倒闭。因此，应推行全面的现金预算管理制度，实行资金的动态管理。

5. 完善资金管理信息

企业集团的融资计划如没有与所有子公司完全匹配，会造成资金闲置或资金缺口，加大财务费用。因此，要完善资金管理的信息系统，切实掌握资金营运动向。

6. 探索办金融机构方法

财务公司尽管是企业集团资金集中管理模式中独立性最强的，但其业务范围仍是封闭的，仅限于企业集团内部子公司之间，资金来源、业务活动范围和经营种类都受到一定限制，而单靠自有资金和内部调剂难以满足企业集团的实际资金需求。因此，要探索企业集团办金融机构的方法，从而进入资金集中管理的更高阶段。

7. 建立完善信息系统

大力推广企业应用计算机信息技术的成功经验，实施会计核算电算化，大力推广集中式财务管理软件或网络财务软件，建立和完善以财务资金管理为核心的内部信息系统，为企业集团实施资金集中管理和有效监控提供有力的保障。

"现金流就是生命"，这是华尔街的铁律，也是市场大潮中企业的命脉所在。纵观国内大多数企业，资金闲置的现象非常普遍，特别是一些上市公司新募集的资金，大多数不是用在企业的投资上，而是储蓄在银行中。虽然也有些利息收入，但是相比之下可以忽略不计，因为货币是有时间价值的。通过实现集团资金集中管理，使各成员企业的资金流量、流向、存量完全置于集团的管理之下，企业集团对其对外收款、付款，对内资金结算进行全方位控制；通过设立收支两条线制度，强化资金管理；通过制定付款审批、审核流程，保证集团成员企业具有与其经营管理需要的资金管理权，又有效控制成员企业资金支付行为，防范集团资金浪费，降低集团经营成本。同时，由于能够对全集团资金实行全程管理，就可以对全集团资金实行有效的计划管理，使集团资金使用计划与企业战略规划、预算有效地协调，产生集团资金聚合效应；以此加强对子公司现金收支活动的实时监控，迅速而有效地控制企业集团的全部资金，统一调剂内部资金，保证资金头寸；降低企业集团的现金持有水平，避免不必要的资金闲置，减少资金成本；在保证企业集团资金需求的前提下，增加剩余资金的投资收益；利用资金优化配置手段加强对子公司的生产经营控制。

因此对于企业来说，现金可以为企业带来额外的收益，将企业的闲置资金进行有效利用，为企业创造最大化的收益也是财务管理工作不容忽视的重要课题。

五、跨国企业货币资金的管理

（一）跨国公司货币资金管理的办法

在经营管理方面做得较好的跨国企业，主要通过三种方式达到现金的集中控制。

（1）将可利用的资金流转到可能获利的最高点和最安全的地方。为此，跨国公司的高级经理和财务人员在制定资金调拨（转移）决策时，要估算资金的机会成本；并将临时闲置的资金尽快转换为坚挺的货币；衡量资金库所在国的优劣，将现金中心设在较理想的国家。

（2）国际资金的调拨根据全公司的需要进行，为公司的全球战略目标服务。许多跨国公司制定如下"一般性政策"：在一个机构的各部门，制定统一的或近似的股息支付比率；分摊给子公司的间接费用和管理费用力求一致；在健全的基础上，制定公司内部转移价格；在外汇储备较缺乏的国家，采取子公司股本投资最小化政策，因为在这些东道国，股息支付总不如贷款利息那样得到迅速的准许，所以预付给国外子公司的资金都应在东道国登记。

（3）资金调拨应尽可能用最坚挺的货币，在尽可能短的时间内进行，以减少调拨损失。有些跨国公司采用两种方法：一是自设多种子公司；另外只要可能，资金移动时尽量利用跨国银行网络的服务加速进行，以减少资金国际流动中的损失。

（二）货币资金集中管理为跨国公司带来的收益

（1）降低了公司平时保持的总现金资产，从而扩大了可用于投资的资金，增强了公司的盈利能力。

（2）公司总部的现金管理人员统揽公司经营全局，能够发现许多单个子公司所想象不到的困难和机会。

（3）一切决策都以追求集团公司总体利润最大化为目标，有利于公司全球经营战略的设计和实施。

（4）可以促进公司内部现金管理专业化，提高管理效率，并降低公司内部暴露总资产。当东道国政府实行管制时，能减少公司资产损失。

（5）能使跨国公司在法律和行政约束范围内，最大限度地利用转移定价机制，增强公司盈利能力。目前，跨国公司现金管理集中化的程度一直很高，特别在当今货币比价变动频繁、金融风险日趋加大的情况下，更需要跨国公司对现金采取集中管理。

阅读材料

我国的宝山钢铁（集团）公司，1995年和1996年两年时间内，将分散于各大银行的账户进行集中整顿，取消不必要的多头开户，并在主办银行（工商银行、建设银行）分别设立人民币资金结算中心，将所有对外业务集中于结算中心，并借鉴国外经验在结算中心推行"自动划款零余额管理"（是指在资金管理部门的委托授权下，由银行在每日营业结束后，将收入户中的余额和支出户中未使用完的余额全部划回到资金管理部门的总账户中，各部门的收入和支出账户余额为零）。为此资金管理部门还要求各部门将每日的具体用款以周计划的方式上报。同时，资金管理部门通过电脑联网等方式，从银行获得每日的存款额数据，以便平衡调度各银行间的资金存量，这样使整个公司的资金沉淀降到最低。1996年，银行日平均存款余额减少了约3亿元，节约利息3 000多万元。

（三）跨国货币资金集中管理需要考虑的其他因素

国际商务活动中对货币资金的管理比国内企业要复杂得多，除了要遵循国内企业资金管理的一般原则之外，还必须考虑以下因素。

（1）资金跨国流动的渠道和手续。国际商务活动中免不了资金在国之间流动，但是各国政府都订有一些限制资金自由流动的法规，国之间金融交换工具和机构也相对缺乏，因此资金收支手续较为复杂，资金流动的速度相对较为迟缓。

（2）资金跨国界流动的汇率。这一因素给国际商务活动中资金流动带来风险，也可能给企业带来资金升值的机会。

（3）各国利率的差异。各国之间的利率必定存在着一定的差异。在汇率稳定的情况下，企业可以考虑这一资金调拨的重要推动因素。

六、最佳现金持有量

（一）现金管理的成本

现金管理的成本通常由以下四个部分组成。

1. 管理成本

管理成本是指企业因持有一定数量的现金而发生的管理费用，如管理人员工资及必要的安全措施费，这部分费用在一定范围内与现金持有量的多少关系不大，一般属于固定成本。

2. 机会成本

机会成本是指企业因持有一定数量的现金而丧失的再投资收益。由于现金属于非盈利性资产，保留现金必然丧失再投资的机会及相应的投资收益，从而形成持有现金的机会成本。

3. 转换成本

转换成本是指企业用现金购入有价证券以及转让有价证券换取现金时付出的交易费用，如委托买卖佣金、委托手续费、证券过户费、交割手续费等。

4. 短缺成本

短缺成本是指在现金持有量不足而又无法及时通过有价证券变现加以补充而给企业造成的损失，包括直接损失与间接损失。现金的短缺成本随现金持有量的增加而下降，随现金持有量的减少而上升，即与现金持有量负相关。

最佳现金持有量，又称最佳现金余额，是指既使现金满足生产经营的需要，又使现金使用的效率和效益最高时的最低现金持有量。

（二）鲍莫模式

该模式由美国经济学家鲍莫在 1952 年提出，综合考虑机会成本与交易成本，在持有现金的机会成本和转换成本之和最小化的约束条件下，预测最佳现金持有量。

使用该模式需要满足以下条件。

（1）企业现金的总需求额容易预测。

（2）企业将多余现金全部投资于短期有价证券，短期有价证券可以随时转换为现金。每次转换都会生成大量现金流入，然后逐渐流出，当现金余额接近零时再循环往复。

假设收入每隔一段时间发生，而支出则在该时段内均匀发生，则有：

$$TC(N) = \frac{N}{2}i + \frac{T}{N}b$$

式中：TC——现金管理总成本；

N——现金转换数量；

i——短期有价证券收益率；

T——特定时间内的现金需求总额；

b——现金与短期有价证券的转换成本。

对上式求极小值，解得最佳现金持有量 $N^* = \sqrt{\dfrac{2Tb}{i}}$

【例 5-1】 甲企业现金收支情况稳定，预计全年需要现金 500 000 元，每次转换成本为 500 元，短期有价证券收益率为 5%，试运用鲍莫模型计算最佳现金持有量。

解：根据此类债券的内在价值的一般公式：

$$N^* = \sqrt{\frac{2 \times 500\,000 \times 500}{5\%}} = 100\,000（元）$$

（三）成本分析模式

企业持有现金的相关成本主要是机会成本、管理成本和短缺成本，使三项成本之和最小的现金持有量就是最佳现金持有量。

因为机会成本大小与现金持有量呈正比例关系，短缺成本与现金持有量负相关，管理成本可视为固定成本，所以当机会成本＝短缺成本时，总成本最低。

【例5-2】 甲企业有A、B、C三种现金持有方案，各方案情况如下：

方　案	A	B	C
现金持有量（元）	70 000	100 000	120 000
有价证券利率（％）	10	10	10
机会成本（元）	7 000	10 000	12 000
短缺成本（元）	30 000	26 000	20 000

运用成本分析模式计算甲企业的最佳现金持有量。

A：7 000 ＋ 30 000 ＝ 37 000（元）

B：10 000 ＋ 26 000 ＝ 36 000（元）

C：12 000 ＋ 20 000 ＝ 32 000（元）

因为C方案的相关总成本最低，所以该企业的最佳现金持有量为120 000元。

七、企业闲置货币资金增值的途径

（一）渠道和方法

1. 双货币存款

假如一家做进出口生意的企业要在3个月后付款收货，但是付款时间还没到，可是款项已经准备好了。此时如果将这笔钱进行投资，企业担心会由于投资期限短而难以收回，耽误付款时间；如果将这笔钱存在银行的话，只能够获得3个月的活期利息收益，相比资本金来说微乎其微。此类情况，可以利用双货币存款取得更多的收益。

双货币存款是附带货币期权结构的存款，收益率比较高。通常挂钩需要买进币种的汇率，并设定一个企业可以接受的买入汇率，到期市场汇率若高于该汇率，企业可以获得全部本金和高利息；若低于该汇率，企业仍可获得高利息，但本金按既定汇率转换成用汇币种。该产品能使存款人可取得比一般存款利息更高的收益，但存款人须承担在到期日以双方事先约定的执行价格将原存款货币转换成挂钩货币的风险。这种存款获利的方式通常适用于有进口用汇需求的企业。而且这种理财方式是基于货币挂钩的方式，因此存在汇率变动的风险。

2. 通知存款

当企业存在闲置资金时，要坚持人休息而资金不休息的理念。遇到节假日或者双休日时，企业最好办理企业通知存款业务。企业通知存款是单位客户在办理存款时不约定存款期限，自由选择存款品种（一天通知存款或七天通知存款），支取时提前一天或七天通知银行，约定支取日期和支取金额的一种大额存款方式。这种存款业务利率水平高于活期存款，在不妨碍单位客户使用资金的情况下，可获得稳定和较高的利息收益，一般情况下的收益额是当前活期存款收益额的3倍还要多。

3. 委托代理理财

在企业的闲置资金存在时间较长时，可以选择专业的理财机构代为理财。银行接受公司客户委托，通过全国银行间货币市场进行资金运作，投资对象主要为短期质押式逆回购（买入返售证券）。交易对手为金融机构，并以国债、金融债和央行票据作为质押，本金和收益的安全性较高。

4. 投资股票市场等流动性较好的金融场所

企业的闲置资金也可以投入到股票市场等金融场所进行理财。这种理财方式虽然会获得很高的收益，而且流动性非常好，不会耽误企业的资金使用，可以随时变现，但是股票市场的风险很大，加之如果企业股票投资经验缺乏，很容易导致大面积亏损，一旦亏损后很难坚决割肉退出，这势必会影响企业正常的生产经营。

（二）企业闲置资金理财需注意的问题

1. 区分闲置的时间

企业的资金闲置时间长短不一，在进行理财之前要先确定企业的资金闲置是多长时间。如果企业的资金闲置时间比较短，比如只是节假日或者双休日，就要选择资金回收周期较短的投资项目。此时可以选择企业通知存款或者短期质押式回购，只有这样才能尽可能大地获得收益，又可以短时间内回收资本金，进行正常的生产经营。如果闲置时间较长，可以选择投资周期较长的投资品种，如购买国债、长期储蓄、购买保险等，既可以保证资金的安全增值，也可以在有效的时间内保证资金的回收利用。

2. 合理地确定企业自身的风险承受能力

要取得资金的收益是有风险的，理财的前提之一就是自身要有一定的风险承受能力，高收益高风险，低收益低风险。如果企业风险的承受能力较弱，就选择安全性较高的投资品种，如银行储蓄、购买保险、国债等投资品种。如果自身的风险承受能力较强，可以将资金投入股票市场获得更高的收益，或者购买收益更高的信托和开放式基金等。

3. 判断自身的理财能力

理财是有风险的，不仅是投资产品自身的风险，而且理财主体的知识结构和水平也决定理财的风险高低。企业应该清楚地认识到这一点，合理地判断自身理财的水平。如果自身不具备理财的实力，最好是选择专业的理财机构或者银行，在专业理财机构的指导下购买投资产品，或者直接将资金交给委托代理机构，自己不用花费太多的精力就可以轻松获得收益。如果自身具备理财的投资实力，则可以自主理财，可以根据企业自身的特点选择适合自己的理财产品，但是在这种情况下，企业会花费大量的精力放在投资上，或多或少会影响企业的正常生产经营。或者企业可以建立自己的投资公司，主营业务就是负责投资，将自己企业的闲置资金进行专业有效的理财。这样既可以省下理财代理费用和中介费用，也可以促使投资公司以企业价值最大化为目标，有效避免理财机构为了自己的利益使委托人受损的情况出现，从而更大地挖掘企业价值。

4. 树立资金时间价值的理念

资金的时间价值，是将资金用作某项投资，可以得到一定的收益或利润，即资金增值。如果放弃资金的使用权利，相当于失去收益的机会，也就等于付出了一定的代价。在一定时期内的这种代价，就是资金的"时间价值"。当前企业应该重视资金的时间价值理念，不能任由资金使用效率低下、投资泛滥等情况的出现，要最大限度地根据时间价值理念在资金周转过程中创造价值，为企业赢得更多的利益。

企业理财的关键是企业资金安全性、流动性与收益性的有机结合。简单来讲，"企业理财"主要包括三个方面：一是保证资金安全，规避资金风险；二是提高资金利用效率；三是促使资金最大限度地升值，即"钱生钱"。如企业的资金只要闲置 1 天（含）以上就可以理财了，可以投资于货币市场基金和国债逆回购，还能保持资金极高的流动性，以 1 000 万元闲置资金为例，投资货币市场基金每天收益大约在 700 元，投资国债的逆回购每天的收益大约在 1 388 元，而在银行每天的活期利息收益仅为 136 元左右。如果企业的资金闲置在 3 个月以上，可以考虑类固定收益的产品，目前的信托产品，基本都是 100 万元起买，年化收益为 10% 左右，具有非常好的收益性和安全性。

> [阅读材料]
>
> 银行承兑汇票主要有以下三种应用方式。
>
> 一是企业以银行承兑汇票支付货款来弥补短期资金不足，节省现金流支出。
>
> 二是企业开出差额保证金银行承兑汇票，可放大信用，用更少的钱、更低的融资成本筹集更多资金。
>
> 三是企业资金短缺时还可将收到的银行承兑票据申请贴现或者背书转让，及时补充流动资金或支付货款。
>
> 近两年银行承兑汇票使用方式出现了新的特点，大量企业运用银行承兑汇票进行融资和套利交易。主要有以下方式。
>
> 第一，将库存银行承兑汇票贴现，取得的资金归还高息贷款。根据目前的贷款和票据贴现利率，票据融资比中期贷款成本低。目前票据贴现月息在1.4‰左右，而6个月期银行贷款月利率则约为4.05‰，利用票据融资成本远低于直接贷款成本。
>
> 第二，利用利率倒挂存在的套利空间获取套利收益。这种方式下有两种方法。
>
> 第一种方法：企业先进行短期定期存款，再以存款作为保证金要求开出银行承兑汇票对外进行支付，持票者随时可以要求贴现，贴现利息由开票企业承担。现在的半年期定期存款月息为1.65‰，而票据的贴现月息在1.4‰左右，6个月的利差为1.5‰。由于贴现息比银行存款利息低，从而开票企业可以获取票据贴现利率和定期存款利率之间的利差。对于企业而言，即便是全额保证金承兑，也存在非常可观的套利空间；如果使用部分保证金承兑，则套利空间更大。
>
> 第二种方法：企业将短期内即将到期的应收承兑汇票质押，作为保证金开出银行承兑汇票对外支付，应收承兑汇票到期后收回的资金存入银行计算存款利息，待应付银行承兑汇票到期后用于兑付。这样可以充分利用时间差获取存款收益。

> [阅读材料]
>
> **ABC股份有限公司货币资金管理办法**
>
> 第一章 总 则
>
> 第一条 为了加强公司货币资金管理，提高货币资金使用效率，确保货币资金的安全与完整，根据《中华人民共和国会计法》和《支付结算管理办法》等法律法规，结合公司实际，制定本办法。
>
> 第二条 本办法所指货币资金是指在生产经营活动中停留于货币形态的资金，包括现金、银行存款和其他货币资金。
>
> 第三条 财资部对公司所有货币资金统一管理，统一核算。

第四条　各部门要加强对合同收入的管理，设立专人催收应收等未达账项，确保合同资金及时入账。

第五条　任何部门或个人未经公司授权或委托，不得擅自以公司名义出具各种收款凭据（发票或收据）。

第二章　货币资金办理程序

第六条　经办人（借款人或报销人）按照《公司财经业务审批程序和审批权限管理办法》要求，填制相关表单，通过网上审批系统进行审批。

第七条　会计人员对批准后的借款或报销等申请表进行复核，复核申请支付的批准范围、权限、程序是否正确，手续及相关单据等是否合规、齐全，金额计算是否正确，支付方式、支付单位是否妥当，复核无误后，编制支付凭据（或记账凭证）。

第八条　出纳依据经会计人员复核的支付凭据（或记账凭证），办理货币资金收支手续，经办人（借款人或报销人）在相关单据上签字确认后，出纳要及时登记相关账簿。

第三章　财务岗位分工

第九条　出纳负责办理货币资金的收支、存取和保管业务，出纳不得兼任稽核、会计档案保管和收入、支出、费用、债权、债务账目的登记工作。为确保人员和资金安全，出纳到银行办理业务必须乘坐公司自有车辆。

第十条　负责复核的会计人员要对银行回单及时处理，减少期末未达事项。

第十一条　负责稽核的会计人员要对与货币资金支付相关的业务进行审核，每日要对收付款凭证进行稽核。

第十二条　财资部保险柜由出纳保管和使用，用以保存现金、支票、有价证券、银行票据、POS机卡、网银秘钥等，保险柜不得存放私人物品。

第十三条　银行票据由出纳负责保管，银行预留印鉴由会计人员负责保管。

第十四条　同一财务人员不得全过程（收据或发票的开具、网银的录单和审核、单据的报销和审核及付款）办理货币资金收支业务。

第四章　现金管理

第十五条　现金使用范围：

1. 1 000元以内的日常支出；
2. 需要以现金形式携带的差旅备用金；
3. 无法通过银行转账支付的款项。

第十六条　严格执行银行核定的现金最高库存限额标准，超出限额部分的现金当天必须存入银行。

第十七条　经办人（借款人或报销人）需要现金超过3 000元的，需提前一天向出纳预约。到银行存取现金超过20 000元的，必须两人以上到银行共同办理。

第十八条　出纳按支付顺序逐日逐笔登记《现金日记账》，对库存现金做到日清月结；不得白条抵库，不得坐支和挪用现金。

第十九条　出纳在存取现金的过程中发生被抢劫、被偷盗等情况，应该立即向事故管辖区域的公安部门报案（或拨打110），并同时向公司领导汇报。

第二十条　现金收支程序：

1. 现金收款：现金收款收据或发票由专人负责开具，客户联由保管印章人员加盖财务专用章后交予客户（或经办人），记账联交予出纳收取现款，出纳收款后加盖"现金收讫"章，并立即将该联移交负责现金凭证处理的会计进行处理。

2. 现金付款：出纳依据经会计人员复核的支付凭证（或记账凭证）办理付款手续，经办人（借款人或报销人）领取现金后在相关单据上签字确认。出纳付款后在支付凭证（或记账凭证）上加盖"现金付讫"章。

第五章　银行存款管理

第二十一条　除可以用现金收付以外的一切收付款项都必须通过银行办理转账结算。

第二十二条　银行结算包括网银、POS、支票、银行汇票、汇兑、委托收款或托收承兑、信用证、银行承兑等方式。

第二十三条　支付超过100万元以上（含100万元）的款项，经办人（借款人或报销人）要提前10个工作日向出纳预约。

第二十四条　每月末，财资部要及时将银行收支和结余情况报公司领导，以便合理组织资金的收支。

第二十五条　财资部要严格遵守《银行开户管理办法》，根据公司的业务实际，选择具有本外币结算能力的银行开立账户，办理结算，不得出租、出借账户。

第二十六条　因公司业务发展需要增加开立、变更和注销银行账户，需由相关部门书面申请，经公司领导批准后方可实施。

第二十七条　出纳应每天到有业务发生额的银行收取银行结算凭证，以便会计人员依据原始凭据及时入账。

第二十八条　出纳要在每月10日前完成《银行日记账》与银行对账单核对，发现差错应及时更正。《银行日记账》与银行对账单余额应该相符，若有不符必须逐笔查找原因，同时编制"银行余额调节表"，调节后的余额必须一致。

第二十九条　出纳要及时督促经办人（借款人或支票领用人）尽快还款或报销，调节表上的未达账项必须于两个月内全部入账。

第三十条　办理银行支款程序：

1. 支票的领取：

（1）银行支票只能由公司员工领取，领用支票时必须向财资部出具按规定完成审批程序的借款单（或报销单），且支票领用人须在支票领用登记簿上签字。

（2）支票领用后应在10个工作日内报销。若有特殊原因不能在规定期限内报销的，支票领用人应出具有部门负责人签字同意的书面说明。对于超过两个月不能报销的支票，支票领用人必须办理转借款手续。

（3）财务人员不得签发远期支票和印鉴齐全的空白支票，不得出借、出租或将支票转让给其他单位使用。

2. 网银汇款支付：出纳依据经会计人员复核的支付凭据（或记账凭证）录入网银系统，经网银授权批复人在网银系统中审核后支付，经办人（借款人或报销人）须在相关单据上签字确认。

3. 公司不同开户行之间的资金调度，由出纳书面申请，经公司领导审批同意后方可进行资金划转。

第六章　其他货币资金管理

第三十一条　其他货币资金包括外埠存款、银行汇票、银行本票、信用卡存款和信用证保证金存款。

第三十二条　签发外埠存款、银行汇票、银行本票、信用卡存款需按公司规定办理审批手续后，由财资部统一按国家有关票据和支付结算制度的要求办理。

第三十三条　出纳对各种银行票证要建立备查账簿，收取或交付票证必须记录票证的详细信息以及经办人（或借款人、报销人）签字。对有期限的银行票证要及时办理催交手续并定期进行清理。

第三十四条　经办人从外单位收取银行票证后，要及时送交财资部入账。对于公司出具的银行票证，对方未入账的，经办人也要及时将票证返回公司财资部，以便出纳办理核销手续。

第七章　货币资金盘点

第三十五条　出纳根据《现金日记账》每日对库存现金进行盘点核对。

第三十六条　负责稽核的会计人员每周不定时地不少于1次对出纳的现金日记账与资金支付单证进行盘点核对，每月期末最后一次盘点现金实存数后，应编制分币种、面值的《库存现金盘点表》，现金盘点实行"长收短赔"。

第三十七条　财资部主任负责不定期对保险柜的使用情况、库存现金、有价证券、现金和银行日记账、银行存款对账单等进行抽查及核对。

第三十八条　每核对一次发现有差异，应查明原因并做好记录，须由双方签字确认，发生违纪立即报告公司领导，由公司追究责任人的责任。

第八章　附　　则

第三十九条　本办法由公司财资部负责解释，并根据公司业务发展需要进行补充和修订。

第四十条　本办法自发布之日起执行。

第三节 应收账款管理

一、应收账款的定义

应收账款是指企业销售产品、商品或提供劳务等原因，应向购货客户或接受劳务的客户收取的款项和代垫的运杂费中，尚未收回的部分。它是企业采取信用销售而形成的债权性资产，是企业流动资产的重要组成部分。

二、应收账款的作用

为什么要给客户以赊欠货物的权利？其对公司的经营发展有什么帮助？企业对外赊欠形成应收账款的作用主要体现在以下方面。

1. 贷款融资

应收账款可以作为企业申请流动资金贷款的条件之一，根据其金额大小及应收下游企业的资信质量可以向银行申请流动资金贷款，用于补充企业流动资金和扩大经营。事实上，很多流动资金贷款就是贸易链贷款，只要下游客户资信足够好，银行就可能开启足够的信用额度向生产商提供流动资金。

例如，某企业与宝钢集团签订某项设备供应合同，企业仅凭此合同中宝钢集团关于还款方式的保证就可以向银行申请流动资金，补充生产经营之需。

2. 扩大销售

在市场竞争日益激烈的情况下，赊销是促进销售的一种重要方式。企业赊销实际上是向顾客提供了两项交易：向顾客销售产品以及在一个有限的时期内向顾客提供资金。赊销对顾客来说是十分有利的，所以顾客在一般情况下都选择赊购。赊销具有比较明显的促销作用，对企业销售新产品、开拓新市场、打压竞争对手等具有重要的意义。

3. 减少库存

企业持有产成品存货，要追加管理费、仓储费和保险费等支出；相反，企业持有应收账款，则无须上述支出。因此，当企业产成品存货较多时，一般都可采用较为优惠的信用条件进行赊销，把存货转化为应收账款，减少产成品存货，节约相关的开支。

4. 提高企业经营利润

按照会计制度的规定，企业账面持有存货时间过长，还可能存在存货跌价减值的风险从而导致经营利润受损，而存货一经销售，其销售利润即可在当期得以确认。对上市公司而言，经营利润的提升能够吸引更多的投资者，从而整体上推高企业的估值。

三、应收账款管理的目标

对于企业而言，应收账款的存在本身就是一个产销的统一体，企业一方面应用它来促进销售，扩大销售收入，增强竞争能力，同时又希望尽量避免由于应收账款的存在而给企业带来的资金周转困难、坏账损失等弊端。如何处理和解决好这一对立又统一的问题，便是企业应收账款管理的目标。

应收账款管理的目标，是要制定科学合理的应收账款信用政策，并在这种信用政策所增加的销售盈利和采用这种政策预计要担负的成本之间做出权衡。当所增加的销售盈利超过运用此政策所增加的成本时，才能实施和推行使用这种信用政策。同时，应收账款管理还包括企业未来销售前景和市场情况的预测和判断，及对应收账款安全性的调查。如企业销售前景良好，应收账款安全性高，则可进一步放宽其收款信用政策，扩大赊销量，获取更大利润；相反，则应相应严格其信用政策，或对不同客户的信用程度进行适当调整，确保企业获取最大收入的情况下，又使可能的损失降到最低点。

因此，企业应收账款管理的重点就是根据企业的实际经营情况和客户的信誉情况制定合理的信用政策，这是企业财务管理的一个重要组成部分，也是企业为达到应收账款管理目的必须合理制定的方针策略。

四、应收账款的潜在风险

由此看来，如何灵活运用赊销政策以及对应收账款的科学管理是企业管理者需要重视的重要因素。如果对购货企业应收账款放得太松，最直接影响的是企业资金运作，最坏的结果是应收账款不能收回，在企业中形成大量的呆账、死账。但是对应收账款管得太死，一些企业走向极端会出现不给钱不发货，坚守"款到发货"紧缩供货现象，这将会影响企业的销售，造成部分客户流失。总体来看，企业运用应收账款潜在的风险如下。

1. 企业效益下降

降低企业的资金使用效率，使企业效益下降。由于企业的物流与资金流不一致，发出商品，开出销售发票，货款却不能同步回收，而销售已告成立，这种没有货款回笼的入账销售收入，势必导致没有现金流入的销售业务损益产生；而销售税金及年内所得税必须在规定期限内上缴，如果涉及跨年度销售收入产生的应收账款，则可导致企业流动资产垫付股东年度分红。企业因上述追求表面效益而产生的垫缴税款及垫付股东分红，占用了大量的流动资金，久而久之必将影响企业资金的周转，进而导致企业经营实际状况被掩盖，影响企业生产计划、销售计划等，无法实现既定的效益目标。

2. 虚增企业利润

由于我国企业实行的记账基础是权责发生制，发生的当期赊销全部计入当期收入。因此，企业的账上利润的增加并不表示能如期实现现金流入。会计制度要求企业按照应收账款余额的百分比来提取坏账准备，坏账准备率一般为3%—5%（特殊企业除外）。如果实际发生的坏账损失超过提取的坏账准备，会给企业带来很大的损失。因此，企业应收款的大量存在，虚增了账面上的销售收入，在一定程度上夸大了企业经营成果，增加了企业的风险成本。

有时候企业还会由于盲目扩张销售导致流动资金不足，不得不向银行融资，增加了企业的财务负担，直接抵消了企业的净利润。

3. 加速企业现金流出

赊销虽然能使企业产生较多的利润，但是并未真正使企业现金流入增加，反而使企业不得不运用有限的流动资金来垫付各种税金和费用，加速了企业的现金流出，主要表现为以下三个方面。

（1）企业流转税的支出。应收账款带来销售收入，并未实际收到现金，流转税是以销售为计算依据的，企业必须按时以现金缴纳。企业缴纳的流转税如增值税、营业税、消费税、资源税以及城市建设税等，必然会随着销售收入的增加而增加。

（2）所得税的支出。应收账款产生了利润，但并未以现金实现，而缴纳所得税必须按时以现金支付。

（3）现金利润的分配，也同样存在这样的问题；另外，应收账款的管理成本、应收账款的回收成本都会加速企业现金流出。

4. 影响企业营业周期

营业周期即从取得存货到销售存货，并收回现金为止的这段时间。营业周期的长短取决于存货周转天数和应收账款周转天数，营业周期为两者之和。由此看出，不合理的应收账款的存在，使营业周期延长，影响了企业资金循环，使大量的流动资金沉淀在非生产环节上，致使企业现金短缺，影响工资的发放和原材料的购买，严重影响企业正常的生产经营。

5. 增加管理成本支出

企业面对庞杂的应收款账户，必须加强管理力度和核算人员。有些企业财务人员紧缺，往往以销售助理这样的角色来担任应收账款的管理，由于其专业性的缺乏，且日积月累数据处理量庞大，核算差错难以及时发现，使企业管理者不能及时了解应收款动态情况以及应收款对方企业详情，造成责任不明确。应收账款的合同、合约、承诺、审批手续等资料的散落、遗失还可能使企业已发生的应收账款该按时收的不能按时收回，该全部收回的只有部分收回，能通过法律手段收回的却由于资料不全而不能收回，或者错过诉讼期限直至到最终形成企业资产的损失。

五、加强应收账款管理的手段

如何做好应收账款管理工作，最重要的是制定科学合理的应收账款信用政策。在科学管理制度的监督下，企业要从以下三个方面强化应收账款信用政策执行力度。

（一）对外做好客户资信调查

一般说来，客户的信用资料可以通过以下途径获取。

（1）财务报表。通过客户单位财务报表一些比率的分析，特别是对资产的流动性和存货、应付账款周转的比率进行分析，来评价企业能力、资本、条件的好坏，以利于企业提高应收账款的管理效果。

（2）信用评级报告或向有关国家机构核查。银行和其他金融机构或社会媒体定时都会向社会公布一些客户的信用等级资料，可以从相关报刊资料中进行搜集，也可向客户所在地的工商部门、企业管理部门、税务部门、开户银行的信用部门咨询，了解该企业的资金注册情况，生产经营的历史、现状与趋势，销货与盈利能力，税金缴纳情况等，看有无不良历史记录来评价企业的品德等。

（3）商业交往信息。企业的每一客户都会同时拥有多个供货单位，所以企业可以通过与同一客户有关的各供货企业交换信用资料，如往来时期的长短、提供的信用条件以及客户支付货款的及时程度。

对上述信息进行信用综合分析后，企业就可以对客户的信用情况作出基本判断，并建立客户档案，除客户的基本资料如姓名、电话、住址等以外，还需着重记录客户的财务状况、资本实力以及历史往来记录等，并对每一客户确定相应的信用等级。但需注意的是，信用等级并非一成不变，最好能每年做一次全面审核，以便于能与客户的最新变化保持一致。对于不同信用等级的客户，企业在销售时就要采取不同的销售策略及结算方式。

（二）对内加强应收账款的管理

公司在应收账款的日常管理工作中，可以建立客户档案，可以从以下几方面做好应收账款的日常管理工作。

（1）做好基础记录，了解客户（包括子公司）付款的及时程度，包括企业对客户提供的信用条件、建立信用关系的日期、客户付款的时间、目前尚欠款数额以及客户信用等级变化等，企业掌握这些信息后，可以及时采取相应的对策。

（2）检查客户是否突破信用额度。根据客户交易量大小及资信情况，给每个客户授予一定的信用额度，并及时注意检验客户所欠债务总额是否突破信用额度。

（3）掌握客户已过信用期限的债务。密切监控客户已到期债务的增减动态，以便及时采取措施与客户联系提醒其尽快付款。

（4）分析应收账款周转率和平均收账期，看流动资金是否处于正常水平。企业可通过该项指标，与以前实际、现在计划及同行业相比，借以评价应收账款管理中的成绩与不足，并修正信用条件。

（5）编制账龄分析表，检查应收账款的实际占用天数。

同时，企业在财务管理工作中还要遵循稳健性原则，对坏账损失的可能性预先进行估计，积极建立弥补坏账损失的准备制度。如某段期间企业坏账频发，则要重新检讨企业信用政策是否合理；如实际坏账准备率大于或低于预计坏账准备率，企业必须及时而修正信用标准。

（三）加强应收账款的事后管理

企业应对逾期拖欠的应收账款应进行账龄分析，并加紧催收。收账管理包括如下两部分工作。

（1）确定合理的收账程序。催收账款的程序一般为：信函通知、电报电话传真催收、派人面谈、诉诸法律。在采取法律行动前应考虑成本效益原则，遇以下几种情况则不必起诉：诉讼费用超过债务求偿额；客户抵押品折现可冲销债务；客户的债款额不大，起诉可能使企业运行受到损害；起诉后收回账款的可能性有限。

（2）确定合理的讨债方法。一般可以进行应收账款债权重整：接受欠款户按市价以低于债务额的非货币性资产予以抵偿；改变债务形式为"长期应收款"，确定一个合理利率，同意客户制定分期偿债计划；修改债务条件，延长付款期，甚至减少本金，激励其还款；在共同经济利益驱动下，将债权转变为对客户的"长期投资"，协助启动亏损企业，达到收回款项的目的。如客户已达到破产界限，则应及时向法院起诉，以期在破产清算时得到部分清偿。

（四）加强应收账款的财务管理

1. 设置应收账款明细分类账

在总分类账的基础上，按信用客户的名称设置明细分类账，详细、序时记载与各信用客户的往来情况。应收账款明细分类账的设置与登记通常应注意以下几点。

（1）全部赊销业务都应正确、及时、详细登入有关客户的明细分类账，随时反映每个客户的赊欠情况，根据需要设置销货特种日记账以反映赊销情况。

（2）赊销业务的全过程分工执掌，如登记明细账、填制赊欠客户赊欠账单、向赊欠客户交送或邮寄账单和处理客户收入的现金等，分派专人负责。

（3）明细账应定期同总账核对。

2. 设置专门的赊销和征信部门

应收账款收回数额的多少和时间的长短取决于客户的信用。坏账将造成损失，收账期过长将削弱应收账款的流动性。所以，企业应设置赊销和征信部门，负责赊销账款的及时催收，加速资金周转。一般对账款的催收期限不能间隔太长，因为在法律上太长的期限可能暗示债权的放弃（两年为限）。

3. 实行严格的坏账核销制度

应收账款因赊销而存在，所以，应收账款势必存在无法收回的风险，即发生坏账的风险，可以说坏账是赊销的必然结果。在会计处理上坏账被理解为赊销费用，为了缩小企业的损失，根据配比原则，发生的坏账应同收益进行配比，从收益中扣除，从而列示企业的实有资产，同时不虚夸所有者权益及收益，这也是谨慎性原则的要求。

准确核销坏账和制定严格的坏账核销制度，主要包括以下三个方面的内容。

（1）准确地判断是否为坏账，坏账的确认核销应事先确定原则，如至少经总经理审批等。

（2）在应收账款明细账中清晰地记载坏账的核销，对已核销的坏账仍要进行专门的管理，只要债务人没有死亡或破产，都要为以后的核对及审查留下信息。

（3）对已核销的坏账又重新收回要按照会计制度处理，这样做有利于管理人员掌握信息，重新树立客户形象，更改客户资信档案。

4. 充分利用应收账款进行融资

应收账款的持有一般不会增值，若考虑货币的时间价值，它的持有将会造成损失。因此，企业财务管理者应充分利用应收账款，使其增值，为企业带来效益。

六、影响应收账款收回的因素

我们知道，企业应收账款的形成过程中已经伴随着企业税收现金流支出的产生和存货等生产资料减少的变化，企业如果不能收回应收账款，最直接的后果就是营业利润的减少和预期现金流不能实现。简单地说，在销售得到确认后，企业尚未全额收到货款，但是已经全额支付经营税负、工资等费用，因此有时候也形象地说应收账款的回收工作"收到的都是钱、坏掉的都是利润"。在实际工作中，影响应收账款回收的因素主要有以下几方面。

1. 企业的风险意识

大部分企业的领导者和经营者没有明确要健全应收账款管理制度的意识，他们所注重的是企业生产经营工作，对如何理财还缺乏意识和经验。企业经营者认为清理应收账款是财务部门和财务人员的事，与经营本身没有直接关系。有些生产制造型企业还认为决定企业利润和业绩的是生产部门和销售部门，财务部门只是低人一等的核算和执行部门；而且从会计制度来说，确实企业生产达产、销售完成就可以确认利润了。

2. 企业的管理机制

企业没有建立健全明确的应收账款管理、责任机制，缺少必要的内部控制，导致企业内部管理无章，放任自流，大量的应收账款对不上、收不回，对损失的应收账款无法追究责任。有些企业虽然对应收账款设立了规章制度，但却有章不循，形同虚设，财务部门不能及时与业务部门核对，销售与核算脱节，问题不能及时暴露。有的企业由于管理人员历经轮换，与应收账款相关的资料和人员几易其手，应收账款最终形成一个长期无法准确厘清的黑洞，即便换上新的财务经理和人员也可能对应收账款心中无数，更谈不上管理和清收了。

而在另一些企业中，内部激励机制也很不健全。企业为了调动销售人员的积极性，往往只将工资报酬与销售任务挂钩，而忽略了产生坏账的可能性，未将应收账款纳入考核体系。因此，销售人员为了个人利益，只关心销售任务的完成，导致应收账款大幅度上升。而对这部分应收账款，企业没有采取有效措施要求有关部门和经销人员全权负责追款，应收账款大量沉积下来，给企业经营背上了沉重的包袱。

3. 企业的信用政策

当企业为了扩大市场占有率、扩大销售量，大量运用商业信用进行促销时，没有在事先对付款人资信情况做深入调查，盲目采用赊销策略去争夺市场，忽视了大量被客户拖欠占用的流动资金能否及时收回的问题。这就是客户的不良信用对应收账款产生的风险。

4. 企业的商品质量

商品质量的好坏、价格的高低及品种规格是否齐全均会影响客户的付款愿望。一些企业销售的商品价格高、质量差，或规格不符合客户的要求，客户购买此类商品后有上当受骗的感觉，最终导致了客户延期付款，甚至拒付。

5. 商业信用不发达

我国企业产权制度落后，缺乏法律观念。由于全民信用意识不普及，社会信用体系不完备、不可靠，使得失信带来的收益往往大于守信的成本。如有些企业濒临破产，还会恶意采购，导致对方的应收账款形成事实坏账。在这种情况下，只能希望全社会形成信用准则，树立成熟的信用竞争意识。

6. 市场竞争

在市场竞争条件下，竞争机制作用迫使企业以各种手段扩大销售。赊销作为企业扩大销售的主要手段，除了能够向客户提供所需要的商品外，还在一定时期内向客户提供资金。企业间的激烈竞争要求企业向客户提供的信用条件起码与它的竞争对手所提供的相等，甚至更优一些。货币信用政策使其获得了竞争上的有利条件，但同时也带来了应收账款风险。

对于这些情况的掌握，不光对维护应收账款的完整性有利，而且还利于企业对生产经营的控制，提高产品质量，改善企业的生存环境。

七、信用标准

信用标准是指公司决定授予客户信用所要求的最低标准，代表公司愿意承担的最大的付款风险的金额。如果客户达不到该项信用标准，就不能享受公司按商业信用赋予的各种优惠，或只能享受较低的信用优惠。

（一）信用标准简介

信用标准是指当采取赊销手段销货的企业对客户授信时，对客户资信情况要求的最低标准，通常以逾期的 DSO 和坏账损失比率作为制定标准的依据。企业信用标准的设置，直接影响对客户信用申请的批准与否，是企业制定信用管理政策的重要一环。

信用标准是客户获得企业商业信用所应具备的最低条件，通常以预期的坏账损失率表示。如果企业把信用标准定得过高，将使许多客户因信用品质达不到所设的标准而被企业拒之门外，其结果尽管有利于降低违约风险及收账费用，但不利于企业竞争能力的提高和销售收入的扩大。相反，如果企业接受较低的信用标准，虽然有利于企业扩大销售，提高市场竞争力和占有率，但同时也会导致坏账损失风险加大和收账费用增加。为此，企业应在成本收益原则的基础上，确定适宜的信用标准。

（二）信用标准评价

企业在设定某一顾客的信用标准时，往往先要评价其赖账的可能性，比较流行的方法是"5C 模型"，即考虑客户的品质（character）、能力（capacity）、资本（capital）、抵押（collateral）、条件（condition）。

1. 品质

品质指的是顾客的信誉，即履行偿债义务的可能性。企业必须设法了解顾客过去的付款记录，看其是否有按期如数付款的一贯做法，及与其他供货企业的关系是否良好，这一点经常被视为评价顾客信用的首要要素。

2. 能力

能力是指顾客的偿债能力，即其流动（或速动）资产的数量和质量以及与流动负债的比率。顾客的流动资产越多，其转换为现金支付款项的能力越强。同时，还应注意顾客流动资产的质量，看是否有存货过多、过时或质量下降，影响其变现能力和支付能力的情况。

3. 资本

资本是指顾客的财务实力和财务状况，表明顾客可能偿还债务的背景。管理者通过对方企业的财务比率所反映的企业资产构成状况进行判断，其中有形资产在总资产中所占的比例是非常重要的指标。

4. 抵押

抵押是指顾客拒付款项或无力支付款项时能被用作抵押的资产。这对于不知底细或信用状况有争议的顾客尤其重要。一旦收不到这些顾客的款项，便以抵押品抵补。如果这些顾客提供足够的抵押，就可以考虑向他们提供相应的信用。

5. 条件

条件是指可能影响顾客付款能力的经济环境。比如，万一出现经济不景气，会对顾客的付款产生什么影响、顾客会如何做等等，这需要了解顾客在过去困难时期的付款历史。

八、信用条件

信用条件是指销货企业要求赊购客户支付货款的条件，包括信用期限、折扣期限和现金折扣。信用期限是企业为顾客规定的最长付款时间，折扣期限是为顾客规定的可享受现金折扣的付款时间，现金折扣是在顾客提前付款时给予的优惠。

（一）信用期限

信用期限确定客户在赊购货物后多少天之内支付货款，是企业为客户规定的最长的付款时间界限，并在赊销合同中取得了客户的正式承诺。信用期限的长短是企业制定信用管理政策时首先要解决的问题。较长的信用期限，会刺激客户的购货热情，吸引更多的客户，给企业带来扩大市场份额和增加销售额的好处，但同时给企业带来风险。相反，较短的信用期限，虽然减少了持有应收账款相关的成本，但是直接影响到企业的赊销规模，增加了库存压力，同时降低了企业在市场中的竞争力。所以，合理的信用期限应当着眼于使企业的总收益达到最大,理论上最低限度是损益平衡。

通常,信用期限取决于交易传统,同行业企业经常采用类似的信用期限,但不同行业间的信用期限则可能差别很大,信用期限在30天到70天不等。通常,影响信用期限长短的因素主要有两个:一是买方拥有货物的时间。信用期限不应该超过赊销客户自己消耗货物的时间,也不会允许延长信用期限到货物再销售之后。二是市场竞争激烈程度。通常赊销企业所在行业竞争越激烈,给予客户的信用期限越长。

一般来说,企业的信用条件是遵循本行业的惯例给出的,它是基于一定的外部经济环境,在充分考虑到企业自身资金实力的情况下,本着提高最终效益和增强竞争力思想确定的。给客户的信用条件如何,直接影响甚至决定着企业应收账款的持有水平和规模。

(二)现金折扣

现金折扣政策的主要目的是为了吸引客户为享受优惠而提前付款,缩短平均收现期。其主要内容在其他章节已有说明,在此不再赘述,以下就现金折扣主要从以下方面进行分析。

1. 现金折扣的作用

现金折扣是企业财务管理中的重要因素。对于销售企业,现金折扣有两方面的积极意义:缩短收款时间和减少坏账损失。但现金折扣的副作用是减少现金流量。

2. 现金折扣的核算方法

由于现金折扣直接影响企业的现金流量,所以,必须在会计中反映。核算现金折扣的方法有三种:总价法、净价法和备抵法。我国新企业会计准则要求采用总价法入账,不允许采用净价法。

(1)总价法:销售商品时以发票价格同时记录应收账款和销售收入,不考虑现金折扣,如购货企业享受现金折扣,则以"销售折扣"账户反映现金折扣。销售折扣作为销售收入的减项列入损益表。

(2)净价法:销售商品时以发票价格同时记录应收账款和销售收入,如购货企业未享受现金折扣,收到的现金超过净价的部分作为利息收入记入"财务费用"的贷方。

(3)备抵法:销售商品时以发票价格记录应收账款,以扣除现金折扣后的净价记录销售收入,设一备抵账户"备抵销售折扣"反映现金折扣,"备抵销售折扣"是指应收账款的对销账户。

从理论上讲,净价法和备抵法以可变现净值计量应收账款,并能恰当地反映销售收和利息收入,优于总价法;总价法和备抵法记录销货退回与折让,因而优于净价法。在现实生活中,由于多数顾客期望享受现金折扣,总价法便高估了当期的收入和期末的应收账款,但因记录简便而得到广泛运用。

(三)收账政策与信用条件的关系

信用条件是销售活动的事前设计和事中控制,而收账政策是指当客户未按事先约定在信用期内付款时企业所采取的事后补救方法。收账政策会影响利润。当企业采取积极的收账政策时,会减少应收账款及坏账损失,但有可能增加收账成本;反之,如果采取消极的收账政策,会增加应收账款占用额和坏账损失。因此,企业在选取收账政策时,应视逾期时间长短、欠缴金额大小、不同的客户、不同的产品参考信用条件灵活运用。对于逾期时间较短的客户,可通过信函、电话等方式催收;对于情形较严重者,必要时还可提请有关部门仲裁或提起诉讼等。

阅 读 材 料

ABC 股份有限公司应收账款管理办法

1. 总则
1.1 为加强对公司资金的管理,及时回收账款,制定本办法。
1.2 各部门要定期检查销货收入资金回笼情况,对没有及时回收之货款,要登记造册,安排专人催欠。
2. 应收款的范围
应收款包括应收账款、应收票据、其他应收款项和预付账款。
3. 管理部门
应收账款的管理部门为财务部。
4. 信誉调查
4.1 赊销商品前,销售人员应对客户做信用调查,并报告销售主管。赊销金额在 X 万元以上的,应由总经理决定是否赊销。
4.2 赊销产品时可以要求客户提供相应的担保。如果是财产抵押担保,对抵押物应当办理登记。
5. 应收账款报告
5.1 应收账款实行每月向主管经理报告一次的制度。各单位于每月 3 日将上一个月的应收账款情况报财务部,由财务部汇总后报公司主管经理。
5.2 应收账款报告的内容包括欠款单位、欠款数额、欠款时间、经办人、是否发出催债的书面通知等。
6. 催款责任

6.1 财务部对到期应收账款,应当书面通知该账款的经办人,由经办人负责催讨账款。

6.2 经办人应当每旬向财务部报告一次催款情况。应收账款到账后,应当及时销账。

7. 问题账款的处理

7.1 对于欠账人赖账不还的,应当在诉讼时效期间内依据合同的规定向法院提起诉讼或者向仲裁委员会提请仲裁。采取法律手段催讨欠款的,由财务部提出方案,报公司经理会议决定。

7.2 因经办人的责任导致应收账款超过诉讼时效而丧失胜诉权的,由经办人承担法律责任。

8. 坏账准备金

公司按期对应收账款和其他应收款提取坏账准备金。当应收账款被确认为坏账时,应根据其金额冲减坏账准备金,同时转销相应的应收账款金额。

9. 坏账准备金的提取比例

账　　期	比　　例
6个月至1年	5%—10%
1年至2年	10%—30%
2年至4年	30%—50%
4年至5年	50%—100%
5年以上	100%

10. 业务员收款

10.1 业务员收到货款后,应于当日填写收款日报一式四份:一份自留,三份交财务部。

10.2 收取支票的,业务员应当审核支票记载的金额、发票人的图章、发票的年月日、付款地等项目是否齐全、清晰。金额是否大写,如果支票不符合规定,应当要求对方更换。

10.3 业务员对于应收账款的回收负有责任的,逾期收款扣除相应的工作业绩:

10.3.1 超过30日的,扣该票金额20%的业绩;

10.3.2 超过60日的,扣该票金额40%的业绩;

10.3.3 超过90日的,扣该票金额60%的业绩;

10.3.4 超过120日的,扣该票金额80%的业绩;

10.3.5 超过140日以上的,扣该票金额100%的业绩。

11. 问题账款的内部处理程序

11.1 问题账款是指本公司营业人员于销货过程中所发生的被骗、被倒账、收回票据无望、无法如期兑现全部或者部分货款的情况。

11.2 问题账款发生后,该单位应在2日内,据实填妥问题账款报告书,并检附有关证据资料等,依程序呈请单位主管审查并签注意见后,转呈法律顾问处协调处理。

11.3 法律顾问处在收到报告后,应于2日内与经办人、单位主管会商处理办法,经总经理批准后,法律顾问处派人协助经办人处理。

11.4 问题账款发生后，单位未在 2 日内报法律顾问处处理的，逾期 15 日仍未提出的，由单位自己负责处理。

12. 本办法自发布之日起施行。

第四节 存货管理

存货是指企业在日常活动中持有以备出售的产成品或商品、处在生产过程中的在产品、在生产过程或提供劳务过程中耗用的材料或物料等。存货区别于固定资产等非流动资产的最基本的特征是：企业持有存货的价值无论多高，其最终的目的是为了出售，不论是可供直接销售，如企业的产成品、商品等；还是需经过进一步加工后才能出售，如原材料等。如汽车、飞机作为交通工具价值不菲，是很多企业的生产资料，记入固定资产科目；但是对制造商而言则记入存货，除非在自用时才考虑转入固定资产科目。

存货管理也是企业经营管理和财务管理的重要工作。一般来说，存货占企业总资产的 30% 左右最为合理，且存货中应控制各种存货的比例，应尽可能以变现能力强的原材料、库存商品为主，而半成品、包装物等应尽可能降低比例。

一、存货的用途和成本

（一）存货的用途

存货依据企业的性质、经营范围并结合其用途，一般可分为：制造业存货、商品流通企业存货和其他行业存货。

（1）制造业存货。原材料、委托加工材料、包装物、低值易耗品、在产品及自制半成品、产成品。

（2）商品流通企业存货。商品、材料物资、低值易耗品、包装物等。

（3）其他行业（一般是指服务业）存货。各种少量物料用品、办公用品、家具用品等。

影响存货入账价值的因素有购货价格、购货费用、税金、制造费用等。

（二）存货成本

存货成本指存货在订货、购入、储存过程中所发生的各种费用，以及存货短缺造成的经济损失，主要包括以下四个部分。

（1）购置成本。指购买货物、取得货物所有权所花费的费用，通常包括货物的买价、运杂费、装卸费、保险费、相关税费等。它主要取决于购货数量和单位购置成本两个因素。

（2）订货成本。指订购货物所发生的有关费用，包括采购部门费用、订货过程中的文件处理费、邮电费等。按照是否与订货次数有关又可分为变动性和固定性两部分，其中变动性订货成本是与订货次数直接相关的费用，固定性订货成本是维持采购部门正常活动所必需的费用。

（3）储存成本。指在储存过程中所发生的费用，包括仓库房屋的折旧费、修理费、保险费和占用资金的利息等。也可分为变动性和固定性两部分，其中变动性储存成本是指与储存数量直接相关的费用，固定性储存成本则是维持一定的储存能力所必需的费用。

（4）缺货成本。指因未能储存足够存货满足生产经营需要而造成的经济损失，如存货短缺引起的停工损失、少生产产品而损失的边际利润、因延期交货而支付的罚金以及在商誉上的损失等。缺货成本取决于保险储备量，保险储备量越高，缺货的可能性越小，缺货成本越低；反之，缺货的可能性越大，缺货成本越高。

存货管理的目标，就是在保证生产或销售经营需要的前提下，最大限度地降低存货成本，具体包括：保证生产正常进行；有利于销售；便于维持均衡生产，降低产品成本；降低存货取得成本；防止意外事件发生造成的损失。

二、经济订货模型

经济订货量，是指当企业按照该数量订货时，可实现存货总成本最小化。

1. 基础模型

经济订货模型的基础模型成立需要如下假设。

（1）存货总需求量是已知常数。
（2）订货提前期是常数。
（3）货物是一次性入库。
（4）单位货物成本为常数，无批量折扣。
（5）库存持有成本与库存水平呈线性关系。
（6）货物是一种独立需求的物品，不受其他货物影响。

在这个模型下，影响经济订货量的成本只有订货变动成本和储存变动成本，计算公式为：

$$TC(Q) = C \times \frac{Q}{2} + E \times \frac{A}{Q}$$

式中：Q——每次订货量；

TC——影响经济订货量的总成本；

C——单位存货的年度储存成本；

E——平均每次的订货成本；

A——存货年度总需求量。

对上式求极小值，解得经济订货量 $Q^* = \sqrt{\dfrac{2AE}{C}}$

值得注意的是，储存成本并不是 QC，而是 $QC/2$，这是因为购进的存货是不断被消耗的，在下一次存货运达时，上一次购入的存货已经用完，因此，全年平均的存货数量为 $Q/2$。举例说明一下：某公司每年需购入某种存货 3 次，每次购入 4 000 件，年单位变动储存成本为 3 元 / 件，那么在 1 月 1 日时，存货数量为 4 000 件，4 月 30 日时存货数量为 0 件，1—4 月的平均存货量为 2 000 件，变动储存成本 =2 000×3×4/12=2 000（元），同理可得 5—8 月和 9—12 月的变动储存成本均为 2 000 元，则全年的总的变动储存成本 = 2 000 + 2 000 + 2 000 = 2 000×3 = 4 000/2×3 = 6 000（元）。

【例 5-3】 甲企业每年需耗用 A 材料 4 000 kg，每千克年储存成本为 20 元，每次订货成本为 100 元，试计算 A 材料的经济订货量。

$$Q^* = \sqrt{\frac{4\,000 \times 100 \times 2}{20}} = 200 \text{ kg}$$

2. 扩展模型之存货陆续供应和使用

在现实生活中，很难同时满足基础模型的六大假设。比如，存货很少是一次性全部入库的，而是陆续供应的，也就是说假设（3）不成立，因此需要在基础模型上进行调整。

设：

Q——每次订货量；

D——每日送货量；

U——每日使用量。

$D>U$，则这批存货全部运达所需时间为 Q/D，称为送货期。

在存货陆续供应和使用时，计算公式为：

$$TC(Q) = \frac{1}{2} C \times \left(Q - \frac{Q}{D} \times U\right) + E \times \frac{A}{Q}$$

经济订货量为：

$$Q^* = \sqrt{\frac{2AED}{C(D-U)}}$$

【例 5-4】 乙企业每年需耗用 A 材料 4 000 kg，每千克年储存成本为 20 元，每次订货成本为 100 元，每日送货 20 kg、耗用 10 kg，试计算 A 材料的经济订货量。

$$Q^* = \sqrt{\frac{2 \times 4\,000 \times 100 \times 20}{20 \times (20 - 10)}} = 282.84 \text{ kg}$$

3. 扩展模型之存在数量折扣

现实中，很多供应商为了鼓励大批量订货，会提供数量折扣，也就是基础模型中的假设（4）不成立，那么购置成本（$P \times A$，P 为存货单价）也会影响经济订货量。如果不考虑数量折扣的经济订货量低于享受数量折扣所要求的数量，企业应在更高的存货成本和更低的购置成本之间权衡。

此时：
$$TC(Q) = C \times \frac{Q}{2} + E \times \frac{A}{Q} + P \times A$$

【例 5-5】 丙企业每年需耗用 A 材料 4 000 kg，每千克年储存成本为 20 元，每次订货成本为 100 元。材料价格为 5 元/kg，如果每次购买数量不低于 400 kg，可享受 10% 的数量折扣，试问丙企业是否应接受折扣条件。

由例 5-3 可知，不考虑数量折扣下的经济订货量为 200 kg，

$$TC = 20 \times \frac{200}{2} + 100 \times \frac{4\,000}{200} + 5 \times 4\,000 = 24\,000\,(元)$$

如果考虑接受折扣条件，

$$TC = 20 \times \frac{400}{2} + 100 \times \frac{4\,000}{400} + 5 \times 4\,000 \times (1 - 10\%) = 23\,000\,(元)$$

∵ 23 000<24 000，∴ 丙企业应接受折扣条件。

三、当前企业存货管理存在问题及原因

1. 存货的收入、发出、结存缺乏真实记录

材料领用记录及生产成本和费用的归集、结转的记录人为因素较多，尤其在工程项目核算上更显现其弊端。例如，甲、乙两个工人同时开工，月末核算记录显示的是乙工人的材料消耗极少甚至为零，而甲工人的材料消耗多出一大块；原辅材料已经领用消耗，而实际上并未相应结转成本；原辅材料并未领用消耗，而实际上已经结转了成本；购入的材料已经领用消耗，购货发票未到，期末又没有按规定暂估入库，造成资产负债表期末存货记

录减少甚至出现红字余额。

有些管理松懈的企业，生产部门为了贪图方便，将申请购买的生产资料一次性全部领料，留存自己车间内供随意使用，客观上导致可能出现成本核算不准确和浪费等情形。

2. 内部控制制度不健全

在材料采购、产品销售环节往往由同一个人完成采购销售、付款收款、入库出库等全过程，缺乏必要的内部监控。

3. 流动资金占用额高

因库存量大，导致流动资金占用额高。有的企业存货储备要占到流动资金总额的 60% 以上，给企业流动资金周转带来很大的困难。

4. 非正常存货储备量挤占了正常的存货储备量

为控制流动资金占用额，在日常存货管理中尽量降低库存占用量，减少进货量，从而影响了正常生产经营所需要的合理存货储备量。

四、提高企业存货管理水平的途径分析

1. 严格执行财务制度规定，使账、物、卡三相符

存货管理要严格执行财务制度规定，对货到发票未到的存货，月末应及时办理暂估入库手续，使账、物、卡三相符。

2. 采用 ABC 控制法，降低存货库存量，加速资金周转

对存货的日常管理，根据存货的重要程度，将其分为 A，B，C 三种类型。A 类存货品种占全部存货的 10%—15%，资金占存货总额的 80% 左右，实行重点管理，如大型备品备件等。B 类存货为一般存货，品种占全部存货的 20%—30%，资金占全部存货总额的 15% 左右，适当控制，实行日常管理，如日常生产消耗用材料等。C 类存货品种占全部存货的 60%—65%，资金占存货总额的 5% 左右，进行一般管理，如办公用品、劳保用品等随时都可以采购。通过 ABC 分类后，抓住重点存货，控制一般存货，制定出较为合理的存货采购计划，从而有效地控制存货库存，减少储备资金占用，加速资金周转。

3. 加强存货的采购管理，合理运作采购资金，控制采购成本

（1）仓库管理人员要有较高的业务素质，对生产工艺流程及设备运行情况要有充分的了解，掌握设备维修、备件消耗情况及生产耗用材料情况，进而作出科学合理的存货采购计划。

（2）要规范采购行为，增加采购的透明度。本着节约的原则，采购员要对供货单位的品质、价格、财务信誉动态监控；收集各种信息，同类产品货比多家，以求价格最低、质量最优。

（3）对大宗原材料、大型备品备件实行招标采购，杜绝暗箱操作，杜绝采购黑洞。这样，既确保了生产的正常进行，又有效地控制了采购成本，加速了资金周转，提高了资金的使用效率。

4. 充分利用 ERP 等先进的管理模式，实现存货资金信息化管理

要想使存货管理达到现代化企业管理的要求，就要使企业尽快采用先进的管理模式，如 ERP 系统。

利用 ERP 软件使人、财、物、产、供、销全方位科学高效集中管理，最大限度地堵塞漏洞，降低库存，使存货管理更上一个新台阶。例如，为加快物流速度，海尔采取按订单生产的思路并对订单实行全信息化管理。海尔从市场上获得订单后，通过订单信息管理系统同步到达产品部和物流，产品部同步生成生产订单，物流则同步生成采购和配送订单。这种模式保证海尔的采购和生产都是为了有价值的订单进行的，而不会出现采购或生产库存。通过上述管理，海尔的物流周期得到大大缩短，原材料只有不到 7 天的库存，成品 24 小时便发往全国的 42 个配送中心。海尔目前采购的物料品种达 26 万种，在这种复杂的情况下，到目前为止，呆滞物资降低了 90%，原材料库存周转天数从 30 天以上降低到不到 10 天。这种物流的加速直接带来了资金流的加速，保证海尔在营运资金上的占用数量逐渐减少，从而提高了资金的使用效益和附加值。

五、存货内部控制的内容

与存货相关的内部控制涉及企业供、产、销各个环节，包括采购、验收入库、仓储、加工、运输等方面。

1. 采购环节内部控制

与采购相关的内部控制的总体目标是所有交易都已经获得了适当授权与批准。使用订货单是一项基本的内部控制措施，订货单应当预先连续编号，事先确定采购价格并获得批准。此外，对订货单还应当定期进行清点。

2. 验收环节内部控制

与存货验收相关的内部控制的总体目标是所有收到的货物都已得到记录。使用验收单是一项基本的内部控制措施。企业应当设置独立的部门负责验收货物，该部门具有验收存货实物、确定存货数量、编制验收单、将验收单传送至会计部门以及运送货物至仓库等一系列职能。

3. 仓储环节的内部控制

与仓储相关的内部控制的总体目标是确保与存货实物的接触必须得到

管理层的指示和批准。企业应当采取实物控制措施，使用适当的存储设施，以使存货免受意外损毁、盗窃或破坏。

4. 领用环节的内部控制

与领用相关的内部控制的总体目标是所有存货的领用均应得到批准和记录。使用领用单是一项基本的内部控制措施。对存货领用单应当定期进行清点。

5. 加工或生产环节内部控制

与加工或生产环节相关的内部控制的总体目标是对所有的生产过程作出适当的记录。使用生产报告单是一项基本控制措施，在生产报告单中，应当对产品质量缺陷和零部件使用及报废情况及时作出说明。

6. 装运出库环节的内部控制

与装运出库相关的内部控制的总体目标是所有的装运都得到记录。使用装运单是一项基本的内部控制措施。装运单应当预先编号，定期进行清点，并作为日后开具收款账单的依据。

7. 存货数量的盘存制度

存货数量的盘存制度一般分为实地盘存制和永续盘存制。盘存制度不同，对存货数量的控制程度的影响也不同。即使采用永续盘存制，也应对存货进行实地盘点。与存货实地盘点相关的内部控制通常包括：制定合理的盘点计划，确定合理的存货盘点程序，配备相应的监督人员，对存货进行独立的内部验证，将盘点结果与永续存货记录进行独立的调节，对盘点表和盘点标签进行充分控制。

六、存货控制

由于存货是生产制造过程中重要的生产资料之一，其日常管理和使用过程中往往也需要投入较大的人力、物力。因此，通过科学的计算与管理，使企业的存货处于科学合理的状态，一方面可以减少管理费用和劳务费用；另一方面也可以较少地占用公司的流动资金，达到开源节流的目的。

（一）存货控制的主要目的

（1）达到库存最低化的订购需求量。

（2）市场在最适当的时间订购物料。

（3）把存货量控制在一个适当的范围。

简言之，存货的目的是配合生产，以最少的费用维持对生产或客户的服务。

（二）存货控制的范围

存货控制的范围可以分为以下几项。

（1）原料。指经过进一步的处理能变成最终产品或构成最终产品的一部分的物料。

（2）零配件。产品的一部分。

（3）在制品。正处在制造、加工过程中的产品或零部件。

（4）成品。进入市场出售的产品。

（5）包装材料。包装成品的一切材料。

（6）设备器具。加工产品的装备和器具，不会构成产品的一部分。

（三）存货控制的原则

一般说存货控制工作主要有三个方面：确定最高的存货量；确定最低的存货量；确定再订货数量。

1. 确定最高的存货量

确定最高的存货量时，需要考虑以下三个方面因素。

（1）物料的消耗速度。

（2）物料变坏或过时的可能性。

（3）当前可用的存储空间。

这三个因素是相关的。如果物料消耗很快，库存的数量就要多。如果是易于变坏的物料，存货量就应该减少，避免更多的物料变坏。此外，工厂应预备足够的空间来容纳所需的存货量。参考公式如下：

$$最高存量＝（购备时间＋订购周期）× 耗用率＋安全存量$$

2. 确定最低的存货量

确定最低的存货量时，有关的人员需要考虑以下两方面的因素。

（1）物料的消耗速度。

（2）物料的交货时间（即从下订单至收到物料所需的时间）。

如果物料消耗得快，最低存货量也要相应地提高，但也受物料交货时间的影响。如果下订单后，供应商的物料到位很快，物料消耗快的影响不大，最低存货量也不用调得很高，以免占用过多的资金和空间。计算最低存货量的简单公式为：

$$最低存货量＝单位时间需求量 × 交货所需时间$$

3. 确定再订货数量

再订货数量要比最低的存货量定得高些。在确定再订货数量时，有关的人员需要考虑以下因素。

（1）物料的消耗速度。

（2）物料的最低存货量。

（3）物料的交货时间（即从下订单至收到物料所需的时间）。

如果物料消耗得快，那么再订货数量通常也要调得较高，但也受物料的最低存货量和交货时间的影响。在交货时间不长、最低存货量又小的情况下，即使物料消耗得很快，也不需将该存货量调得很高。

七、存货管理的意义

（1）可以帮助企业仓库管理人员对库存商品进行详尽、全面的控制和管理。

（2）帮助库存会计进行库存商品的核算。

（3）提供的各种库存报表和库存分析可以为企业的决策提供依据。

（4）降低库存，减少资金占用，避免物品积压或短缺，保证企业经营活动顺利进行。

营运资金管理案例一：

戴尔公司的营运资金管理

1984年由戴尔创立戴尔电脑公司，其核心战略是直销。从1990年9月开始，公司经历了连续3年的大幅增长，但1993年8月，公司第一次遭受亏损，现金储备下降至3 200万美元；1993年9月，公司将工作重心从专注于增长转移到流动性、盈利性以及增长等指标上来。其主要业绩可以通过以下图、表看出。

1. 1994—1997年戴尔公司销售收入、应收账款和存货见图5-1。

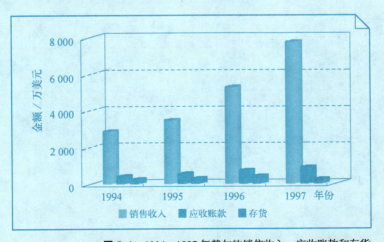

图5-1　1994—1997年戴尔的销售收入、应收账款和存货

通过图 5-1 可以看出戴尔通过低存货而获得高额的收入。

2. 1994—1997 年戴尔公司营运资金管理效率见图 5-2。

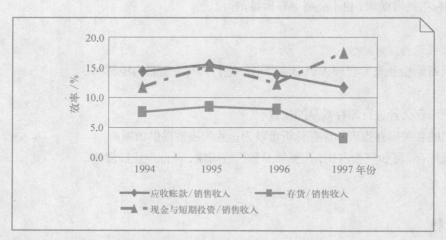

图 5-2　1994—1997 年戴尔公司营运资金管理效率

3. 1994—1997 年戴尔公司的经营绩效见图 5-3。

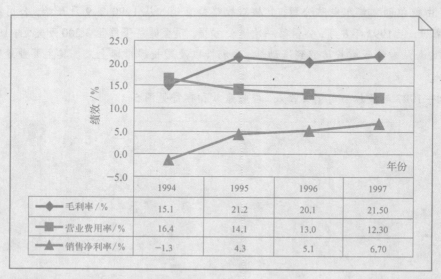

图 5-3　1994—1997 年戴尔公司的经营绩效

4. 1999—2004 年戴尔公司全球销售额见图 5-4。

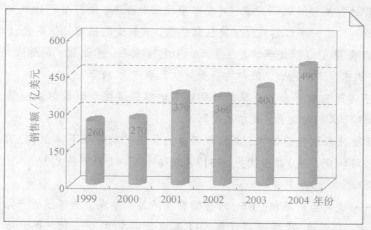

图 5-4 1999—2004 年戴尔公司全球销售额

5. 1993—1995 年同类公司存货周转天数见表 5-1。

表 5-1 1993—1995 年四家同类公司存货周转天数

	1993 年	1994 年	1995 年
戴尔电脑	55	33	32
苹果电脑	52	85	54
康柏电脑	72	60	73
IBM	64	57	48

戴尔电脑 1995 年的销售成本为 2 737 百万美元。

如果 1995 年戴尔公司的存货周转天数等于康柏公司的 73 天,则需要额外的存货占用资金=年销售成本/360 天 ×(73 − 32)=(2 737/360)×(73 − 32)=312(百万美元)。

6. 戴尔公司的管理策略

(1) 戴尔在香港、上海、深圳和台湾建立了国际采购网点,以加强与供应商在中国的伙伴关系,提高戴尔在全球的采购效率。戴尔公司还为美国 5 000 家公司建立了网页,以便及时联络客户,了解客户的需求,最低限度地减少订货错误,降低公司的开支。

(2) 有关资料披露,戴尔在全球的库存天数平均在 7 天以内,联想集团是 30 天,而一般 PC 机厂商的库存时间是两个月。由此可见,戴尔以比其他竞争对手快得多的速度将最新的技术提供给用户,这大大降低了库存成本,增加了企业利润。

(3) 正是基于其独特的直销模式,戴尔改变传统计算机行业根据对市场的预测制订生产计划进行批量生产的方式,而是采取根据客户的订货单,要求计算机零部件供应商在其装配厂的周围设厂或仓库,因此戴尔公司的零部件库存非常少,通常只有 6 天的供应量。零部件的低库存使得戴尔公司能够不断获得和使用新的技术，使资金的利用效率提升。

（4）传统经营过程要经过以下步骤：对电脑市场进行预测，制订生产计划—制造电脑—测试—检查—封机—装箱—入库—按计划或要求发往代销商，从制造到销售往往要经过6—8周的时间。

（5）而戴尔只需要①订单处理、②预生产、③配件准备、④配置、⑤测试、⑥装箱、⑦配送准备、⑧发运八个步骤来完成。因此，戴尔的资金周转天数仅为11天。

（6）基本上不占用自有资金。全球的采购链条能够保证按小时计算供应量。这种灵活运用资金和快速的资金周转，人们称之为"戴尔速度"。

据统计，随着新技术取代旧技术，电脑零部件的价格平均每年下降30%，可以据此计算：低的存货水平为戴尔公司（1995年）减少损失 = 312×30% = 93.6（百万美元）。

思考：戴尔模式取胜的关键——零存货管理

零存货管理——适时生产系统（JIT）对存货管理的基本要求。为了消除产品制造周期中可能存在的"停工待料"或"有料待工"等浪费现象，JIT要求做到在供、产、销三个环节上都没有库存储备量，即达到零存货。

（1）稳定可靠的供应商；

（2）无缝对接的生产流程；

（3）完备的销售体系。

阅读材料

营运资金管理案例二：

苏宁电器的营运资金管理

苏宁电器股份有限公司成立于1990年年末，自成立以来一直保持着快速稳健的发展势头。2000年苏宁在全国率先拓展信息家电，2002年1月建立四大作业终端体系"1＋3模式"，即连锁店、物流中心、售后服务中心和客服中心，要求每进入一个城市，在筹备第一家店面时就必须同时建设物流、售后和客服中心。2004年7月，苏宁电器在深圳证券交易所成功上市，募集资金4亿元，股本总额达9 316万元。目前，苏宁电器已经成为集家电、电脑、通信为一体的全国大型3C电器专业销售连锁企业。与许多传统行业扩张"赚规模不赚利润"相比，作为中国家电连锁巨头之一，苏宁电器的扩张是"既赚规模又赚利润"的典型代表。本文将在分析苏宁电器营运资金管理绩效的基础上，阐释苏宁电器渠道建设对其营运资金管理绩效的影响，以期为其他企业的营运资金管理提供借鉴。

一、基于要素的营运资金管理绩效分析

利用传统的营运资金周转期指标考察苏宁电器的营运资金管理绩效，可以发现从2004—2009年，苏宁电器的营运资金周转期从－1天变到－56天，营运资金管理水平有很大提高。从表5-2可以看出，苏宁电器的营运资金周转绩效的提升并不是存货周转和应收账款周转加快的结果，2004—2009年，苏宁电器的存货周转期和应收账款周转期都没有发生显著变化。其营运资金管理绩效的提升主要是应付账款周转期延长的结果。

表5-2　苏宁电器2004—2009年营运资金周转期（按要素）

单位：天

	2004年	2005年	2006年	2007年	2008年	2009年
存货周转期	22	31	40	36	34	35
应收账款周转期	2	3	2	1	1	1
应付账款周转期	25	42	57	65	74	92
营运资金周转期	－1	－8	－15	－28	－39	－56

但基于要素的营运资金周转期没有考虑预付账款、预收账款、应付职工薪酬、应交税费、其他应收款、其他应付款等其他营运资金项目，也没有将营运资金的各组成部分与其参与的具体周转过程相联系，缺乏与渠道管理等业务管理的联系，因此，上述分析难以清晰地揭示苏宁电器近年来渠道建设对营运资金管理绩效的影响。

二、基于渠道的营运资金管理绩效分析

运用基于渠道管理的营运资金绩效评价体系，计算苏宁电器2004—2009年采购渠道营运资金周转期、营销渠道营运资金周转期，如表5-3所示。

表5-3　苏宁电器2004—2009年分渠道的营运资金周转期

单位：天

	2004年	2005年	2006年	2007年	2008年	2009年
采购渠道营运资金周转期	－14	－28	－44	－56	－66	－85
营销渠道营运资金周转期	20	32	41	34	31	32

1. 采购渠道营运资金管理分析

由表5-3可以看出，苏宁电器采购渠道营运资金周转期2004年为－14天，2009年为－85天，呈现逐年下降的趋势。根据对财务报表的分析，2004—2009年苏宁电器在采购渠道营运资金中，应付账款和应付票据所占的比例最大，分别为70.6%、78.0%、82.8%、90.5%、90.8%、66.7%。2004—2009年苏宁电器应付款项、应付票据的规模一直居高不下，并且呈上升趋势，2009年应付账款较2008年上升51.1%，应付票据上升97.27%。这主要是因为近些年来我国家电行业供应链的重心开始由制造商向零售商转移，强势的零售商正取得越来越多的话语权。

大量研究表明，国外零售商通行的是"吃差价"的盈利模式，而国内大型家电专业零售商则采

用"吃供应商"的盈利模式,对制造商具有很强的制衡能力(童彦成,2007)。苏宁电器作为家电零售行业的巨头,其对消费者购买行为的影响力或控制力远远超过制造商,这一点为其奠定了在供应链链条上的核心、强势地位。不难看出,苏宁电器2004—2009年对供应商的资金占用有增无减,但对供应商资金占用的形式却发生了变化,2004年、2005年苏宁电器占用供应商的资金主要来自应付账款,占比分别达到56.3%和57.3%;而2006—2009年,苏宁占用供应商的资金则主要来自应付票据,占比分别为56.5%、57.8%、56.9%和67.6%。

2. 营销渠道营运资金管理分析

由表5-3可知,苏宁电器2004—2009年营销渠道营运资金周转期从2004年的20天变为2009年的32天,其间的增减变动幅度不大,特别是2007年以来,基本处于稳定状态。

在营销渠道的营运资金构成中,成品存货占有较大比重,各年均在80%以上,其占营业收入的比重也较高。2004—2009年,苏宁电器成品存货占营业收入的比重分别为8.40%、13.2%、13.0%、11.3%、9.80%、10.8%。大量的成品存货的存在导致苏宁电器2004—2009年营销渠道周转期一直居高不下,这在一定程度上体现出苏宁电器营销渠道的营运资金管理尚有较大的改进空间。

据调查,2005年年底苏宁电器在杭州启用首座第二代物流基地,采用了现代化的设施设备及WMS库存管理系统对进出货物进行自动管理,并且在2006年建立SAP/ERP系统,以财务部门为中心,统一了内部信息平台。虽然苏宁电器2007年开始建设第三代物流基地,但针对的只是苏宁电器自身,并没有解决与供应商之间的信息共享问题,缺乏和供应商的密切合作,导致供应链上仍然存在牛鞭效应、供应链效率低下等问题。而VMI库存管理模式将在一定程度上解决这一问题:供应商根据苏宁电器每日提供的商品销售资料和库存情况集中管理库存,替苏宁电器下订单或连续补货。通过苏宁电器发送的销售信息,供应商获得的需求信息和实际消费市场中的顾客需求信息相一致,这样就大大提高了供应商的需求预测水平,从而及时满足客户的需求,降低牛鞭效应的影响和存货过期的风险,提高整个供应链的服务水平。

三、评论与启示

从国际家电零售业的发展历史来看,大致经历了三个阶段:第一阶段是靠资源赚钱,目前中国正处于这个阶段,即通过攫取上游供应商实现盈利与发展;第二阶段是对整个供应链的管理,包括对商品结构、库存、终端销售等过程的管理;第三阶段是供应链管理的延伸阶段——经营客户阶段。

我国家电行业在20多年的发展中,渠道关系表现为两个发展阶段:第一阶段,20世纪80年代至90年代末,家电渠道关系表现为典型的传统常规渠道和渠道内部一体化;第二阶段,近年来,随着大型零售终端的崛起,家电渠道关系在一定程度上显现出以连锁零售商为主导的渠道结构特征。从苏宁电器的案例分析不难看出,我国目前以连锁零售商为主导的渠道关系说明我国家电零售业处于主要靠资源赚钱的阶段,其盈利主要来源于对上游供应商的价值攫取,而不是整个价值链的价值创造。与家电制造业进入竞争激烈的薄利时代相比,我国家电连锁零售企业依靠其营运资金OPM （other people's money）管理战略，成为既赚规模又赚利润的供应链核心，可谓"冰火两重天"。所谓的 OPM 战略，是指企业充分利用做大规模的优势，增强与供应商讨价还价的能力，将占用在存货和应收账款的资金及资金成本转嫁给供应商的运营资本战略（黄世忠，2006）。

苏宁电器在运用营运资金 OPM 战略过程中，其核心的竞争力是垄断性的渠道资源。但如果以挤压供应商作为长期利润来源，就会失去改革与改造的动力，并且可能会激化与制造商的矛盾，从而走向意想不到的反面。一方面，由于不堪被低价盘剥和占用资金，各家电品牌开始自建渠道或联合设立大卖场，控制向现有零售商供货。2004 年国美与格力之争后，慢慢出现了制造商重新自建渠道的浪潮，如 TCL 的"幸福树"计划、美的"百家 4S 店"、康佳的"千县千店"计划，这样连锁零售商的渠道优势地位就受到了威胁。另一方面，中国的家电制造业的利润空间过小，中小型的家电制造商艰难度日，如果继续恶化必然会带来制造商的重组合并，当每一类的家电产品都集中于少数的制造商手中的时候，其必然掌握价格的主导权，讨价还价的能力提升，对于苏宁电器来讲其原有优势将会遭到极大的挑战。

四、结论和建议

21 世纪的市场竞争已经逐渐从单独的企业对企业的竞争演变成了供应链与供应链之间的竞争。因此，每一个企业仅仅关注、提升自身的竞争力是远远不够的，还必须同供应链上的其他企业进行合作，共同致力于整个供应链竞争力的提升。根据詹姆斯·F·穆尔（James F. Moore, 1996）在《竞争的衰亡》一书中提出的商业生态系统理论，商业生态系统不是企业间的简单结合，而是企业间以互利的方式共同进化，其核心是相互关系，即共同进化。从我国家电零售业的发展趋势来看，依靠渠道的垄断地位赚钱将成为历史，接下来将进入依靠对整个供应链的管理能力赚钱的时代。因此，作为家电零售业的领头羊，苏宁电器应率先与供应商建立良好的伙伴关系并通过高效满足顾客需求（ECR）来创造新的价值，在提升整个供应链价值的同时，实现自身的长远发展。从加强营运资金管理本身来看，苏宁电器应从原来实施的 OPM 策略转向以客户为导向并提高供应商参与程度的供应链管理策略。

随着供应链协调从"集中控制观"向"分散协调观"的转变，反映出供应链的协调难以通过某一个节点企业的集中化运作来达到，而是必须依赖于所有节点企业在信息共享的基础上达到动态性一致。因此，信息共享成为制约供应链协调的关键因素，不论是生产环节的 JIT 生产流程，还是零售环节的持续补货流程与快速响应过程，都需要将调度、发货或制造信息分发到相关的各个机构。但在实际供应链管理中不难发现许多拥有信息优势的节点企业并不愿意将信息与供应链上的其他节点企业共享，或者说没有设计出良好的激励性契约来引导供应链上的企业共享其信息。苏宁电器不仅在采购渠道中应加大与供应商共享信息的力度，从而加快实施供应商管理库存、联合管理库存等提高供应商参与程度的营运资金管理策略，而且应加快实施客户导向的营运资金管理策略，把与终端客户的信息共享作为客户关系管理系统和电子商务平台建设的核心，从而更好地满足终端客户的需求。

（资料来源：中华人民共和国财政部网站）

课后练习题

一、单项选择题

1. 所谓营运资金指的是（   ）。
   A. 流动资产减去流动负债后的余额
   B. 增加的流动资产减去增加的流动负债后的余额
   C. 减少的流动资产减去减少的流动负债后的余额
   D. 增加的流动负债减去增加的流动资产后的余额

2. 某企业按"2/10，n/30"的条件购买一批商品，价值8万元，若放弃这笔折扣在30天内付款，该企业将承受的成本率为（   ）。
   A. 35%   B. 30%
   C. 35.73%   D. 36.73%

3. 企业要购买原材料，并不都是收到原材料的当天就马上付款，通常会有一定的延迟，这一延迟的时间段是（   ）。
   A. 应收账款周转期   B. 存货周转期
   C. 应付账款周转期   D. 现金周转期

4. 以下不属于财务活动的是（   ）。
   A. 按章纳税   B. 向银行贷款
   C. 追加注册资本   D. 对外担保

5. 以下表述不正确的是（   ）。
   A. 财务管理就是管现金的进出
   B. 财务管理的对象可以说是现金及其流转
   C. 企业财务活动的几个方面是相互割裂，互不相关的
   D. 营运资金管理是对企业流动资产及流动负债的管理

6. 企业运用应收账款的潜在风险，下列说法不对的是（   ）。
   A. 企业效益下降   B. 增加企业管理成本支出
   C. 影响企业营业周期   D. 减少企业利润

7. 下列不能有效管理和筹措营运资金的是（   ）。
   A. 规避坏账风险   B. 完善管理制度
   C. 提高管理效能   D. 调查产品的市场饱和度

8. 从公司经验角度看，以下不属于经营风险的是（   ）。
   A. 市场萎缩   B. 原材料价格上涨
   C. 贷款利息上涨   D. 新产品研制失败

9. 以下不属于存货管理的有关成本是（   ）。

A. 购置成本　　　　　　　　　　　B. 储存成本
C. 缺货成本　　　　　　　　　　　D. 跌价成本

10. 下列关于营运资金的管理原则中，错误的是（　　）。
    A. 满足合理的资金需求　　　　　B. 提高资金使用效率
    C. 节约资金使用成本　　　　　　D. 保持足够的长期偿债能力

二、多项选择题

1. 企业信用政策的内容包括（　　）。
    A. 信用标准　　　　　　　　　　B. 信用额度
    C. 信用期间　　　　　　　　　　D. 现金折扣政策

2. 以下有关企业信用政策的表述中正确的有（　　）。
    A. 信用标准太严可能会损失销售
    B. 信用标准太松会导致扩大坏账损失
    C. 信用标准越严，发生坏账的可能性越小，企业利润越高
    D. 信用标准越松，企业利润越高

3. 下列关于商业信用筹资的特点，说法正确的有（　　）。
    A. 商业信用容易获得　　　　　　B. 企业一般不用提供担保
    C. 商业信用筹资成本高　　　　　D. 容易恶化企业的信用水平

4. 某企业的信用条件为"5/10, 2/20, n/30"，则以下选项正确的有（　　）。
    A. 5/10表示10天内付款，可以享受5%的价格优惠
    B. 2/20表示在20天内付款，可以享受2%的价格优惠
    C. n/30表示的是最后的付款期限是30天，此时付款无优惠
    D. 如果该企业有一项100万元的货款需要收回，客户在15天付款，则该客户只需要支付98万元货款

5. 现行的现金管理模式包括（　　）。
    A. 统收统支模式　　B. 结算中心模式　　C. 内部银行模式　　D. 财务公司模式

6. 对应收账款的管理措施主要包括（　　）。
    A. 应收账款追踪分析　　　　　　B. 坏账准备分析
    C. 应收账款账龄分析　　　　　　D. 应收账款收现率分析

7. 货币资金管理和控制的原则主要包括（　　）。
    A. 严格职责分工　　　　　　　　B. 交易分开原则
    C. 实施内部稽核制度　　　　　　D. 实施定期轮岗制度

8. 货币资金实行集团化管理的主要方式包括（　　）。

A. 统收统支方式　　　　　　　　　B. 拨付备用金方式
C. 设立结算中心方式　　　　　　　D. 设立内部银行方式
E. 财务公司方式

9. 一般来说，获取客户的信用资料的途径有(　　)。
A. 财务报表　　　　　　　　　　　B. 信用评级报告
C. 商业交往信息　　　　　　　　　D. 国家税务局网站

10. 存货管理有如下(　　)意义。
A. 可以帮助企业仓库管理人员对库存商品进行详尽全面的控制和管理
B. 帮助库存会计进行库存商品的核算
C. 提供各种库存报表和库存分析，可以为企业的决策提供依据
D. 降低库存，减少资金占用，避免物品积压或短缺，保证企业经营活动顺利进行

三、计算题

1. 某零件年需要量16 200件，日供应量60件，一次订货成本25元，单位储存成本为1元/年。假设一年按360天计算，需求是均匀的，不设置保险储备且按照经济订货量进货，试计算(1)经济订货量；(2)平均库存量；(3)最高库存量；(4)与订货量相关的总成本。

2. A公司有关资料如下：
(1) 目前A公司的现金余额为200万元。
(2) 未来一年，预计公司的每月现金流出比现金流入多80万元。
(3) A公司的证券买卖都是通过一个代理员进行的，A公司每一笔业务需要支付1 000元。
(4) 货币市场上的年证券收益率为12%。公司采用鲍莫模型确定最佳现金持有量。
试求：
(1) A公司每年应保留多少元的现金余额？
(2) A公司目前应该将多少现金投资于有价证券？
(3) 假设A公司保持最佳现金持有量，计算公司在未来12个月内将进行多少次证券销售？若一年按360天计算，有价证券的交易间隔期为多少天？

四、简答题

1. 如何扩大企业闲置资金的收益？
2. 如何有效管理和筹措营运资金？

答 案

一、单项选择题
1. A   2. D   3. C   4. D   5. C   6. D   7. D   8. C   9. D

二、多项选择题
1. CD   2. AB   3. ABCD   4. ABCD   5. ABCD
6. ABCD   7. ABCD   8. ABCDE   9. ABC   10. ABCD

三、计算题

1. 日耗用量 $=\dfrac{16\,200}{360}=45$（件）

$Q^* = \sqrt{\dfrac{2\times 16\,200\times 25\times 60}{1\times(60-45)}} = 1\,800$（件）

最高库存量 $=1\,800-\dfrac{1\,800}{60}\times 45 = 450$（件）

平均库存量 $=\dfrac{450}{2}=225$（件）

$TC(Q^*) = \sqrt{2\times 16\,200\times 25\times 1\times\left(1-\dfrac{45}{60}\right)} = 450$（元）

2.（1）年现金需求量 $=12\times 80=960$（万元）

最佳现金持有量 $=\sqrt{\dfrac{2\times 9\,600\,000\times 1\,000}{12\%}}=400\,000$（元）$=40$（万元）

（2）∵目前的现金余额为 200 万元，∴需要投资于有价证券的现金 $=200-40=160$（万元）

（3）销售次数 $=960/40=24$（次），间隔期 $=360/24=15$（天）

四、简答题

1. 双货币存款、通知存款、委托代理理财和投资股票市场等流动性较好的金额场所。
2. 规避坏账风险、增加企业价值、提高管理效率和完善管理制度。

第六章 股利分配管理

第一节 股利政策影响因素

股利政策,是指在法律允许的范围内,公司对股利分配有关事项所作出的方针和决策。股利分配,是指股份制公司向股东分派股利,是公司利润分配的一部分。股利政策主要涉及是否发放股利的确定、股利支付程序和日期的确定、股利支付比率的确定、股利支付形式的确定、支付现金的筹资方式等。

影响公司股利政策选择的因素有很多,概括起来主要有四个方面,即法律因素、债务契约因素、公司自身因素和股东因素。

一、法律因素

为了保护投资者的利益,国家有关法律法规,如《公司法》《证券法》等都对公司的股利分配进行一定的限制。影响公司股利政策的法律因素主要包括资本保全约束、公司积累约束、偿债能力约束和超额累计利润约束。

1. 资本保全约束

资本保全约束要求公司发放的股利或投资分红不能来源于公司的原始

资本（或股本），只能使用当期利润或留存收益来分配股利。其目的是为了保全公司的股东权益资本，以维护债权人的利益。

2. 公司积累约束

公司积累约束要求公司在分配股利前，公司以前年度的亏损全部弥补完之后，应当按法定的程序先提取各种公积金，并贯彻"无利不分"的原则。我国《公司法》规定，公司分配当年税后利润时，应当提取利润的10%列入公司法定公积金，并且鼓励公司在分配普通股股利之前提取任意盈余公积金，只有当公积金累计数额已达到注册资本的50%时，才可不再提取。其目的是为了增强公司抵御风险的能力，维护投资者的利益。

3. 偿债能力约束

偿债能力约束要求公司在分配股利时，必须保持充分的偿债能力。公司分配股利不仅要考虑到净利润数额，也需要考虑公司的现金充足程度。如果因公司分配现金股利而影响了公司的偿债能力或正常的经营活动，则股利分配就要受到限制。

4. 超额累计利润约束

超额累计利润约束要求当股利收入所得税高于资本利得税时，公司不得因税收考虑而超额累计利润。一旦公司的保留盈余超过法律许可水平，将被加征额外税额。我国法律对公司累计利润尚未作出限制性规定。

二、债务契约因素

债务契约，是指债权人为了防止公司过多发放股利，影响其偿债能力，增加债务风险，而以契约的形式限制公司现金股利的分配。这种限制通常包括以下几个方面。

（1）规定每股股利的最高限额。

（2）规定未来股息只能用贷款协议签订以后的新增收益来支付，而不能动用签订协议之前的留存利润。

（3）规定公司的流动比率、利息保障倍数低于一定标准时，不得分配现金股利等。

三、公司自身因素

公司自身因素，是指出于公司长期发展和短期经营的考虑，考虑到公司内部的各种因素及其面临的各种环境、机会而对其股利政策产生的影响。这些因素主要包括现金流量、举债能力、筹资成本、投资机会、资产流动性、盈余稳定状况等。

1. 现金流量

由于会计核算的要求，在商业信用广泛采用以及固定资产普遍存在的情况下，公司收入的增加并不必然引起现金的流入。公司在分配现金股利时，必须要考虑到现金流量以及资产的流动性。过多地分配现金股利会减少公司的现金持有量，影响未来的支付能力，甚至可能会出现财务困难。

2. 融资能力

公司在分配现金股利时，应当考虑到自身的融资能力如何。如果公司的融资能力较强，在公司缺乏资金时，能够较容易地在资本市场上筹集到资金或得到银行信贷资金支持，则可采取比较宽松的股利政策；如果融资能力较弱，就应当采取比较紧缩的股利政策，少发放现金股利，保留更多的留存收益，以备日后内部筹资所用。

3. 筹资成本

留存收益是公司筹资的一种重要方式。与发行新股相比，留存收益不需花费筹资费用，具有资本成本较低的优点。如果公司一方面大量发放现金股利，另一方面要通过资本市场筹集较高成本的资金，这无疑有悖于财务的成本效益原则。所以，出于资本成本考虑，如果公司有扩大资金的需要，也应当采取低股利政策。

4. 投资机会

在公司有良好的投资机会时，公司就应当考虑少发放现金股利，增加留存利润，用于再投资，加速公司的发展。而在公司没有良好的投资机会时，保留大量现金会造成资金的闲置，往往倾向于多发放现金股利。因此，处于成长中的公司多采用低股利政策，处于经营收缩的公司多采用高股利政策。

5. 资产的流动性

公司现金股利的分配，应以一定的资产流动性为前提。公司的资产流动性越好，说明其变现能力越强，股利支付能力也越强。高速成长的盈利性公司，其资产一般缺乏流动性，因为其大部分资金投资在固定资产和流动性资产上，这类公司的当期利润虽然多但资产变现能力差，公司的股利支付能力就会削弱。

6. 盈余稳定状况

能否获得长期稳定的盈余，是公司股利决策的重要基础。因为公司的现金股利来源于税后利润。盈利相对稳定的公司，有可能支付较高股利，而盈利不稳定的公司，一般采用低股利政策。这是因为，对于盈利不稳定的公司，低股利政策可以减少因盈利下降而造成的股利无法支付、公司形象受损、股价急剧下降的风险，还可以把更多的盈利用于再投资，以提高公司的权益资本比重，减少财务风险。

四、股东因素

股利政策的制定必须经过股东大会决议通过才能实施,股东对公司股利政策具有举足轻重的影响。不同股东各自利益诉求不同,对股利政策也会有不同的主张。一般来说,影响股利政策的股东因素主要有稳定收入考虑、控制权考虑、税负考虑几个方面。

1. 稳定收入考虑

一些依靠公司股利维持生活的股东,往往要求公司能够定期地支付稳定的现金股利,反对公司留存利润过多。

2. 控制权考虑

股利分配增加,也就是留存收益减少,意味着公司未来发行新股的可能性增大。有的大股东持股比例较高,对公司拥有一定的控制权,出于对公司控制权可能被稀释的担心,往往倾向于公司少分配现金股利,多留存利润。

3. 税负考虑

按照税法的规定,政府对公司征收企业所得税以后,还要对股东分得的股息、红利征收个人所得税。各国的税率有所不同,有的国家个人所得税采用累进税率,边际税率很高。因此,高收入阶层的股东为了避税往往反对公司发放过多的现金股利,而低收入阶层的股东因个人税负较轻,可能会倾向于公司多分红利。

在我国,由于现金股利收入的税率是 20%,而股票交易尚未征收资本利得税。因此,低股利分配的股利政策使得股票价格上涨,可以给股东带来更多的资本利得收入,比分得股息、红利更具有吸引力。

第二节 股利政策的类型

对股份公司来说,制定一个正确的、合理的股利政策是非常重要的。通常可供选择的股利政策包括:剩余股利政策、固定或稳定增长股利政策、固定股利支付率股利政策和低正常股利加额外股利政策。

一、剩余股利政策

剩余股利政策是公司在有良好的投资机会时,根据一定的目标资本结构,测算出必需的权益资本,首先将税后利润满足权益资本需要,而后将剩余部分作为股利分配的政策。剩余股利政策有利于公司目标资本结构的保持。采用剩余股利政策的先决条件是公司必须有良好的投资机会,并且该投资机会的预计报酬率要高于股东要求的必要报酬率,这样才能为股东所接受。

1. 剩余股利政策的决策步骤

实行剩余股利政策,一般应按以下步骤来决定股利的分配额。

(1)根据公司的投资计划确定最佳投资方案,确定投资所需的资金数额。

(2)根据公司的目标资本结构,确定投资需要增加的股东权益资本的数额。

(3)税后净利润首先用于满足投资需要。

(4)在满足投资需要后的剩余部分用于向股东分配股利。

【例6-1】 假设某公司今年税后净利润为1 000万元,目前流通在外普通股股数为100万股。该公司决定明年投资2 000万元设立新厂,借入资金和自有资金的比率是6∶4。依据剩余股利政策,该公司今年每股应发放多少股利?

解:依据剩余股利政策,公司应先保留盈余作为建厂所需权益资金,有剩余再分配股利。

建厂所需权益资金 = 2 000×40% = 800(万元)

可分配盈余 = 1 000 − 800 = 200(万元)

今年每股可分配股利 = 200÷100 = 2(元)

依据剩余股利政策,该公司今年每股应发放2元股利。

2. 采用剩余股利政策的理由

(1)税后利润优先保证再投资的需要,有助于降低再投资的资金成本,从而保持公司的最佳资本结构,可以实现公司价值的长期最大化。

(2)满足公司不断增长的资金需要。

(3)在公司有着良好的投资机会时,可节省筹资成本,降低资金成本,从而降低加权平均资本成本。与外部筹资相比,将公司的盈余直接再投资,可省去时间,减少各种手续、各类费用,包括利息开支。

3. 剩余股利政策的缺点

如果完全遵照执行剩余股利政策,股利发放额就会每年随投资机会和盈利水平的波动而波动。股利支付的多少取决于公司的盈利情况和公司再投资的情况,在某种程度上造成了股利支付的不确定性。股利政策的不确定性不利于投资者安排收入与支出,也不利于公司树立良好的形象。

4. 剩余股利政策的适用性

剩余股利政策一般适用于公司初创阶段或者衰退阶段。

二、固定或稳定增长股利政策

固定或稳定增长股利政策，是公司将每年派发的股利额固定在某一特定水平上，然后在一段时间内不论公司的盈利情况和财务状况如何，派发的股利额均保持不变。只有当公司对未来利润增长确有把握，并且这种增长被认为是不会发生逆转时，才增加每股股利额。这一政策的特点是，不论经济状况如何，也不论公司经营业绩好坏，应将每期的股利固定在某一水平上保持不变，只有当公司管理层认为未来盈利将显著地、不可逆转地增长时，才会提高股利的支付水平。

实行这种股利政策者都支持股利相关论，他们认为公司的股利政策会对公司股票价格产生影响，股利的发放是向投资者传递公司经营状况的某种信息。固定或稳定增长股利政策的主要目的是避免出现由于经营不善而削减股利的情况。

1. 采用固定或稳定增长股利政策的理由

（1）稳定的股利政策向投资者传递公司正常发展的信息。如果公司支付的股利稳定，就说明该公司的经营业绩比较稳定，经营风险较小，这样可使投资者要求的股票必要报酬率降低，有利于股票价格上升；如果公司的股利政策不稳定，股利忽高忽低，这就给投资者传递公司经营不稳定的信息，从而导致投资者对风险的担心，会使投资者要求的股票必要报酬率提高，进而使股票价格下降。采用这种股利政策可以树立公司良好形象，增强投资者对公司的信心，稳定股票的价格。

（2）稳定的股利政策，有利于投资者安排股利收入和支出。特别是那些希望每期能有固定收入的投资者更欢迎这种股利政策。普通投资者一般不愿意投资于股利支付额忽高忽低的股票，因此，这种股票不大可能长期维持于相对较高的价位。

2. 固定或稳定增长股利政策的缺点

（1）固定股利或稳定增长股利政策下的股利分配只升不降，股利支付与公司盈利能力相脱离，即不论公司盈利多少，都要按照固定的甚至固定增长的比率派发股利。

（2）在公司经营状况不好或现金紧张时，公司仍要保证股利的照常支付，派发的股利金额有可能大于公司实现的盈利。这样，容易导致资金短缺，财务状况恶化，可能给公司的财务运作带来很大的压力，给公司的股票价格带来负面影响。

3. 固定或稳定增长股利政策的适用性

固定或稳定增长股利政策一般适用于处于成熟期、经营比较稳定的公司。

三、固定股利支付率政策

固定股利支付率政策，是指公司先确定一个股利占盈余的比率，然后长期按此比率从净利润中向股东发放股利的政策。在这一股利政策下，公司的股利支付与盈利状况保持稳定的比率，每年发放的股利额都等于净利润乘以固定的股利支付率。但是，每年的股利额是变动的，随公司盈余的波动而变化。

1. 采用固定股利支付率政策的理由

通过固定的股利支付率向股东发放股利，能使股东获取的股利与公司实现的盈余紧密联系，体现了"多盈多分，少盈少分，无盈不分"的原则，实现净利润多的年份向股东发放的股利多，实现净利润少的年份向股东发放的股利少，所以不会给公司带来额外的财务负担。

2. 固定股利支付率政策的缺点

固定股利支付率政策下，其股利可能变动较大，忽高忽低。股利支付的不稳定会给投资者传递公司经营不稳定的信息，容易使股票价格产生较大波动，从而影响投资者对公司成长的信心，不利于股票价格的稳定与上涨，不利于树立良好的公司形象，也不利于实现公司价值最大化的目标。

3. 固定股利支付率政策的适用性

固定股利支付率政策比较适用于处于非周期行业且财务状况也比较稳定的公司。

四、低正常股利加额外股利政策

低正常股利加额外股利政策，是指公司每年只支付数额较低的正常股利，只有在公司繁荣时期才向股东发放额外股利的一种股利政策，但额外股利并不固定化。

1. 采用低正常股利加额外股利政策的理由

（1）低正常股利加额外股利政策具有较大的灵活性，在公司盈利较少或投资需要较多资金时，可以只支付较低的正常股利，这样既不会给公司造成较大的财务压力，又保证股东定期得到一笔固定的股利收入；在公司盈利较多并且不需要较多投资资金时，可以向股东发放额外的股利。

（2）低正常股利加额外股利政策有助于稳定股价，增强投资者信心。

由于公司每年固定派发的股利维持在一个较低的水平上，在公司盈利较少或需用较多的留存收益进行投资时，公司仍然能够按照既定承诺的股利水平派发股利，使投资者保持一个固有的收益保障，这有助于维持公司股票的现有价格。而当公司盈利状况较好且有剩余现金时，就可以在正常股利的基础上再派发额外股利，而额外股利信息的传递有助于公司股价上扬，增强投资者信心。

低正常股利加额外股利政策，既可以维持股利发放的稳定性，又有利于使公司的资本结构达到目标资本结构，实现了灵活性与稳定性较好地相结合，因而为许多公司所采用。

2. 低正常股利加额外股利政策的缺点

（1）由于年份之间公司的盈利波动使得额外股利不断变化，或时有时无，造成分派的股利不同，容易给投资者以公司收益不稳定的感觉。

（2）当公司在较长时期持续发放额外股利后，可能会被股东误认为是"正常股利"，而一旦取消了这部分额外股利，传递出去的信号可能会使股东认为这是公司财务状况恶化的表现，进而可能会引起公司股价下跌的不良后果。

3. 低正常股利加额外股利政策的适用性

相对来说，低正常股利加额外股利政策主要适用于经营状况和利润不稳定或盈利水平随着经济周期而波动较大的公司或行业。

以上各种股利政策各有利弊，公司在制订股利政策时应该根据实际情况，借鉴其基本决策思想，制定更适合自己的股利政策。

第三节 | 股利的种类与发放程序

一、股利的种类

股利是股份公司按发行的股份向股东进行分配的税后利润，股息、红利合称为股利。按公司向股东支付股利的具体方式，股利可分为现金股利、股票股利、股票回购、财产股利和负债股利。

（一）现金股利

现金股利是股份公司以货币形式支付给股东的股息、红利，也是最普通最常用的股利形式。这种形式能满足大多数投资者希望得到一定数额的现金这种实在收益的要求。

现金股利发放的多少主要取决于公司的股利政策和经营业绩。同时，现金股利形式增加了公司现金流出量，增加了公司支付压力。公司采用现金股利形式时，必须具备以下两个基本条件。

（1）公司要有足够的未指定用途的留存收益（未分配利润）。

（2）公司要有足够的现金，并且用现金分配股利后资产的流动性能达到一定标准。

现金股利的发放会导致公司的留存收益减少，以致股东权益相应减少，在股本不变的前提下，会直接降低每股净资产。因此，现金股利的发放会对股票价格产生直接的影响，一般来说股票价格会下跌。

（二）股票股利

股票股利，又称送股，是上市公司用股票的形式向股东分派的股利。股票股利实际上是将公司的税后利润或部分留存收益转化为资本金。

1. 股票股利的特点

股票股利对公司来说，并没有现金流出，也不会导致公司的资产减少，而只是将公司的留存收益转化为股本。但股票股利会增加流通在外的股票数量（股数），同时降低股票的每股价值。它不会改变公司股东权益总额，也不会直接增加股东财富，但会改变股东权益的构成结构。

【例 6-2】 某公司发放股票股利前的股东权益情况见表 6-1。

表 6-1　某公司发放股票股利前股东权益分布表

股东权益项目	金额（万元）
普通股（每股面额 1 元，已发行 100 万股）	100
资本公积	50
未分配利润	150
股东权益合计	300

假定该公司宣布发放 10% 股利，即发放 10 万股普通股股票，并规定现有股东每持有 10 股可得 1 股股利股票。若该股票股价为 10 元（当时市价）。随着该公司股票股利的发放，需从"未分配利润"项目划转出的资金金额应为

10 × 100 × 10% = 100（万元）

发放 10 万股普通股，公司股东权益总额保持不变，但股东权益结构发生改变。发放股票股利后，公司股东权益情况见表 6-2。

表 6-2 某公司发放股票股利后股东权益分布表

股东权益项目	金额（万元）
普通股（每股面额 1 元，已发行 110 万股）	100×（1＋10%）＝110
资本公积	50＋（10－1）×10＝140
未分配利润	150－100＝50
股东权益合计	300

由表 6-1 及表 6-2 对比可得，发放股票股利对公司股东权益总额不产生影响（股东权益合计前后相等），但公司权益的构成发生了变化，从而对公司的资本结构、财务风险、每股收益等产生影响。从表 6-2 中可分析得出，发放股票股利后，由于普通股股数的增加，每股收益和每股价格会相应减少。但由于股东所持股份的比例没有发生变化，每位股东所持股票的市场价值总额仍保持不变。因此，股东权益总额没有因发放股票股利而增加或减少。

【例 6-3】 根据例 6-2 资料，如果该公司本年度的收益为 100 万元，某股东持有 20 万股普通股，发放股票股利对该股东利益的影响如表 6-3 所示。

表 6-3 发放股票股利对某股东利益的影响

项目	发放前	发放后
每股收益（元）	100÷100＝1	100÷110＝0.91
每股价格（元）	10	10÷（1＋10%）＝9.09
持股比例（%）	20÷100＝20%	20×（1＋10%）÷110＝20%
持股总价值（万元）	20×10＝200	20×（1＋10%）×9.09＝200

从表 6-3 中可以看出，发放股票股利对股东利益没有产生根本影响，但它使每股收益、每股价格发生了变化。

股票股利的特点是：股票股利并未导致公司的现金流出，股东权益账面价值总额未发生变化，股东的股权比例未发生变化，但增加了流通在外的普通股股票数量，每股股票所代表的股东权益账面价值下降，股票市场价格下跌。

2. 股票股利的作用

股票股利虽然不直接增加股东的财富，也不增加公司的价值，但它对股东和公司都有特殊的意义和作用。

（1）股东方面股票股利的作用。

① 如果公司在发放股票股利后发放现金股利，股东会因所持股票股数的增加而得到更多的现金股利。

② 许多公司发放股票股利后，其股价并不成比例下降。一般在发放少量股票股利（如2%—3%）后，不会引起股价的立即变化，这可使股东得到股票价值相对上升的好处。

③ 市场和投资者普遍认为，公司如果发放股票股利往往预示着公司会有较大的发展和成长，公司利润将大幅度上升，这样的信息传递会抵消发放股票股利带来的消极影响，不仅会稳定股票价格甚至可能使股票价格上升。

④ 在采用股票股利的形式下，如果股东想获取现金，可以随时将这部分股票出售而获取现金；如果认为公司前景良好，可以较长期持有股票，以期获取更大收益。因此，股票股利形式比较灵活。

⑤ 有些国家税法规定出售股票所需缴纳的资本利得税率比收到现金股利所需缴纳的所得税率低，采用股票股利形式投资者还可以获得纳税上的好处。即使股利收入和资本利得收入没有税率上的差别，投资者对资本利得收入的纳税时间选择也更具有弹性，它们之间也会存在延迟纳税带来的收益差异。

（2）公司方面股票股利的作用。

① 发放股票股利可使股东分享公司盈余，而又无须分配现金，这使得公司留存大量现金，便于进行再投资，同时减少筹资费用。

② 当某些公司经营良好、股价上升过快时，会使投资者因规避风险的想法而减少投资，不利于大量交易。采用股票股利形式，能增加流通在外的股数，从而使股价相应回落，有利于股票的流通，从而吸引更多的投资者。

③ 公司发放股票股利可以向市场传递积极信号，暗示公司会有较大的发展和成长，提高投资者对公司的信心，稳定公司的股票价格。

3. 股票股利的缺点

（1）消极信号效应。公司采用股票股利支付形式，有可能被认为是公司现金周转不灵的先兆。特别是当公司财务报表所反映的投资收益率低于投资者的预期或投资项目运转不良时尤其如此，从而会影响到公司的财务形象和再筹资能力，影响公司的股价。

（2）对股价变动的负面影响。采用股票股利支付形式的公司，往往未来有良好的投资机会，当公司宣告发放股票股利后，其股价通常会上扬。如果不久后的事实与投资者的期望相左，投资者便会毫不留情地抛售股票，从而导致公司股价急剧下跌。

（3）财务负担重。由于发放股票股利的手续和程序相对复杂，发放费用高于发放现金股利费用，在一定程度上会增加公司的财务负担。并且股票股利可能加重公司以后的经营压力和财务负担。随着股本规模的扩大，当公司在某一时间需要分配现金股利时，其现金支付压力将会随之加大，甚至可能导致公司陷入财务困境。

（三）股票回购

股票回购，是指公司利用现金等方式，从股票市场上购回本公司发行在外的股票的行为。公司在股票回购完成后可以将所回购的股票注销。如果未注销，已购回的本公司的股票通常称作"库藏股"。

股票回购可减少流通在外的本公司股票数量，改变公司的资本结构，在公司收益不变的情况下，可增加未收回股票的每股收益和每股价格。股票回购可提高公司股票收益，相当于变相给股东支付股利，并且可以规避政府对现金股利的管制。

1. 股票回购的方式

股票回购方式，常见的有公开市场回购、要约回购和协议回购三种。

（1）公开市场回购，是指公司通过证券经营机构在公开的证券市场以现行市场价格回购自身发行的股票。当公司在公开市场购回股票时，需要披露购回股票的意图、数量等信息，并遵守公司法和证券法的有关规定。采用公开市场回购的方法，股票回购通常需花费较长时间，并且很容易推高股价，增加回购成本。

（2）要约回购，是指公司通过公开向股东发出回购股票的要约，确定回购价格以购买一定数量的股份，来实现股票回购计划。通常确定的回购价格会高于现行市场价格，有一定的溢价，回购有效期一般较短。股东可以在有效期内自愿决定是否将股票按照回购价格出售给公司。如果股东愿意出售的股票数大于公司计划回购的股票数，公司可以自行决定购买部分或全部股票。溢价的高低与公司股票的集中程度有关，一般而言，两者之间成反比。即公司股权越集中，溢价就可以越低；相反，股权越分散，溢价就必须制定得越高。

（3）协议回购，是指公司与特定的一个或一个以上的大股东，以协商定价的方式，私下签订协议回购其所持有的股票。采用这种方式，公司必须公开披露股票回购的目的、数量等信息，并保证回购价格公平，以避免公司向特定股东进行利益输送，侵害其他股东的权益。

2. 股票回购的作用

（1）传递股票被低估的信号。因为管理层和投资者之间存在着信息不对称，因此股票价格不一定能反映公司的真实情况。如果管理层认为本公司股票被严重低估时，可采取股票回购的策略传递这个信息，从而促使公司股票价格上涨。

（2）为股东避税。由于股利收入和资本利得存在税率差异，个人投资者更偏好资本利得而非股利。因此，公司为了使股东减少缴纳个人所得税，可以用股票回购的方式代替发放股利，从而给股东带来税收收益。

（3）反收购策略。在预见到恶意收购的情况下，及时回购本公司股票，可提高公司股票价格，给收购方增加收购难度，从而降低本公司被恶意收购兼并的概率。

（4）提高每股收益。股票回购使流通在外的普通股股数减少，每股收益相对提高，市盈率降低，从而推动股价上升或者维持合理价格。

（5）分配公司超额现金。如果公司的现金非常充沛，但又没有足够的盈利性投资机会使用这么多现金，公司可以通过股票回购的方式将现金分配给股东。股票回购会引起每股收益和每股市价的上升。假定市盈率不变，则股东所持有的股份的总价值将会随之增加，从而起到了分配超额现金的作用。

3. 股票回购的缺点

（1）公司回购股票与股东退股和减少公司资本差别不大，从根本上缩减了公司的权益资本，减少公司的投资机会，也削弱了对公司债权人的保障程度。

（2）回购可能使公司的发起人股东更注重创业利润的兑现，而忽视公司的长远发展，损害公司的根本利益。

（3）股票回购需要大量的资金支付回购的成本，因此进行回购的公司需要有资金实力。

（4）股票回购也给公司操纵股价、进行内部交易带来了可乘之机。

（四）财产股利

财产股利是公司用现金以外的其他资产向股东分派的股息和红利。主要是以实物或有价证券的形式向股东发放股利。

实物股利，是指公司以实物形态的资产（一般是公司自己生产的产品）作为股利支付给股东，多用于额外股利的支付。

有价证券股利，是指以公司所拥有的其他公司发行的有价证券，如公司债券、公司股票等，作为股利支付给股东。

（五）负债股利

负债股利，是指公司以应付票据等作为股利来代替现金发放给股东的一种股利支付形式。公司采用负债股利支付形式，股东既是投资者，又是债权人。

这种股利支付形式通常是公司在已宣告发放股利后因经营状况突变、营运资金匮乏、现金股利发放困难的情况下，采用增加负债的方式解决问题，目的是为了维护公司的信誉和股利政策的连续性。

财产股利和负债股利实际上都是现金股利的替代方式，但是在我国实务中很少使用。

二、股利发放程序

股份公司发放股利必须遵循法定的程序，按照日程安排进行。首先由公司董事会提出分配预案，然后提交股东大会审议；股东大会决议通过分配预案后，要向股东宣布发放股利的方案。股利发放要经过一个过程，依次为股利宣告日、股权登记日、除息日和股利支付日。

1. 股利宣告日

股利宣告日，就是股东大会决议通过并由董事会将股利支付情况予以公告的日期。公告中将宣布每股支付的股利、股权登记日、除息日和股利支付日等事项。

2. 股权登记日

股权登记日，就是有权领取本期股利的股东资格登记截止日期。凡是在此指定日期收盘之前取得公司股票，成为公司在册股东的投资者都可以作为股东享受公司本期分派的股利，在这一天之后取得股票的股东则无权领取本次分派的股利。

3. 除息（除权）日

除息日，是指除去股利的日期，即领取股利的权利与股票分开的日期。

股权登记日后的第一个交易日就是除权日或除息日。除息日对股票的价格有明显的影响，在除息日之前的股票价格中包含了本次股利，在除息日之后的股票价格中不再包含本次股利，所以除息日股价会下降。

4. 股利支付日

股利支付日是指公司按照公布的分红方案向股权登记日在册的股东发放股利的日期。关于证券交易市场常用术语以及此部分的详细计算例题，在本章节附录还会有详细介绍，在此就不再详述。

【例6-4】 2022年3月18日，中国平安发布"中国平安2021年年度利润分配方案公告"，公告称：本公司2021年度利润分配方案为每股股息现金人民币1.5元（含税），暂定股权登记日为2022年6月17日，暂定除息日为2022年6月20日，暂定现金红利发放日为2022年6月20日。本次利润分配方案尚待本公司股东大会审议通过后方可实施。

2022年4月29日中国平安召开股东大会，审议通过了上述利润分配方案。4月30日中国平安发布《中国平安2021年度股东大会决议公告》。

解：股利宣告日为2022年4月30日，股权登记日为2022年6月17日（周五），除息日为2022年6月20日，股利支付日为2022年6月20日。

第四节 股利政策的基本理论

股利理论就是研究股利支付与股票价格及公司价值之间是否存在某种关系，确定最佳的股利支付比例以实现公司价值最大化。根据对股利分配是否影响股票价格及公司价值认识的不同，大致将股利理论分为两种：股利无关论和股利相关论。股利无关论认为，股利政策不会影响公司的股票价值；而股利相关论则认为，股利政策的选择会影响公司股票价值。

一、股利无关论

股利无关论是由美国经济学家莫迪利安尼和财务学家默顿·米勒于1961年在《股利政策增长和股票价值》一文中提出的，又称为MM理论。股利无关论是指在一定的假设条件下，股利政策不会对股票价格或公司价值产生任何影响。公司的股票价格完全取决于公司投资的获利能力和风险组合，而与公司的股利分配政策无关。

股利无关论的基本假设条件包括以下几个方面。

（1）市场具有强式效率，投资者与管理者拥有相同的信息。

（2）没有个人或企业所得税。

（3）没有股票发行费用和交易成本。

（4）公司的投资决策和股利政策彼此独立，即投资决策不受股利政策的影响。

（5）投资者对股利收益和资本利得具有同样的偏好。

上述假设下的市场是一种完美无缺的市场，因此，股利无关论又被称为完全市场理论。基于以上假设，股利无关论有以下观点。

（1）投资者不关心公司股利的分配。若公司股利分配少、留存较多的利润用于再投资，会导致公司股票价格上升，需用现金的投资者可通过出售股票来换取现金；若公司发放较多的股利，投资者又可以用现金再买入一些股票以扩大投资，公司仍然在证券市场上顺利地筹集到新的资金。也就是说投资者对股利和资本利得并无偏好。

（2）股利政策不影响公司的资产价值。既然投资者不关心股利的分配，公司的价值就完全由其投资的获利能力和风险组合所决定，公司的盈余在支付股利和保留盈余之间的分配并不影响公司的价值。

综上所述，无论从公司或股东的角度来看，根本没有最佳股利政策的存在。MM理论认为，此时公司的价值完全取决于公司投资的获利能力和风险组合，而与公司的股利分配政策无关。但是，由于MM理论的假设条件过于脱离现实，致使该理论的结论与实际情况相去甚远。

二、股利相关论

股利相关论认为，现实中不存在股利无关论假设的完全市场条件，公司的股利分配对公司市场价值有影响，公司的价值或者说股票价格不会仅仅由其投资的获利能力所决定。股利相关论通常有以下几种代表性观点。

（一）"在手之鸟"理论

"在手之鸟"理论是流行最广泛和最持久的股利理论，源于谚语"双鸟在林不如一鸟在手"。该理论的代表人物是迈伦·戈登和约翰·林特勒。该理论认为，投资者对股利收益与资本利得是有偏好的，大部分投资者更偏向于股利收益。对投资者而言，当前的现金股利是确定的，好比抓在手中的鸟；通过保留盈余再投资而获得的资本利得则是躲在林中的鸟，随时可能飞走。相对于股利支付而言，资本利得具有更高的不确定性，并且这种不确定性会随着时间的推移而加剧。根据风险和收益对等原则，在公司收益一定的情况下，作为风险规避型的投资者愿意购买现在支付股利的股票，不愿意购买将来才有较高资本收益和较高股利的股票。正是由于投资者偏好于取得现金股利收入，所以股利支付的高低最终会影响公司价值。

（二）信号传递理论

MM理论建立在投资者与管理者拥有相同信息的基础上，这种假设在现实生活中是难以成立的。股利信号传递理论得以成立的基础是，信息在各个市场参与者之间存在着不对称。2001年诺奖经济学奖得主斯潘塞就研究过股利的信息传递作用。

信号传递理论认为,投资者一般只能通过公司财务报告及其他的财务信息来了解公司的经营状况和盈利能力,并据此来判断股票的价格是否合理。但是投资者对未来发展和收益的了解远不如公司管理人清楚,即存在着某种信息不对称。在信息不对称的情况下,公司可以通过股利政策向市场传递有关公司未来盈利能力的信息。一般来说,高质量的公司往往愿意通过相对较高的股利支付率把自己同低质量的公司区别开来,以吸引更多的投资者。股利政策因此就有了信息效应,即股利的分配给投资者传递了关于公司盈利能力的信息。对投资者来说,股利政策的差异往往是反映公司质量差异的极有价值的信号。如果公司连续保持较为稳定的股利支付率,那么投资者就会得到公司经营状况良好、盈利能力较强的信息,对公司抱有较为乐观的态度,该公司的股票价格就会上涨。如果公司改变了长期以来比较稳定的股利政策,那么投资者会形成公司的财务状况或盈余状况有较大变动的印象,从而会导致股票价格下跌。

股利信号传递理论研究虽取得了较大进展,但也存在一些缺陷。

(1)市场对股利增加做正面反应,对股利减少做负面反应,这种现象不仅信号传递理论可以解释,其他理论如代理成本理论也可以解释。

(2)信号传递理论很难对不同行业、不同国家的股利差别进行有效的解释和预测,比如:美国、英国、加拿大的公司发放股利比日本、德国的公司高,但却并没有表现出更强的盈利性。

(3)信号传递理论解释不了为什么公司不采用其他效果相当而成本更低的手段传递信息。

(4)高速成长的公司股利支付率一般都很低,但按照信号传递理论恰恰会得出相反的解释和预测。

(三) 税差理论

MM理论的一个重要假设就是不存在任何个人和企业所得税。而实务中,不仅存在个人和企业所得税,而且资本利得与股利收入之间的所得税税率经常是不同的。1967年法拉和塞尔文提出所得税率差异理论,即税差理论。该理论认为:由于不对称税率的存在,股利政策会对股票价格及公司价值产生影响。如果股利收入的所得税税率比资本利得税率高,出于避税的考虑,投资者更偏爱低股利政策。公司采取低股利政策,将为股东带来税收收益,有利于增加股东财富,促进股票价格上涨,而高股利支付政策将导致股票价格下降。

税差理论也存在一定的问题,其成立的前提是资本利得的所得税税率低于股利所得税税率,投资者可以通过延迟实现资本利得而延迟缴纳资本利得所得税。但实际生活并非完全如此，在欧美一些国家，对于机构投资者如养老基金有免税政策，既不用对股利，也不用对资本利得缴税；再如在税收优惠的条件下，投资者实际适用的股利税率可能比资本利得税率还要低，这些都使税差理论缺乏足够的说服力。

（四）代理理论

现代公司理论认为，公司由一系列契约组成，主要涉及公司资源的提供者（股东和债权人等）与资本的经营者（管理者）之间的契约关系。公司资源的提供者是委托人，资本的经营者是代理人，两者形成委托—代理关系。委托人和代理人的利益并不完全一致，在信息不对称的情况下，会产生代理问题，将降低企业的效力，增加企业的成本。1982年迈克尔·约瑟夫将代理理论应用于股利政策研究。代理理论认为，股利政策有助于减少股东与管理者之间，以及股东与债权人之间的代理冲突，也就是说股利政策相当于是协调股东与管理者之间代理关系的一种约束机制。股利政策对管理者的约束体现在两个方面。

（1）从投资者角度看，当公司持有大量自由现金时，通过支付现金股利，把自由现金流量还给股东，可以有效减少管理者自由支配的现金资源，在一定程度上抑制管理者因过度投资或进行特权消费而浪费资源，避免把自由现金流量浪费在低收益的项目上，从而保护了外部投资者的利益。

（2）从融资角度看，发放现金股利减少了公司的留存收益也就是内部融资，导致公司进入资本市场寻求外部融资，使公司受到市场参与者的广泛有效监督，从而可以通过资本市场的监督减少代理成本。但是这样也同时增加了公司的融资成本。因此，最优的股利政策应使两种成本之和最小。

任何一种股利政策都是建立在一定股利政策基本理论基础上的，股利相关论的几种观点都只是从某一角度来解释股利政策和股价的相关性，不足之处在于没有同时考虑多种因素影响。在现实世界中公司股利政策受到多重因素的影响，如市场效率、筹资成本、各国税法差异等等，最终公司采用何种股利政策，往往是各种因素综合权衡后的结果。

第五节 利润分配决策

利润分配是指企业把一定时期实现的利润按照国家财务会计制度的规

定，向国家、投资者和企业进行分配的过程。支付股利是一项税后利润的分配，但不是利润分配的全部。

一、利润分配的原则

利润分配是一项十分重要的工作，不仅关系到所有者的合法权益是否得到保护，还关系到企业的长期、稳定发展。企业在进行利润分配时应遵循以下原则。

1. 依法分配原则

企业的利润分配必须依法进行。为了规范企业的利润分配行为，维护各利益相关者的合法权益，国家制定和颁布了相关法规，企业的利润分配必须依法进行，保障有关各方的合法权益。

2. 兼顾各方利益原则

企业的利润分配涉及国家、企业、投资者、债权人和员工多方面的利益关系，因此必须兼顾各方面的合法权益。首先企业必须依法缴纳各项税金，履行社会责任；其次投资者作为企业的所有者，依法享有净收益的分配权；再次债权人在给企业融资时，承担了相应的风险及机会成本，债权人的利益理应在利润分配时得到保护；最后员工是企业利润的直接创造者，利润分配时也必须充分考虑员工的利益。可见，企业进行利润分配时，应统筹兼顾，合理安排，维护各利益相关者的合法权益。

3. 正确处理分配与积累关系的原则

恰当处理分配与积累之间的关系，能够提高企业经营的稳定性与安全性，增强企业抵抗风险的能力，因此在进行利润分配时，要正确处理长远利益与近期利益的关系，坚持分配与积累并重的原则。

4. 投资与收益对等原则

企业进行利润分配时应当体现"谁投资谁受益"、收益大小与投资比例相对等的原则，不允许任何一方随意多分多占，以从根本上实现收益分配中的公开、公平和公正，保护投资者的利益不受侵害，提高投资者的投资热情。

二、利润分配的顺序

利润分配应依照法律法规的要求按一定的顺序进行。根据我国《公司法》的有关规定，企业当年实现的利润总额应按国家有关税法的规定作相应调整，依法交纳所得税，然后按下列顺序进行分配。

1. 弥补以前年度的亏损

按我国财务和税务制度的规定，企业的年度亏损，可以由下一年度的税前利润弥补，下一年度税前利润尚不足以弥补的，可以由以后年度的利润继续弥补，但弥补亏损的最长年限为 5 年。5 年内弥补不足的，用本年税后利润或盈余公积金弥补。本年净利润加上年初未分配利润为企业可供分配的利润，只有可供分配的利润大于零时，企业才能进行后续分配。

2. 提取法定盈余公积金

根据《公司法》的规定，法定盈余公积金的提取比例为当年税后利润扣除弥补以前年度亏损后的 10%。当法定盈余公积金累计已达到注册资本的 50% 时可不再提取。

3. 提取任意盈余公积金

根据《公司法》的规定，公司从税后利润中提取法定公积金后，按照企业章程或者经股东大会决议通过，还可以从税后利润中提取任意盈余公积金。

任意盈余公积金属于股东的合法权益，计提的目的是减少以后年度可供分配的利润，调整向投资者分配利润的水平，避免各年度利润分配的较大波动。

任意盈余公积金的提取与否及提取比例，可根据公司发展的需要和盈余情况决定，法律不作强制规定。盈余公积金可用于弥补亏损、扩大生产经营、转增资本或派送新股等。

4. 向投资者分配利润

根据《公司法》的规定，公司弥补亏损和提取公积金后所余税后利润，可以向股东（投资者）分配股利（利润），其中有限责任公司股东按照实缴的出资比例分取红利，全体股东约定不按照出资比例分取红利的除外；股份有限公司按照股东持有的股份比例分配，但股份有限公司章程规定不按持股比例分配的除外。

股利（利润）的分配应以各股东持有股份的数额为依据，每一股东取得的股利与其持有的股份数成正比。

股份有限公司原则上应从累计盈利中分派，无盈利不得支付股利，即所谓"无利不分"原则。但若公司用盈余公积金抵补亏损后，为维持其股票信誉，经股东大会特别决议，也可用盈余公积金支付股利，不过留存的法定公积金不得低于注册资本的 25%。

此外，根据《公司法》的规定，在公司弥补亏损和提取法定公积金之前向股东分配利润的，股东必须将违反规定分配的利润退还公司。

三、股利分配的方式

如前文所述，股份制公司常见的股利分配方式一般有三种：派发现金股利、送红股、公积金转增股。再考虑到上述几种方式混合使用，全部股利分配政策可分为八种：不分配、派现、送红股、转增股、派现加送红股、派现加转增股、送红股加转增股、派现加送红股加转增股。下面介绍几种我国常见的分红方法。

1. 以现金方式分配

这是一种最直观的股利分配，它不扩大股本，只要公司有足够的现金支付能力就可实施。同时，这种分配方式不会造成公司下一年度因净利润增长与股本扩大不同步而降低净资产收益率。

2. 以红股方式分配

从理论上讲，上市公司股利分配采用现金还是红股，与企业的资金是否充裕有关，但从我国上市公司实际执行过程中可明显看出，上市公司考虑更多的是股本扩张对今后再融资的影响以及维护股价的需要，往往缺乏从效益增长能否保持同步的角度考虑，由此，在股本大规模扩张后，给公司的业绩提高带来了巨大的压力。我国上市公司中，有不少公司就是因为送红股使得公司股本规模大幅度扩大，当利润不能同步增长时，就可能会给公司带来一系列问题。比如四川长虹，在 1993 年至 1997 年之间，年年送股，在 1995 年和 1997 年还同时进行配股，经过连续几年的送股和配股，使得四川长虹的股本规模迅速扩大，但是从 1998 年开始，随着我国家电行业步入调整期，四川长虹的业绩不能增长，但是股本规模已经膨胀得过快，使得每股收益指标连年下降，从 1998 年的每股收益 1.71 元一路下跌，到 2004 年，每股收益亏损 1.701 元。股本规模的扩大，行业调整，以及利润下降，直接导致四川长虹从 1998 年开始到 2005 年期间，在长达 8 年时间里，年年实行零分红政策。由此可见，上市公司不能因为送红股不需要现金而盲目送股，一定要考虑到公司的股本规模等问题。

3. 资本公积金转增股本

上市公司发行股票时，发行价超过票面价的溢价部分和发起人资产按比例折股后的剩余部分都计入公司的资本公积。资本公积转增股本不属于利润分配，是一种股本扩张行为。但是，它会影响股价，资本公积转股按股票的票面值计，转增后二级市场的股价虽然经过除权，但与其票面值比还是高的。若有填权行情，投资者还可从二级市场得到收益。而且，资本公积转增股本不增减公司的股东权益，在净利润不变的情况下，虽然会摊薄每股收益，但不影响净资产收益率。因此，在我国，投资者和上市公司一般将其视同股利政策的一种来实施。1996 年 7 月 24 日中国证监会在《关于规范上市公司行为若干问题的通知》中明确，"上市公司的送股方案必须将以利润派送红股和以公积金转为股本予以明确区分，并在股东大会上分别作出决议，分项披露，不得将两者均表述为送红股"。因此，目前上市公司比较常见的分红方式描述为："10 送 2"或"10 转 2"或"10 送 2 转 3"。第一种是直接送股，第二种是转股，第三种是送股和转股相结合。

4. 派现送股转增组合

许多公司在权衡股本扩张、效益增长、资金紧张等各种因素后，会采用利润派现与送红股、派现与公积金转增股本或派现、送股、转增组合的方式确定股利分配。一般这些组合方式具体可以描述为："10 送 2 派 1 元"或"10 转 2 派 1 元"或"10 送 2 转 3 派 1 元"。最后一种表示为，上市公司给每位拥有 10 股股票的投资者从当年利润中送 2 股，再从资本公积中转送 3 股，另外再送 1 元的现金股利。

虽然上述第 3 和第 4 种股利分配方式中我们都提到了送股的情况，比如 10 送 2 或者 10 送 2 派 1 元或者 10 送 2 转 3 派 1 元，但是我们在现实的资本市场中很难看到上市公司真正实施送股的情况，这主要是因为我国的税法规定，如果是当年利润给投资者送股，投资者需要交纳 20% 的股息税，而如果是从盈余公积或者资本公积中转送股份，则投资者不用交税，所以上市公司为了给投资者合理避税，大家都采取转股而不是送股。

5. 当年不分配利润也不转增股本

上市公司当年对股东不分配任何股利，其原因无非有如下几种。

（1）企业当年亏损，收益分配无来源。

（2）企业当年虽有盈利，但出于公司未来再投资需要资金的考虑，公司决定把所有利润留存在公司，不分配任何利润。

（3）企业收益不丰，分红微薄不如不分配，以此造成含权股的形象以利来年。

（4）当年有利润，公司未来再投资也有资金，但是管理层不愿意拿出现金或股票分配给投资者，这种公司在市场上经常被人称为"铁公鸡"，究其原因是我国法律只对利润分配顺序有规定，对利润是否分配没有强制性规定。利润是否分配可由股东自己决定，在大股东绝对控股的公司中，控股股东一锤定音，不分配就不分配，中小股东没有任何办法。

四、送股和转股的异同点

（一）相同点

（1）送股是上市公司将本年的利润留在公司里，发放股票作为红利，从而将利润转化为股本。而转增股本则是指公司将资本公积或盈余公积转化为股本。无论是送股还是转增股本，公司的资产、负债、股东权益的总额结构并没有发生改变，但总股本增大了，同时每股净资产降低了。

（2）它们都有以下程序：股权登记日，收盘持有股票者，被确认享有红股或转增股；除权日，将前一日收盘价除权，股价自然地发生变动，这叫除权；红股（转增股）上市日，从这一天起，享有红股或转增股才能够上市交易。

（二）不同点

（1）转增股是指用公司的资本公积金按权益折成股份转增，而送股是用公司的未分配利润以股利形式送股。

（2）红股来自公司的年度税后利润，只有在公司有盈余的情况下，才能向股东送红股，而转增股本却来自资本公积，它可以不受公司本年度可分配利润的多少及时间的限制，只要将公司账面上的资本公积减少一些，增加相应的注册资本金就可以了。

附录：一些常用的证券术语及专用名词解释

1. 股权登记日

股权登记日是指董事会规定的登记有权领取股利的股东名单的截止日期。也就是说，在股权登记日这一天收盘时持有该公司股票的投资者是可以享有此次分红或参与此次送、配股的股东，这部分股东名册由证券登记公司统计在案，届时将所应分得的红股、现金红利或者配股划到这部分股东的账户上。

2. 除权除息日

股权登记日后的第一个交易日就是除权日或除息日，这一天购入该公司股票的股东是不同于可以享有上一年度分红的老股东的"新股东"，不再享有公司此次分红配股。

具体表现在股票价格变动上，除权日当天即会产生一个除权价，这个价格相对于前一交易日（股权登记日）虽然明显降低了，但这并非股价下跌，并不意味着在除权日之前买入股票的股东因此而有损失，相对于除权后，"低价位"买入股票但无权分享红利的股东而言，在"高价位"买入但有权分红利的股东，二者利益、机会是均等的，后者并无何"损失"。

3. 含权、含息股；填权和贴权

上市公司在董事会、股东大会决定送转红股或配股后，尚未正式进行分红、配股工作，股票未完成除权、除息前称为"含权、含息"股票。

股票在除权后交易，交易市价高于除权价，取得送转红股或配股者得到市场差价而获利，为填权；交易市价低于除权价，取得送转红股或配股者没有得到市场差价，造成浮亏，则为贴权。

4. 除权、除息价怎样计算

上市公司进行分红后，在除权、除息日这一天会产生一个除权价或除息价，除权或除息价是在股权登记这一天收盘价基础上产生的，计算办法具体如下。

（1）除息价的计算方法为：除息价＝股权登记日收盘价－每股所派现金。

（2）除权价计算分为送股除权和配股除权。

① 送股除权价计算方法为：送股除权价＝股权登记日收盘价/（1＋送股比例）

② 配股除权价计算方法为：配股除权价＝（股权登记日收盘价＋配股价×配股比例）/（1＋配股比例）

（3）送红派息股的除权价的计算方法为：除权价＝（收盘价－股息）/（1＋送股比例）。

（4）有送红股、派息、配股的除权价计算方法为：

除权阶＝（股权登记日收盘价＋配股比例×配股价－每股所派现金）/
（1＋送股比例＋配股比例）

注：除权、除息价均由交易所在除权日当天公布。

5. 除权价是否等于开盘价

除权价只能作为除权日当天个股开盘的参考价，而开盘价是经过集合竞价产生的，除权价高于、等于、低于开盘价均有可能。

6. 沪市 XR、DR、XD 代表什么

根据上交所的有关规定，某股票在除权日当天，在其证券名称前记上 XR，为英文 Ex-Right 的缩写，表示该股已除权，购买这样的股票后将不再享有分红的权利；

证券代码前标上 XD，为英文 Ex-Divident 的缩写，表示股票除息，购买这样的股票后将不再享有派息的权利。

证券代码前标志上 DR，为英文 Ex-Divdent 和 Ex-Right 合在一起的缩写，表示除权除息，购买这样的股票不再享有送红派息的权利。

课后练习题

一、单项选择题

1. 公司采取剩余股利政策的根本理由在于（　　）。
    A. 使公司利润分配具有较大灵活性
    B. 降低综合资金成本
    C. 稳定对股东的利润分配额
    D. 使对股东的利润分配与公司的盈余紧密配合

2. 发放股票股利后，每股市价将（　　）。
    A. 上升　　　　　　　　　　　　B. 下降
    C. 不变　　　　　　　　　　　　D. 可能出现上述情况中的任何一种

3. 某公司现有发行在外的普通股为 100 000 股，每股面额 1 元，资本公积 3 000 000 元，未分配利润 8 000 000 元，股票市价 20 元；若按 10% 的比例发放股票股利并按市价折算，公司资本公积的报表列示将为（　　）。
    A. 1 000 000 元　　　　　　　　B. 2 900 000 元
    C. 4 900 000 元　　　　　　　　D. 3 000 000 元

4. 在以下股利政策中，有利于稳定股票价格，从而树立公司良好形象，但股利的支付会与公司盈余相脱节的股利政策的是（　　）。

A. 低正常股利加额外股利政策 B. 固定股利政策
C. 固定股利支付率政策 D. 剩余股利政策

5. 主要依靠股利维持生活的股东和养老基金管理人最不赞成的公司股利政策是（　　）。

A. 剩余股利政策 B. 固定或持续增长股利政策
C. 固定股利支付率政策 D. 低股利加额外股利政策

6. 容易造成股利支付额与本期净利相脱节的股利分配政策是（　　）。

A. 剩余股利政策 B. 固定股利政策
C. 固定股利支付率政策 D. 低正常股利加额外股利政策

7. 预期未来获利能力强的公司，往往愿意通过相对较高的股利支付水平吸引更多的投资者。这种观点体现的股利理论是（　　）。

A. "在手之鸟"理论 B. 代理理论
C. 税差理论 D. 信号传递理论

8. 公司在选择股利政策时，应以代理成本与外部融资成本之和最小化为标准。该决策的股利理论依据是（　　）。

A. MM理论 B. 税差理论
C. 代理理论 D. 信号传递理论

9. 在下列股利分配政策中，能够保持股利与收益之间一定的比例关系，并体现多盈多分、少盈少分、无盈不分原则的是（　　）。

A. 固定股利支付率政策 B. 剩余股利政策
C. 固定或稳定增长股利政策 D. 低正常股利加额外股利政策

10. 关于派送红股和资本公积金转增股本，以下说法错误的是（　　）。

A. 红股来自公司的年度税后利润，只有在公司有盈余的情况下才能向股东派送
B. 无论是派送红股还是资本公积金转增股本，公司的资产、负债、股东权益的总额并没有发生变化
C. 转增股本可以不受公司本年度可分配利润的多少影响
D. 派送红股和资本公积金转增股本会导致每股收益下降，引发股价下降，进而使股东持有股票的市值相应减少

二、多项选择题

1. 股利决策涉及的内容很多，主要包括（　　）。

A. 股利支付程序中各日期的确定 B. 股利支付比率的确定
C. 股利支付方式的确定 D. 支付现金股利所需现金的筹集
E. 公司利润分配顺序的确定

2. 企业所处的成长和发展阶段不同，相应采用的股利分配政策也不同，下列说法正确的有（　　）。

A. 剩余股利政策一般适用于公司初创阶段和衰退阶段
B. 固定或持续增长的股利政策一般适用于公司的成熟阶段
C. 低正常股利加额外股利政策一般适用于公司的高速发展阶段
D. 固定股利支付率政策一般适用于公司的高速发展阶段

3. 影响公司股利政策的法律因素主要包括（　　）。
A. 资本保全约束
B. 企业积累约束
C. 稳定股价约束
D. 超额累计利润约束
E. 偿债能力约束

4. 影响企业股利政策选择的因素有很多，概括起来主要有（　　）。
A. 法律因素
B. 债务契约因素
C. 公司因素
D. 股东因素

5. 以下会导致公司采取低股利政策的事项有（　　）。
A. 物价持续上升
B. 金融市场利率走势下降
C. 公司资产流动性趋弱
D. 公司盈余波动较大

6. 相较于发放现金股利，发放股票股利的优点有（　　）。
A. 减少股东税负
B. 改善公司资本结构
C. 提高每股收益
D. 避免公司现金流出

7. 通常可供选择的股利政策有（　　）。
A. 固定或稳定增长股利政策
B. 固定股利支付率股利政策
C. 剩余股利政策
D. 低正常股利加额外股利政策

8. 按公司向股东支付股利的具体方式，股利的种类有（　　）。
A. 现金股利
B. 股票股利
C. 股票回购
D. 财产股利
E. 负债股利

9. 企业在进行利润分配时应遵循的原则有（　　）。
A. 依法分配原则
B. 按劳分配原则
C. 投资与收益对等原则
D. 股东利益至上原则

10. 股票回购的作用主要有（　　）。
A. 提高每股收益
B. 传递股票被低估的信号
C. 为股东避税
D. 降低公司被恶意收购的概率
E. 分配公司超额现金

三、计算题

1. 某公司2022年税后利润为600万元，2023年初公司讨论决定股利分配的数额。预计2023年需要再增加投资800万元，公司的目标资本结构是权益资金占60%，债务资本占40%，今年公司继续采用剩余股利政策，则公司应分配的股利是多少？

2. 某公司今年年底的所有者权益总额为 9 000 万元，普通股 6 000 万股。目前的资本结构为长期负债占 55%，所有者权益占 45%，没有需要付息的流动负债。该公司的所得税率为 30%。预计继续增加长期债务不会改变目前的 11% 的平均利率水平。董事会在讨论明年资金安排时提出：

（1）计划年度分配现金股利 0.05 元/股。

（2）为新的投资项目筹集 4 000 万元的资金。

（3）计划年度维持目前的资本结构，并且不增发新股，不举借短期借款。

要求：测算实现董事会上述要求所需要的息税前盈余。

3. 某公司去年税后净利润为 500 万元，由于经济不景气，今年税后盈余下降到 475 万元，目前公司发行在外的普通股为 100 万股，该公司决策投资 400 万元设立新厂，其中 60% 将来自举债，40% 来自权益资金，此外该公司去年每股股利为 3 元。要求：

（1）若该公司维持固定股利支付率政策，则今年应当支付每股股利多少元？

（2）若执行剩余股利政策，则今年应支付每股股利多少元？

4. 某公司年终利润分配前的股东权益项目资料如下：

股本——普通股（每股面值 2 元，200 万股）　　400 万元
资本公积　　　　　　　　　　　　　　　　　　160 万元
未分配利润　　　　　　　　　　　　　　　　　840 万元
所有者权益合计　　　　　　　　　　　　　　1 400 万元

公司股票的每股现行市价为 35 元

计划按每 10 股送 1 股的方案发放股票股利，并按发放股票股利后的股数派发每股现金股利 0.2 元，股票股利的金额按现行市价计算。计算完成这一分配方案后的股东权益各项目数额。

5. 假设某公司今年税后净利润为 2 000 万元，目前流通在外普通股股数为 200 万股。该公司决定明年投资 4 000 万元设立新厂，借入资金和自有资金的比率是 60%：40%。依据剩余股利政策，该公司今年每股应发放多少股利？

答　案

一、单项选择题

1. B　2. B　3. C　4. B　5. A　6. B　7. D　8. C　9. A　10. D

二、多项选择题

1. ABCD　2. AB　3. ABDE　4. ABCD　5. ACD

6. AD 7. ABCD 8. ABCDE 9. AC 10. ABCDE

三、计算题

1. 剩余股利政策下税后利润首先用以满足根据资本结构的增加投资的权益需要，才能用以分配股利，因此，可以算出其应分配的股利为：$600 - 800 \times 60\% = 120$（万元）。

2.
（1）发放现金股利所需税后利润 $= 0.05 \times 6\,000 = 300$（万元）
（2）投资项目所需税后利润 $= 4\,000 \times 45\% = 1\,800$（万元）
（3）计划年度的税后利润 $= 300 + 1\,800 = 2\,100$（万元）
（4）税前利润 $= 2\,100/(1 - 30\%) = 3\,000$（万元）
（5）计划年度借款利息 $=$（原长期借款＋新增借款）$\times$ 利率
$= (9\,000/45\% \times 55\% + 4\,000 \times 55\%) \times 11\%$
$= 1\,452$（万元）
（6）息税前盈余 $= 3\,000 + 1\,452 = 4\,452$（万元）

3.
（1）公司去年每股盈余 $= 500/100 = 5$（元）
股利支付率 $= 3/5 = 60\%$
今年每股盈余 $= 475/100 = 4.75$（元）
今年每股股利 $= 4.75 \times 60\% = 2.85$（元）
（2）根据剩余股利政策，扩充所需权益资金 $= 400 \times 40\% = 160$（万元）
可分配盈余 $= 475 - 160 = 315$（万元）
每股股利 $= 315/100 = 3.15$（元）

4. 发放股票股利后的普通股数 $= 200 \times (1 + 10\%) = 220$（万股）
发放股票股利后的普通股本 $= 2 \times 220 = 440$（万元）
发放股票股利后的资本公积 $= 160 + (35 - 2) \times 20 = 820$（万元）
现金股利 $= 0.2 \times 220 = 44$（万元）
利润分配后的未分配利润 $= 840 - 35 \times 20 - 44 = 96$（万元）

5. 依据剩余股利政策，公司应先保留盈余作为建厂所需权益资金，有剩余再分配股利。
建厂所需权益资金 $= 4\,000 \times 40\% = 1\,600$（万元）
可分配盈余 $= 2\,000 - 1\,600 = 400$（万元）
今年每股可分配股利 $= 400 \div 200 = 2$（元）
依据剩余股利政策，该公司今年每股应发放 2 元股利。

第七章 财务分析

第一节 财务分析概述

一、财务分析的概念

财务分析是以会计报表资料及其他相关资料为依据和起点,采用一系列专门的分析技术和方法,对企业等经济组织过去和现在有关筹资活动、投资活动、经营活动、分配活动的盈利能力、营运能力、偿债能力和增长能力状况等进行分析与评价的经济管理活动。它可以为企业的投资者、债权人、经营者及其他关心企业的组织或个人了解企业过去、评价企业现状、预测企业未来、作出正确决策提供准确的信息或依据。财务分析既是已经完成的财务活动的总结,又是财务预测的前提,在财务管理循环中起着承上启下的作用。因此,财务分析在企业的财务管理过程中具有重要的作用。

二、财务分析的目的

财务分析主体是指对企业财务信息进行阅读和分析的单位、团体和个人。他们一般都与企业有着某种利益关系,并且站在各自的立场上,为各自的目的，对企业的财务状况、经营成果及现金流量进行分析和评价。不同的财务分析主体对财务分析提出的要求是有区别的，因此财务分析的目的也各不相同。

（一）投资者财务分析的目的

由于现代企业所有权和经营权的分离，作为委托代理关系的委托人，一方面有权要求企业提供有关财务信息以了解企业的财务状况、经营成果和现金流量等；另一方面，作为委托人，需要选择优秀的经营管理者从事企业的经营活动，只有通过财务信息才能对企业经营者受托责任的履行情况进行分析评价，才能为继续聘用、重用、奖励或惩罚及解聘企业经营管理者提供依据。

一般而言，投资者对其资本的保值增值状况、企业的获利能力（即投资者的投资回报率）及投资风险最为关注。所以，投资者需要阅读和分析会计报表等财务信息来了解企业的短期盈利能力以及企业长期的发展潜力，同时也会关心企业的偿债能力以及企业的分配政策等。

（二）债权人财务分析的目的

企业的债权人包括向企业提供信贷资金的银行、公司及债券持有者等。作为企业信贷资金的提供者，他们不能参与企业剩余收益的分配，所以他们最关心债权的安全性。因此，分析和关心企业的偿债能力、支付利息的能力、企业的资本结构和负债比例，以及企业长短期负债的比例是否恰当等是债权人财务分析的主要目的。

（三）经营管理者财务分析的目的

企业的经营管理者肩负着"受托责任"，为了履行和完成这个责任就需要对企业进行全方位的分析，包括经营能力、资产管理能力、财务风险、偿债能力、获利能力、未来发展趋势等。

财务信息对于提高企业内部经营管理者水平，制定有效的内外部决策，都具有重要意义。企业外界的利益相关人对企业的影响是间接的，而企业内部经营管理者利用财务信息则能马上应用于管理实务，对于促进企业各级管理层综合管理水平的提高至关重要；同时，会计报表等信息也是企业内部总结工作业绩，考核各部门经营责任完成情况的重要依据。

（四）政府管理机构财务分析的目的

对企业有监管职能的主要有工商、税务、财政和审计等政府部门，它们也要通过及时了解企业的财务信息来把握和判断企业是否按期依法纳税，有无通过虚假财务报告来偷逃国家税金等。同时在市场法治经济下，国家为了维护市场竞争的正常秩序，必然会利用财务分析资料，来监督和检查企业在整个经营过程中是否严格地遵守国家规定的各项经济政策、法规和有关制度等。

另外，企业的财务分析主体还有企业的内部职工、企业的供应商和客户以及社会中介机构等，它们也都需要利用会计报表等信息来获得它们所需要的有关企业的各方面情况。

三、财务分析标准

财务分析标准是财务分析过程中用来评价分析对象的基准。任何事物都必须有比较才有鉴别，才能分出优劣。财务分析的过程实际上是采用特定的方法进行比较的过程，而比较的基准就是财务分析标准。

（一）财务分析标准种类

按照标准制定的级别不同，财务分析标准包括国家制定标准、企业制定标准和社会公认标准；按照分析者不同，又分为内部分析者使用标准和外部分析者使用标准；而最常用的是按照比较依据不同，分为经验标准、历史标准、行业标准和目标（预算）标准。

经验标准是指依据大量且长期的实践经验而形成的一种比较标准。经验标准并非一般意义上的平均水平；比如财务比率的平均值，并不一定就构成经验标准。一般而言，只有那些既有上限又有下限的财务比率，才可能建立起适当的经验比率，如流动比率（在下文中解释）。而那些越大越好或越小越好的财务比率，如各种利润率指标或各种成本费用指标，就不可以建立适当的经验标准。

历史标准是指以本企业过去某一时期（如上年或上年同期）该指标的实际值作为比较标准。历史标准可以选择本企业历史最高水平，也可以选择企业正常经营条件下的业绩水平，或者选取以往连续多年的平均水平。实际选用何种水平要看具体需要而定。历史标准对于评价企业自身经营状况和财务状况是否得到改善是非常有用的。

行业标准是指以行业财务状况的平均水平，或是同行业中某一比较先进企业的业绩水平作为比较的标准。行业标准可以说明企业在行业中所处的地位和水平（竞争的需要），也可用于判断企业的发展趋势。例如，在一个经济萧条时期，企业的利润率从12%下降为9%，而同期该企业所在行业的平均利润率由12%下降为6%，那么，就可以认为该企业的盈利状况是相当好的。

目标（预算）标准是指根据企业内部或外部有关背景资料，企业发展规划的要求，在实行预算管理中所制定的企业预期应达到的最佳或理想标准，如计划标准、定额标准等。预算标准的缺点是外部分析通常无法利用该标准；而且预算标准的主观性较强，未必可靠。

(二)财务分析标准的选择

上述分析标准的实质是从不同的侧面形成比较的参照物,在实际财务分析中,分析者可以根据分析的目的,选择恰当的分析标准。

如果是分析企业的预算执行情况,则使用目标标准;如果是对企业的发展趋势进行分析,则使用历史标准;如果是外部分析者对企业进行独立分析,则应使用行业标准。在实际进行财务分析时,分析标准的选择可以比较灵活,可以只用一种标准,也可以同时用几种标准。例如,分析某企业会计报表数据时,可以用行业标准考察企业有无达到行业标准水平,同时也可以参照历史标准来考察企业在某一方面有无改善等。

四、财务分析方法

财务分析通常采用的方法有比较分析法、趋势分析法、比率分析法、因素替代法和综合分析法等。

(一)比较分析法

比较分析法也称为指标对比法,它是通过对比相关指标,确定指标间数量上的差异的一种分析方法,是财务分析中常用的方法。其主要作用在于揭示差异、发现问题和成绩,并为进一步分析指明方向。应用这种方法时需要注意的是,只有同质的指标才具有可比性。根据用来对比的指标不同,分为绝对数比较分析和相对数比较分析。

1. 绝对数比较分析

绝对数的比较是将某个指标的实际数与标的值进行比较,从而寻找差异的一种方法。

【例 7-1】 某企业本年和去年的利润表中有关数据如表 7-1 所示。

表 7-1 某企业利润表部分数据表

单位:元

项 目	上年度	本年度
主营业务收入	200 000	240 000
主营业务成本	120 000	160 000
费用总额	40 000	30 000
企业税前利润	40 000	50 000

对于上表数据,我们可以用本年度的有关数据与上年度的相应数据相比,得出差异(见表 7-2)。

表 7-2　某企业财务数据比较表

单位：元

项　目	上年度	本年度	差　异
主营业务收入	200 000	240 000	40 000
主营业务成本	120 000	160 000	40 000
费用总额	40 000	30 000	−10 000
企业税前利润	40 000	50 000	10 000

从表 7-2 中可以看出，本年度税前利润比去年增加了 10 000 元。原因是由于费用总额下降了 10 000 元，而主营业务成本却是与主营业务收入同数额增加，说明本年度的主营业务成本没有控制好，应找到成本增加的原因所在并且采取针对性措施努力在未来把主营业务成本降低。

2. 相对数比较分析

绝对数的比较分析反映出指标增减变化的绝对额，但无法消除规模的影响，所以我们可以通过计算出百分率来进行相对数比较。

【例 7-2】A 企业和 B 企业本年利润在去年基础上都增加了 10 万元。如果只看绝对数，不能说明哪个企业业绩增长较快，因为可能两家企业的规模相差很大。这时候用相对数进行比较就非常有效。比如 A 企业净资产规模为 100 万元，而 B 企业净资产规模为 1 000 万元。则 A 企业的净资产报酬增长率为 10%，而 B 企业的净资产报酬增长率为 1%。显然 A 企业利润增长速度比 B 企业快。

（二）趋势分析法

趋势分析法是通过比较企业连续几期的财务信息，运用动态数值表现各个时期的变化，揭示现象发展趋势与规律，并用来预测企业未来的发展趋势的分析方法。企业的经济现象是复杂的，受多方面因素变化的影响，如果只从某一时期或某一时点出发很难看出现象的发展趋势和发展规律，因此需要把连续几期的数据按时期或时点的先后顺序整理为时间数列，并计算出数列的发展速度、增长速度、平均发展速度和平均增长速度等，用发展的思路来进行会计报表分析。

（三）比率分析法

比率分析法是指在同一张报表的不同项目之间或者在不同张报表的有关项目之间进行对比，从而计算出各种不同经济含义的比率，据以评价企业财务状况和经营成果的一种方法。具体对比的方法有以下两种。

1. 结构比率分析

结构比率分析是指通过个体指标与总体指标之间的对比，计算出个体指标占总体指标的比重，分析构成项目的变化，以掌握经济活动的特点及变化趋势。在资产负债表中，一般把资产总额作为总体指标，用报表中的各个数据与资产总额相比，得到具体项目的结构比率，可以据此了解资产及负债和所有者权益的结构；在利润表中，一般以营业收入作为总体指标，用利润表中的各个数据与营业收入相比，得到利润表中各个项目的结构比率，可以据此了解利润的构成。

> 【例7-3】 某企业某年末的资产负债表中资产总额为100万元，流动资产总额为40万元，固定资产总额为30万元，则通过计算可以得到流动资产的结构比率为40%，而固定资产的结构比率为30%，用得到的结构比率与同行业平均水平或企业制定的标准比较可以得出结论。同时，也可以与企业以前各期的相应结构比率进行比较发现一些变化中的问题。

2. 相关比率分析

相关比率分析是指不同的但又相互有联系的指标之间对比，计算出有经济含义的指标。分析时应确定不同指标之间客观上所存在的相互关系，如通过企业的净利润与所有者权益的对比，可以计算出企业的净资产收益率，用来反映企业净资产的获利能力。

本章在后面的介绍中主要运用的就是这种相关比率分析方法。

（四）因素分析法

一个经济指标往往是由多种因素造成的。它们各自对某一个经济指标都有不同程度的影响。只有将这一综合性的指标分解为各个构成因素，才能从数量上把握每一个因素的影响程度。因素分析法中最常用的是连环替代法，这种方法是利用各因素的实际数与标准数的连续替代来计算各因素脱离标准所造成的影响，以分别测定各个因素的变化对财务指标差异的影响程度的计算方法。

在运用指标对比法对财务指标确定了差异以后，可以通过因素分析法进一步查明形成差异的原因以及这些因素对经济指标的影响程度。因素分析方法的运用要以统计学原理中有关指数分析方法的理论为依据。具体的分析步骤如下。

（1）确定影响某会计报表分析指标的各个因素。

（2）确定各个因素同该会计报表分析指标的关系，并且列出关系式；在列关系式时要注意各因素之间合理的顺序，也即要符合因素之间相互依存、相互制约的内在逻辑关系，并考虑计算的实际经济意义；一般数量指标在前面，质量指标在后面（数量指标是指反映现象水平和规模的总量指标，如职工人数、产品产量等）；质量指标是反映现象总体的社会经济效益和工作质量的指标,如(产品单位成本、劳动生产率等);实物指标在前面,价值量指标在后面。

(3)计算出所要研究的指标的变动额或变动率,然后按一定顺序将各个因素逐个替代,分析各个因素对该指标变动额或变动率的影响程度。在进行连环替代时,根据统计学原理中相关知识的要求,分析数量指标因素变化时要把质量指标因素固定在基期(即比较标准的时间);而在分析质量指标的变化时把数量指标固定在报告期(同基期比较的时期,也称为计算期)。

为了更好地理解上述说明,我们假设一个财务指标 E 是由 A,B,C 三个因素的乘积构成,即 $E = A \cdot B \cdot C$。用下标 1 表示本期,用下标 0 表示上期,本期的财务指标为 E_1,上期的财务指标为 E_0,财务指标的差异为 $E_1 - E_0$,现分析 A,B,C 三个因素依次变动对这一差异的影响如下:

A 因素变动对财务指标的影响 $=(A_1 - A_0) \times B_0 \times C_0$

B 因素变动对财务指标的影响 $= A_1 \times (B_1 - B_0) \times C_0$

C 因素变动对财务指标的影响 $= A_1 \times B_1 \times (C_1 - C_0)$

下面举实例说明因素分析法的运用。

【例 7-4】 某企业甲产品的有关材料消耗的计划数与实际数资料如表 7-3 所示。

表 7-3 某企业甲产品材料消耗数据表

项目	单位	计划数	实际数
产品产量	件	205	225
单位产品材料消耗量	公斤	9	8
材料单价	元	10	12
材料成本总额	元	18 450	21 600

这里我们不妨把实际数看成是本期数据,把计划数看成是上期数据,用因素分析法进行分析,步骤如下:

(1)确定影响甲产品材料成本总额的因素有三个:产品产量、原材料单价以及单位产品材料消耗量。

(2)确定这三个因素与产品材料成本总额是连乘积的关系,另外,这三个因素中产品产量是数量指标,原材料单价是质量指标,而单位产品材料消耗量相对于产品产量是质量指标,相对于原材料单价它又是数量指标,所以按照它们的逻辑关系,列出如下关系式:

材料成本总额＝产品产量 × 单位产品材料消耗量 × 材料单价

(3)计算出材料成本总额实际数和计划数的差异为 3 150 元(21 600 − 18 450),然后分别用连环替代法分析这三个因素对差异 3 150 元的影响程度。

分析第一个因素——产品产量变化对材料总成本的影响额。因为产品产量是数量指标,所以分析它的变化时把另外两个指标都固定在基期。

产品产量变化对成本差异的影响为:

（225 − 205）×9×10 = 1 800 元（超支差异）

分析第二个因素——单位产品材料消耗量对材料总成本的影响额。因为它相对于产品产量而言是质量指标,相对于材料单价而言是数量指标,所以分析它的变化时把产品产量指标固定在报告期,即实际期,而把材料单价固定在基期（或者我们可以理解为把已经分析过的因素固定在报告期而把没有分析过的指标固定在基期）。

单位产品材料消耗量对成本差异的影响为:

225×（8 − 9）×10 = − 2 250 元（节约差异）

分析第三个因素——材料单价对材料总成本的影响额。因为它前面的因素是数量指标,所以把前面两个因素固定在报告期（也即把已经分析过的两个因素都固定在报告期）。

材料单价对成本差异的影响为:

225×8×（12 − 10）= 3 600 元（超支差异）

由以上分析可知,本期甲产品实际消耗的材料总成本比计划数超支了 3 150 元,主要是由三个因素导致的,其中由于甲产品实际产量比计划产量的增加导致总成本增加了 1 800 元;由于单位产品材料消耗量实际比计划减少而导致总成本节约了 2 250 元;由于材料单价实际比计划增加而导致总成本超支了 3 600 元。通过以上分析可知,如果要降低甲产品材料消耗总成本,我们工作的重点应放在如何努力降低材料单价上。

五、财务分析的内容

尽管不同财务分析主体进行财务分析有着各自的侧重点和目标,但就企业总体来看,财务分析的内容可以归纳为如下四个方面。

（1）盈利能力分析。

（2）偿债能力分析。

（3）经营能力分析。

（4）综合财务分析。

以上四个方面的财务分析指标中,偿债能力是财务目标实现的稳健保证,债权人在阅读财务报表时最注重对企业偿债能力的分析;经营能力是财务目标实现的物质基础,企业的内部经营管理者非常重视对企业经营能力的分析;盈利能力是前两者共同作用的结果,同时也对两者的增强起着推动作用。这三方面的能力相辅相成，共同构成企业财务分析的基本内容。一个财务分析者，如果需要全面了解企业财务信息的整体情况，并且能有效地把企业的偿债能力、经营能力和盈利能力结合起来，则需要进行综合财务分析，从企业整体角度出发，把多个指标联系起来，组成一组用来综合反映企业综合财务能力的财务指标体系。

第二节 盈利能力分析

盈利能力分析是指分析企业赚取利润的能力。盈利能力是企业在市场竞争中立于不败之地的根本保证，也是许多财务分析主体所特别关心的指标。对于投资者来说，利润是股东利益（无论是股利收益，还是资本收益）的源泉；对于债权人来说，利润是企业偿还债务（尤其是长期债务）的基本保障；而对于企业经营者来说，利润往往是企业主管部门考核经营者业绩的主要衡量指标。

反映企业盈利能力大小的常用指标主要有三方面：从资产方面反映、从销售方面反映以及从股本方面反映，具体指标分类如图 7-1 所示。

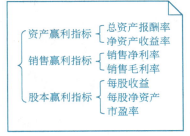

图 7-1　盈利能力指标分类

一、资产盈利指标

资产盈利指标通常也称为资产报酬率指标和投资报酬率指标。常用的有以下两个指标。

（一）总资产报酬率

总资产报酬率又称总资产收益率，是企业息税前利润与资产平均余额的比率，它反映了企业利用全部资产获利的能力，其计算公式为：

$$总资产报酬率 = \frac{利润总额 + 利息支出}{平均资产总额} \times 100\%$$

式中：

$$平均资产总额 = \frac{期初资产总额 + 期末资产总额}{2}$$

上述公式中的利润总额包括投资收益但不包括非常项目；利息支出数据在报表中不能直接获得，所以可以用利润表中的"财务费用"来近似计算。

在上述计算公式的分子中之所以要包含利息支出是为了分子与分母能

够相互匹配，分母的资产总额中是包括负债这部分资金来源的，所以分子也应包括负债这部分资金的收益（即利息），这样算出来的指标才能反映全部资产的获利能力。

有关总资产报酬率的分析如下。

（1）总资产收益率越高，表明企业资产利用的效率越好，盈利能力强。

（2）只从该指标一般看不出企业盈利率的高低，判断它的高低必须有一定的参照物。如社会平均总资产报酬率、社会同风险和不同企业的总资产报酬率。企业的该指标如果大于社会平均、行业平均、同风险企业的该指标，则认为其获利能力较强。

（二）净资产收益率

净资产收益率，也称为所有者权益收益率或股东权益收益率，它是净利润与净资产平均余额的比率。其计算公式为：

$$净资产收益率 = \frac{净利润}{净资产平均余额} \times 100\%$$

式中：

$$净资产平均余额 = \frac{期初所有者权益 + 期末所有者权益}{2}$$

上述公式中的净利润是企业的税后净利润，在利润表中可以直接获得该数据。

有关净资产收益率的分析如下。

（1）净资产收益率是从企业所有者角度分析企业盈利水平大小，该指标越高，说明所有者投资带来的收益越高。

（2）该指标在我国的国有资本金效绩评价体系中权重最大，处于核心地位，而且该指标又是上市公司必须公开披露的重要信息之一。

二、销售盈利指标

在企业利润的形成中，营业利润是主要的来源，而其中更重要的原因，则是取决于产品销售利润的增长幅度。产品销售利润的高低，直接反映了生产经营状况和经济效益的好坏，因此，对企业销售的获利能力的分析是企业获利能力分析的重点。常用的有以下两个指标。

（一）经营净利率

经营净利率是企业的净利润与营业收入的比率，其计算公式为：

$$经营净利率 = \frac{净利润}{营业收入} \times 100\%$$

式中：营业收入是指企业当期销售商品或提供劳务取得的主营业务收入加上销售材料等过程取得的其他业务收入。这一数据可以直接从利润表中获取。

有关经营净利率指标的分析如下。

（1）经营净利率指标反映了每百元营业收入给企业带来的净利润。该指标越大，说明企业经营活动的盈利水平越高。

（2）该比率因行业而异，一般资本密集程度高的行业其产品附加值较高，所以经营利润率也就高。

（二）经营毛利率

经营毛利率是销售毛利与营业收入之比，而销售毛利是营业收入扣除营业成本后的差额。其计算公式为：

$$经营毛利率 = \frac{营业收入-营业成本}{营业收入} \times 100\%$$

该指标的分析如下。

（1）经营毛利率指标反映了产品或商品销售的初始获利能力，因为毛利率是企业净利率的基础，没有足够大的毛利率企业便不能盈利。该指标越高，表示取得同样销售收入的销售成本越低，销售利润越高。

（2）毛利率随着行业的不同而有差异，但同一行业的毛利率一般相差不大。一般而言，流动性较强的商品毛利率较低，而设计新颖的商品往往毛利率较高。

（3）同一企业各个不同会计期间的毛利率应该相差不大，否则应该引起管理者的注意。尤其要分析导致毛利率下降的原因，如果是由于管理效能的降低导致毛利率的下降，则必须采取相应的措施改进。

三、股本盈利指标

这部分指标因为已经在第四章投资管理中作了详细介绍，这里就不再重复介绍了。

四、本量利分析

在财务分析中，考察企业利润情况的除了上述各个主要比率指标之外，还有一种常用的方法——本量利分析法。

本量利分析就是企业的成本—业务量—利润三者之间相互依存关系的简称，是在变动成本法的基础上，以数量化的会计模型与图形来揭示固定成本、变动成本、销售量、销售收入、利润等变量之间内在规律性联系。本量利分析法所提供的原理和方法在管理会计中有着广泛的用途，同时它又是为企业财务预测、决策、计划和控制提供必要财务信息的一种重要工具。

本量利相互关系的研究，以成本和数量的关系为基础，通常被称为成本性态研究。所谓成本性态，是指成本总额对业务量的依存关系。当业务量变化后，各项成本有不同的变化情况，大体上可以分为三种：固定成本、变动成本和混合成本。其中，固定成本是不受业务量（生产量或销售量）影响的成本，如固定资产折旧费；变动成本是随业务量增长而正比例增长的成本，如生产产品的原材料消耗成本；混合成本是随业务量增长而增长，但与业务量不成比例的成本，如生产车间的水费、电费等。混合成本介于固定成本和变动成本之间，可以被分解为固定成本和变动成本两部分。这样，全部成本都可以分为固定成本和变动成本两部分。

（一）成本、业务量和利润的关系

成本、业务量和利润之间的关系为：

利润＝销售收入－总成本

＝单价×销售量－变动成本－固定成本

＝单价×销售量－单位变动成本×销售量－固定成本

＝（单价－单位变动成本）×销售量－固定成本

所以本量利三者之间的关系就是如下基本公式：

利润＝（单价－单位变动成本）×销售量－固定成本

本量利分析中的许多关系和公式都是由上述这一公式演变而来的。

【例 7-5】 假设某企业生产甲种产品，其对外销售单价为 30 元，生产该产品每月的固定成本 4 500 元，其单位变动成本 17 元，本月计划对外销售甲产品 1 200 件，求本月销售该产品的利润为多少？

解：利用本量利关系的基本公式：

利润＝（单价－单位变动成本）×销售量－固定成本

＝（30－17）×1 200－4 500

＝11 100（元）

（二）边际贡献和边际贡献率

在本量利分析中，经常会用到两个非常有用的概念：边际贡献和边际贡献率。

1. 边际贡献

边际贡献，是指销售收入与相应的变动成本之间的差额，即：

边际贡献＝销售收入－变动成本

边际贡献的表现形式可以是单位贡献边际，也可以是边际贡献总额，上述关系中的边际贡献就是边际贡献总额，如果用单位产品表示，则：

单位边际贡献＝单价－单位变动成本

【例 7-6】 假设某企业生产乙产品,单价是 20 元,单位变动成本 14 元,销量 2 000 件,问单位边际贡献和边际贡献总额分别是多少?

解:边际贡献(总额)＝ 销售收入－变动成本
　　　　　　　　　＝ 20×2 000 － 14×2 000
　　　　　　　　　＝ 12 000(元)
　　单位边际贡献 ＝ 单价－单位变动成本＝ 20 － 14 ＝ 6(元)

边际贡献概念在本量利分析中非常有用,因为它与企业利润的形成有着密切的关系,边际贡献首先用于补偿企业的固定成本,当边际贡献补偿的固定成本还有剩余时,企业才会实现盈利。所以在对一个新产品开发的可行性进行分析时,不仅要考察其技术等条件的可行性之外,还必须考察财务上的可行性,那就是该产品的单位边际贡献必须大于零,如果产品的单位边际贡献小于零,那么其余的技术等条件根本不需要考虑,直接否决该产品。

2. 边际贡献率

边际贡献率是指边际贡献在销售收入中所占的百分比。它反映产品给企业作出贡献的能力,又称为边际收益率或边际利润率。与边际贡献率相关联的另外一个指标是产品的变动成本率。变动成本率,是指变动成本在销售收入中所占的百分比。它们的计算公式分别如下:

$$边际贡献率 = \frac{边际贡献}{销售收入} \times 100\% = \frac{单位边际贡献}{单位售价} \times 100\%$$

$$变动成本率 = \frac{变动成本}{销售收入} \times 100\% = \frac{单位变动成本}{单位售价} \times 100\%$$

可见,边际贡献率与变动成本率之间有着密切的联系,属于互补性质。变动成本率越高,边际贡献率越低,盈利能力越弱;反之,变动成本率越低,边际贡献率越高,盈利能力越强。边际贡献率与变动成本率的关系可以表示为下式:

$$边际贡献率 + 变动成本率 = 1$$

【例 7-7】 承例 7-6 资料,试计算例 7-6 中的边际贡献率和变动成本率。

解:边际贡献率＝ 6÷20×100% ＝ 30%
　　变动成本率＝ 14÷20×100% ＝ 70%

(三)盈亏临界分析

本量利分析中最重要和实用的一种方法就是盈亏临界分析法。该方法的主要目的就是找出和分析企业某一产品的盈亏临界点或多种产品合计的盈亏临界点,或者是一个企业所有产品合计后的盈亏临界点。可见,这种分析方法关键是计算盈亏临界点。所谓盈亏临界点,也称作保本点,是指企业收入与费用相抵,处于不盈不亏的保本状态。单一产品的盈亏临界点是指该产品的收入和费用相抵的状态;多种产品的盈亏临界点是指多种产品合计的收入和合计的费用相抵的状态;某一企业的盈亏临界点是指该企业所有产品合计的收入和所有产品合计的费用相抵的状态。可见,只有当企业实现的收入高于盈亏临界点销售收入时,企业才有利润;否则,企业就会发生亏损。盈亏临界点是能使企业达到保本状态时的业务量的总称,具体有两种表现形式:盈亏临界点销售量和盈亏临界点销售额。

1. 盈亏临界点的计算

为简单起见,我们只介绍单一品种产品盈亏临界点的计算,多种产品盈亏临界点的计算方法一样,只需把各种产品的收入和费用加总计算就可得到。

根据本量利关系的基本公式,企业的利润通过下面的公式确定:

$$利润 = 单价 \times 销售量 - 单位变动成本 \times 销售量 - 固定成本$$

企业的边际贡献首先要用来补偿特定期间发生的固定成本,若补偿后还有剩余才构成企业的经营利润;补偿不足,就会发生亏损。因此,在生产单一品种产品企业的盈亏临界点,企业的边际贡献刚好等于固定成本,企业处于不盈不亏的状态。其计算公式为:

$$盈亏临界点销售量 = \frac{固定成本}{单价 - 单位变动成本}$$

$$= \frac{固定成本}{单位边际贡献}$$

将上述公式两边分别同时乘以产品销售单价,则盈亏临界点销售额的计算公式为:

$$盈亏临界点销售额 = \frac{固定成本}{1 - 变动成本率} = \frac{固定成本}{边际贡献率}$$

盈亏临界点的业务量与企业正常或实际业务量的比值称为盈亏临界点作业率,表示企业要实现盈利所必须达到的最低作业水平。其计算公式为:

$$盈亏临界点作业率 = \frac{盈亏临界点业务量}{正常或实际业务量} \times 100\%$$

【例7-8】 假设某企业生产A产品单位售价为50元，单位变动成本为30元，固定成本为12 000元，企业在正常情况下可以销售A产品1 000件。试计算临界点的销售量和销售额以及盈亏临界点作业率。

解：盈亏临界点销售量 = 12 000/(50 − 30) = 600(件)
盈亏临界点销售额 = 12 000/(1 − 30 ÷ 50)
= 12 000/40%
= 30 000(元)
盈亏临界点作业率 = 600/1 000 × 100% = 60%

即该企业生产的A产品至少其销售量达到600件才能达到保本状态。如果生产该产品想获利，销售量必须超过600件。企业对于A产品只有在作业率高于60%时才能获利。

2. 盈亏临界图

盈亏临界图是用图的形式来直观地把成本-业务量-利润之间的关系表现出来，如图7-2所示。

在图7-2直角坐标系中，横轴表示业务量(即生产量或销售量)，纵轴表示总成本和销售收入。图中直线AB为固定成本线，因为其不随业务量而变化，所以其必然平行于横轴。直线AD为总成本线，当业务量为零时，总成本为固定成本，所以它是一条与纵轴相交于A的向上倾斜的直线。直线OC为销售收入线，当业务量为零时，销售收入也为零，所以它是一条与原点相交的向上倾斜的直线。总成本线和销售收入线的交点E即为盈亏临界点。业务量超过盈亏临界点，企业会有获利，即图中标出的利润区；当业务量少于盈亏临界点，企业就产生亏损，即图中三角形AOE区域。

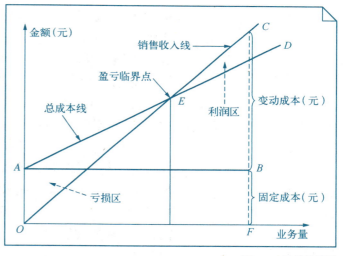

图7-2 盈亏临界图

在盈亏临界图中，可以直观地看出业务量、成本和利润之间的关系，我们从图7-2中还可以进一步推演如下一些规律。

（1）业务量与利润的关系。在盈亏临界点E不变的情况下，业务量越大，实现的利润越多（E点右边利润区域变大）或亏损越少（E点左边亏损区域变小）；业务量越少，实现的利润越少或亏损越多。

（2）盈亏临界点与利润的关系。在业务量一定的情况下，盈亏临界点越高,企业实现的利润越少;盈亏临界点越低,实现的利润越多。在图 7-2 中,假如业务量固定在 F 点,则盈亏临界点 E 往左移动,利润区域面积变大,亏损区域面积变小。E 点往右移动同理。

(3)盈亏临界点与成本的关系。在销售收入确定的情况下,盈亏临界点的高低取决于固定成本的高低和单位变动成本的大小。固定成本越高或单位产品的变动成本越高,盈亏临界点就越高;固定成本越低或单位产品的变动成本越低,盈亏临界点就越低。图 7-2 中,假设销售收入线不变,固定成本线变高或单位产品变动成本变高,必然导致总成本线上移,则盈亏临界点也必然右移,表现为盈亏临界点越高。反方向移动同样道理。

(4)盈亏临界点与售价的关系。在总成本确定的情况下,盈亏临界点的高低受单位产品售价的影响。售价越高,盈亏临界点越低,实现的利润越多;售价越低,盈亏临界点越高,实现的利润越少。在图 7-2 中,当总成本线不变时,如果售价变高,则销售收入线会沿着原点往上旋转,则盈亏临界点 E 会往左移动,表现为盈亏临界点越低。售价变低同样道理。

通过盈亏临界图,可以清晰地看到业务量-成本-利润三者之间的关系。企业管理者可以通过此图进行单个因素变动的分析。比如在实务中,当市场不景气,企业销售部门准备对某产品售价进行降低时,必须得通过此图或者通过该产品本量利之间的关系分析利润对售价的敏感度,如果售价降低后,虽然销售量增加了,但是利润没有增加,那就不应该降价。虽然本量利分析的基本公式"利润=(单价-单位变动成本)×销售量-固定成本"很简单,而且根据公式的变换,可以得到各个要素之间的关系也不难理解,但是在企业管理中一定不能忘记这些要素之间的微妙关系。利用这些要素之间关系的变化可以帮助你更好地进行企业财务管理。

3. 安全边际和安全边际率安全边际,是指盈亏临界点销售量与实际的业务量或预计的业务量之间的差额。安全边际的经济含义是现有的业务量再降低多少企业就将从盈利状态转入亏损状态,是评价企业的经营安全程度的一个重要指标。安全边际越大,表明企业产品获利越安全。安全边际具体又有安全边际量、安全边际额和安全边际率三种表现形式。这三种表现形式的公式分别为:

$$\text{安全边际量} = \text{实际(预计)销售量} - \text{盈亏临界点销售量}$$

$$\text{安全边际额} = \text{实际(预计)销售额} - \text{盈亏临界点销售额}$$

$$\text{安全边际率} = \frac{\text{安全边际业务量}}{\text{正常业务量}} \times 100\%$$

安全边际率越大，项目或企业出现亏损的可能性越小，项目或企业越安全。可见，盈亏临界点把正常销售分为两部分：盈亏临界点销售额和安全边际。即：

$$正常销售额＝盈亏临界点销售额＋安全边际$$

安全边际率和盈亏临界点作业率之间存在以下关系：

$$盈亏临界点作业率＋安全边际率＝1$$

【例 7-9】 承例 7-8，求 A 产品的安全边际量和安全边际率。
解：安全边际量＝1 000－600＝400（件）
　　安全边际率＝400/1 000×100%＝40%

安全边际在盈亏临界图中表示如图 7-3 所示。

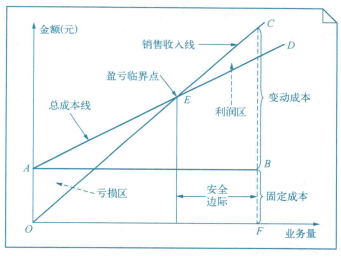

图 7-3　安全边际图

第三节 | 偿债能力分析

企业的偿债能力是指企业偿还各种到期债务的能力。企业偿债能力的高低也是许多企业的利益相关者所关心的重要问题。对于债权人来说，企业的偿债能力关系到债权能否及时收回，利息能否按期取得；对于投资者来说，如果偿债能力不足会使资金用于偿债而影响生产经营活动从而使企业的盈利受到影响，从而也会影响到投资者的利益；对于企业而言，一旦偿债能力大幅度下降，就可能会导致企业破产。

偿债能力分析包括短期偿债能力分析和长期偿债能力分析。

一、短期偿债能力分析

短期偿债能力是指企业以流动资产偿还流动负债的能力，它反映企业偿付到期短期债务的能力。企业的流动资产与流动负债的关系以及资产的变现速度是影响短期偿债能力的主要因素。短期债务一般需要以现金偿还，所以，企业短期偿债能力应注重一定时期的流动资产变现能力的分析，而按照权责发生制原则计算得到的会计利润，并不能反映企业现金流量大小，故短期债权人不太注重企业盈利能力分析，而更关注短期偿债能力的分析。

企业短期偿债能力分析主要采用比率分析法，主要的比率指标有三个：流动比率、速动比率和现金比率。

（一）流动比率

流动比率是流动资产与流动负债的比率，表示企业每百元流动负债有多少流动资产作为偿还的保证，反映了企业的流动资产偿还流动负债的能力。计算公式为：

$$流动比率 = \frac{流动资产}{流动负债} \times 100\%$$

流动比率指标的分析如下。

（1）一般情况下，流动比率越高，企业短期偿债能力越强，因为该比率越高，不仅反映企业拥有较多的流动资产抵偿短期债务，而且表明企业可以变现的流动资产数额较大，债权人的风险越小。

（2）流动比率对于不同的报表分析主体意义不一样：对债权人来说，希望该指标越高越好，因为该指标越高，债权越有保障；而对于企业经营者来说，该指标并不是越高越好，因为该比率过高表明企业资产中流动资产居多，而流动资产的盈利能力较差。

（3）从理论上讲，流动比率维持在 2 左右是比较合理的，也是国际公认的标准比率。因为流动资产中变现能力最差的存货等的金额，约占流动资产总额的一半，扣除该部分剩余的变现能力较强的流动资产至少要等于流动负债，流动负债的清偿就有保证，企业的短期偿债能力也就有了保障。但是，由于行业性质不同，流动比率的实际标准也不同，如商业和流通领域或生产周期较短的企业，一般而言，其资产（尤其是流动资产）流动性较高，其材料和商品等存货量必然减少，应收账款的周转也较快，所以可以保持较低的流动比率；而生产周期较长的机器制造业及电力业等因其资产的流动性较差，所以要保持较高的流动比率才能保证其短期偿债能力。可见，在分析流动比率时，应将其与同行业平均流动比率、本企业历史的流动比率进行比较，才能得出合理的结论。

（4）该比率是一个静态指标，只说明了该企业期末的短期偿债能力，并且比较容易受到财务上的操纵。例如，企业可以在年终时故意把借款还清，到下年初再借入，这样根据年报数据算出来的流动比率较高，其实企业的短期偿债能力没有提高。所以，如果要把握一定时期的短期偿债能力，可用平均数据计算。

（5）有时该比率大本身还不能真正说明企业偿债能力好。因为流动比率过高，可能是存货积压或滞销，也可能是应收账款变现能力差，这些都反映了企业资产使用效率较低。所以，在分析流动比率时，还须注意流动资产的结构，比如企业的存货流动性较差，且又占到流动资产的大部分，这时候就会严重影响该指标的判断。所以我们引入第二个短期偿债能力指标——速动比率。

（二）速动比率

速动比率，又称酸性测试比率，是流动资产中的速动资产与流动负债的比值。其计算公式为：

$$速动比率 = \frac{速动资产}{流动负债} \times 100\%$$

式中：
$$速动资产 = 流动资产 - 存货$$
或：
$$速动资产 = 流动资产 - 存货 - 预付账款$$

速动资产是指流动资产中变现能力较强的那部分资产，一般包括货币资金、交易性金融资产、应收票据、应收账款等。扣除存货，是因为存货在流动资产中变现速度较慢，有些存货可能滞销积压无法变现，可能已抵押出去，可能已损失报废未作处理；而且，存货的估价也存在成本与合理市价的差异。扣除预付账款是因为它根本不具有变现能力，也就不可能用于还债，但实务中，由于预付账款在流动资产中所占的比重较小，所以为简化处理，在计算速动资产时也可以不扣除这项资产。

速动比率的分析如下。

（1）传统经验认为，速动比率维持在1较为正常，它表明企业的每1元流动负债就有1元易于变现的流动资产来抵偿，短期偿债能力有可靠的保证。

（2）实际工作中，应考虑到企业的行业性质，例如商品零售行业，由于采用大量现金销售,几乎没有应收账款,速动比率大大低于1,也是合理的。相反,有些企业虽然速动比率大于1,但速动资产中大部分是应收账款,并不代表企业的偿债能力强,因为应收账款能否收回具有很大的不确定性,所以,在评价速动比率时,还应分析应收账款的质量。也就是说,应收账款的变现能力对速动比率的计算有很大的影响,所以我们又引入反映企业短期偿债能力的第三个指标——现金比率。

(三)现金比率

现金比率又称超速动比率,是企业现金等值类资产与流动负债的比值,其计算公式为:

$$现金比率 = \frac{现金 + 等值现金}{流动负债} \times 100\%$$

等值现金是指与现金几乎具有相同变现能力的一些流动资产,包括企业拥有的货币资金、持有的短期有价证券以及可转让和可贴现的票据等,主要是速动资产扣除应收账款后的余额。扣除应收账款是因为应收账款存在着坏账及延期收回的可能性,所以,剔除应收账款项目得到的现金比率最能反映企业直接偿付流动负债的能力。

现金比率的分析如下。

(1)对于债权人来说,现金比率越高越好,如果大于1最好不过。而对于企业来说,现金是盈利能力最低的资产,因此不应保持过高的现金比率。

(2)该比率并没有一个较为接近的、公认为合理的标准,各企业按各自的实际债务情况而定。除了要与同行业和企业历史水平比较之外,必须要对企业流动负债做结构性分析,把握有多少近期要偿还的流动负债,如果该比重较高,则要求的现金比率也要较高。有时该比率较低并不一定说明偿还能力差,可能是因为企业近期债务比较少,或企业有随时举债获取现金的能力,故账面上无须保留过多现金。

(3)对于存货和应收账款占用期间长、变现能力不确定的企业,其现金比率指标较为重要。另外在财务危机时,现金比率显得尤其重要。

上述三个指标是反映企业短期偿债能力的基本指标。在分析一个企业短期偿债能力时,应将三者结合起来,这样才能比较客观地评价出企业的偿债能力。例如,有时企业流动比率上升,而速动比率和现金比率绝对额却有所下降,这说明其流动资产的增加是因为存货等变现能力较差项目所引起的,也没有使企业实际营运资金有所增长,其实企业的实际短期偿债能力非但没有好转,反而有恶化的可能。

二、长期偿债能力分析

长期偿债能力是指企业偿还长期负债的能力，它的大小是反映企业财务状况稳定与否及安全程度高低的重要标志。其分析指标主要有以下四项。

（一）资产负债率

资产负债率又称负债比率或举债经营比率，是企业的负债总额与资产总额的比值。它表示企业资产总额中，债权人提供资金所占的比重，以及企业资产对债权人权益的保障程度。其计算公式为：

$$资产负债率 = \frac{负债总额}{资产总额} \times 100\%$$

资产负债率指标的分析如下。

（1）该指标是衡量企业负债水平及风险程度的重要判断标准。资产负债率的高低对企业的债权人和投资者具有不同的意义。对债权人而言，最关心的是提供给企业的贷款本金和利息能否按期收回，如果负债比率高，说明企业总资产中仅有小部分是由股东提供的，而大部分是由债权人提供的，这样，债权人就承担很大的风险。所以，债权人希望负债比率越低越好，其债权的保障程度就越高。对投资者而言，最关心的是投入资本的收益率，由于企业债权人投入的资金与企业所有者投入的资金发挥着同样的作用，所以，只要企业的总资产收益率高于借款的利息率，举债越多，即负债比率越大，所有者的投资收益越大，当然资产负债率过高风险较大。

（2）一般情况下，企业负债经营规模应控制在一个合理的水平，负债比重应控制在一定的标准内。如果负债比率过高，企业的经营风险将越来越大，对债权人和所有者都会产生不利的影响。

（3）该比率是国际公认的衡量企业负债偿还能力和经营风险的重要指标，比较保守的经验比率为一般不高于50%。当然不同行业中企业的资产负债率各不相同。我国当前的情况是：交通、运输、电力等基础行业的资产负债率一般平均为50%左右，加工业为65%左右，商贸业为80%左右。

（二）负债与所有者权益比率

负债与所有者权益比率亦称产权比率，是指负债总额与所有者权益总额的比值，是企业财务结构稳健与否的重要标志。其计算公式为：

$$产权比率 = \frac{负债总额}{所有者权益总额} \times 100\%$$

该比率是资产负债率的补充分析指标，反映了所有者权益对债权人权益的保障程度。该指标的分析如下。

（1）该指标大于100%，在企业清算时，所有者权益不能完全保证债权人的利益；该指标小于100%，在企业进行清算时，一般不会给债权人造成损失。

（2）该比率越低，财务风险低、偿债能力强；反之，偿债能力弱。

（三）有形净值债务率

有形净值债务率是负债总额与有形净资产的比值，表示企业有形净资产对债权人权益的保障程度。其计算公式为：

$$有形净值债务率 = \frac{负债总额}{所有者权益 - 无形资产净值 - 长期待摊费用} \times 100\%$$

该比率是产权比率的延伸，它更为谨慎保守地反映在企业清算时债权人投入资本所受到的所有者权益的保障程度。企业的无形资产、长期待摊费用等一般难以作为偿债的保证，从净资产中将其剔除，可以更合理地衡量企业清算时对债权人权益的保障程度。该比率越低，表明企业长期偿债能力越强。

（四）利息保障倍数

利息保障倍数又称为已获利息倍数，是企业经营的税息前利润与利息支出的比值，是衡量企业偿付负债利息能力的指标。其计算公式为：

$$已获利息倍数 = \frac{息税前利润}{利息支出} = \frac{净利润 + 所得税 + 利息支出}{利息支出}$$

上式中，利息支出是指本期发生的全部应付利息，包括流动负债的利息费用，长期负债中计入损益的利息费用以及计入固定资产原价中的资本化利息，但是由于利息支出数据很难直接从报表中获得，所以一般在计算该指标时用报表中的财务费用项目来代替利息支出。

该指标的分析如下。

（1）该指标越高，说明企业支付利息费用的能力越强；该指标越低，说明企业难以保证用经营所得来及时足额地支付负债利息。

（2）一般认为已获利息倍数为3—4倍比较安全，表明企业有支付利息的保障能力。若要合理地确定企业的利息保障倍数，需将该指标与其他企业，特别是同行业平均水平进行比较。根据稳健原则，应以指标最低年份的数据作为参照。但是，一般情况下，利息保障倍数不能低于1，因为低于1，表明企业连借款利息的偿还都无法保证，更不用说偿还本金了。所以，利息保障倍数的高低，不仅反映了企业偿还利息的能力，而且也反映了企业偿还本金的能力。

第四节 | 经营能力分析

经营能力分析是指通过计算企业资金周转的有关指标分析其资产利用的效率，是对企业管理层管理水平和资产运用能力的分析。经营能力大小是影响企业偿债能力和盈利能力大小的主要因素之一。经营能力强，资金周转速度就快，企业就会有足够的现金来偿付流动负债，则短期偿债能力就强；经营能力强，企业就会取得更多的收入和利润，有足够的资金偿还本金和利息，则长期偿债能力就强。

经营能力分析包括流动资产营运能力分析和长期资产营运能力分析。

一、流动资产营运能力分析

流动资产营运能力分析常被用作企业短期偿债能力分析的重要补充。其主要分析指标有三个：应收账款周转率、存货周转率和流动资产周转率。

（一）应收账款周转率

这里的应收款项仅指由于赊销而引起的应收账款和应收票据。应收账款周转率亦称应收款项周转次数，是一定时期内营业收入与应收款项平均余额的比值。其计算公式为：

$$应收账款周转率 = \frac{营业收入}{平均应收账款余额}$$

$$应收账款周转天数 = \frac{360}{应收账款周转率}（一般 1 年用 360 天算）$$

营业收入数据可以从利润表中直接获取。

$$平均应收账款余额 = \frac{期初应收账款 + 期末应收账款}{2}$$

从理论上讲，只有赊销情况下才会产生应收账款，所以上述计算公式中的分子应该用赊销收入，但是由于这一数据很难从报表中直接获取，所以在实务中多是采用"营业收入"来计算应收账款周转率，事实上，只要保持历史的一贯性，这种近似计算一般不影响对该指标的分析和利用（当然，如果有赊销收入的数据，用赊销收入净额来计算更为精确）。

应收账款周转率指标的分析如下。

（1）应收账款周转率越高，表明企业应收账款的回收速度快，坏账的可能性小，资产流动性强，短期偿债能力强。应收账款周转率小，则表明企业应收账款变现能力慢，或过分扩大信用，或收账部门效率低下，或客户资信较差等。但是如果该比率过高，可能是由于企业的信用政策、付款条件过于苛刻所致，这样会限制企业销售量的扩大，从而影响盈利水平。

（2）在某些特殊情况下会影响指标计算的正确性，这些因素包括：由于生产经营的季节性因素，使应收账款周转率不能正确地反映公司销售的实际情况；企业在产品销售中大量采用分期付款的方式；大量地使用现金结算的销售（因为公式中用的是销售收入净额）；年末大量销售或年末销售量大幅下降。

（3）报表使用人可以将指标与企业的前期指标或与行业平均水平或其他类似企业相比较，以判断该指标的高低。但该指标适用于大部分销售状况稳定的企业，对销售业务很特殊的企业往往不十分适宜。

（二）存货周转率

存货周转率也称存货周转次数，是企业一定时期内的营业成本与存货平均余额的比值，它是反映企业的存货周转速度和销货能力的一项指标，也是衡量企业生产经营中存货营运效率的一项综合性指标。其计算公式为：

$$存货周转率 = \frac{营业成本}{平均存货}$$

$$存货周转天数 = \frac{360}{存货周转率}$$

式中：

$$平均存货 = \frac{存货年初数 + 存货年末数}{2}$$

该指标的分析如下。

（1）存货周转速度快慢，不仅反映了企业流动资产变现能力的大小，而且也反映了企业经营管理工作的好坏及盈利能力的大小。存货周转率高，存货占用水平低，存货积压的风险就越小，企业的变现能力以及资金使用效率就越好。但存货周转率也不能过高，过高可能说明企业管理方面存在一些问题，如存货水平太低，甚至缺货，或者采购次数过于频繁、批量太小等问题。合理的存货周转率应视产业特征、市场行情及企业自身特点而定。

（2）在与其他企业进行对比时，应考虑存货计价方法不同对存货周转率所产生的影响。

（三）流动资产周转率

流动资产周转率是企业一定时期的营业收入同平均流动资产总额的比值，是用来评价企业流动资产利用效率的主要指标。其计算公式为：

$$流动资产周转率 = \frac{营业收入}{平均流动资产总额}$$

$$流动资产周转天数 = \frac{360}{流动资产周转率}$$

式中：

$$平均流动资产总额 = \frac{流动资产年初数 + 流动资产年末数}{2}$$

流动资产周转率的分析如下。

（1）该指标将销售收入净额与企业资产中最具活力的流动资产相比较，既能反映企业一定时期流动资产的周转速度和使用效率，又能进一步体现每单位流动资产实现价值补偿水平的高低以及补偿速度的快慢。

（2）一般该指标越高表示企业流动资产周转速度越快，资金占用少，利用越好；而周转慢，则需要补充流动资金参加周转，形成资金浪费，降低企业的盈利能力。

（3）流动资金加速周转，可能产生两种效果：一是在流动资金占用额不变的情况下，加速周转可以使资金运用的机会增多，从而扩大生产销售规模，使收入增加；二是在生产销售规模不变的情况下，加速周转可以使占用的资金减少，从而节约流动资金。

（4）美国、德国企业流动资产周转率平均为 8 次 / 年左右，日本企业流动资产周转率平均为 7 次 / 年以上，而我国国有及成规模的非国有企业流动资产周转率平均仅为 1.62 次 / 年。说明中外企业的管理水平差距较大。假如我国企业的流动资产周转率能达到美国、德国和日本的一半水平，就可大大地减少流动资产平均余额，提高资金利用率，将更多的资金用于更大规模的企业发展和国民经济建设中。

二、长期资产营运能力分析

企业的长期资产主要包括长期投资、固定资产、无形资产和其他长期资产。在长期资产中固定资产运营能力的强弱对整个长期资产的营运能力将产生重要影响。所以在此我们主要讨论固定资产的营运能力。

（一）固定资产构成分析

固定资产构成是指各类固定资产原价占全部固定资产原价的比重，它反映着固定资产的配置情况是否合理。

固定资产结构变动分析主要包括三个方面的内容：一是分析生产经营用固定资产与非生产经营用固定资产之间的比率变化情况，查明企业是否优先增加生产经营用的固定资产；二是考察未使用、不需用固定资产比重的变化情况，查明企业在处置闲置固定资产方面是否做出了成绩；三是考察生产经营用固定资产内部结构是否合理。

（二）固定资产利用效率分析

固定资产的利用效率分析，主要是通过营业收入与固定资产的比率关系，分析固定资产的周转速度，评价固定资产的营运效率。常用的评价固定资产利用效率的指标是固定资产周转率和固定资产周转天数。其计算公式分别为：

$$固定资产周转率 = \frac{营业收入}{固定资产净值平均余额}$$

$$固定资产周转天数 = \frac{360}{固定资产周转率}$$

该指标的分析如下。

（1）固定资产周转率高，不仅表明企业充分利用了固定资产，同时也表明企业固定资产投资得当，固定资产结构合理，能够充分发挥其效率。固定资产周转率低，表明固定资产使用效率不高，企业的营运能力欠佳。

（2）在实际分析该指标时，应剔除某些因素的影响。固定资产的净值随着折旧计提而逐渐减少，随着固定资产更新而突然增加，所以如果企业一味追求高的固定资产周转率，就会忽视对固定资产的更新改造。由于折旧方法不同，固定资产净值缺乏可比性。

第五节 财务综合分析

利用财务比率进行深入分析，虽然可以了解企业各个方面的财务状况，但却无法反映企业各个方面财务状况之间的综合关系。前述的每个财务指标分析都是从某一方面反映企业的经营状况，这些指标都不足以全面评价企业的总体财务状况和经营成果。为了弥补这一不足，可以将所有指标按其内在联系结合起来，用以全面反映企业整体财务状况以及经营成果，对企业进行总体评价，这种方法称为财务综合分析法。所谓财务综合分析，就是将各项财务指标作为一个整体，运用一个简洁和明了的分析体系，系统、全面、综合地对企业财务状况和经营情况进行剖析、解释和评价，以对企业一定时期复杂的财务状况和经营成果作出最综合和最概括的总体评价。

财务综合分析的方法有多种，最常用的有杜邦分析法、沃尔分析法和国有资本金绩效评价体系。本节主要介绍杜邦分析法。

一、杜邦分析法

（一）杜邦分析体系的原理

杜邦分析体系是一种比较实用的财务比率分析体系。这种分析方法首先由美国杜邦公司的经理创造出来，故称之为杜邦财务分析体系。这种财务分析方法采用杜邦分析图，将有关指标按内在联系排列，以评价企业绩效最具综合性和代表性的指标——净资产收益率为起点，层层分解至企业最基本生产要素的使用，以及成本与费用的构成和企业风险，从而满足经营者通过财务分析进行绩效评价的需要，在经营目标发生变动时能及时查明原因并加以修正。

（二）杜邦分析体系的构成及其相互关系

杜邦财务分析体系构成如图 7-4 所示。

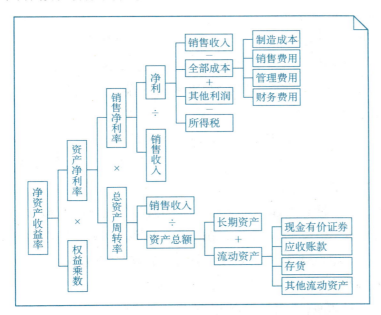

图 7-4 杜邦财务分析体系示意

杜邦分析图主要体现了以下一些关系：

$$净资产收益率 = \frac{税后净利}{平均净资产}$$

$$= \frac{税后净利}{平均净资产} \times \frac{平均总资产}{平均总资产}$$

$$= \frac{税后净利}{平均总资产} \times \frac{平均总资产}{平均净资产}$$

$$= 资产净利率 \times 权益乘数$$

$$= \frac{\text{税后净利}}{\text{平均总资产}} \times \frac{\text{销售收入}}{\text{销售收入}} \times \text{权益乘数}$$

$$= \frac{\text{税后净利}}{\text{销售收入}} \times \frac{\text{销售收入}}{\text{平均总资产}} \times \text{权益乘数}$$

$$= \text{销售净利率} \times \text{总资产周转率} \times \text{权益乘数}$$

其中：权益乘数 $= 1 \div (1 - \text{资产负债率})$

净资产收益率是公司所有者权益的投资报酬率，反映了投资者净资产获利能力的强弱，具有很强的综合性，是杜邦分析体系的核心。这一比率不仅取决于总资产报酬率，而且取决于股东权益的结构比重。通过企业权益乘数的大小，可以直接判断企业负债比例的大小和企业一定时期财务风险的程度。因此，净资产收益率是企业资产使用效率与企业融资状况的综合体现。

由图 7-4 可以看出，决定净资产收益率高低的因素有三个方面：权益乘数、销售净利率和总资产周转率。权益乘数、销售净利率和总资产周转率三个比率分别反映了企业的负债比率、盈利能力比率和资产管理比率。具体分解指标含义如下：

（1）权益乘数主要受资产负债率影响。负债比率越大，权益乘数越高，说明企业有较高的负债程度，给企业带来较多的杠杆利益，同时也给企业带来了较多的风险。

（2）资产净利率（即总资产报酬率）是企业销售净利率与资产周转率的综合表现。销售利润率反映了销售收入与利润的关系。要提高总资产周转率，一方面要增加销售收入；另一方面应降低资金的占用。由此可见，总资产报酬率是销售成果与资产管理的综合体现。

（3）销售净利率反映了企业净利润与销售收入的关系。销售净利率的高低取决于销售收入与成本总额的高低。通过各项成本开支的列示，有利于进行成本、费用的结构分析，加强成本控制。为了详细了解企业成本费用的发生情况，在具体列示成本总额时，还可根据重要性原则，将那些影响较大的费用单独列示（如利息费用等），以便为寻求降低成本的途径提供依据。

（4）总资产周转率是反映运用资产以产生销售收入的能力的指标。对总资产周转率的分析，需要分析影响资产周转的各个因素。资产总额由流动资产与长期资产组成，其结构是否合理直接影响到资金的周转速度。一般而言，流动资产直接体现企业的偿债能力与变现能力，长期资产体现出了企业的经营规模、发展潜力，两者之间应该有一个合理的比率关系。如果某一项资产比重过大，就应深入分析原因。例如，对于流动资产中的存货要分析是否有积压现象，对于货币资金要分析有否闲置，对于应收账款应分析客户的付款能力以及有无坏账可能，对于长期资产中的固定资产要分析是否得到充分的利用等。

通过指标的分解，可以把净资产收益率这一综合性指标发生升降的原因具体化，定量地说明企业经营管理中存在的问题，比单一的一项指标能提供更明确的、更有价值的信息。

二、杜邦分析体系的运用

通过杜邦分析体系可以对企业的财务状况进行静态和动态的分析，也可以进行横向和纵向的比较。

（一）静态分析

所谓静态分析，是指把公司财务报表中的各个数据填入杜邦分析图中的各个指标中，然后根据图表中的数据分析企业当期整体的财务状况和经营状况。

【例7-10】A公司2011年12月31日资产负债表和损益表如下，试采用杜邦财务分析法进行综合财务分析。

表7-4 资产负债表

编制单位：A公司　　　　　　　　　2011年12月31日　　　　　　　　　　单位：万元

资产	年初数	年末数	负债及所有者权益	年初数	年末数
流动资产：			流动负债：		
货币资金	2 850	5 020	短期借款	650	485
交易性金融资产	425	175	应付账款	1 945	1 295
应收账款	3 500	3 885	应付职工薪酬	585	975
预付款项	725	890	应付股利	1 620	2 590
存货	2 610	2 820	一年内到期的非流动负债	385	485
流动资产合计	10 110	12 790	流动负债合计	5 185	5 830

(续表)

资产	年初数	年末数	负债及所有者权益	年初数	年末数
非流动资产：			长期负债：		
可供出售金融资产	675	1 250	长期借款	650	975
持有至到期投资	300	400	应付债券	400	640
固定资产	5 650	6 280	长期负债合计	1 050	1 615
			所有者权益：		
无形资产	90	75	实收资本	4 860	5 850
长期待摊费用	75	55	资本公积	1 560	2 370
其他非流动资产			盈余公积	2 595	3 240
非流动资产合计	6 790	8 060	未分配利润	1 650	1 945
			所有者权益合计	10 665	13 405
资产总计	16 900	20 850	负债及所有者权益总计	16 900	20 850

表7–5 损益表

编制单位：A公司　　　　　　　　　　　　2011年　　　　　　　　　　　　单位：万元

项目	上年实际	本年累计
一、营业收入	37 700	49 000
减：营业成本	22 620	27 400
营业税金及附加	1 875	2 450
销售费用	1 575	1 750
管理费用	2 450	2 750
财务费用	165	195
资产减值损失		
加：公允价值变动损益		
投资收益	245	350
二、营业利润	9 260	14 805
加：营业外收入	195	160
减：营业外支出	165	90
三、利润总额	9 290	14 875
减：所得税	3 065	4 910
四、净利润	6 225	9 965

解：采用杜邦分析法进行财务分析的过程如图 7-5 所示。

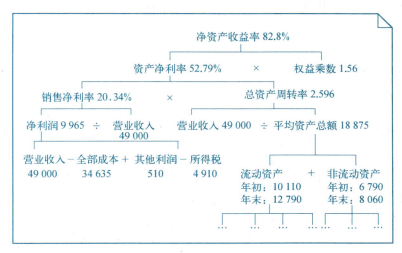

图 7-5　A 公司杜邦分析示意图
注：图中误差为小数点位数导致。

（二）动态分析

所谓动态的杜邦财务分析，是指对公司不同会计期间的财务状况利用杜邦分析体系进行纵向的比较，以此解释指标变动的原因和变动趋势，只有这样才能为企业未来的发展和努力的目标以及应该采取的有效改进措施指明方向。

【例 7-11】 假设 A 公司两年的净资产收益率变动数据如下：

$$净资产收益率 = 资产净利率 \times 权益乘数$$

本年：$14.93\% = 7.39\% \times 2.02$

上年：$12.12\% = 6\% \times 2.02$

根据例 7-11 的分析结果可以看出，净资产收益率的上升并不是由于公司的资本结构的变化所引起的，因为权益乘数没有任何变化；引起公司净资产收益率变动的是其资产盈利能力的变动。对资产净利润进行进一步的分解如下：

$$资产净利率 = 销售净利率 \times 总资产周转率$$

本年：$7.39\% = 4.53\% \times 1.630\,4$

上年：$6\% = 3\% \times 2$

根据进一步的分析结果可以看出，本年资产的使用效率提高了，这主要是由于销售净利率的提高所带来的。但本年的总资产周转率却有明显下降，这种效率的下降所造成的损失，大大地抵消了销售净利率的收益，使资产净利率并没有达到应有的水平。该公司今后的工作重点应该放在努力提高公司的总资产周转率上。此外，通过与本行业平均指标或同类企业指标对比，还有助于解释变动趋势。

> **【例 7-12】** 假设上述 A 公司与另一 B 公司是同类企业，有关比较数据如下：
>
> 资产净利率＝销售净利率 × 总资产周转率
>
> A 公司：
>
> 本年：7.39% ＝ 4.53%×1.630 4
>
> 上年：6% ＝ 3%×2
>
> B 公司：
>
> 本年：7.39% ＝ 4.53%×1.630 4
>
> 上年：6% ＝ 5%×1.2
>
> 根据例 7-12 的分析结果可以看出，两个公司利润水平的变动趋势是一样的，但通过分解可以看出原因各不相同。A 公司是由于销售净利率提高，才使公司的资产净利率上升，但其实际的总资产周转率却是下降的。而 B 公司虽然资产净利率与 A 公司上升了同样的程度，但却不是由于销售净利率所造成的（该公司的销售净利率是下降的），而是由于公司的总资产周转率提高所致。由于总资产周转率上升所获得的收益能够弥补因销售净利率下降所造成的损失，所以，B 公司资产净利率最终是上升的。

三、杜邦分析体系的缺陷

从企业绩效评价的角度来看，杜邦分析法只包括财务方面的信息，不能全面地反映企业的实力，具有很大的局限性，因此在实际运用中必须结合企业的其他非财务信息加以分析。其主要缺陷表现在如下几点。

（1）对短期财务结果过分重视，有可能助长公司管理层的短期行为，忽略企业长期的价值创造。

（2）财务指标反映的是企业过去的经营业绩，而在现代企业中，顾客、供应商、雇员、技术创新等因素对企业经营业绩的影响越来越大，而杜邦分析法在这些方面是无能为力的。

（3）在竞争日益激烈的市场经济环境中，企业的知识资产对提高企业长期竞争力至关重要，杜邦分析法没有考虑到知识资产的作用和价值。

课后练习题

一、单项选择题

1. 在下列财务分析主体中，必须对企业营运能力、偿债能力、盈利能力及发展能力的全部信息予以详尽了解和掌握的是（　　）。

A. 短期投资者 B. 企业债权人
C. 企业经营者 D. 税务机关

2. (　　)不属于偿债能力比率。
A. 流动比率 B. 举债经营比率
C. 产权比率 D. 市盈率

3. 如果流动比率大于1，则下列结论成立的是(　　)。
A. 速动比率大于1 B. 现金比率大于1
C. 营运资金大于零 D. 短期偿债能力绝对有保障

4. 某企业库存现金5万元，银行存款78万元，交易性金融资产95万元，应收账款40万元，存货110万元，流动负债400万元。据此，计算该企业的现金比率为(　　)。
A. 0.445 B. 0.845
C. 0.545 D. 0.57

5. 有关存货周转率的说法，(　　)是不正确的。
A. 一般来讲存货周转率越高越好，但也不能过高
B. 合理的存货周转率应视产业特征、市场行情和企业自身特点而定
C. 与其他企业进行比较时，应考虑会计处理方法不同产生的影响
D. 一般企业设置的标准为2

6. 某公司无优先股，去年每股收益为4元，每股发放股利2元，公司留存收益在过去一年中增加了500万元。年底每股账面价值为30元，负债总额为5 000万元，则年底该公司的资产负债率为(　　)。
A. 67% B. 33%
C. 40% D. 44%

7. 某公司年末会计报表上部分数据为：流动负债60万元，流动比率为2，速动比率为1.2，营业成本100万元，年初存货为52万元，则本年度存货周转次数为(　　)。
A. 1.65次 B. 2次
C. 2.3次 D. 1.45次

8. (　　)是投资者最关心的比率。
A. 资产负债率 B. 流动比率
C. 总资产报酬率 D. 净资产收益率

9. 从股东的角度看，在企业所得的全部资本利润率(　　)借款利息率时，负债比例越大越好。
A. 超过 B. 低于
C. 等于 D. 不等于

10. 上市公司中，在股价确定的情况下，关于市盈率表述正确的是(　　)。
A. 市盈率越高，每股收益越高 B. 市盈率越低，投资风险越小
C. 股价越高，市盈率越高 D. 股价越低，市盈率越低

二、多项选择题

1. 以下对流动比率的表述中正确的有(　　)。
   A. 不同企业的流动比率有统一的衡量标准
   B. 流动比率越高越好
   C. 流动比率需要用速动比率加以补充和说明
   D. 流动比率高，并不意味着企业就一定具有短期偿债能力
   E. 流动比率比速动比率更加正确地反映了企业的短期偿债能力

2. 一般可作为速动资产的有(　　)。
   A. 存货   B. 库存现金
   C. 无形资产   D. 应收票据
   E. 交易性金融资产

3. 可以直接根据资产负债表数据计算的指标是(　　)。
   A. 资产负债率   B. 流动比率
   C. 应收账款周转率   D. 有形净值债务率
   E. 流动资产周转率

4. 必须同时利用资产负债表、利润表数据计算的指标是(　　)。
   A. 总资产报酬率   B. 经营净利率
   C. 利息保障倍数   D. 固定资产周转率
   E. 净资产收益率

5. 妨碍应收账款周转率指标准确反映资金管理效率的因素有(　　)。
   A. 季节性经销   B. 大量使用分期收款结算方式
   C. 大量销售使用现金结算   D. 大量催收拖欠货款
   E. 年末大量销售   F. 年末销售量大幅度下降

6. 在计算速动比率时，要把存货从流动资产中剔除出去的主要原因有(　　)。
   A. 存货估价存在成本与合理市价的差异   B. 存货中有可能部分抵押给了债权人
   C. 在流动资产中存货的变现速度最慢   D. 在流动资产中存货所占的比重最大
   E. 部分存货可能已损失报废还没有作处理

7. 甲产品单价8元，单位变动成本5元，固定成本3 000元，计划产销量1 000件，欲实现目标利润1 000元，应(　　)。
   A. 提高单价1元   B. 降低单位变动成本1元
   C. 减少固定成本1 000元   D. 提高产销量1 000件
   E. 提高单价0.5元，同时提高产销量100件并减少固定成本200元

8. 我国目前一般将财务比率分为(　　)。
   A. 获利能力比率   B. 营运能力比率
   C. 资本结构比率   D. 偿债能力比率

E. 流动资产比率
9. 能够分析企业长期偿债能力的指标有（　　）。
　　A. 利息保障倍数　　　　　　　　B. 资产负债率
　　C. 产权比率　　　　　　　　　　D. 有形净值债务率
10. 某公司当年的经营利润很多，却不能偿还到期债务。为查清其原因，应检查的财务比率包括（　　）。
　　A. 资产负债率　　　　　　　　　B. 流动比率
　　C. 存货周转率　　　　　　　　　D. 应收账款周转率
　　E. 已获利息倍数

三、判断题

1. 一般说来，市盈率越高，企业未来的成长潜力越大，所以该比率越高越好。（　　）
2. 若固定资产净值增加幅度低于销售收入净额增长幅度，则会引起固定资产周转率增大，表明企业的营运能力有所提高。（　　）
3. 资产负债率＋产权比率＝1。（　　）
4. 应收账款周转率过高或过低对企业可能都不利。（　　）
5. 本应借记应付账款，却误借记应收账款，这种错误必然会导致流动比率上升。（　　）
6. 每股收益越高，意味着股东可以从公司分得越高的股利。（　　）
7. 影响速动比率可信性的重要性因素是存货的变现能力。（　　）
8. 利息保障倍数公式中的利息费用，应该既包括财务费用中的利息费用，也包括计入固定资产成本中的资本化利息。（　　）
9. 安全边际率＋边际贡献率＝1。（　　）
10. 本量利分析是指对成本、业务量和利润之间依存关系分析的总称。（　　）

四、计算题

1. 假设某企业去年和今年某产品的总原材料消耗成本和构成如下：
去年原料总成本：
20 000 元＝1 000 件×10 千克×2 元
今年原料总成本：
25 080 元＝1 200 件×9.5 千克×2.2 元
要求：试用连环替代法（因素分析法）分析原材料的产量、单耗和单价因素对产品总成本差异的影响。

2. 某企业某年营业收入为 125 000 元，毛利率是 52%，赊销比例为 80%，净利润率为 16%，存货周转率为 5 次，期初存货余额为 10 000 元；期初应收账款余额为 12 000 元，期末应收账款余额为 8 000 元，速动比率为 1.6，流动比率为 2.16，流动资产占资产总额的 27%，负债比率为 37.5%，该公

司只发行普通股一种,流通在外股数为 5 000 股,每股市价 25 元,要求计算下列指标:
(1) 应收账款周转率。
(2) 总资产报酬率(用期末资产总额代替平均资产总额)。
(3) 净资产收益率(用期末净资产代替平均净资产)。
(4) 每股收益。
(5) 市盈率。

答 案

一、单项选择题
1. C 2. D 3. C 4. A 5. D 6. C 7. B 8. D 9. A 10. B

二、多项选择题
1. CD 2. BDE 3. ABD 4. ADE 5. ABCEF
6. ABCE 7. ABC 8. ABD 9. ABCD 10. BCD

三、判断题
1. × 2. √ 3. × 4. √ 5. × 6. × 7. × 8. √ 9. × 10. √

四、计算题
1. 产量因素对总成本的影响:$(1\,200-1\,000)\times 10\times 2=4\,000$(元)
单耗因素对总成本的影响:$1\,200\times(9.5-10)\times 2=-1\,200$(元)
单价因素对总成本的影响:$1\,200\times 9.5\times(2.2-2)=2\,280$(元)
总差异 $=5\,080$(元)
2. (1) 10 次 (2) 10% (3) 16% (4) 4 元 (5) 6.25

第八章 财务报表的常用解读分析方法

第一节 财务报表介绍

说到财务报表，人们最直接的反应是最常见三张财务报表：资产负债表、利润表、现金流量表，有时也戏称之为"三个代表"。在实际工作中，因报表报送对象不同和企业内部管理的需要，还会编制很多不同功能、不同类型的统计分析报表，作为企业管理者编制和分析各种财务报表的基础报表。

一、财务报表分类

1. 按服务对象不同，可分为对外报表和内部报表

（1）对外报表是企业必须定期编制的，定期向上级主管部门、投资者、财税部门等报送或在规定时间向社会公布的财务报表。这是一种主要的、定期的、规范化的财务报表。它要求有统一的报表格式、指标体系和编制时间等，资产负债表、利润表和现金流量表、所有者权益变动表、纳税申报表、所得税汇算清缴表等均属于对外报表。

（2）内部报表是企业根据其内部经营管理需要而编制的、供其内部管

理人员使用的财务报表。它不要求统一格式，没有统一指标体系，如费用分析、收入分析、成本分析报表均属于内部报表。

本教材为便于读者在工作中能够灵活使用，特在本章最后一节提供各种内部分析报表样本，供读者选择。

2. 按所提供会计信息的重要性不同，可分为主表和附表

（1）主表即主要财务报表，是指所提供的会计信息比较全面、完整，能基本满足各种信息需要者的不同要求的财务报表。现行的主表主要有四张，即资产负债表、利润表、现金流量表和所有者权益变动表。

（2）附表即从属报表，是指对主表中不能或难以详细反映的一些重要信息所作的补充说明的报表。现行的附表主要有：利润分配表和分部报表，是利润表的附表；应交增值税明细表和资产减值准备明细表，是资产负债表的附表。主表与有关附表之间存在着勾稽关系，主表反映企业的主要财务状况、经营成果和现金流量，附表则对主表进一步补充说明。

3. 按编制和报送的时间不同，可分为中期财务报表和年度财务报表

中期财务报表包括月份、季度、半年期财务报表。年度财务报表是全面反映企业整个会计年度的经营成果、现金流量情况及年末财务状况的财务报表。企业每年年底必须编制并报送年度财务报表。

4. 按编报单位不同，可分为基层财务报表和汇总财务报表

基层财务报表是由独立核算的基层单位编制的财务报表，是用以反映本单位财务状况和经营成果的报表。汇总报表是指上级和主管部门将本身的财务报表与其所属单位报送的基层报表汇总编制而成的财务报表。

5. 按编报的会计主体不同，可分为个别报表和合并报表

个别报表是指在以母公司和子公司组成的具有控股关系的企业集团中，由母公司和子公司各自为主体分别单独编制的报表，用以分别反映母公司和子公司本身各自的财务状况、经营成果和现金流量情况。合并报表是以母公司和子公司组成的企业集团为一会计主体，以母公司和子公司单独编制的个别财务报表为基础，由母公司编制的综合反映企业集团经营成果、财务状况及其资金变动情况的财务报表。

二、对外财务报表的内容

1. 资产负债表

资产负债表是反映企业在某一特定日期财务状况的会计报表，它表明权益所有者（股东及经营者）在某一特定日期所拥有或控制的经济资源、所承担的现有义务和所有者对净资产的要求权。

资产负债表利用会计平衡原则，将合乎会计原则的资产、负债、股东

权益交易科目分为"资产"和"负债及股东权益"两大区块，在经过分录、转账、分类账、试算、调整等会计程序后，以特定日期的静态企业情况为基准，浓缩成一张报表。便于阅读者在最短时间内了解企业经营状况，企业资产、负债及资本的期末状况，以及企业长期偿债能力、短期偿债能力和利润分配能力等主要经济能力。其作用主要在于以下四个方面。

（1）反映企业所拥有或控制的经济资源及其分布情况，是体现和用于分析企业生产经营能力的重要资料。

（2）反映企业所负担的债务总额以及结构，表明企业未来需用多少资产或劳务清偿债务，通过评估企业的财务风险，判断企业的偿债能力。

（3）反映企业所有者所享有的权益，表明投资者在企业资产中所占的份额。

（4）预测企业未来的发展趋势。

2. 利润表

利润表（或称损益表）反映本期企业收入、费用和应该计入当期利润的利得或损失的金额和结构情况。例如，反映1月1日至12月31日经营成果的利润表，由于它反映的是某一期间的情况，所以，又称为动态报表。

通过利润表，可以反映企业一定会计期间的收入实现情况，即实现的主营业务收入有多少、实现的其他业务收入有多少、实现的投资收益有多少、实现的营业外收入有多少等；同时也可以反映一定会计期间的费用耗费情况，即耗费的主营业务成本有多少、主营业务税金有多少、营业费用、管理费用、财务费用各有多少、营业外支出有多少等；也可以反映企业生产经营活动的成果，即净利润的实现情况，据以判断资本保值、增值情况。

将利润表中的信息与资产负债表中的信息相结合，还可以提供进行财务分析的基本资料，如将赊销收入净额与应收账款平均余额进行比较，计算出应收账款周转率；将销货成本与存货平均余额进行比较，计算出存货周转率；将净利润与资产总额进行比较，计算出资产收益率等，可以表现企业资金周转情况以及企业的盈利能力和水平，其作用总结如下。

（1）反映企业获利情况。

（2）反映企业利润的构成。

（3）反映税金缴纳情况。

（4）预测企业未来发展趋势。

3. 现金流量表

现金流量表是反映企业在一定时期现金流入和现金流出动态状况的报表。其组成内容与资产负债表和损益表相一致。现金流量表又是一份显示指定时期(一般为一个月,一季,主要是一年的年报)的现金流入和流出的财务报告。这份报告显示资产负债表及损益表如何影响现金的变化,也反映企业的经营、投资和融资的一系列措施。作为一个分析工具,现金流量表的主要作用是反映公司短期生存能力,特别是支付能力。

通过现金流量表,可以概括反映经营活动、投资活动和筹资活动对企业现金流入流出的影响,对于评价企业的实际利润、财务状况及财务管理,要比传统的损益表提供更好的基础。现金流量表分为经营活动、投资活动及筹资活动三部分。基本作用总结如下。

(1)反映企业净收益的质量。
(2)反映企业取得现金和运用现金的能力。
(3)反映企业偿债能力和股利支付能力。
(4)预测企业未来现金流量。

第二节 | 解读财务报表

通过企业对外财务报表公开的信息,基本可以得知企业在某一时点、期间的经营状况及货币资金压力。但是,财务报表提供的信息繁多,有的企业还存在粉饰报表甚至财务造假的情况,如何通过解读财务报表看透企业真实情况?需要掌握一定的方法和知识,下文将进行简要介绍。

一、资产负债表项目的解读

(一)企业注册资本真实性

在我国市场环境背景下,各类型开发区层出不穷,很多开发区把企业招商引资的金额作为衡量工作业绩的重要指标,因此,在初期就衍生出一大批代验资、代注册的虚假财务公司,导致实际经济数据失真,还可能进一步影响经济政策的制定。其虚假验资的主要手段有以下几种。

(1)验资结束后,以委托理财、借款方式转移出货币资金。在财务报表中,在相同时点,企业流动资产中有金额与注册资本接近或相当的委托理财、其他应收款等事项,而其他项目金额明显较小,可以基本判断该企业存在虚假出资的可能性。

(2)以预付账款方式转移货币资金。在财务报表中,相同时点、企业流动资产中有金额与注册资本接近或相当的一笔或数笔预付账款等事项,且预付账款单位的经营范围与企业主营业务范围没有关联性或者关联性不大，可以基本判断该企业存在虚假出资的可能性。

（3）以虚假存货方式转移货币资金。在财务报表中，在相同时点，企业流动资产中有预付账款、存货金额与注册资本接近或相当的一笔或数笔款项，且存货的存在以在途物资或者代销商品的形式出现，或者存货的类型与企业主营业务范围没有关联性或者关联性不大，可以基本判断该企业存在虚假出资的可能性。

（二）通过企业资产负债率和各项流动性等指标，了解企业债务风险

企业的资产负债率是衡量企业债务风险的重要指标。通过计算企业的流动比率和速动比率，可以了解到企业偿还短期债务的能力。一般来说，这两个比率越大，短债权人的利益就越有保障。同时，还要结合企业流动资产中存货的种类、应收账款占比、账龄分析等集中分析。

（三）各类资产性项目进行具体分析，对企业财务质量作出基本判断

对此，可按照先明后暗、先易后难的顺序展开查看企业待处理项目，具体包括"待处理流动资产净损失""待处理固定资产净损失""固定资产清理"三个项目。一般来说，在会计报表编制日，这三个项目的数额通常为零。如果它们的数额较大，则通常表明企业存在虚列资产、虚增利润或掩盖亏损之嫌。

（四）企业各类摊销性资产对企业损益核算的影响

这类摊销性资产具体包括"固定资产""无形资产""长期待摊费用"等，对此应根据企业制定的会计政策，并结合对"现金流量表"附注部分所披露的"固定资产折旧""无形资产及其他资产的摊销"项目的数额，分别与上述五个项目的年初与年末的平均余额相比较，对企业摊销性资产的摊销情况作出具体的判断，借此对企业资产及损益会计核算的可靠性作出合理的推断。如果所计算出的各类摊销性资产的摊销率大大低于会计政策所规定的摊销率，则说明企业存在虚增资产和利润之嫌。

（五）负债项目中的风险分析

负债经营能给公司的所有者带来收益上的好处，但如果负债兑付期过于集中，也可能使企业在短期面临较大的还款压力。

1. 负债经营的优势

对于企业的所有者来说，负债经营的优势主要集中在以下几方面。

（1）能有效地降低企业的加权平均资金成本。这种优势主要体现在两个方面：一方面，对于资金市场的投资者来说，债权性投资的收益率固定，能到期收回本金。企业采用借入资金方式筹集资金，一般要承担较大风险，但相对而言，付出的资金成本较低。企业采用权益资金的方式筹集资金，财务风险小，但付出的资金成本相对较高。因此，债权性投资风险比股权

性投资小，相应地所要求的报酬率也低。于是，对于企业来说，负债筹资的资金成本就低于权益资本筹资的资金成本。另一方面，负债经营可以从"税收屏障"受益。由于负债筹资的利息支出是税前支付，使企业能获得减少纳税的好处，实际负担的债务利息低于其投资者支付的利息。在这两个方面因素影响下，在资金总额一定时，一定比例的负债经营能降低企业的加权平均资金成本。

（2）能给所有者带来"杠杆效应"。由于对债权人支付的利息是一项与企业盈利水平高低无关的固定支出，在企业的总资产收益率发生变动时，会给每股收益带来幅度更大的波动，这即是财务管理中经常论及的"财务杠杆效应"。由于这种杠杆效应的存在，在企业的资本收益率大于负债利率时，所有者的收益率即权益资本收益率能在资本收益率增加时获得更大程度的增加，因此，一定程度的负债经营对于较快地提高权益资本的收益率有着重要的意义。

（3）能使企业从通货膨胀中获益。在通货膨胀环境中，货币贬值、物价上涨，而企业负债的偿还仍然以账面价值为标准而不考虑通货膨胀因素，这样，企业实际偿还款项的真实价值必然低于其所借入款项的真实价值，使企业获得货币贬值的好处。

（4）有利于企业控制权的保持。在企业面临新的筹资决策中，如果以发行股票等方式筹集权益资本，势必带来股权的分散，影响到现有股东对于企业的控制权。而负债筹资在增加企业资金来源的同时不影响到企业控制权，有利于保持现有股东对于企业的控制。

2. 负债经营考虑的其他因素

对于企业经营者而言，负债经营还必须考虑以下几方面因素。

（1）企业必须具有偿付长、短期到期本息的流动资产。

（2）进行负债生产经营所获得的营业利润率必须大于负债利率，或者即使个别债务利息过高，但企业整体仍有利可获。

（3）资产负债虽然高于同行业水平，但能控制企业的所有权不被债权人收购。

（4）举债生产经营是促使企业效益最大化，而不是为了借新债还旧债，造成企业财务状况的恶性循环。

3. 负债行为的权衡

在分析企业具体负债行为时，应该从以下几方面去权衡。

（1）分析确定企业资金的需要量是否合理。

（2）前期借入的资金是否已经真正投入到企业生产经营中，导致企业资产项目的显著变化。

（3）企业前期的融资行为，是否已经最大限度地降低资金成本。

（六）企业成长性

1. 衡量企业成长性的指标

衡量企业成长性的指标，主要是通过总资产项目和所有者权益项目来综合分析的，为便于更好地解读企业的成长性，将企业的所有者权益组成说明如下。

（1）股本。股本是股份有限公司通过股份筹资形成的资本。股份公司在核定的股本总额和股份总数的范围内发行股票，股票面值与股份总数的乘积为股本。一般情况下，股本相对固定不变，企业股本不得随意变动，如有增减变动，必须符合一定的条件。

（2）资本公积。资本公积指由股东投入，但不构成股本，或从其他来源取得的属于股东的权益。

（3）盈余公积。盈余公积是指企业按规定从净利润中提取的各种累计留利。主要包括三部分：法定盈余公积；任意盈余公积；法定公益金。

（4）未分配利润。从数量上来说，未分配利润是期初未分配利润，加上本期实现的净利润，减去提取的盈余公积和分出利润后的余额。资产负债表的"未分配利润"项目反映企业尚未分配的利润。利润表的初步分析可以分为净利润形成分析和利润分配分析两个部分。

2. 评估企业成长性的指标

表 8-1 所有者权益构成表

股东权益项目	取得方式	投入或创造者	分配决定权
股本	初期投入	股东	股东
资本公积	溢价及其他	股东	股东会议
盈余公积	净利润中提取	经营者	经营者
未分配利润	经营所得	经营者	经营者

由表 8-1 可看出，企业所有者权益中，只有股本是由企业的所有者及股东投入的，股本也是企业承担有限责任的根本保证，股东或投资人以全部投入的资本为限履行有限出资业务。因此，评估企业的成长性主要通过以下指标。

（1）所有者权益中各项目占总额比率。如某几个会计期间未分配利润连续为负数，则说明企业持续亏损，以后的持续经营需要增加股本或者由企业自身融资来解决。

（2）如股本占所有者权益比例越来越小，说明企业盈利金额越来越大，企业处于较好的经营状态。

（3）如上述比例中，连续几个会计期间未分配利润均呈现稳定增长的趋势，说明企业的成长性较好；反之，如所有者权益的增加系资本公积增加所致，说明企业增长系偶然因素所得，也需要对其成长性做仔细考量。

（4）此外还应进一步注意"资本公积"项目的数额，如果该项目的数额过大，应进一步了解"资本公积"项目的构成。

对于企业所有者权益的分析，还要辩证地去看待企业股东和经营者的关系。当企业成立后，股本相对固定不变，所有者权益的增加更多的因素是企业管理团队即经营者努力的结果。经营者利用公司作为平台，运用公司的所有资产和一切资源，对外以各种方式进行融资，通过经营财务杠杆创造了每股收益和每股净资产的不断增长。在这样的环境下，经营者在企业的话语权也不断提升，如可以提出利润分配提案、可以根据章程的约定就公司资产进行处置等。

以上市公司为例，从全球范围来看，上市公司更多意义上是一个社会公众公司的形态，投资者购买股票更多的是对管理团队经营能力的认可而不是实际控制人（在我国是以相对控股权形式出现）的背景。当企业的实际控制人发生股权转移时（如股权划拨、大宗交易），对股价影响并不大；而如果企业的高管发生变化，往往会导致股价的剧烈波动。

因此，基于这方面因素，我们可以认为，上市公司的实际经营者除了对大股东负责外，还要关心企业成长和关注财务报表的其他各个利益共同体，如其他中小投资者、政府主管部门。

二、利润表项目的解读

（一）利润表的勾稽关系

解读企业的利润表的关键在于剖析利润表中各相关项目之间的内在勾稽关系，获取有用的决策信息。通常是采用结构百分比法，分析相关项目之间的勾稽关系，从而分析企业的经营能力。关于财务比率的详细介绍本书第七章已有表述。

（二）利润表的分析方法及注意事项

1. 逆向还原法

针对利润表的分析，最直接的方法是"逆向还原"。即与会计核算的综合过程相反，从净利润开始，逐步寻找净利润形成和变动的原因，并与资产负债表对应项目的变化结合起来，追溯到现金流量和业务凭证。主要方法有以下几种。

（1）通过净利润推算企业所得税；通过所得税项目追溯资产负债表应

缴税费和本年度缴纳情况（纳税申报表）。

（2）通过利润总额和营业利润的关系，确立营业外收入、营业外支出发生的具体原因和时点，与之相同期间现金流的变化，以及与之相同时点资产负债表中资产、负债对应项目的变化情况。

（3）通过三项费用的期间变化情况和收入、产量、产值的对应关系，结合季节性因素，对骤升骤降的情形应特别引起关注；产量的变化也有可能导致期间管理费用与之同步发生变化；通过三项费用中对应资产负债表的有关项目如应付职工薪酬等的变化，分析企业费用形成的原因和依据。

（4）对收入与成本的配比关系做每一期间的环比分析，其中收入形成过程中，产品价格的变化是否与企业的促销活动存在必然的联系；此外，对收入的增减还需要与货币资金、存货、应收账款、应付账款等资产负债表项目的变化结合起来考虑。

2. 异动分析法

在分析上述利润形成各步骤时，应特别关注是否存在报表粉饰问题。从目前来看，企业如虚构利润，对利润表进行粉饰的主要途径有以下几条。

（1）提前确认收入。例如，提前开具销售发票、滥用完工百分比法、存在重大不确定性时确认收入、在仍需提供未来服务时确认收入等。

（2）延后确认收入。例如，不及时确认已实现收入等。

（3）制造收入事项。例如，年底虚作销售并在第二年退货、利用一个子公司出售给第三方而后由另一子公司购回以避免合并抵消等。

（4）不当的费用资本化。例如，将不应资本化的借款费用予以资本化处理、研究开发费用的资本化等。

（5）递延当期费用。例如，广告费用跨期分摊、开办费和递延资产摊销期变动等。

（6）潜亏挂账。例如，少转完工产品成本和已销产品成本、报废的存货不在账面上注销、不良资产挂账、高估存货价值、少计折旧、不及时确认负债等。

（7）利用关联方交易操纵利润。例如，托管、经管、转嫁费用负担、资产重组和债务重组等。

（8）利用非经常性损益操纵利润。例如，出售、转让和资产置换、债务重组等。

（9）变更折旧方法和折旧年限。

（10）变更长期股权投资和投资收益的核算方法。

（11）改变合并报表的合并范围等。

3. 关注表外事项

财务报表的表外事项其实是发现问题非常重要的信息和线索，分析时应注意以下几方面的资料。

（1）注册会计师的审计报告。

（2）公司管理当局对审计报告的解释性说明或保留意见的说明。

（3）政府主管当局对企业的检查结果及奖惩措施，或者行政性文件等。

（4）会计报表附注中关于会计政策和会计估计变更的披露、会计报表合并范围发生变动的披露、关联方交易的披露、非经常性损益项目的披露等。此外，连续观察若干年度的财务报表，也有助于发现报表粉饰情况。

三、现金流量表项目的解读

（一）现金流量表的作用

通常来说，在货币政策趋紧、经济出现不景气时，很多企业都会实施"现金为王、收缩过冬"的发展战略，可见流动资金对企业经营的重要程度。因此，企业的现金流量的控制其实也是非常重要的事项。从会计报表的功能来说，现金流量表是对资产负债表和利润表的补充和说明，其功能主要体现在以下几方面。

1. 弥补了资产负债表信息量的不足

资产负债表是利用资产、负债、所有者权益三个会计要素的期末余额编制的；损益表是利用收入、费用、利润三个会计要素的本期累计发生额编制的（收入、费用无期末余金额，利润结转下期）。因此，资产、负债、所有者权益三个会计要素的发生额在上述报表中无法得到充分的体现。

根据资产负债表的平衡公式可写成：现金＝负债＋所有者权益－非现金资产。因此，负债、所有者权益的增加（减少）可能导致现金的增加（减少），而非现金资产的减少（增加）则会导致现金的增加（减少）。现金流量表就是利用资产、负债、所有者权益的增减发生额或本期净增加额来揭示现金变动的原因。

2. 便于从现金流量的角度对企业进行考核

对于企业而言，如果没有现金就会缺乏购买能力与支付能力。因此，现金储存量总是企业的经营者每日需要了解的重要财务项目。另外，与企业有密切关系的投资者、银行、财税部门、工商部门等不仅需要了解企业的资产、负债、所有者权益的结构情况与经营结果，更需要了解企业的偿还支付能力，了解企业现金流入、流出及净流量信息。

此外，损益表的利润是根据权责发生制原则核算出来的，权责发生制贯彻递延、应计、摊销和分配原则，核算的利润与现金流量是不同步的。现实中，企业损益表上有利润而银行没存款的现象时有发生。在这种情况下，坚持权责发生制原则进行核算的同时，按照收付实现制编制的现金流量表，根据经营活动、投资活动、筹资活动三个项目，按类说明企业一个时期流入多少现金、流出多少现金及现金流量净额，解释现金从哪里来到哪里去的问题，从而便于报表阅读者对企业作出更加全面合理的评价。

3. 了解企业筹措现金、生成现金的能力

通过现金流量表可以了解经过一段时间经营，企业对外筹措了多少现金，自己生成了多少现金，筹措的现金是否按计划用到企业扩大生产规模、购置固定资产、补充流动资金上。因此，如要了解企业筹措现金、生产现金的能力和金额，企业是否加强经营管理、合理使用调度资金等重要信息，现金流量表具有其他两张报表无法替代的功能。

（二）如何分析现金流量及其结构

企业的现金流量由经营活动产生的现金流量、投资活动产生的现金流量和筹资活动产生的现金流量三部分构成。分析现金流量及其结构，可以了解企业现金的来龙去脉和现金收支构成，正确评价企业经营状况、创现能力、筹资能力和资金实力。

1. 经营活动产生的现金流量分析

（1）将销售商品、提供劳务收到的现金与购进商品、接受劳务付出的现金进行比较。在企业经营正常、购销平衡的情况下，两者比较是有意义的。比率大，说明企业的销售利润大，销售回款良好，创现能力强。

（2）将销售商品、提供劳务收到的现金与经营活动流入的现金总额比较，可大致说明企业产品销售现款占经营活动流入的现金的比重有多大。比重大，说明企业主营业务突出，营销状况良好。

（3）将本期经营活动现金净流量与上期比较，增长率越高，说明企业财务结构越合理，销售收入回笼快或者货物畅销，企业成长性越好。

2. 投资活动产生的现金流量分析

当企业扩大规模或开发新的利润增长点时，需要大量的现金投入，投资活动产生的现金流入量补偿不了流出量，投资活动现金净流量为负数，但如果企业投资有效，将会在未来产生现金净流入用于偿还债务，创造收益，企业不会有偿债困难。因此，分析投资活动现金流量，应结合企业目前的投资项目进行，不能简单地以现金净流入还是净流出来论优劣。

3. 筹资活动产生的现金流量分析

一般来说，筹资活动产生的现金净流量越大，企业面临的偿债压力也越大，但如果现金净流入量主要来自企业吸收的权益性资本，则不仅不会面临偿债压力，企业抗风险能力和资金实力反而增强。因此，在分析时，可将吸收权益性资本收到的现金与筹资活动现金总流入进行比较，所占比重大，说明企业资金实力增强，财务风险降低。

4. 现金流量构成分析

首先，分别计算经营活动现金流入、投资活动现金流入和筹资活动现金流入占现金总流入的比重，了解现金的主要来源。一般来说，经营活动现金流入占现金总流入比重大的企业，经营状况较好，财务风险较低，现金流入结构较为合理。其次，分别计算经营活动现金支出、投资活动现金支出和筹资活动现金支出占现金总流出的比重，它能具体反映企业的现金用于哪些方面。一般来说，经营活动现金支出比重大的企业，其生产经营状况正常，现金支出结构较为合理。

四、现金流量表与损益表比较分析

损益表是反映企业一定期间经营成果的重要报表，它揭示了企业利润的计算过程和利润的形成过程。利润被看成是评价企业经营业绩及盈利能力的重要指标，但却存在一定的缺陷。利润是收入减去成本费用的差额，而收入费用的确认与计量是以权责发生制为基础，包括了太多的会计估计。而且，由于收入与费用是按其归属来确认的，不管是否实际收到或付出了现金，以此计算的利润常常使一个企业的盈利水平与其真实的货币资金状况不符。有的企业账面利润很大，看似业绩可观，而现金却入不敷出，举步维艰；而有的企业虽然巨额亏损，却现金充足，周转自如。所以，仅以利润来评价企业的经营业绩和获利能力失之偏颇。而结合现金流量表所提供的现金流量信息，特别是经营活动现金净流量的信息进行分析，则较为客观全面。

其实，利润和现金净流量是两个从不同角度反映企业业绩的指标，前者可称为应计制利润，后者可称为现金制利润。两者的关系，通过现金流量表的补充资料得到揭示。具体分析时，可将现金流量表的有关指标与损益表的相关指标进行对比，以评价企业利润的质量。

（1）经营活动现金净流量与净利润比较，能在一定程度上反映企业利润的质量。也就是说，企业每实现1元的账面利润中，实际有多少现金支撑，比率越高，利润质量越高。但这一指标，只有在企业经营正常，既能创造利润又能赢得现金净流量时才可比，分析这一比率也才有意义。为了与经营活动现金净流量计算口径一致，净利润指标应剔除投资收益和筹资费用等非经常性损益。

（2）销售商品、提供劳务收到的现金与主营业务收入比较，可以大致说明企业销售回收现金的情况及企业销售的质量。收到的现金金额所占比重大，说明销售收入实现后所增加的资产转换现金速度快、质量高。

（3）分得股利或利润及取得债券利息收入所得到的现金与投资收益比较，可大致反映企业账面投资收益的质量。

五、现金流量表与资产负债表比较分析

资产负债表是反映企业期末资产和负债状况的报表，运用现金流量表的有关指标与资产负债表有关指标比较，可以更为客观地评价企业的偿债能力、盈利能力及支付能力。

（一）偿债能力分析

流动比率是流动资产与流动负债之比，而流动资产体现的是能在一年内或一个营业周期内变现的资产，包括了许多流动性不强的项目，如呆滞的存货、有可能收不回的应收账款、待处理流动资产损失和预付账款等。它们虽然具有资产的性质，但事实上却不能再转变为现金，不再具有偿付债务的能力。而且，不同企业的流动资产结构差异较大，资产质量各不相同，因此，仅用流动比率等指标来分析企业的偿债能力，往往失之偏颇。可运用经营活动现金净流量与资产负债表相关指标进行对比分析，作为流动比率等指标的补充。具体内容在第七章已有表述。

（二）盈利能力及支付能力分析

运用现金净流量与资产负债表相关指标进行对比分析，可作为每股收益、净资产收益率等盈利指标的补充。

（1）每股经营活动现金净流量与总股本之比。这一比率反映每股资本获取现金净流量的能力，比率越高，说明企业支付股利的能力越强。

（2）经营活动现金净流量与净资产之比。这一比率反映投资者投入资本创造现金的能力，比率越高，创现能力越强。

六、现金流量净额与利润表的净利润相差的原因

如前所述，有些企业账面赚钱但囊中羞涩，赚到的钱都是应收账款都还在别人的口袋内。就此，分析现金流量净额与利润表的关系，评判企业的现金风险就有较大的意义。现金流量表中经营活动现金流量净额与利润表的净利润相差的原因主要有以下几方面。

1. 利润确认的同时不一定伴随现金流入的增加

有些收入，增加利润但未发生现金流入。

例如，一家公司本期的营业收入有 8 亿多元，而本期新增应收账款却

有7亿多元，简单地说，公司赚的钱都还在别人口袋，但自己已经花钱垫付了成本，缴纳了税收。这种增加收入及利润但未发生现金流入的事项，是造成两者产生差异的原因之一。

有的公司对应收账款管理存在薄弱环节，未及时做好应收货款及劳务款项的催收与结算工作，也有的公司依靠关联方交易支撑其经营业绩，而关联方资金又迟迟不到位。这些情况造成的后果，都会在现金流量表中有所体现。有些公司在某一经营活动期间几乎没有多少现金流入，但经营期间支付费用、购买物资、交纳税金都要发生大量现金流出，必然会导致经营活动现金流量净额出现负数，使公司的资金周转发生困难。如果应收账款也迟迟不能收回，在一定程度上也暴露了所确认收入的风险问题。

有些成本费用，减少利润但并未伴随现金流出。例如，固定资产折旧、无形资产摊销，只是按权责发生制、将这些资产的取得成本在使用它们的受益期间合理分摊，并不需要付出现金。

2. 现金流动不同分类所致

净利润总括反映公司经营、投资及筹资三大活动的财务成果，而现金流量表上则需要分别反映经营、投资及筹资各项活动的现金流量。

例如，支付经营活动借款利息，既减少利润又发生现金流出，但在现金流量表中将其作为筹资活动中现金流出列示，不作为经营活动现金流出反映。又如，转让短期债券投资取得净收益，既增加利润又发生现金流入，但在现金流量表中将其作为投资活动中现金流入列示，不作为经营活动现金流入反映。

上述两点是经营活动现金流量净额与净利润产生差异的原因之一，其实也是现金流量表附注中要求披露的内容。利润表列示了公司一定时期实现的净利润，但未揭示其与现金流量的关系，资产负债表提供了公司货币资金期末与期初的增减变化，但未揭示其变化的原因。现金流量表如同桥梁沟通了上述两表的会计信息，使企业的对外会计报表体系进一步完善，向投资者与债权人提供更全面、准确有用的信息。

七、财务报表解读过程中其他值得关注的事项

我国经过四十余年的快速经济发展和财富积累，目前实体经济和虚拟经济市场都得到空前的繁荣。在此过程中，随着产业热点的不断转换，经济发展方式和经济结构也在国家的宏观调控下经常发生转变。与此同时，随着市场化程度的提高，民营企业的蓬勃发展，资本市场的愈发诱人，企业投资人和管理者受各种因素的驱动，也会出现走捷径的想法和行为。所有

这些因素都对从事财务尤其是财务管理者的业务能力和素质都提出了很高的要求,尤其对从事审计业务的群体而言,更是有人感叹会计师是一种高危行业。其高危一方面体现在工作强度上;另一方面也体现在短期内对被审计单位的财务状况作出专业而准确的判断困难之上。那么,一般企业编造或隐瞒利润的手段主要有哪些方法?该如何防范和发现?以下就一些企业常用手段和方法整理如下,便于读者在以后的审计工作中针对性地去查找问题。

(一)经常使用的会计科目

1. 应收账款与其他应收款、销售收入等

企业的应收账款与销售收入相关,而其他应收款则主要是指其他单位往来款项。有些企业为了抬高当年利润,与关联企业或关系企业进行赊账交易(所谓关联企业是指与公司有股权关系的企业,如母公司、子公司等;关系企业是指虽然没有股权关系,但关系非常亲密的企业)。顾名思义,既然是赊账交易,就绝不会产生现金流,它只会影响资产负债表和损益表,对现金流量表贡献不大。因此,当我们看到公司的资产负债表上出现大量应收账款,损益表上出现巨额利润增加,但现金流量表却没有出现大量现金净流入时,应警惕该企业是否存在虚构利润的可能。

由于赊账交易的生命周期不会很长,一般企业回收货款的周期都在一年以下,时间太长的账款会被列入坏账行列,影响公司利润,因此公司一般都会在下一个年度把赊账交易解决掉。解决的方法最简单的就是让关联企业或关系企业把货物退回来,填写一个退货单据,这笔交易就相当于没有发生,上一年度的资产负债表和损益表都要重新修正。有些严重违法的企业还会虚构应收账款,伪造根本不存在的销售记录。

我国证券市场当年的"银广夏"和"郑百文"就曾经因为虚构应收账款被处以重罚。再向前追溯,在已经退市的"达尔曼"的重大假账事件中,"虚构应收账款"同样扮演了一个重要的角色。

2. 坏账准备

与应收账款相对应的关键词是坏账准备金。通俗地说,坏账准备金就是假设应收账款中有一定比例无法收回,对方有可能赖账,必须提前把这部分赖账金额扣掉。对于应收账款数额巨大的企业,坏账准备金一个百分点的变化都可能造成净利润的剧烈变化。举个例子,波音公司每年销售的客运飞机价值是以10亿美元计算的,这些飞机都是分期付款,只要坏账准备金变化一个百分点,波音公司的净利润就会出现上千万美元的变化,对公司股价产生戏剧性影响。

理论上讲,上市公司的坏账准备金比例应该根据账龄而定,账龄越长的账款，遭遇赖账的可能性越大，坏账准备金比例也应该越高；某些时间太长的账款已经失去了收回的可能，应该予以勾销，承认损失。对于已经肯定无法收回的账款，比如对方破产，应该尽快予以勾销。但是，我国有些企业对历年的应收账款或其他应收款并非按照准则要求计提坏账，而是每年对账每年记账，而且每年认账，但就是不予兑现，尤其是关系交易形成的应收账款。

3. 固定资产投资

在实体产业中，公司可能故意夸大固定资产投资的成本，尤其是关联公司存在采购关系的固定资产投资项目，借机转移资金，使股东蒙受损失；也可能故意低估固定资产投资的成本，或者在财务报表中故意延长固定资产投资周期，减少每一年的成本或费用，借此抬高公司净利润。

（二）编造或隐瞒利润的常用手段

1. 成本费用互化

将属于成本项目的支出处理变为费用以达到当期税前扣除的目的，或将属于费用项目的支出成本化以达到控制税前扣除比例及夸大当期利润的目的。原因：因为成本由直接人工、直接材料、制造费用组成，而直接人工、制造费用和销售费用、管理费用等容易混淆，所以是该操作的漏洞。另外，直接材料中包含的运费及人工搬运等费用也与管理费用较容易整合。

2. 费用资本（产）互化

将属于费用项目的账务处理变为资产，从折旧中递延税前扣除；或将属于资产类科目的支出直接确认费用，当期税前扣除。原因：部分资产价值本身就包含费用，故可将其他费用整合进入资产价值，反之亦然。资产修理费用、借款费用等本身确认边界比较容易人工虚拟。另外，固定资产和无形资产确认的依据较容易虚拟。

3. 费用名目转化

将部分税前扣除有比率限制的费用超额部分转变为其他限制较宽松的或没限制的费用名目入账，以达到全额税前扣除或减少相关税费等目的。原因：费用确认以发票为依据，发票容易虚拟。

4. 费用预提/递延/选择性分摊

为控制当期税前利润大小，预提费用，以推迟纳税；或为其他目的（如股权转让价、当期业绩）夸大当期利润选择递延确认。另外有选择性地将费用分摊，如对各费用支出项目的分摊比例进行调节，控制因该项目造成的税费（如调节土地增值税）。原因：同第3点。

5. 成本名目转化

将属于本期可结转成本的项目转变为其他不能结转成本的项目，或反行之。

6. 成本提前或推迟确认 / 选择性分摊

将本期结转成本多结转或少结转，下期补齐；或选择成本分摊方法达到目的。原因：成本结转规定较模糊。

7. 收入提前或推迟确认 / 选择性分摊

将本期结转收入多结转或少结转，下期补齐；或选择收入分摊方法达到目的。原因：收入确认规定较模糊。

8. 收入名目转化

将收入总额在多种收入项目间进行调节，如把主营收入变为其他业务收入或营业外收入，以达到控制流转税或突出主业业绩的目的。

9. 收入负债化 / 支出资产化

将收入暂时挂账为其他应付款，或将支出暂时挂账为其他应收款，达到推迟纳税或不纳税的目的。

10. 收入、成本、费用虚增 / 减

人为虚增或虚减收入或成本或费用，如编制假工资人员名册等，达到纳税期拖延或其他目的。

11. 转移定价

与外部交易方进行人为价格处理，达到转移定价的目的；将价格降低或提高，以其他费用的方式互相设立账外账，达到避税的目的。

12. 资产、负债名目转化

将固定资产中的资产类别名目转变，改变其折旧年限；将应收账款挂其他应收款，或预收账款挂其他应付款等手法避税。

13. 虚假交易

以不存在的交易合同入账，造成资金流出，增加本期费用，达到减少应纳所得税的目的。

14. 费用直抵收入

收入因涉及流转税，在收入确认前即彼此以费用直接抵消，达到控制流转税目的。如将商业折扣变为降低售价。

15. 重组转让

利用股权转让、资产转让、债务重组等进行资金或收入转移，达到避税的目的。如以委托理财失败、诉讼未果的方式将公司的资金转移，达到破产赖账等目的。

16. 私人费用公司化

将私人的费用转变为公司的费用，既达到降低私人收入个税应纳税额的目的，又达到增加企业所得税前扣除费用的目的。如将私人车油费在公司处理，将个人房租费在公司处理。

17. 收入/成本/费用转移

分立合同，将收入、成本或费用转移至其他公司或个人，达到差异税率处理的目的；或将各公司的费用进行填充报销、小金库补偿，达到各自平衡有限制的费用。

18. 虚增/减流转过程

在流转过程上下功夫，多一道流转过程，收入额多一道，各有比率限制的费用可扣除范围增大；或可虚拟出部分费用，如将资产由公司借款给个人买下，由公司租赁个人资产，无形增加租赁费用；或利用委托收付款等方式。

19. 利用金融工具

利用股票、期货、外汇等金融工具进行难以控制未来价格的交易。将交易价格控制在低水平，交易后成为金融工具的投资收益，避免部分流转税。

20. 集团化操作

利用集团化或控股公司操作，达到国家批准的部分集团化统一纳税公司的操作模式的目的。将集团内各公司的费用平衡分配，达到统筹纳税的目的。如集团内成立软件公司；将其他公司的人员编制在该公司，工资在该公司发，人在其他公司工作；等等不一而足。

21. 其他

例如，借款变成收到其他公司的定金处理，将利息产生的税金避掉。

第三节｜内部管理财务报表的分类

企业在经营管理过程中，需要大量的内部辅助分析报表来反映阶段性的经营情况。其实很多的企业经营管理者并不一定都能够完全看懂资产负债表、利润表、现金流量表的所有事项，有时候不得不需要财务人员做大量说明和解释工作。此外，出于销售业绩、绩效考核等需要，企业还会编制很多内部辅助报表。以下就资金管理、存货管理、合同管理、成本管理、费用管理等工作中常用事项介绍部分报表如下，供读者学习参考。

一、资金管理系列报表

1. 资金日报表

资金日报表

时间：2022 年 5 月 17 日

编制：ABC 有限公司　　　　　　　　　　　　　　　　　　　　　　　　　　　　　　单位：元

序号	凭证字号	摘要	收入金额	支出金额
		期初余额		
	凭证字号	摘要	借方金额	贷方金额
1		收货款		
2		付承兑		
3		收货款		
4	记-357	付货款		
5	记-358	付工程款		
		本日收入合计		
		本日支出合计		
		本日资金余额		

2. 销售回款日报表

销售回款日报表

时间：2022 年 5 月 17 日

编制：ABC 有限公司　　　　　　　　　　　　　　　　　　　　　　　　　　　　　　单位：元

序号	客户单位	收款方式			承兑汇票	现金	合计
		银行现汇					
		工商银行	建设银行	招商银行			
1	×××						
2	×××						
3	×××						
4	×××						
	本日回款合计						

3. 货币资金月报表

货币资金月流量表

时间：2022 年 5 月

编制：ABC 有限公司　　　　　　　　　　　　　　　　　　　　　　　　　　　单位：元

序号	日期	上日结余	销售收入现金流入							货币资金支出项目						本日结余
			银行账户			汇票	现金	借款	融资	其他	小计	固定资产	支付工程	归还借款	材料	费用	汇票	其他	小计	
			工行	建行	招行															
1	1																			
2	2																			
3	3																			
4	4																			
5	5																			
	合计																			

4. 货币资金年度流量表

货币资金年度流量表

时间：2022 年度

编制：ABC 有限公司　　　　　　　　　　　　　　　　　　　　　　　　　　　单位：元

序号	日期	上日结余	销售收入现金流入							货币资金支出项目						本日结余
			银行账户			汇票	现金	借款	融资	其他	小计	固定资产	支付工程	归还借款	材料	费用	汇票	其他	小计	
			工行	建行	招行															
1	1																			
2	2																			
3	3																			
4	4																			
5	5																			
6	6																			
7	7																			

（续表）

序号	日期	上日结余	销售收入现金流入								货币资金支出项目							本日结余
			银行账户			汇票	现金	借款	融资	其他	小计	固定资产	支付工程	归还借款	材料	费用	汇票	其他	小计	
			工行	建行	招行															
8	8																			
9	9																			
10	10																			
合计																				

二、存货管理系列报表

在不具备 ERP 管理条件的中小规模的企业，存货管理可以借鉴以下方法。

1. 仓库成品管理、半成品管理

成品库进出日报表

5月	成品库每日进出库明细					
	产品一		产品二		产品三	
	单位（吨）					
日期	入库	出库	入库	出库	入库	出库
1						
2						
3						
4						
合计						

2. 原材料、辅助材料管理

供销部门库存原材料管理日报表

日期：2022年5月16日

序号	产品名称	规格	计量单位	上日库存	本日入库	本日领用出库	本日结存	本月累计入库	本月累计出库	领用部门
1										
2										
3										
4										

3. 产品发货管理

供销部门销售发货通知明细表

序号	产品名称	规格	品级	客户名称	数量		实际发货		合计（t）	调拨单号	出库单号	备注
					吨数	袋数	吨数	袋数				
1	产品一											
2	产品二											
合计												

4. 仓库产成品生产管理

供销部门产成品管理日报表

序号	产品名称	规格	品级	上日库存		本日入库		本月累计入库		本日出库		本月累计出库		本日结存		备注
				吨数	袋数	吨数	袋数	吨数	袋数	吨数	袋数	吨数	袋数	吨数	袋数	
1																
2																
3																
4																

5. 生产部门产成品管理

生产部门产成品管理日报表

日期：2022 年 5 月 16 日

序号	产品名称	规格	计量单位	数量	累计	本日缴入库房	缴库车间	本月累计入库	本日出库	本月累计出库
1										
2										
3										
4										
合计										

6. 生产产成品年度统计表

ABC 公司 2022 年度产量生产日报统计表

序号	产品名称	Jan	Feb	Mar	Apr	May	Jun	Jul	Aug	Sep	Oct	Nov	Dec	小计	日平均	月平均
1	产品一															
2	产品二															
	合计产量															

7. 生产材料年度汇总表

ABC 公司 2022 年度入库汇总统计表

序号	产品名称		Jan	Feb	Mar	Apr	May	Jun	Jul	Aug	Sep	Oct	Nov	Dec	小计	月平均
1	原材料	数量														
2		金额														
3		均价														
4	易耗品	数量														
5		金额														
6		均价														
7	包装物	数量														
8		金额														
9		均价														
10	其他辅助	数量														
11		金额														
12		均价														
13	合计	数量														
14		金额														
15		均价														

8. 产成品销售年度汇总表

ABC 公司 2022 年度发货通知单汇总统计表

序号	产品名称		Jan	Feb	Mar	Apr	May	Jun	Jul	Aug	Sep	Oct	Nov	Dec	小计	月平均
1	产品一	数量														
2		金额														
3		均价														
4	产品二	数量														
5		金额														
6		均价														
7	其他	数量														
8		金额														
9		均价														
10	合计	数量														
11		金额														
12		均价														

9. 销售发票统计表

ABC 公司 2022 年度销售开票状况统计表

序号	产品名称		Jan	Feb	Mar	Apr	May	Jun	Jul	Aug	小计	月平均
1	产品一	数量（吨）										
2		含税销售										
3		除税销售										
		纳税金额										
		含税平均单价										
		除税平均单价										
	产品合计	数量（吨）										
		含税销售										
		除税销售										
		纳税金额										
		含税平均单价										
		除税平均单价										

三、合同管理系列报表

1. 每日销售合同汇总表

销售部门当日销售合同明细表

日期：2022 年 3 月 1 日

序号	产品名称	规格	品级	合同号	客户名称	数量（吨）	单价（元）	合计（元）	代办运费（元）	总价（元）	备注
1	产品一										
2	产品二										
3	产品三										
合计											

2. 每月销售合同汇总表

ABC 公司销售合同汇总表

日期：2022 年 3 月 　　　　　　　　　　　　　　　　　　　　　单位：元

日期	产品 一			产品 二			其 他			总价合计	含运费
	数量（吨）	平均单价	总价	数量（吨）	平均单价	总价	数量（吨）	平均单价	总价		
1											
2											
3											
合计											

3. 销售合同年度汇总表

ABC 公司 2022 年度销售合同汇总统计表

序号	产品名称		Jan	Feb	Mar	Apr	May	Jun	Jul	Aug	Sep	Oct	Nov	Dec	小计	月平均
1	产品一	数量														
2		金额														
3		均价														
4	产品二	数量														
5		金额														
6		均价														
7	其他	数量														
8		金额														
9		均价														

(续表)

序号	产品名称		Jan	Feb	Mar	Apr	May	Jun	Jul	Aug	Sep	Oct	Nov	Dec	小计	月平均
10	合计	数量														
11		金额														
12		均价														

4. 销售合同年度分析表

ABC 公司合同付款汇总表

日期：2022 年 1 月

编制：ABC 公司　　　　　　　　　　　　　　　　　　　　　　　　　　单位：万元

序号	产品种类	合同金额（元）	数量（吨）	占比（%）	单价（含税）	单价（含税）	区域分类	区域代码	合同金额	数量（吨）
1	产品 1						华东			
2	产品 2						华南			
3	产品 3						华中			
4	产品 4						华北			
5	产品 5						西北			
6	产品 6						西南			
7	产品 7						东北			
合计							合计			

采购合同的日月管理也可以借鉴上述报表格式。

5. 采购合同年度汇总

ABC 公司 2022 年度采购合同汇总统计表

序号	产品名称		Jan	Feb	Mar	Apr	May	Jun	Jul	Aug	Sep	Oct	Nov	Dec	小计	月平均
1	原材料	数量														
2		金额														
3		均价														
4	备品配件	数量														
5		金额														
6		均价														

（续表）

序号	产品名称		Jan	Feb	Mar	Apr	May	Jun	Jul	Aug	Sep	Oct	Nov	Dec	小计	月平均
7	设备	数量														
8		金额														
9		均价														
10	其他辅助	数量														
11		金额														
12		均价														
13	合计	数量														
14		金额														
15		均价														

四、成本分析系列报表（以某化工企业为例）

1. 某化工企业每日各车间能耗表读数统计

各车间每日主要单耗统计

一车间	电耗	煤耗	褐煤耗电 （千瓦时/吨）	
二车间	二车间锅炉 褐煤耗	车间总产蒸汽量	油气炉外供 蒸汽量	锅炉产蒸汽量
三车间	空分电耗	氧气产量	氧气耗电 （千瓦时/千米³）	循环水耗 清水量（吨）
四车间	褐煤耗	煤气产量	煤气耗褐煤 （吨/千米³）	电耗
五车间	一氧化碳实际产量	氢气实际产量	六车间回气	实际总产量
六车间	草酸酯总产量	一氧化碳耗量	草酯耗CO （千米³/吨）	乙二醇产量

（续表）

七车间	草酸产量	细粉产量	草酸总产量	草酸耗草酸酯
本日合计	耗电	耗水	耗煤	耗气

2. 某化工产品每日成本分析

产品每日成本分析

项目	单位	1日		2日		3日	
		单耗	单位成本	单耗	单位成本	单耗	单位成本
产量	吨						
蒸汽1.0	吨						
蒸汽0.5	吨						
蒸汽1.7	吨						
电	千瓦时						
软水	吨						
循环水	吨						
空气	千米³						
氮气	千米³						
辅料							
小计							
工资							
折旧							
其他							
合计							

3. 某化工产品每月成本分析

某化工产品月度成本分析

日期：2022年5月

项 目	单位	产量		吨		月累计		吨		单位：元	
		总耗	总成本	单耗	单价	单位成本	月累计成本	月单位成本		上月成本	增减情况
蒸汽1.0	吨										
蒸汽0.5	吨										

（续表）

项　目	单位	产量		吨		月累计		吨		单位：元	
		总耗	总成本	单耗	单价	单位成本	月累计成本	月单位成本		上月成本	增减情况
蒸汽1.7	吨										
电	千瓦时										
软水	吨										
循环水	吨										
空气	千米^3										
氮气	千米^3										
清水											
辅料											
小计											
工资											
折旧											
其他											
合计											

五、费用管理系列报表

1. 招待费统计表

招待费统计表

日期：2022 年 11 月

单位：元

报销日期	经手人	实际使用人	事　由	金　额
小　计				

2. 差旅费统计表

差旅费统计表

日期：2022 年 11 月

单位：元

报销日期	经手人	出差人员	事　由	金　额
小　计				

3. 车辆费用统计表

车辆费用统计表

日期：2022 年 11 月

单位：元

报销日期	报销人		费用说明	金　额

其他费用以此类推。

六、其他管理报表

1. 税收及向政府缴纳的费用统计表

税收及向政府缴纳的费用统计表

日期：2022 年

单位：元

序号	税 种	月 份												小计
		1	2	3	4	5	6	7	8	9	10	11	12	
1	增值税													
2	土地使用税													
3	个人所得税													
4	企业所得税													
5	土地出让金													
6	契税													
7	印花税													
8														
9														
	合 计													

2. 销项发票汇总表

销项发票汇总表

日期：2022 年 11 月

单位：元

日期	普通发票			增值税发票			合 计		
	金额（除税）	税额	小计	金额（除税）	税额	小计	金额（除税）	税额	小计
1									
2									
3									
4									
合计									

课后练习题

一、单项选择题

1. 假设某公司的净利润和总资产都在增加,但资产负债率在减少,这可能表明( )。
   A. 公司已经降低了债务水平
   B. 公司减少了股本资本
   C. 公司的现金流量有所改善
   D. 以上都有可能

2. 财务杠杆的作用是( )。
   A. 帮助公司提高股东的回报率
   B. 帮助公司降低成本
   C. 帮助公司提高销售额
   D. 帮助公司增加其资产负债率

3. 财务报表分析是指( )。
   A. 对公司现金流的分析
   B. 对公司财务状况的分析
   C. 对公司人力资源的分析
   D. 对公司市场地位的分析

4. 在财务报表分析中,以下( )方法可以帮助分析师确定公司的现金流状况。
   A. 现金流量表分析
   B. 利润表分析
   C. 资产负债表分析
   D. 股东权益表分析

5. 下列( )反映了企业在某个时间点上的财务状况。
   A. 利润表
   B. 现金流量表
   C. 资产负债表
   D. 所有权益变动表

6. 下列关于管理用现金流量表的公式中,不正确的是( )。
   A. 实体现金流量 = 融资现金流量
   B. 经营现金流量 - 投资现金流量 = 债务现金流量 + 股权现金流量
   C. 经营实体现金流量 = 税后经营净利润 + 经营资产净投资
   D. 经营资产总投资 = 净经营性净营运资本增加 + 净经营性长期资产增加 + 折旧与摊销

7. 不属于上市公司信息披露的主要公告有( )。
   A. 重大事项公告
   B. 收购公告
   C. 中期报告
   D. 利润预测

二、多项选择题

1. 主要财务报表有( )。
   A. 所有者权益变动表
   B. 利润表
   C. 现金流量表
   D. 资产负债表

2. 财务报表分析的对象包括企业的( )。
   A. 筹资活动
   B. 投资活动
   C. 经营活动
   D. 全部活动

3. 资产负债表的初步分析可以分为（　　）。
   A. 所有者权益分析　　　　　　　　B. 负债分析
   C. 现金流动分析　　　　　　　　　D. 资本结构分析
   E. 资产分析
4. 财务报表分析具有广泛的用途，一般有（　　）。
   A. 寻找投资对象和兼并对象　　　　B. 预测企业未来的经营成果
   C. 评价公司管理业绩和企业决策　　D. 预测企业未来的财务状况
   E. 判断投资、筹资和经营活动的成效
5. 财务报表分析的主体有（　　）。
   A. 债权人　　　　　　　　　　　　B. 经理人员
   C. 职工和工会　　　　　　　　　　D. 审计师
   E. 投资人
6. 在财务报表附注中应披露的会计政策有（　　）。
   A. 坏账数额　　　　　　　　　　　B. 固定资产使用年限
   C. 收入确认原则　　　　　　　　　D. 所得税解决办法
   E. 存货计价办法
7. 以下（　　）形成的或有负债企业应在财务报表附注中披露。
   A. 已贴现商业承兑汇票
   B. 未决仲裁
   C. 为其他单位提供债务担保形成的极小可能发生的（或有负债）
   D. 未决诉讼
   E. 应付账款

三、问答题

1. 现金流量表与损益表之间存在什么关系？
2. 请列举五种企业编制和隐瞒利润的常用手段。
3. 如何评价企业负债经营这种方式。

答　案

一、单项选择题

1. A　　2. A　　3. B　　4. A　　5. C　　6. C　　7. D

二、多项选择题
1. ABCD　　2. ABC　　3. ABE　　4. ABCDE
5. ABCDE　　6. CDE　　7. ABD

三、问答题

1. 利润和现金净流量是两个从不同角度反映企业业绩的指标，前者可称之为应计制利润，后者可称之为现金制利润。两者相比，存在以下关系：

（1）经营活动现金净流量与净利润比较，能在一定程度上反映企业利润的质量。

（2）销售商品、提供劳务收到的现金与主营业务收入比较，可以大致说明企业销售回收现金的情况及企业销售的质量。收现数所占比重大，说明销售收入实现后所增加的资产转换现金速度快、质量高。

（3）分得股利或利润及取得债券利息收入所得到的现金与投资收益比较，可大致反映企业账面投资收益的质量。

2. 成本费用互化；费用资本（产）互化；费用名目转化；费用预提/递延/选择性分摊；成本名目转化。

3. 企业负债经营，其实质就是杠杆经营，这种方式的优势在于：

（1）能有效地降低企业的加权平均资金成本。

（2）能给所有者带来"杠杆效应"。

（3）使企业从通货膨胀中获益。

（4）有利于企业控制权的保持。

企业采用负债方式开展经营活动，还必须考虑以下几方面因素：

（1）企业必须具有偿付长、短期到期本息的流动资产。

（2）负债经营后，必须考虑控制不被债权人收购。

（3）举债用于实质生产经营投入，而不是为了借新债还旧债，造成企业财务状况的恶性循环。

（4）举债之前，必须分析确定企业资金的需要量是否合理。

（5）前期借入的资金已经真正投入到企业生产经营中，并且导致企业资产项目的收益增加等。

（6）企业前期的融资行为，已经最大限度地降低资金成本。

（7）虽然个别借款利息过高，但企业整体发展规模和收益仍可观。

（8）用于负债的生产经营活动所获得的营业利润率大于负债利率。

附录　资金时间价值系数表

附录一　复利终值系数表

计算公式：$(F/P, i, n) = (1+i)^n$

期数	1%	2%	3%	4%	5%	6%	7%	8%
1	1.01	1.02	1.03	1.04	1.05	1.06	1.07	1.08
2	1.020 1	1.040 4	1.060 9	1.081 6	1.102 5	1.123 6	1.144 9	1.166 4
3	1.030 3	1.061 2	1.092 7	1.124 9	1.157 6	1.191	1.225	1.259 7
4	1.040 6	1.082 4	1.125 5	1.169 9	1.215 5	1.262 5	1.310 8	1.360 5
5	1.051	1.104 1	1.159 3	1.216 7	1.276 3	1.338 2	1.402 6	1.469 3
6	1.061 5	1.126 2	1.194 1	1.265 3	1.340 1	1.418 5	1.500 7	1.586 9
7	1.072 1	1.148 7	1.229 9	1.315 9	1.407 1	1.503 6	1.605 8	1.713 8
8	1.082 9	1.171 7	1.266 8	1.368 6	1.477 5	1.593 8	1.718 2	1.850 9
9	1.093 7	1.195 1	1.304 8	1.423 3	1.551 3	1.689 5	1.838 5	1.999
10	1.104 6	1.219	1.343 9	1.480 2	1.628 9	1.790 8	1.967 2	2.158 9
11	1.115 7	1.243 4	1.384 2	1.539 5	1.710 3	1.898 3	2.104 9	2.331 6
12	1.126 8	1.268 2	1.425 8	1.601	1.795 9	2.012 2	2.252 2	2.518 2
13	1.138 1	1.293 6	1.468 5	1.665 1	1.885 6	2.132 9	2.409 8	2.719 6
14	1.149 5	1.319 5	1.512 6	1.731 7	1.979 9	2.260 9	2.578 5	2.937 2
15	1.161	1.345 9	1.558	1.800 9	2.078 9	2.396 6	2.759	3.172 2
16	1.172 6	1.372 8	1.604 7	1.873	2.182 9	2.540 4	2.952 2	3.425 9
17	1.184 3	1.400 2	1.652 8	1.947 9	2.292	2.692 8	3.158 8	3.7
18	1.196 1	1.428 2	1.702 4	2.025 8	2.406 6	2.854 3	3.379 9	3.996
19	1.208 1	1.456 8	1.753 5	2.106 8	2.527	3.025 6	3.616 5	4.315 7
20	1.220 2	1.485 9	1.806 1	2.191 1	2.653 3	3.207 1	3.869 7	4.661
21	1.232 4	1.515 7	1.860 3	2.278 8	2.786	3.399 6	4.140 6	5.033 8
22	1.244 7	1.546	1.916 1	2.369 9	2.925 3	3.603 5	4.430 4	5.436 5
23	1.257 2	1.576 9	1.973 6	2.464 7	3.071 5	3.819 7	4.740 5	5.871 5
24	1.269 7	1.608 4	2.032 8	2.563 3	3.225 1	4.048 9	5.072 4	6.341 2
25	1.282 4	1.640 6	2.093 8	2.665 8	3.386 4	4.291 9	5.427 4	6.848 5
26	1.295 3	1.673 4	2.156	2.772 5	3.555 7	4.549 4	5.807 4	7.396 4
27	1.308 2	1.706 9	2.221 3	2.883 4	3.733 5	4.822 3	6.213 9	7.988 1
28	1.321 3	1.741	2.287 9	2.998 7	3.920 1	5.111 7	6.648 8	8.627 1
29	1.334 5	1.775 8	2.356 6	3.118 7	4.116 1	5.418 4	7.114 3	9.317 3
30	1.347 8	1.811 4	2.427 3	3.243 4	4.321 9	5.743 5	7.612 3	10.062 7

（续表）

期数	9%	10%	11%	12%	13%	14%	15%	16%
1	1.09	1.1	1.11	1.12	1.13	1.14	1.15	1.16
2	1.188 1	1.21	1.232 1	1.254 4	1.276 9	1.299 6	1.322 5	1.345 6
3	1.295	1.331	1.367 6	1.404 9	1.442 9	1.481 5	1.520 9	1.560 9
4	1.411 6	1.464 1	1.518 1	1.573 5	1.630 5	1.689	1.749	1.810 6
5	1.538 6	1.610 5	1.685 1	1.762 3	1.842 4	1.925 4	2.011 4	2.100 3
6	1.677 1	1.771 6	1.870 4	1.973 8	2.082	2.195	2.313 1	2.436 4
7	1.828	1.948 7	2.076 2	2.210 7	2.352 6	2.502 3	2.66	2.826 2
8	1.992 6	2.143 6	2.304 5	2.476	2.658 4	2.852 6	3.059	3.278 4
9	2.171 9	2.357 9	2.558	2.773 1	3.004	3.251 9	3.517 9	3.803
10	2.367 4	2.593 7	2.839 4	3.105 8	3.394 6	3.707 2	4.045 6	4.411 4
11	2.580 4	2.853 1	3.151 8	3.478 6	3.835 9	4.226 2	4.652 4	5.117 3
12	2.812 7	3.138 4	3.498 5	3.896	4.334 5	4.817 9	5.350 3	5.936
13	3.065 8	3.452 3	3.883 3	4.363 5	4.898	5.492 4	6.152 8	6.885 8
14	3.341 7	3.797 5	4.310 4	4.887 1	5.534 8	6.261 3	7.075 7	7.987 5
15	3.642 5	4.177 2	4.784 6	5.473 6	6.254 3	7.137 9	8.137 1	9.265 5
16	3.970 3	4.595	5.310 9	6.130 4	7.067 3	8.137 2	9.357 6	10.748
17	4.327 6	5.054 5	5.895 1	6.866	7.986 1	9.276 5	10.761 3	12.467 7
18	4.717 1	5.559 9	6.543 6	7.69	9.024 3	10.575 2	12.375 5	14.462 5
19	5.141 7	6.115 9	7.263 3	8.612 8	10.197 4	12.055 7	14.231 8	16.776 5
20	5.604 4	6.727 5	8.062 3	9.646 3	11.523 1	13.743 5	16.366 5	19.460 8
21	6.108 8	7.400 2	8.949 2	10.803 8	13.021 1	15.667 6	18.821 5	22.574 5
22	6.658 6	8.140 3	9.933 6	12.100 3	14.713 8	17.861	21.644 7	26.186 4
23	7.257 9	8.954 3	11.026 3	13.552 3	16.626 6	20.361 6	24.891 5	30.376 2
24	7.911 1	9.849 7	12.239 2	15.178 6	18.788 1	23.212 2	28.625 2	35.236 4
25	8.623 1	10.834 7	13.585 5	17.000 1	21.230 5	26.461 9	32.919	40.874 2
26	9.399 2	11.918 2	15.079 9	19.040 1	23.990 5	30.166 6	37.856 8	47.414 1
27	10.245 1	13.11	16.738 7	21.324 9	27.109 3	34.389 9	43.535 3	55.000 4
28	11.167 1	14.421	18.579 9	23.883 9	30.633 5	39.204 5	50.065 6	63.800 4
29	12.172 2	15.863 1	20.623 7	26.749 9	34.615 8	44.693 1	57.575 5	74.008 5
30	13.267 7	17.449 4	22.892 3	29.959 9	39.115 9	50.950 2	66.211 8	85.849 9

附录二 复利现值系数表

计算公式：$(P/F, i, n) = (1+i)^{-n}$

期数	1%	2%	3%	4%	5%	6%	7%	8%
1	0.990 1	0.980 4	0.970 9	0.961 5	0.952 4	0.943 4	0.934 6	0.925 9
2	0.980 3	0.961 2	0.942 6	0.924 6	0.907 0	0.890 0	0.873 4	0.857 3
3	0.970 6	0.942 3	0.915 1	0.889 0	0.863 8	0.839 6	0.816 3	0.793 8
4	0.961 0	0.923 8	0.888 5	0.854 8	0.822 7	0.792 1	0.762 9	0.735 0
5	0.951 5	0.905 7	0.862 6	0.821 9	0.783 5	0.747 3	0.713 0	0.680 6
6	0.942 0	0.888 0	0.837 5	0.790 3	0.746 2	0.705 0	0.666 3	0.630 2
7	0.932 7	0.870 6	0.813 1	0.759 9	0.710 7	0.665 1	0.622 7	0.583 5
8	0.923 5	0.853 5	0.789 4	0.730 7	0.676 8	0.627 4	0.582 0	0.540 3
9	0.914 3	0.836 8	0.766 4	0.702 6	0.644 6	0.591 9	0.543 9	0.500 2
10	0.905 3	0.820 3	0.744 1	0.675 6	0.613 9	0.558 4	0.508 3	0.463 2
11	0.896 3	0.804 3	0.722 4	0.649 6	0.584 7	0.526 8	0.475 1	0.428 9
12	0.887 4	0.788 5	0.701 4	0.624 6	0.556 8	0.497 0	0.444 0	0.397 1
13	0.878 7	0.773 0	0.681 0	0.600 6	0.530 3	0.468 8	0.415 0	0.367 7
14	0.870 0	0.757 9	0.661 1	0.577 5	0.505 1	0.442 3	0.387 8	0.340 5
15	0.861 3	0.743 0	0.641 9	0.555 3	0.481 0	0.417 3	0.362 4	0.315 2
16	0.852 8	0.728 4	0.623 2	0.533 9	0.458 1	0.393 6	0.338 7	0.291 9
17	0.844 4	0.714 2	0.605 0	0.513 4	0.436 3	0.371 4	0.316 6	0.270 3
18	0.836 0	0.700 2	0.587 4	0.493 6	0.415 5	0.350 3	0.295 9	0.250 2
19	0.827 7	0.686 4	0.570 3	0.474 6	0.395 7	0.330 5	0.276 5	0.231 7
20	0.819 5	0.673 0	0.553 7	0.456 4	0.376 9	0.311 8	0.258 4	0.214 5
21	0.811 4	0.659 8	0.537 5	0.438 8	0.358 9	0.294 2	0.241 5	0.198 7
22	0.803 4	0.646 8	0.521 9	0.422 0	0.341 8	0.277 5	0.225 7	0.183 9
23	0.795 4	0.634 2	0.506 7	0.405 7	0.325 6	0.261 8	0.210 9	0.170 3
24	0.787 6	0.621 7	0.491 9	0.390 1	0.310 1	0.247 0	0.197 1	0.157 7
25	0.779 8	0.609 5	0.477 6	0.375 1	0.295 3	0.233 0	0.184 2	0.146 0
26	0.772 0	0.597 6	0.463 7	0.360 7	0.281 2	0.219 8	0.172 2	0.135 2
27	0.764 4	0.585 9	0.450 2	0.346 8	0.267 8	0.207 4	0.160 9	0.125 2
28	0.756 8	0.574 4	0.437 1	0.333 5	0.255 1	0.195 6	0.150 4	0.115 9
29	0.749 3	0.563 1	0.424 3	0.320 7	0.242 9	0.184 6	0.140 6	0.107 3
30	0.741 9	0.552 1	0.412 0	0.308 3	0.231 4	0.174 1	0.131 4	0.099 4

（续表）

期数	9%	10%	11%	12%	13%	14%	15%	16%
1	0.917 4	0.909 1	0.900 9	0.892 9	0.885 0	0.877 2	0.869 6	0.862 1
2	0.841 7	0.826 4	0.811 6	0.797 2	0.783 1	0.769 5	0.756 1	0.743 2
3	0.772 2	0.751 3	0.731 2	0.711 8	0.693 1	0.675 0	0.657 5	0.640 7
4	0.708 4	0.683 0	0.658 7	0.635 5	0.613 3	0.592 1	0.571 8	0.552 3
5	0.649 9	0.620 9	0.593 5	0.567 4	0.542 8	0.519 4	0.497 2	0.476 1
6	0.596 3	0.564 5	0.534 6	0.506 6	0.480 3	0.455 6	0.432 3	0.410 4
7	0.547 0	0.513 2	0.481 7	0.452 3	0.425 1	0.399 6	0.375 9	0.353 8
8	0.501 9	0.466 5	0.433 9	0.403 9	0.376 2	0.350 6	0.326 9	0.305 0
9	0.460 4	0.424 1	0.390 9	0.360 6	0.332 9	0.307 5	0.284 3	0.263 0
10	0.422 4	0.385 5	0.352 2	0.322 0	0.294 6	0.269 7	0.247 2	0.226 7
11	0.387 5	0.350 5	0.317 3	0.287 5	0.260 7	0.236 6	0.214 9	0.195 4
12	0.355 5	0.318 6	0.285 8	0.256 7	0.230 7	0.207 6	0.186 9	0.168 5
13	0.326 2	0.289 7	0.257 5	0.229 2	0.204 2	0.182 1	0.162 5	0.145 2
14	0.299 2	0.263 3	0.232 0	0.204 6	0.180 7	0.159 7	0.141 3	0.125 2
15	0.274 5	0.239 4	0.209 0	0.182 7	0.159 9	0.140 1	0.122 9	0.107 9
16	0.251 9	0.217 6	0.188 3	0.163 1	0.141 5	0.122 9	0.106 9	0.093 0
17	0.231 1	0.197 8	0.169 6	0.145 6	0.125 2	0.107 8	0.092 9	0.080 2
18	0.212 0	0.179 9	0.152 8	0.130 0	0.110 8	0.094 6	0.080 8	0.069 1
19	0.194 5	0.163 5	0.137 7	0.116 1	0.098 1	0.082 9	0.070 3	0.059 6
20	0.178 4	0.148 6	0.124 0	0.103 7	0.086 8	0.072 8	0.061 1	0.051 4
21	0.163 7	0.135 1	0.111 7	0.092 6	0.076 8	0.063 8	0.053 1	0.044 3
22	0.150 2	0.122 8	0.100 7	0.082 6	0.068 0	0.056 0	0.046 2	0.038 2
23	0.137 8	0.111 7	0.090 7	0.073 8	0.060 1	0.049 1	0.040 2	0.032 9
24	0.126 4	0.101 5	0.081 7	0.065 9	0.053 2	0.043 1	0.034 9	0.028 4
25	0.116 0	0.092 3	0.073 6	0.058 8	0.047 1	0.037 8	0.030 4	0.024 5
26	0.106 4	0.083 9	0.066 3	0.052 5	0.041 7	0.033 1	0.026 4	0.021 1
27	0.097 6	0.076 3	0.059 7	0.046 9	0.036 9	0.029 1	0.023 0	0.018 2
28	0.089 5	0.069 3	0.053 8	0.041 9	0.032 6	0.025 5	0.020 0	0.015 7
29	0.082 2	0.063 0	0.048 5	0.037 4	0.028 9	0.022 4	0.017 4	0.013 5
30	0.075 4	0.057 3	0.043 7	0.033 4	0.025 6	0.019 6	0.015 1	0.011 6

附录三　年金终值系数表

计算公式：$(F/A, i, n) = \dfrac{(1+i)^n - 1}{i}$

期数	1%	2%	3%	4%	5%	6%	7%	8%
1	1	1	1	1	1	1	1	1
2	2.01	2.02	2.03	2.04	2.05	2.06	2.07	2.08
3	3.030 1	3.060 4	3.090 9	3.121 6	3.152 5	3.183 6	3.214 9	3.246 4
4	4.060 4	4.121 6	4.183 6	4.246 5	4.310 1	4.374 6	4.439 9	4.506 1
5	5.101	5.204	5.309 1	5.416 3	5.525 6	5.637 1	5.750 7	5.866 6
6	6.152	6.308 1	6.468 4	6.633	6.801 9	6.975 3	7.153 3	7.335 9
7	7.213 5	7.434 3	7.662 5	7.898	8.142	8.393 8	8.654	8.922 8
8	8.285 7	8.583	8.892 3	9.214 2	9.549 1	9.897 5	10.259 8	10.636 6
9	9.368 5	9.754 6	10.159 1	10.582 8	11.026 6	11.491 3	11.978	12.487 6
10	10.462 2	10.949 7	11.463 9	12.006 1	12.577 9	13.180 8	13.816 6	14.486 6
11	11.566 8	12.168 7	12.807 8	13.486 4	14.206 8	14.971 6	15.783 6	16.645 5
12	12.682 5	13.412 1	14.192	15.025 8	15.917 1	16.869 9	17.888 5	18.977 1
13	13.809 3	14.680 3	15.617 8	16.626 8	17.713	18.882 1	20.140 6	21.495 3
14	14.947 4	15.973 9	17.086 3	18.291 9	19.598 6	21.015 1	22.550 5	24.214 9
15	16.096 9	17.293 4	18.598 9	20.023 6	21.578 6	23.276	25.129	27.152 1
16	17.257 9	18.639 3	20.156 9	21.824 5	23.657 5	25.672 5	27.888 1	30.324 3
17	18.430 4	20.012 1	21.761 6	23.697 5	25.840 4	28.212 9	30.840 2	33.750 2
18	19.614 7	21.412 3	23.414 4	25.645 4	28.132 4	30.905 7	33.999	37.450 2
19	20.810 9	22.840 6	25.116 9	27.671 2	30.539	33.76	37.379	41.446 3
20	22.019	24.297 4	26.870 4	29.778 1	33.066	36.785 6	40.995 5	45.762
21	23.239 2	25.783 3	28.676 5	31.969 2	35.719 3	39.992 7	44.865 2	50.422 9
22	24.471 6	27.299	30.536 8	34.248	38.505 2	43.392 3	49.005 7	55.456 8
23	25.716 3	28.845	32.452 9	36.617 9	41.430 5	46.995 8	53.436 1	60.893 3
24	26.973 5	30.421 9	34.426 5	39.082 6	44.502	50.815 6	58.176 7	66.764 8
25	28.243 2	32.030 3	36.459 3	41.645 9	47.727 1	54.864 5	63.249	73.105 9
26	29.525 6	33.670 9	38.553	44.311 7	51.113 5	59.156 4	68.676 5	79.954 4
27	30.820 9	35.344 3	40.709 6	47.084 2	54.669 1	63.705 8	74.483 8	87.350 8
28	32.129 1	37.051 2	42.930 9	49.967 6	58.402 6	68.528 1	80.697 7	95.338 8
29	33.450 4	38.792 2	45.218 9	52.966 3	62.322 7	73.639 8	87.346 5	103.965 9
30	34.784 9	40.568 1	47.575 4	56.084 9	66.438 8	79.058 2	94.460 8	113.283 2

（续表）

期数	9%	10%	11%	12%	13%	14%	15%	16%
1	1	1	1	1	1	1	1	1
2	2.09	2.1	2.11	2.12	2.13	2.14	2.15	2.16
3	3.278 1	3.31	3.342 1	3.374 4	3.406 9	3.439 6	3.472 5	3.505 6
4	4.573 1	4.641	4.709 7	4.779 3	4.849 8	4.921 1	4.993 4	5.066 5
5	5.984 7	6.105 1	6.227 8	6.352 8	6.480 3	6.610 1	6.742 4	6.877 1
6	7.523 3	7.715 6	7.912 9	8.115 2	8.322 7	8.535 5	8.753 7	8.977 5
7	9.200 4	9.487 2	9.783 3	10.089	10.404 7	10.730 5	11.066 8	11.413 9
8	11.028 5	11.435 9	11.859 4	12.299 7	12.757 3	13.232 8	13.726 8	14.240 1
9	13.021	13.579 5	14.164	14.775 7	15.415 7	16.085 3	16.785 8	17.518 5
10	15.192 9	15.937 4	16.722	17.548 7	18.419 7	19.337 3	20.303 7	21.321 5
11	17.560 3	18.531 2	19.561 4	20.654 6	21.814 3	23.044 5	24.349 3	25.732 9
12	20.140 7	21.384 3	22.713 2	24.133 1	25.650 2	27.270 7	29.001 7	30.850 2
13	22.953 4	24.522 7	26.211 6	28.029 1	29.984 7	32.088 7	34.351 9	36.786 2
14	26.019 2	27.975	30.094 9	32.392 6	34.882 7	37.581 1	40.504 7	43.672
15	29.360 9	31.772 5	34.405 4	37.279 7	40.417 5	43.842 4	47.580 4	51.659 5
16	33.003 4	35.949 7	39.189 9	42.753 3	46.671 7	50.980 4	55.717 5	60.925
17	36.973 7	40.544 7	44.500 8	48.883 7	53.739 1	59.117 6	65.075 1	71.673
18	41.301 3	45.599 2	50.395 9	55.749 7	61.725 1	68.394 1	75.836 4	84.140 7
19	46.018 5	51.159 1	56.939 5	63.439 7	70.749 4	78.969 2	88.211 8	98.603 2
20	51.160 1	57.275	64.202 8	72.052 4	80.946 8	91.024 9	102.443 6	115.379 7
21	56.764 5	64.002 5	72.265 1	81.698 7	92.469 9	104.768 4	118.810 1	134.840 5
22	62.873 3	71.402 7	81.214 3	92.502 6	105.491	120.436	137.631 6	157.415
23	69.531 9	79.543	91.147 9	104.602 9	120.204 8	138.297	159.276 4	183.601 4
24	76.789 8	88.497 3	102.174 2	118.155 2	136.831 5	158.658 6	184.167 8	213.977 6
25	84.700 9	98.347 1	114.413 3	133.333 9	155.619 6	181.870 8	212.793	249.214
26	93.324	109.181 8	127.998 8	150.333 9	176.850 1	208.332 7	245.712	290.088 3
27	102.723 1	121.099 9	143.078 6	169.374	200.840 6	238.499 3	283.568 8	337.502 4
28	112.968 2	134.209 9	159.817 3	190.698 9	227.949 9	272.889 2	327.104 1	392.502 8
29	124.135 4	148.630 9	178.397 2	214.582 8	258.583 4	312.093 7	377.169 7	456.303 2
30	136.307 5	164.494	199.020 9	241.332 7	293.199 2	356.786 8	434.745 1	530.311 7

附录四　年金现值系数表

计算公式：$(P/A, i, n) = \dfrac{1-(1+i)^{-n}}{i}$

期数	1%	2%	3%	4%	5%	6%	7%	8%
1	0.990 1	0.980 4	0.970 9	0.961 5	0.952 4	0.943 4	0.934 6	0.925 9
2	1.970 4	1.941 6	1.913 5	1.886 1	1.859 4	1.833 4	1.808 0	1.783 3
3	2.941 0	2.883 9	2.828 6	2.775 1	2.723 2	2.673 0	2.624 3	2.577 1
4	3.902 0	3.807 7	3.717 1	3.629 9	3.546 0	3.465 1	3.387 2	3.312 1
5	4.853 4	4.713 5	4.579 7	4.451 8	4.329 5	4.212 4	4.100 2	3.992 7
6	5.795 5	5.601 4	5.417 2	5.242 1	5.075 7	4.917 3	4.766 5	4.622 9
7	6.728 2	6.472 0	6.230 3	6.002 1	5.786 4	5.582 4	5.389 3	5.206 4
8	7.651 7	7.325 5	7.019 7	6.732 7	6.463 2	6.209 8	5.971 3	5.746 6
9	8.566 0	8.162 2	7.786 1	7.435 3	7.107 8	6.801 7	6.515 2	6.246 9
10	9.471 3	8.982 6	8.530 2	8.110 9	7.721 7	7.360 1	7.023 6	6.710 1
11	10.367 6	9.786 8	9.252 6	8.760 5	8.306 4	7.886 9	7.498 7	7.139 0
12	11.255 1	10.575 3	9.954 0	9.385 1	8.863 3	8.383 8	7.942 7	7.536 1
13	12.133 7	11.348 4	10.635 0	9.985 6	9.393 6	8.852 7	8.357 7	7.903 8
14	13.003 7	12.106 2	11.296 1	10.563 1	9.898 6	9.295 0	8.745 5	8.244 2
15	13.865 1	12.849 3	11.937 9	11.118 4	10.379 7	9.712 2	9.107 9	8.559 5
16	14.717 9	13.577 7	12.561 1	11.652 3	10.837 8	10.105 9	9.446 6	8.851 4
17	15.562 3	14.291 9	13.166 1	12.165 7	11.274 1	10.477 3	9.763 2	9.121 6
18	16.398 3	14.992 0	13.753 5	12.659 3	11.689 6	10.827 6	10.059 1	9.371 9
19	17.226 0	15.678 5	14.323 8	13.133 9	12.085 3	11.158 1	10.335 6	9.603 6
20	18.045 6	16.351 4	14.877 5	13.590 3	12.462 2	11.469 9	10.594 0	9.818 1
21	18.857 0	17.011 2	15.415 0	14.029 2	12.821 2	11.764 1	10.835 5	10.016 8
22	19.660 4	17.658 0	15.936 9	14.451 1	13.163 0	12.041 6	11.061 2	10.200 7
23	20.455 8	18.292 2	16.443 6	14.856 8	13.488 6	12.303 4	11.272 2	10.371 1
24	21.243 4	18.913 9	16.935 5	15.247 0	13.798 6	12.550 4	11.469 3	10.528 8
25	22.023 2	19.523 5	17.413 1	15.622 1	14.093 9	12.783 4	11.653 6	10.674 8
26	22.795 2	20.121 0	17.876 8	15.982 8	14.375 2	13.003 2	11.825 8	10.810 0
27	23.559 6	20.706 9	18.327 0	16.329 6	14.643 0	13.210 5	11.986 7	10.935 2
28	24.316 4	21.281 3	18.764 1	16.663 1	14.898 1	13.406 2	12.137 1	11.051 1
29	25.065 8	21.844 4	19.188 5	16.983 7	15.141 1	13.590 7	12.277 7	11.158 4
30	25.807 7	22.396 5	19.600 4	17.292 0	15.372 5	13.764 8	12.409 0	11.257 8

（续表）

期数	9%	10%	11%	12%	13%	14%	15%	16%
1	0.917 4	0.909 1	0.900 9	0.892 9	0.885 0	0.877 2	0.869 6	0.862 1
2	1.759 1	1.735 5	1.712 5	1.690 1	1.668 1	1.646 7	1.625 7	1.605 2
3	2.531 3	2.486 9	2.443 7	2.401 8	2.361 2	2.321 6	2.283 2	2.245 9
4	3.239 7	3.169 9	3.102 4	3.037 3	2.974 5	2.913 7	2.855 0	2.798 2
5	3.889 7	3.790 8	3.695 9	3.604 8	3.517 2	3.433 1	3.352 2	3.274 3
6	4.485 9	4.355 3	4.230 5	4.111 4	3.997 5	3.888 7	3.784 5	3.684 7
7	5.033 0	4.868 4	4.712 2	4.563 8	4.422 6	4.288 3	4.160 4	4.038 6
8	5.534 8	5.334 9	5.146 1	4.967 6	4.798 8	4.638 9	4.487 3	4.343 6
9	5.995 2	5.759 0	5.537 0	5.328 2	5.131 7	4.946 4	4.771 6	4.606 5
10	6.417 7	6.144 6	5.889 2	5.650 2	5.426 2	5.216 1	5.018 8	4.833 2
11	6.805 2	6.495 1	6.206 5	5.937 7	5.686 9	5.452 7	5.233 7	5.028 6
12	7.160 7	6.813 7	6.492 4	6.194 4	5.917 6	5.660 3	5.420 6	5.197 1
13	7.486 9	7.103 4	6.749 9	6.423 5	6.121 8	5.842 4	5.583 1	5.342 3
14	7.786 2	7.366 7	6.981 9	6.628 2	6.302 5	6.002 1	5.724 5	5.467 5
15	8.060 7	7.606 1	7.190 9	6.810 9	6.462 4	6.142 2	5.847 4	5.575 5
16	8.312 6	7.823 7	7.379 2	6.974 0	6.603 9	6.265 1	5.954 2	5.668 5
17	8.543 6	8.021 6	7.548 8	7.119 6	6.729 1	6.372 9	6.047 2	5.748 7
18	8.755 6	8.201 4	7.701 6	7.249 7	6.839 9	6.467 4	6.128 0	5.817 8
19	8.950 1	8.364 9	7.839 3	7.365 8	6.938 0	6.550 4	6.198 2	5.877 5
20	9.128 5	8.513 6	7.963 3	7.469 4	7.024 8	6.623 1	6.259 3	5.928 8
21	9.292 2	8.648 7	8.075 1	7.562 0	7.101 6	6.687 0	6.312 5	5.973 1
22	9.442 4	8.771 5	8.175 7	7.644 6	7.169 5	6.742 9	6.358 7	6.011 3
23	9.580 2	8.883 2	8.266 4	7.718 4	7.229 7	6.792 1	6.398 8	6.044 2
24	9.706 6	8.984 7	8.348 1	7.784 3	7.282 9	6.835 1	6.433 8	6.072 6
25	9.822 6	9.077 0	8.421 7	7.843 1	7.330 0	6.872 9	6.464 1	6.097 1
26	9.929 0	9.160 9	8.488 1	7.895 7	7.371 7	6.906 1	6.490 6	6.118 2
27	10.026 6	9.237 2	8.547 8	7.942 6	7.408 6	6.935 2	6.513 5	6.136 4
28	10.116 1	9.306 6	8.601 6	7.984 4	7.441 2	6.960 7	6.533 5	6.152 0
29	10.198 3	9.369 6	8.650 1	8.021 8	7.470 1	6.983 0	6.550 9	6.165 6
30	10.273 7	9.426 9	8.693 8	8.055 2	7.495 7	7.002 7	6.566 0	6.177 2

图书在版编目(CIP)数据

财务管理/徐晔,钟震泰,阮颖编著.—上海:复旦大学出版社,2023.6
(复旦博学.大学管理类教材丛书)
ISBN 978-7-309-16800-6

Ⅰ.①财… Ⅱ.①徐…②钟…③阮… Ⅲ.①财务管理-高等学校-教材 Ⅳ.①F275

中国国家版本馆 CIP 数据核字(2023)第 062735 号

财务管理
CAIWU GUANLI
徐 晔 钟震泰 阮 颖 编著
责任编辑/王雅楠

复旦大学出版社有限公司出版发行
上海市国权路 579 号 邮编:200433
网址:fupnet@fudanpress.com   http://www.fudanpress.com
门市零售:86-21-65102580   团体订购:86-21-65104505
出版部电话:86-21-65642845
上海华业装潢印刷厂有限公司

开本 787×1092 1/16 印张 23.25 字数 417 千
2023 年 6 月第 1 版
2023 年 6 月第 1 版第 1 次印刷

ISBN 978-7-309-16800-6/F·2971
定价:69.00 元

如有印装质量问题,请向复旦大学出版社有限公司出版部调换。
版权所有 侵权必究